KB071005

2100년에 만난 70인,
그들이 말하는
가치주의 세상

2100년에 만난 70인, 그들이 말하는 가치주의 세상

박명준 지음

우리가 만들어 가야 할 제대로 된 미래

지식공감 도서출판

2100년,
가치주의(valueism) 세상을 여행하다!

저는 지금 막, 서기 2100년의 대한민국을 여행하고 돌아왔습니다. 평소 우리나라의 미래에 대해 궁금했는데, 우연히 미래를 여행할 기회를 얻었습니다. 어떻게 시간 여행을 할 수 있었는지, 그 방법에 대해서는 언급하지 않겠습니다. 제공자의 의견을 존중해야 하니까요.

전국을 다니며 변화된 우리나라의 미래 모습을 직접 눈으로 보았습니다. 발전된 도시 경관 때문에 경복궁과 숭례문 같은 오래된 궁과 유적들이 없었다면 여기가 서울인지도 믿기 힘든 모습이었습니다.

자동차 전용 도로에는 전혀 낯선 디자인의 자동차들이 쏜살같이 달리고 있었는데 그 속도가 정말 어마어마했습니다. 모든 자동차가 운전자 없이 운행되는데 교통관제센터의 통제하에 계획적으로 운행된다고 합니다. 마치 외계의 도시에 온 듯 갖가지 형태의 비행체들도 연신 공중을 누비고 있었습니다. 눈에 보이지는 않아도 그 나름대로 정해진 길이 있다고 합니다. 사람들의 복장은 지금과 별반 다르지 않았지만, 여유롭고 느긋한 모습 그리고 누구라도 예외 없이 입가에 머금은 미소가 무척 인상적이었습니다. 서울역이나 영등포역 등 지하철역에 노숙하던 사람들을 거기서는 전혀 볼 수 없었습니다. 거리에서 다양한 기능의 로봇들이 각각 제 일들을 충실히 하고 있었고, 무척이나 강인해 보이는 로봇 경찰관의 모습에서 다시 한 번 미래임을 실감했습니다. 그 많던 아파트들은 흔적도 없이 사라졌고, 대신 아주 멋진 주택들이 도시의 외곽에 다양한 모습으로 군락을 이루고 있었습니다. 도시의 대기는 더없이 깨끗했으며, 가는 곳마다 나무와 숲이 우거진 공원들이 즐비했습니다. 변화된 시골을 둘러 보기 위해 비행체를 얻어 탔습니다. 그리 크지 않는 내부였지만 3차원 스크린을 통해서 보는 바깥 풍경이 마치 밖을 그대로 내다보는 듯했습니다. 어디를 가든지, 어떠한 질문을 하든지 내 말을 알아듣고 답변을 해주며, 모든 길을 알려주고 상황을 설명해 주는 인공지능 비서가 왠지 기계가 아닌 사람 같다는 생각이 들어서 나도 모르게 존댓말을 쓰기도 했습니다. 시골에도 사람들이 많아져서 지금의 시골과는 다른 느낌이었고, 숲과 나무가 많아 아늑하고 오붓하며 살기 좋은 마을이라는 인상을 주었습니다.

이 사회가 어떻게 이렇게 변했는지 궁금했습니다. 만나는 사람들에게 질문했더니, 친절한 답변을 얻을 수 있었습니다. 그들의 대답을 듣다 보니, 이 사회가 어떻게 운영되는지 좀 더 자세히 알아봐야겠다는 생각이 들었습니다. 왜 사람들이 그렇게 여유롭고 느긋한지, 왜 거리에는 가난한 사람들이 안 보이는지, 이 시대의 정치 시스템은 어떠하고 어떠한 행정 체제를 갖추고 있는지, 사람들이 하는 일들은 어떤 것들이며 어떤 직업이 있는지 등등. 대학 입시 준비를 위해 각종 학원과 과외와 늦은 방과 후 수업에 찌든 학생들의 모습은 왜 전혀 보이지 않는지, 게다가 대학교 교정에는 왜 그렇게 나이 든 분들이 많은지, 대형 병원에는 왜 환자들이 많지 않고 이리도 한산한지, 장애인들이 어떻게 그렇게 자유롭게 활동하며 다양한 직업인으로 당당하게 살아가는지, 어떠한 산업들이 우리나라를 이끌고 있는지, 어떤 기업들이 잘나가는지 등등. 남한과 북한이 하나로 통일되었다는 소식에 두 주먹을 불끈 쥐며 감격의 환호성을 질렀는데, 그 과정이 어떠했는지도 몹시 궁금했고, '통일한국'의 국제적인 위상과 역할도 궁금했습니다. 그리고 우리나라의 주변국들은 어떻게 변했으며, 세계의 경제와 정세를 주도하던 다른 나라들은 또한 어떠한지도.

이 모든 것을 좀 더 자세히 살펴보기 위해서 사람들을 만나야 했습니다. 누구를 만날지 계획을 세우고, 연락해서 약속을 잡고, 인터뷰를 했습니다. 미리 양해를 구하기는 했지만, 모두 아낌없이 시간을 내어 주었고, 최고위직 공무원까지 너무나도 친절하게 인터뷰에 응해 주어서 몸둘 바를 모를 정도였습니다. 이 자리를 빌려서 인터뷰에 응해 주신 모든 후손분들께 감사의 말씀을 드립니다.

찾아뵈었던 학자분들은 그 연륜만큼이나 편안하게 지식을 풀어 주셨지만, 혹시라도 이 책을 읽을 독자분들께는 다소 딱딱하거나 어려울 수도 있을 것 같습니다. 지금 시대에는 없는 새로운 일을 하는 공무원분들과의 인터뷰를 통해서 '자본주의(capitalism)'에서 '가치주의(valueism)'로 이념이 바뀌고, 이것이 국가의 체계 안에 들어와 있음을 느낄 수 있었습니다. 국가의 행정 체계가 제대로 갖추어져서 국가가 국가답게 변모했다는 것을 각 행정본부장 또는 실무자와의 인터뷰에서 확인할 수 있었습니다. 정치가 바뀌어야 나라가 바뀐다는 말이 있는데, 정치인들과 고위 공무원들과의 인터뷰에서 이 나라가 통일을 이루고 발전하게 된 이유를 알게 되었습니다. 교육부, 사회부, 보건부 공무원들과의 만남을 통해 우리나라의 교육 시스템이 백년지대계(百年之大計)를 뛰어넘었음을 알게 되었고, 복지와 보건 정책이 재정에 부담을 주지 않으면서도 어떻게 진정한 복지와 보건을 실현하는지를 듣게 되었습니다. 우리나라의 산업은 어떻게 관리되고, 개별 기업들은 어떻게 운영되는지도 들을 수 있었습니다. 인공지능이 어떻게 생활 속에 들어와 있는지도 알게 되었고, 각 개인의 실생활과 다양한 삶의 모습, 그리고 가치관도 엿볼 수 있었습니다.

　얼마나 다양한 직업들이 있는지, 생활상은 얼마나 많이 바뀌었는지, 그리고 인공지능을 비롯한 미래의 발전된 모습은 구체적으로 어떠한지, 소개할 만한 수많은 이야기가 있었으나, 발전된 사회의 바탕을 이루고 있는 정치와 경제의 체계를 소개하는 데 가장 많은 지면을 할애함에 대해서 독자 여러분들의 양해를 구하고자 합니다. 다소 딱딱한 이야기일 수도 있지만, 정치와 경제의 근본적인 개혁의 방향을 잡아서 국가를 바르게 세워야만 하는 당면 과제를 안고 있는 우리에게는 이것이 시급하게 찾아야 할 국가 운영의 비전이기 때문입니다. 2100년, 지금 살고 있는 세상을 한마디로 표현해 달라는 질문에 인터뷰해 준 70인이 한결같은 대답을 하더군요. 사람이 사람답게 사는 세상이라고!

Contents

Contents

Chapter

01

미래의 학자들

VALUEISM

가치학자

가치란 무엇일까요? 어떻게 사는 것이 가치 있는 삶이고, 어떻게 사는 것이 그렇지 않은 삶일까요? 어떤 일을 하면 가치 있는 일이 되고, 어떤 것을 만들면 가치 있는 것이 될 수 있을까요? 가치 있는 일 중에서도 어떤 일이 더욱 가치 있는 일이고, 어떤 일이 덜 가치 있는 일일까요? 오래전에는 그저 돈을 많이 벌면 좋은 직업이라고 여기고, 돈을 많이 벌지 못하면 천하고 좋지 않은 직업이라 여기던 그런 시절이 있었습니다. 하지만 그것은 정말로 잘못된 생각이며, 그런 생각대로 움직이는 사회나 국가는 절대로 올바른 모습으로 발전할 수 없습니다. 안녕하세요. 저는 국가 연구 기관에서 가치학을 연구하는 일을 하는 가치학자 '가치관'입니다.

오래전 그때는 돈만이 아니라 권력도 가치 있는 일의 중요한 척도였습니다. 국회의원이나 정치인들, 또는 판사나 변호사 같은 법조인, 그리고 큰 기업체를 가지고 있는 대기업 총수나 최고경영진, 영향력 있는 언론 소유주, 뭐 이런 직업들 또는 이런 일을 하는 사람들이 선망의 대상이었다고 할 수 있습니다. 하지만 과연 이런 사람들이 정말로 가치 있는 일을 하는 사람들일까요? 이런 사람들 덕분에 사회가 올바른 모습으로 발전하고 더욱 살기 좋아지며, 가난하고 형편이 어려운 사람들이 희망을 품게 되었을까요? 실상은 오히려 그 반대였다고 볼 수 있습니다. 물론 이바지하는 측면이 전혀 없었던 것은 아니었지만, 이런 부류의 모든 사람은 아니더라도 많은 이들이 부정과 부패에 상당히 깊숙이 연루되어서 대다수 국민의 공분의 대상이 되는 일이 적지 않았습니다. 그리고 그런 부정과 부패는 사회의 건전성과 안정성을 해치고, 사회 불만 계층을 양산했으며, 다른 사람들을 부정과 부패에 둔감하게 만들어서, 규모가 작더라도 사회 곳곳이 부정과 부패로 얼룩지도록 영향을 끼쳤다고 볼 수 있습니다. 부정과 부패가 있다는 것은 정직하게 살아가는 사람들이 더 많은 일을 해야만 사회가 돌아간다는 뜻입니다. 따라서 크건 작건 이런 부정부패에 연관된 사람들이 다른 사람들의 정상적인 삶을 힘들게 만드는 것이 인간 사회의 속성입니다. 부와 권력을 지닌 이들이 전혀 부정부패가 없고 깨끗하다 할지라도 과연 일반인들보다 가치 있는 삶이라 말할 수 있을까요?

우리 인간은 다음과 같은 욕구가 있다고 밝혀져 있습니다. 생리적 욕구, 안전 욕구, 소속이나 애정 욕구, 존중 욕구, 그리고 인격 성장이나 자아실현 욕구입니다. 생리적 욕구는 의식주, 건강, 편리라는 것을 추구하게 되고, 안전 욕구는 치안이나 평화를 추구하게 되며, 소속이나 애정 욕구는 가정, 사랑, 자연을 추구하게 됩니다. 존중 욕구는 명예, 봉사, 문화를 추구하게 되고, 자아실현 욕구는 지식, 수양, 사명을 추구하게 됩니다. 이들 각각의 항목들은 실질적으로는 우리 인간이 지금의 시대를 살아가면서 꼭 필요로 하는 항목들이며, 나열해 보면 다음과 같이 분류됩니다. 공기, 식료품, 의류, 주택, 상하수도, 기간 시설, 에너지, 교통, 공산품, 의료, 건강, 약품, 치안, 국방, 법률, 행정, 외무, 환경, 문화, 체육, 예술, 정보, 교육, 학문, 복지, 종교입니다. 물론 이 분류에 속하기에는 모호한 항목이 있을 수는 있으나, 가능한 이 분류 안으로 모든 필요한 것들을 표현할 수 있다고 보겠습니다. 즉, 우리의 기본적인 욕구들이 실제로는 우리 삶의 밀접한 산업들로 표현되어서, 우리가 그것으로 직업을 이루고 인생을 이루며 그 삶을 영위해 가는 인간 사회의 모습이 된 것입니다. 우리의 욕구로 인해 그 산업이 생겨났지만, 자본주의 체제에서는 산업들의 공급을 대량화하고 그 수요도 대량화하다 보니 오히려 인간을 위해 존재하던 산업이라는 측면이 산업을 위해 존재하는 인간으로 전락해 버린 모습을 곳곳에서 볼 수 있음을 우리의 역사는 분명히 말해 주고 있습니다. 즉, 산업이 인간을 위해 변모하다가 어느 순간 인간과 자연을 산업을 위해 희생시켜야 했던 역사입니다. 옥수수나 콩 같은 유전자조작 곡물류와 이를 소비하기 위해 억지로 만들어 낸 갖가지 가공식품이나 전에 없었던 용도들, 열악한 조건으로 대량 사육되고 각종 주사제와 호르몬에 오염되었으며 너무 이른 연령에 도축당해야 했던 가축들이 그 대표적인 사례들입니다.

어쨌든 다시 돌아가서 이제부터 우리 인간이 삶을 영위하기 위해 실제로 생겨나고 직업의 형태로 만들어진 산업들을 원래 인간의 욕구라는 측면으로 재구성해 보려고 합니다. 이들 산업은 우리의 일거리로 또는 직업이나 직장이라는 이름으로 우리의 삶에 들어와 있는데, 그렇다면 어떠한 산업이나 일이, 즉 어떠한 욕구를 충족시키는 것이 더 중요하고 가치가 있을까요? 아마도 생리적인 욕구를 해결해 줄 수 있는 일이 우선일 겁니다. 그다음은 순서대로 안전 욕구, 애정 욕구, 존중 욕구, 그리고 자아실현 욕구가 될 것입니다. 그렇다고 이 순서가 가치의 순서가 될 수는 없습니다. 아무것도 없을 때의 급한 순서일 수는 있지만, 사회가 발전하면서 기본적인 욕구를 채워주는 능력이 생겼기 때문입니다. 굳이 순서를 매기자면 욕구를 채우기를 원하는 당사자에게 무엇이 가장 시급한지를 묻는 것이 올바를 것입니다. 이것은 물론 개인마다 다릅니다. 따라서 어느 것이 더 가치가 있다고 판단하는 것은 불가능하며 그런 판단 자체가 잘못되었다고 보는 것이 맞습니다. 그래서 모든 것이 가치가 있으나 사회의 요구에 따라서 그 가치의 필요성이 달라진다고 보는 것이 합리적입니다. 이것을 다시 산업에 풀어서 적용하면 모든 산업은 각각의 가치를 지니고 있으며, 사회 구성원의 수요에 따라 가치의 평가가 달라진다고 설명됩니다. 만약에 어떤 산업 생산품의 공급이 부족해진다면 이를 요구하는 수요가 가치의 상승을 유도하며, 이것은 수요-공급의 법칙을 근간으로 하는 자본주의의 시장 원리와 똑같습니다. 하지만 단지 수요만 많다고 해서 그 상품의 절대적인 가치가 높은 것일까요?

어떤 상품의 가치를 설명하고자 할 때 얼마나 쓸모가 있는 상품인가 하는 점을 효용가치라고 부르기로 하겠습니다. 이 효용가치는 단지 수요가 많다고 높은 것이 아니며, 또 다른 몇 가지 항목으로 표현되는 것이 맞습니다. 이 상품이 필수적으로 필요한가를 나타내는 항목을 '필수성'이라고 부르기로 하겠습니다. 이 필수성은 공급이 일정 부분 이루어지면 급격히 수치가 떨어지는 그래프를 그리게 됩니다. 그다음에 그 상품 자체가 가지는 고유한 가치를 나타내는 상품성이라는 항목이 필요합니다. 상품 자체가 가지는 품질이기도 하고, 상품 자체가 가지는 희귀성이기도 하며, 공급자만의 고유한 기술과 정성이기도 합니다. 이러한 상품성은 다른 항목과 달리 공급하는 그 시점에는 다른 요소에 의해 변하지 않는 가치입니다. 또 다른 항목은 '수혜성'으로서 상품성이 지속되는 시간을 나타내는 수혜 시간과 혜택을 받을 만한 수요의 범위인 수혜 범위입니다. 아무래도 상품성이 오래 지속되고 많은 사람에게 광범위하게 적용될 수 있는 상품이 더 가치가 있겠지요. 따라서 효용성이라는 가치의 표현은 수요와 필수성 그리고 상품성과 수혜성 이 네 가지 항목으로 계산될 수 있습니다. 상품을 생산하다 보면 필연적으로 소모되는 가치가 있습니다. 이것을 '소모가치'라고 부르기로 하며 몇 가지 항목으로 표현됩니다.

원료나 재료가 소모되면 이것 자체가 가치이며 이 가치가 소모되는 것이기에 이 항목을 '다른가치소모'라고 부르겠습니다. 재료 또는 원료를 가공하거나 다루다가 다른 무언가가 필연적으로 희생이 된다면 이것은 다른 가치를 훼손한 것이기에 이 항목을 '다른가치훼손'이라고 부르겠습니다. 이 훼손되는 것이 보통 자연인 경우가 많고 공해가 발생한다든가 오염 물질이 배출된다든가 이런 형태가 일반적입니다. 그 상품을 생산하는 과정이 위험한 일일 수도 있습니다. 예를 들어서, 제비집 요리를 제공하는 레스토랑에서 제비집을 구한다고 하면 누군가는 동굴 속으로 들어가서 위험하게 밧줄에 의지한 채 높은 곳에서 제비집을 채취하는 위험을 감수해야 하니까요. 따라서 위험도도 이 항목에 들어가야 합니다. 어떤 상품은 생산하는 과정이 상당히 어려운 때도 있습니다. 아무래도 생산이 쉬운 것보다는 어려운 경우가 인력이라든가 장비 등에서 소모되는 가치가 많다고 봐야 할 겁니다. 따라서 난이도도 포함됩니다. 어떤 상품은 생산자의 상당한 숙련도가 있어야 하는 때도 있습니다. 이 또한 인력 수급 등으로 소모되는 가치가 크므로 숙련도 항목도 포함됩니다. 어떤 상품은 생산자가 작업을 꺼리는 경우가 있습니다. 또 어떤 상품은 생산자가 쉽게 피로를 느끼기도 합니다. 따라서 기피도와 피로도도 소모가치 항목에 포함됩니다. 그래서 어떤 상품을 생산하기 위해 소모되는 가치인 소모가치는 다른 가치소모, 다른 가치훼손, 위험도, 난이도, 숙련도, 기피도, 피로도가 고려되어서 산출됩니다.

이제 생산자가 생산한 상품의 가치를 나타낼 수 있습니다. 그것은 효용가치에서 소모가치를 빼면 되며, 이를 '창출가치'라고 부릅니다. 이 창출가치는 실제로 생산자의 노력으로 만들어 낸 가치이며 효용가치보다 소모가치가 더 크다면 그런 상품을 만들 의미가 없다는 뜻입니다. 한 가지 짚고 넘어가야 할 것은 소모가치의 인자 중에 다른 가치 훼손은 상품의 생산자에게는 전혀 손해가 아닌 경우가 대부분입니다. 이것까지 고려해서 실제로 생산자의 관점에서 소모가치는 다른 가치훼손 항목이 삭제됩니다. 그리고 생산자가 공급하게 되는 권장공급가치는 효용가치에서 소모가치를 더해야 하며 여기에는 다른가치훼손 항목은 삭제되어야 합니다. 효용가치와 소모가치를 산출하는 각각의 세부 항목들은 좀 더 면밀한 수식이 필요하며 이들을 바로잡기 위한 보정 계수들도 붙어야 합니다. 이를 통해서 어떤 상품이 지니는 절대가치를 표현할 수 있습니다. 하지만 수요-공급의 논리를 따르기에 절대가치라는 말은 조금 모순이 있습니다. 그래서 현재 가치학에서는 상품의 절대가치에 관한 연구가 진행 중이며, 연구가 완료되면 '가치주의'라는 이념을 좀 더 완전하게 하는 데 많은 도움이 될 것으로 생각합니다. 가치는 변하는 것 같지만 실제로는 변하지 않습니다. 물론 절대가치일 때입니다. 그리고 변하지 않아야 그것이 가치가 있다고 말할 수 있습니다. 다만, 그 형태가 바뀌고 다른 것으로 전환되어서 누군가에게는 쓸모없는 것으로 보일 뿐입니다. 태어나고 자라고 무언가를 남기며 돌아가야 하는 게 우리의 인생이지만, 그 삶이 의미가 있다면 그 인생의 가치는 분명히 소멸하지 않고 누군가의 기억 속에 남아 있을 것입니다. 오래도록.

자연학자

안녕하세요. 저는 '자연학'을 연구하고 있는 자연학자 '자연산'입니다. 예전에는 없던 학문의 분야입니다. 그때는 물리학, 화학, 생물학, 지질학, 천문학 등 여러 분류의 과학 분야가 있었지만, 자연학이라는 이름은 없었습니다. 자연학은 이들 모두를 포괄하는 학문입니다. 그리고 이들 학문이 관심을 두지 않았던 물질로써 이해할 수 없었던 영역까지 다루고 있습니다. 자연학이라는 학문이 새롭게 등장했지만, 기존의 물리학이나 화학, 천문학, 생물학 등의 학문은 여전히 그대로 존재합니다. 자연학은 이들 학문과 겹치는 학문이라기보다는 이들을 엮어주며 이들 학문이 다루지 않는 영역으로 확장된 학문입니다. 자연에는 이유가 없는 것은 하나도 없다는 것이 이 학문의 기본 철학입니다. 물리학이나 화학에서처럼 자연현상을 개별적으로 관찰하고 정밀하게 분석해서 이를 이해하는 것이 아니라 자연을 그냥 하나의 큰 틀로써 관찰하고 이해한다고 생각하시면 됩니다.

예를 들어서, 겨울에 창문을 열었더니 찬바람이 방 안으로 들어온다는 현상을 물리학적인 측면에서의 기압 변화나 온도 변화로 이해하거나 화학적인 측면에서 공기 내 산소나 이산화탄소 등의 함유 비율 변화 등으로 이해하는 것이 아니라 그런 현상이 일어나는 통합적인 원리를 관찰하는 것입니다. 자연에 존재하는 질서는 비교적 단순합니다. 과학에서 만들어 낸 복잡한 수식이 있어야만 이를 설명할 수 있는 것은 아닙니다.

자연에는, 아니 우주에는 두 가지 방향성이 있습니다. 이 두 가지 방향성은 여러 가지 다르게 보이는 현상으로 관찰됩니다. 그 한 가지 방향은 하나로 통합되는 것이고, 다른 한 가지 방향은 두 개 이상으로 나뉘는 것입니다. 하나로 통합되는 방향일 때는 특별한 에너지가 필요하지 않습니다. 하지만 그 반대인 나뉘는 방향일 때는 누군가 아니면 무엇인가 주체자의 개입과 그리고 에너지의 투입이 필요합니다.

인간이 건물을 지을 때 흔히 사용하는 철로 된 '못'이라는 것을 예로써 들어보겠습니다. 못을 만들기 위해서는 철광석이라는 광물을 땅속에서 캐야 하고, 그다음에는 철광석을 용해하여 선철을 만들고, 불순물을 감소시켜 순도를 높이는 제강의 과정과 열처리 과정을 거친 후에야 못이 만들어집니다. 이렇게 만들어진 못을 자연에 내버려 두면 시간이 오래 걸리기는 하지만 언젠가는 원래의 철광석 모습으로 돌아가게 됩니다. 여기서 못이 만들어지기까지의 과정은 누군가의 노력과 에너지 투입이 필요한 과정이고, 다시 자연으로 돌아가는 과정은 아무런 에너지도 필요하지 않고 그냥 이루어지는 과정입니다. 즉, 못을 만드는 과정은 자연으로부터 못이라는 것을 분리해 내는 과정이고, 못이 다시 철광석으로 돌아가는 과정은 못이 자연으로 다시 통합되어 가는 과정입니다. 여기서 다시 들여다보면 못을 만드는 과정은 환원 반응이고 못이 자연으로 돌아가는 과정은 철이 녹스는 반응이므로 산화 반응입니다. 여러 물질이 하나로 뒤엉켜 있는 상태에서 우리에게 필요한 것을 추출하거나 구별해 내는 과정은 나누는 과정이며, 질서를 만드는 환원의 과정입니다. 분리되고 정돈된 상태에서 여러 가지가 구별 없이 통합되는 과정은 무질서도가 증가하는 산화의 과정입니다.

이러한 두 가지 방향성은 자연 곳곳에서 관찰할 수 있습니다. 높은 산의 꼭대기에 노출된 부분이 풍화작용을 받으면 쪼개져서 큰 바위가 되고, 이것이 산 아래로 긴 시간에 걸쳐서 내려오게 됩니다. 산꼭대기에 서는 풍화작용을 받아 쪼개진 바위가 여러 개 있어도 서로 간에 공통점을 찾을 수는 없습니다. 모양도 전혀 다르고 크기도 전혀 다릅니다. 하지만 이 바위가 계곡을 따라 굴러서 내려오면 점점 깎이고 시간이 지나면서 크기도 모양도 점점 비슷해집니다. 산의 중간쯤 내려왔을 때 큰 돌덩어리도 있고 작은 돌덩어리도 있지만, 산꼭대기에서보다는 서로의 차이가 크게 줄어든 상태입니다. 계곡 물을 따라 강의 하류에 이르면 자갈의 형태로 작아지며 이들도 다양한 형태이기는 하나 자갈 간의 크기도 모양도 어느 정도 비슷해집니다. 더 내려가서 바다에 이르면 모래 알갱이가 되어 한참 확대해서 보면 이들 알갱이는 서로 크기와 모양의 차이가 있을지라도 그냥 눈으로는 구별해 내기 힘들 정도로 비슷해집니다. 이처럼 구별되고 차이가 있는 상태, 즉 이것과 저것이 분명히 달라서 분리된 상태로부터 구별이 없어지고 차이가 나지 않는 상태로 자연스럽게 바뀌어 가는 것을 자연에서는 흔히 볼 수 있습니다.

겨울에 창문을 열면 찬바람이 들어오는 이유는 방 안과 밖의 온도가 차이가 있어서 이것이 점점 좁혀지는 방향으로 자연적인 흐름이 발생하기 때문입니다. 바깥의 찬 공기와 방 안의 따뜻한 공기가 섞여서 온도의 차이를 줄이는 방향으로 가려다 보니 방 안에 있는 사람은 찬바람이 들어온다고 느끼는 것입니다. 여름에는 창문을 열어도 바람이 잘 들어오지 않습니다. 방 안의 온도와 밖의 온도가 차이가 거의 나지 않기 때문입니다. 빨래를 널면 빨래가 마르는 이유도 여기에 있습니다. 젖은 빨래의 높은 습도와 주변 공기의 낮은 습도가 자연스럽게 균형을 맞추려는 움직임이 발생하게 됩니다. 같은 습도가 되려다 보니 빨래에 있는 수분이 밖으로 빠져나가게 되는 것입니다.

이러한 방향성은 인간 사회에서도 관찰됩니다. 경작지를 가꾸어서 벼농사나 밀 농사 또는 옥수수 농사 등을 하게 되면 경작지에는 해당 작물이 빼곡하게 자라게 됩니다. 하지만 가만히 놔두면 여러 잡초가 들어와서 같이 자라게 되며 시간이 흐를수록 경작지 내의 잡초들의 비율이 높아집니다. 나중에는 그곳이 농사를 짓던 경작지인지 아니면 자연의 일부인지 알 수 없도록 모든 것이 섞여 있는 그런 상태로 변하게 됩니다. 즉, 구별되고 나누어진 것이 구별이 없어지고 섞이며 하나가 되는 흐름이지요. 저녁에 퇴근해서 집에 돌아오면 집 안에 아이들이 어질러 놓은 것들을 수고해서 정리를 하게 됩니다. 책은 책꽂이에, 장난감은 장난감 통에, 벗어놓은 빨랫감은 빨래통에, 학용품은 제자리에. 하지만 시간이 지나면 자연스럽게 다시 어지러운 모습으로 변하게 됩니다. 원시부족 사회에서 부족장과 최하층 노예와의 권력 및 부를 비율로 나타내면 엄청난 차이가 나게 됩니다. 부족장의 마음에 들지 않으면 그 노예는 언제든지 목숨을 잃게 됩니다. 왕조시대의 왕과 최하층 노예와의 권력 및 부의 차이를 비율로 나타내면 물론 그 비율이 크기는 하지만 원시 부족 시대보다는 줄어들었다는 것을 알게 됩니다. 왕이 그 노예의 목숨을 빼앗을 수는 있지만, 명분도 필요하고 신하들의 동의가 필요하기도 합니다. 근대 독재국가에서 독재자와 최하층 빈민을 비교하면 이들 간의 부와 권력의 비율이 그전보다 더 줄어든 것을 알 수 있습니다. 독재자가 최하층 빈민이라 할지라도 그의 재산을 몰수하고 목숨을 빼앗는 것이 간단한 일이 아니고, 권력기관을 동원해서 치밀하게 계획을 짜서 진행해야 하며, 여론이나 국회의 눈치도 봐야 합니다. 민주주의가 제대로 적용된 현대의 국가에서는 대통령 또는 수상과 최하층 빈민과의 부와 권력의 비율이 그전과 비교하면 많이 줄어든 것을 알 수 있습니다. 인간 세상도 자연의 이러한 방향성이 그대로 적용되어서 차이가 나고 구별된 것들이 점점 그 차이가 줄어들고 구별이 없어져서 구분이 어려운 쪽으로 정치와 사회와 모든 시스템이 변화해 가게 됩니다.

이는 인간의 본성이 우주의 섭리를 따르고자 하는 원리 때문이며, 물리학에서는 이를 열역학 제2법칙으로 정의하고 고립계에서는 엔트로피(entropy), 즉 무질서도는 증가하는 방향으로 변화한다고 설명합니다. 이를 응용하면 앞으로의 인간 사회의 모습은 개인 간의 차이나 구별이 없어지는 좀 더 평등한 사회로 나아간다는 것을 유추할 수 있으며, 그것이 곧 우주의 섭리이고, 이러한 방향성에 반하는 인간의 행위는 선이 아닌 악으로 볼 수 있는 것입니다. 만약 누군가가 가난한 사람들을 위해서 혹은 부모 없는 고아들을 위해서 자신이 가진 재산의 일부를 아낌없이 기부하는 행위를 보게 된다면 사람들은 그 행위자의 행위에 박수를 보내게 됩니다. 반대로 돈 많은 권력자가 대기업에는 세금을 절감해 주면서 빈곤층의 복지 혜택을 줄이는 정책을 쓴다면 대부분의 일반 국민은 그 권력자를 욕할 것입니다. 여기서 많이 가진 자가 없는 자에게 나누어 주는 것은 서로 평등으로 나아가는 방향이기에, 즉 차이가 줄어들고 구별이 없어지는 방향이기에 올바르다고 여기며 선이라 판단하는 것입니다. 반대로 가진 자가 없는 자의 것을 빼앗는 것은 불평등이 심화하는 방향이기에, 즉 차이가 벌어지고 구별이 뚜렷해지는 방향이기에 잘못되었다고 여기며 악이라 판단하는 것이며, 누구나가 자연에 속한 아니 우주에 속한 자들이기에 특별히 이에 대해서 배우지 않아도 그렇게 여긴다는 겁니다. 인간 사회가 그 구성원 간의 차이나 차별이 없지는 않을지라도 그것이 얼마나 많이 줄어들어서 평등이 실현되고 있는지를 보면 그 사회의 성숙도를 볼 수 있습니다. 즉, 한 개인이 태어나서 자라고 성숙하며 그 인생을 마감하는 과정으로 나아가듯이, 한 사회의 현재 상태를 바라보면 다시 말해 어느 정도 성숙했는지를 바라보면 그 사회에 허락된 남아 있는 시간이 어느 정도인지도 파악이 됩니다. 자연을 오래도록 바라보고 있으면 많을 것들을 알게 됩니다.

여기서 물질화에 대해서 잠시 하나 더 짚고 가고자 합니다. 과학에서는 우리가 바라보는 자연과 우주를 물질과 에너지라는 개념으로 설명합니다. 에너지로부터 물질이 나왔으며, 물질은 곧 에너지이기도 합니다. 이 물질은 우주에서 여러 가지 모습을 띠고 있으며, 특히 지구에서 다양한 모습으로 관찰됩니다. 이들 물질을 잘 관찰하면 물질화의 단계를 볼 수 있습니다. 지구 최외곽에는 수소, 산소, 질소 등으로 이루어진 대기층이 있고, 그 아래 지표에는 물이 있으며, 흙이나 암석으로 구성된 지각에는 각종 동식물이 살고 있고, 그 내부에는 맨틀(mantle)과 외핵과 내핵으로 구성되며, 심층부로 들어갈수록 질량이 더 무거운 금속성 물질들로 구성되어 있습니다. 이들 중에서 흔히 '생명'이라고 일컬어지는 것은 지표면 위의 물질들이나 물이 가지는 범주의 비중 또는 질량을 가지고 있습니다. 그리고 생명을 이루는 물질들이 때로는 생명체의 구성 물질이기도 하고, 아니면 비생명체의 구성 물질로 남아 있기도 합니다.

과연 생명은 무엇일까요? 과학계에서는 아직 생명에 대해 정확하게 정의 내리지 못하고 있습니다. 물질을 생명과 비생명으로 나눈다면 우리가 흔히 알고 있는 생명체만 생명의 범주에 속할까요? 우리가 알고 있는 사실로만 생각하더라도 비생명체의 구성 물질이 생명체를 구성하기도 하고, 그 반대의 경우도 언제든지 일어납니다. 자연에게 생명의 범위가 어디까지인지를 물어보니 이렇게 답해 주더군요. 우리가 사랑하는 모든 것이라고요. 우리 인간이 인간을 사랑하고 때로는 동물도 사랑하며 때로는 식물도 사랑하지만, 우리 인간은 자연 그 자체도 사랑하기에 곧 자연 모두가 생명이며, 이를 확장하면 우주 전체가 생명이라는 말입니다. 인간이 자연 그 자체로부터 나오기도 했지만, 자연은 우리가 언젠가 돌아갈 고향이기도 하기 때문인가 봅니다.

인간학자

안녕하세요. 사람이 사람답게 살려면 먼저 사람에 대해서 알아야 합니다. 저는 인간에 관해서 연구하는 인간학자 '인간성'입니다. 예전에는 고고학에 가까운 문화인류학이나 의학의 한 분야에서 다루던 체질인류학 그리고 언어학 등을 연구하던 인류학이라는 학문이 있었는데 이것이 연구 방향을 인간에 대한 것으로 집중하면서 철학의 한 부류였던 '인간학'이라는 명칭을 사용하게 된 것입니다. 인간학은 사람이 태어나서 죽을 때까지 사람에 대한 모든 것을 연구하는 학문입니다. 생명체로서의 인간, 물질적 그리고 영적 존재로서의 인간, 그리고 자연과 우주 일부로서의 인간이 이 학문의 주된 연구 주제입니다. 생명체로서의 인간은 인간의 생명 활동 그 자체에 관심을 가집니다. 생명이 잉태되고 사망에 이르는 원리는 무엇인지, 태어나고 자라서 노화를 거쳐 삶을 마치는 과정에 어떠한 일들이 있는지, 그리고 인간의 육체가 가진 특징과 그 의미는 무엇인지에 대해서 연구하는 것입니다. 어찌 보면 의학과 비슷할 것 같지만, 의학은 병과 치료에 주된 관심을 두고 있고, 인간학은 생명 활동에서 일어나는 모든 일에 대한 원리를 밝혀내고 그 의미를 이해하는 데에 그 관심을 둡니다.

인간은 육식을 해야 할까요? 아니면 채식을 해야 할까요? 과일이나 채소에서 나는 향기와 고기나 생선에서 나는 누린내나 비린내를 비교해 보면, 당연히 채식이 맞습니다. 다른 측면을 살펴보겠습니다. 육식 동물과 초식동물은 장의 길이가 아주 다릅니다. 몸통의 길이에 대한 장의 길이는 육식동물이 3~6배인데 비해 초식동물은 10~12배나 되어 초식동물의 장이 육식동물보다 많이 깁니다. 인간은 10~11배가 되니 초식동물의 비율과 거의 비슷한 수준입니다. 특히, 한국인은 서구인들보다 30cm 정도 장의 길이가 길다고 합니다. 그렇다면 장의 길이가 길고 짧은 것이 무슨 음식과는 무슨 상관일까요? 육식을 한다는 것은 단백질을 소화해야 한다는 뜻입니다. 단백질은 질소 성분을 함유라고 있어서 아미노산으로 완벽하게 소화되지 않는다면 아황산이나 아질산 같은 독성 물질이 생기고, 질소 노폐물은 인체의 면역계를 교란하는 역할까지 하게 됩니다. 일반적으로 단백질의 완벽한 소화는 이론에서만 가능하며, 위산 분비가 저하된 경우에는 해로운 박테리아의 활성으로 치명적인 독소 노폐물이 발생하게 됩니다. 그래서 육식동물들은 장의 길이를 짧게 해서 독소가 문제를 일으키기 전에 내버리는 정책을 취하는 것이고, 초식동물들은 단백질을 소화하지 않으니 장의 길이가 길어도 아무 문제가 없는 것입니다. 인간이 육식을 한다면 이러한 독성 노폐물들이 길이가 긴 장을 통과하면서 큰 문제를 일으키게 되는 것입니다.

　육식동물의 위산은 섭취한 동물의 뼈도 녹일 수 있지만, 초식동물은 전혀 그렇지 못합니다. 인간도 만약 고기를 열을 가해서 단백질을 변성하는 과정을 거치지 않고 그냥 날로 먹는다면 씹을 수도 없지만 씹어서 삼킨다 하더라도 소화를 제대로 시킬 수 없습니다. 초식동물이나 인간은 대신에 아밀라아제(Amylase)라는 강력한 탄수화물 소화효소가 침샘에서 분비됩니다. 이것은 육식동물이 가지지 못한 기능입니다.

육식동물의 치아는 모두 송곳니입니다. 반면에 초식동물의 이빨은 네모난 앞니나 뭉뚝한 어금니의 형태입니다. 인간의 치아는 어떨까요? 사람은 보통 사랑니의 유무에 따라 28~32개의 치아를 가지고 있습니다. 이 중에서 정말로 먹을 것이 없을 때 고기를 먹을 수 있도록 송곳니와 비슷한 형태의 이가 4개 있습니다. 물론 육식동물 것보다는 아주 성능이 떨어지는 형태입니다. 그리고 채소를 쪼개서 먹으라고 앞니가 8개 있습니다. 그리고 곡식을 빻아서 먹으라고 나머지의 이빨은 모두 어금니로 되어 있습니다. 바로 이 비율이 우리 인간이 먹어야 하는 음식 섭취의 비율입니다.

따라서 인간의 먹을 만한 음식 재료는 가공하지 않은 상태에서 인간에게 향기가 좋거나 거부감이 없어야 하고, 열을 가하지 않고 날로 먹을 수 있어야 하며, 섭취하는 음식 중에서 육류의 비율은 전체 치아 중에서 송곳니 개수의 비율인 8분의 1을 넘지 않는 것이 올바르다고 할 수 있습니다.

육식하는 것보다 채식하는 것이 장수에 유리하다는 장점도 있습니다. 그것은 자연을 보면 이유를 쉽게 알 수 있습니다. 대체로 육식동물보다는 초식동물의 수명이 길고, 동물로서의 절정기도 육식동물이 초식동물보다 이른 나이에 맞이합니다. 그것은 앞서 말씀드린 소화와 연관되기도 합니다. 즉, 음식이 입으로 들어서 항문으로 배설되기까지의 과정이 육식동물이 초식동물보다 훨씬 단순하고 짧습니다. 그렇게 섭취된 에너지는 결국 각 세포의 세포분열을 유도하게 되고 이러한 세포분열의 총 횟수는 어느 정도 제한되어 있으므로 소화가 빠르게 이루어지면 각 세포가 세포분열의 총 횟수에 도달하는 시점이 이를 수밖에 없겠지요. 즉, 육식동물의 생체 시계가 초식동물의 생체 시계보다 빨리 돌아간다는 뜻입니다. 육식이든지 채식이든지 많이 자주 먹는 경우도 비슷한 논리가 적용됩니다. 운동을 많이 하거나 활동량이 너무 많은 경우도 마찬가지입니다. 세포가 에너지를 수시로 필요로 하게 만들거나 에너지를 수시로 공급하는 일들이 결국 세포분열의 총 횟수에 일찍 도달하게 만드는 것이니까요.

노화에 대해서는 다른 두 가지 요인이 더 있습니다. 먼저, 수면입니다. 수면의 역할은 두뇌의 기억 재정리, 심장의 쉼, 그리고 세포의 순조로운 교체라고 할 수 있습니다. 두뇌에 쌓인 기억은 그 분류 작업을 통해 일부는 단기 기억을 담당하는 곳으로, 일부는 중기 기억을 담당하는 곳으로, 일부는 장기 기억을 담당하는 곳으로 보내져서 저장됩니다. 물론 일부는 바로 버려지기도 합니다. 이 일은 뇌가 스스로 분류하는 것이 아니라 다른 주체가 개입하는데 이것은 다음에 무의식을 이야기할 때 말씀드려야겠네요. 아무튼, 잠을 통해서 뇌에 쌓인 기억이라는 숙제가 해결되고 뇌는 정화가 되어서 다음 일을 감당할 수 있는 준비가 되는 것입니다.

우리의 심장은 평생 쉬지 못합니다. 잠을 자는 동안에도 물론 쉬지 못하지요. 하지만 누워서 잠을 자게 되면 심장의 운동이 훨씬 수월합니다. 피를 가장 많이 소비한다고 볼 수 있는 두뇌가 심장과 같은 높이가 되기 때문입니다. 우리 인간은 기본 혈압이 상당히 높은 편에 속하는 동물입니다. 보통 네발 달린 짐승들은 심장과 머리의 높이 차이가 크게 나지 않습니다. 하지만 인간은 직립보행을 하므로 심장이 두뇌 쪽으로 피를 정상적으로 공급하려면 높은 혈압을 유지해야 가능합니다. 따라서 인간의 심장은 평생 엄청난 중노동을 하게 되는데 잠을 자는 동안만큼은 두뇌와 심장의 높이가 같아지기에 이러한 수고를 덜 수 있습니다.

따라서 잠을 자더라도 반드시 누워서 자야겠지요. 한 가지 더 말씀드리면, 인간이 네발 달린 짐승보다 오래 달릴 수 없는 이유는 높이의 차이 때문에 심장과 온몸과의 혈액 교환이 이들 짐승보다 원활하지 않기 때문입니다.

수면의 세 번째 역할은 세포의 원활한 세대교체입니다. 우리 몸의 세포는 단백질로 이루어지는데 환경에 민감한 단백질의 특성상 각각의 세포가 수명을 오래도록 유지할 수는 없습니다. 따라서 세포 복제를 통해서 다음 세대의 세포에게 그 역할을 넘겨주어야 하는데 이때 자신이 가지고 있는 정보의 최종 상태를 넘기게 됩니다. 그러면 다음 세포가 이를 받아들여서 그 역할을 시작하게 되는데 이러한 세대교체가 수면 시간 동안에 원활하게 이루어집니다. 잠을 잘 자지 못하면 머리카락이나 피부가 푸석푸석하게 되는 이유가 바로 여기에 있습니다. 이것은 릴레이 계주 경주와 마찬가지입니다. 달리고 있던 선수가 그다음 선수에게 바통을 넘겨야 하는데 머뭇머뭇하거나 바통을 놓치면 순위가 엄청나게 밀리게 됩니다. 이는 이전 세포의 최종 상태보다 훨씬 더 노화된 위치에서 다음 세포가 그 자리를 대신한다는 뜻으로 인간에게는 부분적인 노화를 의미합니다.

노화 이야기를 계속하면 음식, 수면과 더불어 세 번째 노화의 요인은 스트레스입니다. 이것을 설명하려면 무의식이라는 영역에 대해서 말씀드려야 합니다. 이것은 물질적인 세계가 아니라 영적인 세계의 이야기를 꺼내야 합니다. 오래전에는 스트레스의 의미를 잘 몰랐습니다. 이유를 알 수 없는 병의 증상이 있으면 의사들은 스트레스성이라고만 이야기하고 스트레스를 줄이라고 환자에게 권유만을 할 뿐이었습니다.

자, 이제 스트레스가 무엇인지 알아보기 위해서 사고 실험을 같이 해

보겠습니다. 이것은 실제로 해보셔도 되고 생각으로만 하셔도 됩니다. 두 팔을 위로 번쩍 들어보세요. 다시 내려보시고요. 앉은 자리에서 일어섰다가 다시 앉아보세요. 여기까지는 두뇌의 명령대로 팔다리가 움직일 수 있습니다. 그러면 잠시 숨을 참고서 가슴에서 박동하고 있는 심장에게 뛰지 말고 잠시 멈추라고 명령해 보세요. 잘되시나요? 100m 달리기를 막 마치고 나서 심장에게 평상시처럼 좀 천천히 뛰라고 명령해 보세요. 심장이 생각대로 움직여 주나요? 식사하면서 식도에 삼킨 음식물을 5초간 내려보내지 말라고 마음속으로 식도에게 명령해 보시고 그렇게 되도록 노력해 보세요. 그리고 그렇게 되는지 관찰하세요. 물론 성공하시는 분은 없습니다. 여기서 왜 그런지를 같이 생각해 보시지요. 의사분들에게 왜 그런지를 물어보면 중추신경계에서 또는 말초신경계의 자율신경계에서 알아서 하는 일이라는 답변만 듣게 될 것입니다.

만약에 전투기를 조정해서 마하 2.5의 속도로 하늘을 날고 있다고 생각해 보겠습니다. 이때 회전 비행을 하고 있어서 두뇌에 있는 피가 한쪽으로 급격하게 쏠리고 있는 상황입니다. 여기서 왼쪽 팔을 움직이다가 뾰족한 무언가에 부딪혀서 팔에 상처가 났다고 하면, 이런 상황에서 심장은 어떻게 박동을 해야 하고, 수축기 또는 확장기 혈압을 어느 수준으로 맞추어야 하며, 상처에 세균이 침투하는 것을 막아내기 위해서 면역계는 어떤 조치를 해야 할까요? 여기에서 두 가지의 가정을 할 수 있습니다. 첫 번째 가정은 우리의 몸은 모든 상황에 대해서 미리 준비된 시나리오가 마련되어 있어서 그 상황이 발생하면 거기에 맞는 시나리오대로 신경계나 면역계 등이 작동한다는 가정입니다. 두 번째 가정은 모든 상황을 감지하고 판단하며 이에 대한 적절한 조치를 결정해서 명령을 내리는 컨트롤 타워가 있다는 가정입니다. 정답은 물론 두 번째입니다. 의사들은 그게 바로 중추신경계이다고 말하겠지만, 인간의 생명과 직결된 상황이 그냥 자율적으로 이루어지고 있다는 것은 석연치 않은 구석이 많습니다.

이를 좀 더 알아보기 위해 다른 예를 들어보겠습니다. 어떤 사람들은 이러한 자율적인 조절에 아무런 문제가 없어 보이는데, 왜 어떤 사람들은 문제가 생기는 걸까요? 간질이라 불리는 뇌전증이든가 자가면역성 질환이라든가, 아니면 정체 모를 발작이라든가 이런 증상들 말입니다. 평소에 무척 좋아하는 음식이 눈앞에 차려져 있고 배도 많이 고파서 정말로 맛있게 먹을 만한 상황인데, 갑자기 아주 불편한 사람 예를 들어서 회사 사장님과 마주 앉아서 식사하게 되면 그 차려진 음식들이 맛이 있을까요? 게다가 사장님이 자신이 맡은 업무에 대해서 질책하고 있다면 과연 먹은 음식은 소화가 잘될까요? 중추신경계나 자율신경계가 알아서 하는 일이라면 분명히 섭취한 음식에 대한 소화는 아무런 문제가 없을 것입니다. 그리고 혀에서는 그 음식이 맛있다고 느낄 것입니다. 하지만 현실은 분명히 그렇지 않습니다. 음식도 무슨 맛인지도 모르겠고, 소화도 잘 안 될 것입니다. 이것은 무슨 이유 때문일까요? 이것은 컨트롤 타워가 외부의 상황에 영향을 받고 있다는 것이고, 이 컨트롤 타워는 외부의 상황을 인식할 수 있으며, 우리의 마음 안 어딘가에 있다고 볼 수 있습니다.

우리의 마음은 생각하고 이해하며 판단하는 주체인 의식의 영역이 있고, 우리가 그 존재를 잘 인지하지 못하는 다른 영역인 무의식 또는 잠재의식이 있습니다. 이러한 무의식은 의식과 동떨어진 것이 아니라 의식의 영향을 받거나 영향을 주기도 합니다. 무의식의 역할은 여러 가지가 있는데 그중에서 앞에서 언급한 중추신경계나 자율신경계 또는 면역계

등 의식이 직접 관여하지 않는 육체의 생명 활동에 대한 컨트롤 타워의 역할이 포함됩니다. 우리가 외부에서 스트레스를 받게 되면 의식이 이를 감지해서 이 스트레스의 원인이 되는 여러 가지 필연적인 상황을 인식하여 이를 순화시키는데, 이 외부로부터의 스트레스 정도가 너무 세거나 오래 계속되면 이것이 순화되더라도 무의식으로까지 그 영향을 미치게 됩니다. 그러면 무의식이 담당하고 있던 중추신경계나 자율신경계 또는 면역계가 그 영향을 받아서 이를 극복해야 하는데 극복이 안 되면 오작동을 일으키게 되는 것이지요. 그래서 소화가 안 되거나 이상한 신체 반응이 나타나거나 면역 활동에 이상을 보이기도 합니다.

아까 말씀드리던 노화에 관한 이야기로 다시 돌아가면, 음식과 수면과 스트레스가 노화를 결정하는 3대 요소로서 약간의 스트레스는 전혀 문제 될 게 없으나 강도 높고 지속적인 스트레스는 노화뿐만 아니라 건강에 분명히 큰 타격을 입히게 됩니다. 어떤 사람이 중대한 프로젝트의 책임자가 되어서 단기간 내에 그 일을 해결하기 위해 밤낮없이 일하다 보면 한 달도 채 못 되어 머리카락이 하얗게 변하는 것을 종종 볼 수 있습니다. 세포는 스트레스를 받으면 세포 자체의 생명 활동에 지장을 받거나 암세포 등으로 변질되지 않기 위해서 자신에게 남아 있는 텔로미어(telomere), 즉 세포분열을 할 때마다 조금씩 소실되기에 남아 있는 세포분열의 횟수를 나타내는 염색체의 말단부의 일부를 그 대가로 내어 놓게 되는 것입니다. 그만큼 노화가 진행되고 머리카락이 하얗게 변하는 등의 현상으로 몸에 나타나게 되는 것이지요.

아까 말씀드렸던 무의식을 종교적인 용어로 바꾸면 영(spirit)이 됩니다. 우리가 보통 이야기하는 혼(soul)과는 다르지요. 혼은 의식에 해당하고, 영은 무의식에 해당합니다. 무의식의 역할에 대한 몇 가지 사례를 더 들어보겠습니다. 다시 사고 실험을 해보겠습니다. 모든 감각기관이 멀쩡한 한 사람을 보지 못하고 듣지 못하며 냄새를 맡거나 피부의 감각을 느끼지 못하도록 눈을 가리고 귀를 막으며 코에는 숨 쉴 수 있는 공기가 외부와 차단된 채 공급되도록 하고 피부도 노출되지 않도록 하고 서 있게 합니다. 그리고 나서 그 사람 옆으로 다른 사람을 지나가게 합니다. 그러면 이 사람은 보고 듣고 피부로 느끼는 모든 감각이 차단되어 있는데 옆으로 지나가는 사람을 느낄 수 있을까요? 아니면 전혀 알 수 없을까요? 시골의 한적한 길을 밤에 혼자 걷고 있으면 등골이 갑자기 오싹한 느낌이 드는 것은 왜일까요? 말만 몇 마디 조금 할 수 있는 어린아이가 임신한 아주머니의 배 속에 있는 아기의 성별을 맞추는 일을 종종 보게 되며, 그 결과 또한 정확하게 일치합니다. 이건 어떻게 설명할 수 있을까요? 임신하면 주변의 가족들이나 가까운 사람들이 태몽을 꾸는 경우가 흔하게 발생합니다. 태몽의 내용으로 남자 아기인지 또는 여자 아기인지도 알 수 있습니다. 이것은 또 어떻게 설명해야 할지요? 멀리 떨어져 있는 가족과 연관된 꿈이나 직감에 관한 사례들도 무수히 많이 있으며, 이 또한 우리들의 인생에서 종종 일어나는 것을 알 수 있습니다. 이런 사례들은 모두 다 무의식의 존재를 이야기하는 사례들입니다.

무의식이라는 것이 우리의 몸 안에만 있기보다는 몸 밖으로도 그 영역이 있어서, 때로는 무의식의 영역이 좁기도 하지만, 때로는 아주 멀리까지 그 영역이 확장되어 있기도 합니다. 여기서는 오히려 무의식이라는 용어보다는 앞에서 언급한 '영'이라는 말이 어울릴 것 같습니다. 이런 한 사람의 영이 다른 사람의 영과 접촉을 하게 되면 이때 필요한 정보들이 서로 교환됩니다. 한밤중에 홀로 걷는 시골 길에서 등이 오싹한 이유는 다른 영이 접근했다는 뜻이고, 어린아이가 임신부 뱃속 아기의 성별을 맞추는 것은 어린아이의 영이 임신부의 영과 접촉했다는 뜻이며, 임신부는 자기 뱃속 아기의 성별에 대한 잘 모를지라도 임신부 자신의 영이 이미 알고 있다는 뜻입니다. 임신부 주변 사람이 흔히 꾸는 태몽은 임신부 자신은 임신을 모르고 있을지라도 임신부의 영이 이미 임신한 사실을 알고 있어서 이를 주변 사람의 영과 만났을 때 임신 사실을 전달한 것이라고 볼 수 있습니다. 각종 예지나 꿈도 이와 마찬가지의 원리입니다. 스트레스에 대해서 이야기하려다 보니 이야기가 좀 벗어났네요. 이미 말씀드렸듯이 음식과 수면과 스트레스가 노화를 결정하는 3대 요인이지만 노화가 일어난다고 이에 너무 민감할 필요는 없습니다. 노화의 의미는 자연에서 나온 것이 자연으로 다시 돌아가는 극히 자연스러운 일이기 때문입니다.

태어났으면 죽음을 향해 나아가는 것이 인생이지만 그런 인생이 있는 이유는 무엇일까요? 어린아이가 교통사고를 당해서 혹은 학대를 받아서 어린 나이에 죽게 되거나 아니면 교통사고가 나서 아이는 살았지만, 그 부모가 죽게 된 경우에 우리는 그 아이를 몹시 불쌍히 여기게 됩니다. 노인이 똑같은 상황을 당하면 그렇게 불쌍하거나 가엽게 여기지 않지만, 아이들에게는 누구라고 같은 연민을 느끼게 됩니다. 왜일까요? 누구에게나 그 인생이 주어진 이유가 있습니다. 어떠한 삶도 의미 없는 삶은 없습니다. 그렇기에 어린아이가 그 인생의 의미를 다 이루지 못하고 생을 마감하는 경우, 그 인생의 소명을 다 감당하지 못하고 일찍 저세상으로 가는 경우에 대해서 혹은 그 인생이 주어진 이유를 삶으로 감당하기에 너무나도 어려운 형편이 되어 버리면 누구라도 안타까워하는 마음이 생기게 됩니다. 이것은 우리가 그것을 인지하지 못하더라도 우리의 마음 어딘가에서 이미 이를 알고 있다는 것이고, 이것이 동정, 연민, 불쌍히 여김 등의 마음으로 나타나는 것입니다. 인생의 희로애락을 모두 겪은 노인이 생을 마감하는 경우, 우리는 그러한 죽음에 대해서 어린아이의 경우와 마찬가지의 슬픔이나 가엾음을 느끼지 않습니다. 이것은 그 노인이 이미 그 인생의 의미를 다 이룰 만한 삶의 시간과 기회를 충분히 가졌다고 우리의 마음속 어딘가에서 직감하고 있기 때문입니다.

요즘에는 볼 수 없는 모습이지만, 과거에 서울역이나 영등포역 등의 지하도에서 변변치 못한 모습으로 누워 있는 노숙인들을 보면서 혹은 길거리에서 볼품없는 차림새로 구걸하는 사람들을 보며 이런 사람들을 마음속으로 천하다고 생각하거나 쓸모없는 사람이라고 여기거나 이런 사람들을 함부로 대하면 안 되는 이유가 바로 여기에 있습니다. 그 누구라도 의미가 있는 인생이고, 그 누구라도 그 인생이 있어야 하는 이유가 있는 법이니까요. 다만 그 이유를 찾고자 하는 사람과 그렇지 않은 사람의 다름이 있을 뿐이지요.

철학자

사랑은 과연 무엇일까요? 아빠나 엄마가 자신의 아이들을 바라볼 때 느끼는 사랑과 자식이 부모님을 향해 우러르는 사랑, 그리고 연인 사이에 서로에게 끌리는 사랑이 모두 똑같은 사랑일까요? 아니면 사랑이라는 표현은 같지만, 조금씩은 다른 감정일까요? 우리가 알고 있는 사랑이라는 말이 가진 모든 뜻을 포괄하여 설명할 수 있는 참된 정의는 무엇일까요?

안녕하세요. 저는 22세기 철학을 연구하고 있는 철학자 '은하수'입니다. 22세기라고 해서 철학이 달라질 것은 없지만 가치주의 세상에 살고 있어서 좀 더 새로워지고, 좀 더 자유로운 사고로 철학을 한다는 뜻으로 '22세기 철학'이라 부르고 있습니다. 사실 어떠한 세상을 살아가든지 그 본질은 달라지지 않습니다. 만약 달라진다고 하면 그 본질을 잘못 이해한 것일 테니까요. 나는 누구인가? 그리고 사랑은 무엇인가? 이것은 아주 오래된 그리고 지금까지도 계속 현재 진행형인 철학의 주제입니다. 철학자의 길을 걷게 된 이후뿐만 아니라 그전에도 고등 과정 학창 시절 이후로 이 두 가지 명제가 하루도 제 머릿속에서 떠난 날이 없었습니다. 아마 그래서 지금 철학자의 길을 걷고 있는지도 모릅니다. 하나의 철학적 의문에 대해 고민하고 탐구하며 사력을 다해 그 답을 구한다 할지라도 끝끝내 대답을 얻지 못하다가 이러한 실패들이 거듭되고 거듭되어 세월이 이들 명제에 대해서 너그러워지면 자신도 모르는 사이에 모든 것을 알게 되는 것이 바로 철학자의 인생이 아닐까요? 내가 아는 그것은 나를 모른다고 하지만, 내가 모르는 그것이 나를 안다고 하니, 오히려 웃음 짓게 되는 인생 바로 그런 것이지요.

이제부터 사랑에 대해서 함께 탐구해 보겠습니다. 한 아기가 태어납니다. 아기의 자그마한 몸짓 하나하나가 엄마의 관심이며 즐거움이고, 지금 이 순간은 무엇과도 바꿀 수 없는 소중한 시간임을 엄마는 이내 압니다. 칭얼거림과 울음으로 자신이 원하는 것을 알릴 때마다 엄마는 아기의 필요를 채울 수 있음을 행복이라 여깁니다. 배가 고프다고 우는 아기에게 젖을 물릴 때 자신의 눈을 똑바로 바라보며 젖을 빠는 모습에 강력한 이끌림을 느끼며, 네게 무엇이라도 다 줄 수 있어, 그렇게 엄마는 마음속으로 말합니다. 회사 일을 마치고 집에 돌아온 아빠는 자신에게 반가움을 몸짓으로 표현하는 아기를 바라보며 무한한 책임감이 기쁨으로 다가옵니다. 아기가 자라서 아이가 되면 아빠와 엄마 말고도 때로는 형제나 자매를 찾기도 하고, 때로는 친구들과의 시간을 좋아하게 되며, 더 자라나면 우애나 우정이라는 엄마와 아빠를 대할 때와 다른 감정이 자신에게 있음을 깨닫습니다.

아이가 청년이 되니 함께 뒹굴며 자랐던 친구들로는 채워지지 않는 허전함을 느낍니다. 왜 그런지는 모르겠지만, 누군가를 찾아야 할 것 같고, 누군가를 만나야 할 것 같고, 스스로 혹은 친구들만으로는 채워지지 않는 부족함이 있음을 알아챕니다. 집 주변에서 혹은 거리에서 아니면 친구들과의 모임에서, 아니 그 어디에서라도 마음에 드는 이성의 모습을 보게 되면 알 수 없는 설렘이 심장의 박동을 마구 흔들어 놓습니

40 ·· 2100년에 만난 70인,
그들이 말하는 가치주의 세상

다. 마침내 한 명의 이성에게 온 마음을 송두리째 빼앗기게 되고, 함께 있지 않은 사소한 순간이 그리움이라는 올가미에 붙들립니다.

허전함이라는 씨앗이 그리움을 먹고 자라나 마침내 결혼이라는 열매를 맺습니다. 그리고 둘이 하나가 될 때 다시 둘이 됩니다. 아기는 바로 나 자신인 듯 아기의 미소가 나의 미소가 되고 아기의 울음이 나의 울음이 됩니다. 그리고 아기였을 때 자신을 그런 눈으로 바라보시던 오래전 부모님의 흐뭇한 그 미소가 비로소 떠오릅니다. 생전 눈물이라는 말을 몰랐었는데, 이렇게 많은 눈물이 자신에게 있었는지 그때 처음 알게 됩니다. 살아 계신 동안 만큼은 잘해 드려야겠다는 다짐이 마음을 빈틈없이 메웁니다. 부모님이 이제 떠나려 합니다. 이미 마음의 준비가 되었던 줄 알았는데 감당할 수 없이 흐르는 눈물이 그렇지 않다고 말해 줍니다. 마지막 가시는 길 후회가 없으시길, 그리고 다시 돌아오지 못할 길이지만 먼 곳에서라도 늘 지켜봐 주시길 바라며, 오래도록 마음으로 연결된 끈을 아쉬움으로 놓게 됩니다.

어느덧 황혼에 다가선 부부가 새 식구를 맞이하고 이내 한 명의 식구를 더 맞이합니다. 손주의 눈망울이 오래전 아들을 얻었을 때보다 더 초롱초롱하게 보입니다. 눈에 넣어도 아프지 않을 것 같다는 말이 무슨 뜻인지 알게 됩니다. 너를 보았으니 이제 여한이 없다는 생각이 불현듯 찾아옵니다. 인생이라는 시계가 멈추어 갈 즈음에 걸어온 길을 돌이켜 보며 회한에 잠깁니다. 후회란 무엇이고, 보람이란 무엇인지, 그리고 덧없음이란 무엇인지, 이제야 아는 듯합니다. 인생의 시계가 멈출 때 남은 가족들에게 이제는 안녕이라는 말이 차마 입술을 떠나지 못합니다.

한 사람이 태어나서 죽기까지의 아주 일반적이고 평범한 과정입니다. 전혀 특별하지 않은 과정이지만, 사랑이라는 정의를 알아볼 수 있는 정감 어린 어구들이 많이 등장합니다. 관심, 즐거움, 소중함, 필요를 채움, 행복, 강력한 이끌림, 다 내어줌, 무한한 책임감, 기쁨, 좋아함, 우애, 우정, 허전함, 찾아야 함, 만나야 함, 채워지지 않는 부족함, 설렘, 마음을 빼앗김, 그리움, 하나가 됨, 둘이 됨, 바로 나 자신, 흐뭇한 미소, 눈물, 잘 해드리고자 하는 마음, 마음으로 연결된 끈, 아쉬움, 눈에 넣어도 아프지 않음, 여한이 없음, 회한, 후회와 보람과 덧없음을 앎, 안녕이라는 말. 사랑이라는 말을 정의하려면 이 중에서 어느 것을 제외해야 하고 어떠한 단어나 어구가 더 필요할까요? 사랑은 어느 쪽으로 흐를까요? 부모와 자식 간은 사랑의 방향이 한쪽일 수 있지만, 연인 간의 사랑을 보면 보통 양방향일 것입니다. 사랑의 크기는 어떨까요? 엄마가 아기를 향한 사랑 혹은 친구들 간의 우정 등 사랑의 크기와 형태는 매우 다양하다고 할 수 있습니다. 사랑의 대상은 누구일까요? 전혀 모르는 굶주리는 어린이를 보며 눈물을 흘리듯, 동물이나 식물을 혹은 산속의 바위 같은 자연도 아끼고 소중히 여기는 모습에서 사랑의 대상은 무한히 확장될 수 있음을 알 수 있습니다. 그렇다면 사랑의 주체는 누구일까요? 사랑을 받는 대상이라면 그 누구라도, 아니 그 무엇이라도 사랑을 발현하는 주체가 될 수 있을 것입니다.

사랑은 언제부터 시작되었을까요? 원초적 시점을 찾아 올라가다 보면 우리가 알지 못하는 모든 것이 존재하는 근원의 시점까지 올라간다고 봐도 무방할 것입니다. 사랑이 사라지는 시점도 모든 것의 존재가 사라지는 시점일 것입니다. 사랑은 어느 때에 나타나게 될까요? 자신의 원할 때부터일 수도 있지만, 상대방이 자신을 필요로 하는 것을 아는 때부터일 것입니다. 우리가 가족들을 사랑하는 이유는 무엇일까요? 또 사랑이 나타나는 이유는 무엇일까요? 그것은 자신과의 연관성 때문일 것입니다. 연인과의 사랑은 지금은 아니더라도 미래의 어느 시점에 연관성이 있기를 바라는 마음도 포함될 것입니다.

더불어 자신의 정체성 문제가 이와 연결이 됩니다. 내가 누구인지, 나에 대한 정체성을 찾다 보면, 나와 연관된 이들을 사랑하게 됩니다. 나는 이 아이의 엄마이다, 나는 우리 아버지의 아들이다, 나는 아무개의 친한 친구이다, 등 다른 이들을 통해 해결되지 않는 자신의 정체성을 확장하다 보면, 우리는 모두 서로 연관되어 있음을 알게 됩니다. 이를 종합해서 사랑이 무엇인지 포괄할 수 있는 정의를 내리면, 태초부터 있었고 영원까지 존재하는 그 무엇이든지 그 무엇에게라도 어떠한 형태이든지 무한한 크기로까지 자신의 정체성을 찾는 데 필요하면 언제든지 발현될 수 있는 것입니다. 모든 것을 포괄하려다 보니 몹시 어렵고 불편한 정의가 되어 버렸습니다. 이에 대해서 최근에 한 물리학자와 의견을 나누고 물리학적인 시각으로 다시 정리했습니다. 정체성을 찾게 되는 이유가 추가된 것을 빼고는 전혀 다른 문장처럼 보이지만 사실 같은 맥락입니다. 현재 사랑에 대해 제가 내리는 정의는 원래 하나였던 것이 하나임을 알기에 다시 하나로 돌아가려는 힘이라고 봅니다.

사랑은 우주적인 마음이고, 우주적인 요구입니다. 우리가 물질에 대한 집착을 내려놓는다면 자연스럽게 사랑으로 나아가게 되어 있으며, 곧 스스로가 누구인지를 알게 되는 길로 나아가게 됩니다. 더불어 그토록 고민하던 나 자신이라는 인생이 있는 이유에 대한 참된 해답도 허락될 것입니다.

에너지학자

오래전 모든 원자력발전소의 가동을 단번에 중단시키고 새로운 대체에너지 개발에 나섰던 일은 역사에 길이 남을 만한 훌륭한 결단이었습니다. 당시는 원자력이 40%의 발전량을 담당했었고 화력과 수력, 조력과 풍력, 그리고 태양열발전이 전부였었는데, 거기서 원자력 발전소 가동 중단이라는 초강수를 둔 것이었지요. 안녕하세요. 국가 연구소에서 에너지를 연구하는 에너지학자 '신재생'입니다. 에너지 문제 해결은 국가의 가장 중요한 기간 업무 중의 하나라서 대학에만 의존하지 않고 국가의 연구소에서 직접 챙기고 있습니다. 아무튼, 예상했던 대로 에너지 대란이 일어났습니다. 여름에 에어컨을 틀지 못하는 일은 당연했고, 겨울에 전기장판을 켜는 것도 정말로 아껴서 써야 했습니다. 가정별로 전기 사용 총량 제한 제도가 도입되었습니다.

산업계의 피해는 좀 더 심했습니다. 우선, 산업용 전기 할인 혜택이 모두 사라졌습니다. 가정과 마찬가지로 전기 사용 총량 제한도 적용받았지요. 당시는 경기가 매우 안 좋은 시절이어서 전기료 상승을 감당하지 못하고 도산하는 기업이나 공장을 가동하지 못했던 기업도 많았습니다. 덕분에 생산이 어려운 어떤 공산품은 품귀 현상이 발생하기도 했고, 생산비가 올라가니 다른 물가들도 덩달아 올라갔습니다. 그런데도 원전의 전면 중단이 올바른 결정이었던 이유는 그로부터 몇 해 후에 알게 되었습니다. 부산과 쓰시마 섬 사이쯤의 바다에서 지진이 발생했거든요. 리히터 지진 규모로 6 정도로 강한 편이었던 것으로 기억하는데 아주 강력한 지진은 아니었습니다. 지진으로 인한 내륙의 피해는 크지 않았지만, 해일이 발생해서 부산에서 울산으로 연결되는 해안에 엄청난 바닷물이 밀려들었습니다. 그쪽은 그 당시 전 세계에서 가장 원전이 많이 밀집해 있었던 곳입니다. 만약 그때 원전이 가동 중이었다면 일본의 후쿠시마 지역이 그랬던 것처럼 우리나라는 경상남도 아니 경상도 땅들은 모두 초토화되었을 겁니다. 아니, 나라 전체가 초토화되었을 수도 있지요.

탈원전 선언 이후, 신에너지 연구에 바로 들어갔습니다. 신에너지에 대한 몇 가지 방향이 있었는데 태양에너지, 조력·풍력·지열 같은 자연에너지, 그리고 수소핵융합에너지도 검토의 대상이었습니다. 그러나 새롭게 연구하던 에너지들이 모두 원자력발전이 담당했던 발전량을 감당하지는 못했습니다. 수소핵융합에너지는 핵융합 반응을 일으킬 만한 조건을 형성하는 기술도, 그 반응의 속도를 조절하는 기술도, 그리고 반응열을 감당할 만한 재료에 관한 기술도, 모두 오랫동안 실현 가능성이 보이지 않았습니다. 그러던 중에 구름 속에서 흔히 발생하는 번개를 전기로 저장하는 기술이 개발되었습니다. 그 당시 한참 기술적으로 진보하던 드론 (drone)을 구름 속으로 보내서 전기를 채집하는 기술이었습니다.

여기에는 다음과 같은 과정이 필요합니다. 먼저, 상층부 기상에 대한 정보를 감지해서 번개가 많을 것으로 예상하는 지역을 파악하는 과정, 그쪽으로 채집용 드론을 싣고 에너지 비행선을 보내는 과정, 비행선이 구름 근처에서 드론을 모두 내보내서 구름 속으로 보내는 과정, 드론들이 구름 속에서 번개를 통해 전기를 채집하는 과정, 전기를 축전한 드론들을 다시 에너지 비행선이 거둬들이는 과정, 에너지 비행선이 지상으로 돌아와서 충전된 전기를 전기 집화소로 저장하는 과정입니다. 마치 어부가 큰 어선을 먼 바다로 끌고 나가서 그물을 내리고 다시 거둬들여서 그물에 걸린 물고기를 배에 싣고서 돌아오는 과정과 흡사합니다. 처음에는 전기 채집용 큰 에너지 비행선이 개발되었으나 전기 채집 효율이 낮아서 큰 효과를 보지 못하다가 나중에는 수많은 드론을 번개가 많이 발생할 것으로 예상되는 구름이 많은 상공에 빽빽하게 날려서 전기 채집 확률을 높이는 방법으로 자연스럽게 바뀐 것입니다. 드론들은 서로 부딪히지 않는 자율비행 기술이 적용되어 있고 벼락을 맞을 때 순간 축전 능력을 향상하기 위해 채집용 배터리 기술도 많은 기술적 진보가 이루어졌습니다. 물론 드론이 벼락을 맞는 순간 드론의 모든 작동이 멈추기 때문에 바로 아래로 떨어지게 됩니다. 이걸 밑에서 대기 중인 에너지 비행선이 거둬들이게 됩니다. 전국적으로 구름이 잔뜩 낀 날은 여러 곳에 에너지 비행선을 띄우면 제법 많은 양의 전기를 축전할 수 있습니다. 요즘은 날이 갈수록 배터리 축전 능력과 효율이 향상되어서 이 방법으로 거둬들이는 전기에너지 양이 점차 올라가고 있습니다.

또 다른 발전 방법으로는 사막이나 쓰지 않는 땅을 이용하는 것입니다. 즉, 넓은 사막에 태양광발전소를 건설하는 것입니다. 만약 우리나라가 미국이나 러시아처럼 넓은 땅이 가지고 있다면 그 땅에 그냥 태양광발전소를 건설하면 됩니다. 하지만 대량의 전기를 얻기에는 우리나라에 남아 있는 유휴지가 많지 않기 때문에 드넓은 유휴지인 사막을 생각하게 되었고, 우리나라에서 가장 가까운 고비사막을 생각하게 되었습니다. 그래서 몽골 정부와 임대 협의 후에 전력 생산을 위한 발전 설비를 건설해서 운영하게 되었습니다. 태양광발전은 태양광 패널만 설치하면 되기 때문에 발전소 건설이라고 할 필요가 없을 정도로 무척 간단하지만, 태양광 에너지를 충분히 잘 받을 수 있는 입지 선정이 중요합니다. 주로 여름에 높은 발전량을 기록하고 있으며, 태양광 패널의 기술이 좋아져서 발전 효율도 40%에 육박하고 있습니다. 생산된 전기는 배터리로 보내져서 새로 뚫린 육로를 통해 국내로 운반됩니다. 아무래도 여름에는 전기 생산에 유리한 면이 많이 있습니다. 그에 반해 겨울에는 이런 방법을 통해 얻는 전기의 생산량이 많이 줄어듭니다. 하지만 요즘은 전력 저장 기술도 많이 발전해서 여름에 생산을 많이 해서 남는 전력을 에너지 변환을 거쳐서 장기간 보관하는 방법들이 많이 개발되었고, 이를 이용해서 모자라는 겨울의 전력 수요를 감당하고 있으며, 이런 기술 또한 현재 급속하게 발전하고 있습니다. 앞으로의 목표는 화력발전 전면 폐기입니다. 모든 전력 에너지 생산을 친환경 재생에너지 생산 방식으로 완전하게 전환하는 것입니다.

　사실 에너지학은 '에너지공학'이라고 불리기도 했는데, 이것은 단지 이미 나와 있는 물리학적 혹은 화학적 이론을 이용해서 필요로 하는 에너지를 만들어 내는 기술에 관한 연구에만 집중하는 것이 아닙니다. 에너지학은 새로운 이론을 만들어 내어서 이를 에너지 기술 개발에 적용할 수 있도록 하는 것이고, 그것이 더욱더 중요하고 큰 비중을 차지합니다. 물질이 곧 에너지이기에 물질에 대한 깊이 있는 이해가 필요하고, 에너지 생산 과정에서 자연환경이나 인체에 해로운 영향을 주지 않는 유기물을 이용해서 필요한 에너지를 얻는 방법을 찾아내는 것이 중요합니다. 그래서 요즘은 생물학적 에너지 연구에 집중하고 있으며, 이는 생물들이 생성한 에너지를 이용하는 수준이 아니라 생물들이 에너지를 만들어 내는 과정을 모사하거나 재현해서 인간이 사용하기에 적합한 에너지를 대량으로 만들어 내는 방법은 찾는 것입니다. 미래의 식량을 연구하는 학자들이 광합성 자체를 재현하는 연구에 집중하듯이, 저희도 에너지 생산 방법으로서 광합성 연구를 포함해서 생물이 이용하는 방법에 관해서 연구를 집중하고 있습니다. 사실 인공광합성에 관한 연구는 상당히 오래되었으나 그동안의 성과는 우리 인류가 사용하기에는 부족해서, 즉 노력에 비해서 그리 많은 양을 얻지 못하는, 식물에 훨씬 못 미치는 수준이었습니다. 그동안 높은 벽을 절감해 왔지만, 최근에는 이 벽을 넘어설 수 있는 힌트들이 여러 연구실에서 발견되고 있어서 머지않아 획기적인 에너지 및 식량 생산의 길이 열릴 것이라고 희망적인 전망을 하고 있습니다.

에너지를 생산하는 일은 정말로 중요하지만, 그것을 깨끗하게 생산하는 일은 더욱 중요합니다. 그러려면 더 많은 연구와 기술 개발이 필요합니다. 우리나라가 친환경 에너지 기술 개발을 선도하고 그 기술을 전 세계에 보급하는 그런 나라가 될 수 있도록 최선을 다해 제 소임을 다하고자 합니다. 전 세계 에너지 기술의 혁신, 우리 통일 대한민국이 앞장서고 있습니다.

역사학자

우리나라의 역사는 언제부터 시작되었을까요? 우리 민족의 진정한 조상은 누구일까요? 단군 할아버지는 신화 속의 인물일까요? 아니면 실제로 계셨던 분이며, 진짜로 우리 민족의 시조가 되시는 분일까요?

안녕하세요? 대한민국의 시초에 대해서 너무도 궁금한 한 사람, 그래서 모든 것을 다 포기하고서 우리나라 역사의 시초만을 찾아 헤매다가 결국 역사학자가 되어 버린 '한국사'입니다. 우리나라의 역사, 아니 우리 민족의 역사는 제가 가장 사랑하는 저의 애인이요, 제가 끝까지 책임지고 같이 나아갈 제 아내입니다.

저는 고대의 역사를 가장 좋아했습니다. 이왕이면 기록을 찾을 수 없는 역사를 더 좋아했습니다. 보통 기록이 없으면 '선사'라고 부릅니다. 역사 이전의 시대라고 해서. 사람들은 그렇게 부르지만, 저는 그것마저도 우리의 역사라고 생각합니다. 기록이 없더라도, 자료를 찾을 수 없더라도, 거기서 우리 민족의 정신을 찾을 수 있다면, 거기에서 우리 민족의 얼이 무엇이었는지 찾아낼 수 있다면, 그것이 우리 역사의 시초요, 그것이 우리 민족의 시작이라고 생각합니다. 흔히들 우리 민족은 고조선에서 그 뿌리가 시작되었다고 알고 있고, 그 얼은 홍익인간의 정신이라고 배웠습니다. 사람을 널리 이롭게 한다, 이 얼마나 위대하고 훌륭한 정신인가요! 그래서 그것이 맞는지 정말로 찾고 싶었습니다. 우리 민족의 뿌리를 찾으려고 오래전 고조선이라는 아직은 잘 알지 못하는 그때의 그 미지의 세계를 지금의 이 세상에 드러내고 밝혀내기 위해 그 땅으로 떠났던 젊은 시절, 역사학자로서의 저의 인생의 여정은 그렇게 시작되었습니다.

그때는 이런 것을 알아내고 밝혀내서 꼭 우리 역사의 뿌리를 되찾겠다는 신념으로 똘똘 뭉쳤던 시절이었습니다. 우리의 역사는, 그리고 우리의 뿌리는 중국에 예속된 역사가 아니고 중국보다 먼저 찬란한 문화를 꽃피웠으며, 그 문화를 오히려 중국 민족에게 전해준 중국 문명의 시조였다는 확신이 여러 정황을 통해 드러나면서 고대 역사라는 이 분야에 온몸을 맡기게 된 것입니다. 그리고 그것이 온갖 어려운 환경과 여건을 극복하고서라도 역사 탐구에 매달리게 만드는 원동력이 되었습니다. 하지만 그 역사의 흔적을 찾아내고 그 흔적을 통해 역사를 발자취를 유추해 가면서 실마리를 건져내며, 그 실마리를 통해서 뿌리를 위치를 파악하고 그 뿌리의 본질을 정확하게 밝혀내기까지는 너무나도 많은 시련이 있었고, 고된 과정을 숱하게 다시 한 번 밟아 나가야 했으며, 극복하기 힘든 좌절을 수없이 이겨내야 했습니다. 그리고는 도저히 넘을 수 없는 너무나도 높은 장벽에 가로막혀서 울고 또 울었던 그 아픔은 나를 낳아준 부모가 누구인지 알 수 없는 그런 아픔이었고, 걸어온 모든 인생의 모든 수고를 아무 보람없이 가슴에 묻어야 하는 그런 아픔이었습니다.

그러한 아픔이 한 걸음 물러나고 두 걸음 물러나며 세 걸음 물러날 즈음에, 문득 그런 생각이 들었습니다. 우리에게 역사는 그 길을 알려주지 않고 왜 그리 가혹했던가, 우리가 실마리를 찾아서 뿌리를 밝혀낼 만한 많은 증거들은 왜 흩어지고 사라질 수밖에 없었던가! 그리고 또 다른 역사를 통해서 찾고자 하는 그 역사는 왜 자취를 감추고 흔적을 남기지 않게 되었을까, 하는 생각입니다. 그리고 우리가 알 수 있도록 사라지지 않고 여전히 우리에게 남아 있는 것들은 무슨 의미인가라는 생각입니다. 그리고는 역사가 사라지거나 남아 있는 이유는, 교훈으로 삼을 것은 교훈으로 삼고, 버릴 것은 버리며, 계승할 것은 계승하고, 발전시킬 것은 발전시켜서 현재와 앞으로의 우리의 역사를 올바르게 써나가라는 의미라는 것을 깨닫게 되었습니다. 찾지 못하고 밝혀내지 못할 일에 인생을 바치는 것이 아니라 앞으로의 세상을 역사의 교훈을 잊지 않고 바르게 열어가는 일에 인생을 바치는 것이 더욱 중요하다는 것을 깨닫게 된 것입니다. 그때부터 우리의 새 역사를 만들어 가는 것, 우리의 역사가 지금까지의 어떠한 역사보다 위대하도록 만들어 가는 것, 그래서 우리의 역사를 우리의 후손들에게 너무나도 자랑스러운 재산으로 물려주는 그것이, 바로 제가 해야 할 일임을 알게 된 것입니다.

그렇다면 우리가 알고 있는 일반적인 역사학자로서는 할 일이 없어진 것이 아니냐 하고 반문하실 분들이 계실 텐데요. 절대로 그렇지 않습니다. 가치주의 시대로 바뀌면서 저는 새로 써내려가는 우리의 역사에 가치를 부여하는 일을 하게 되었습니다. 물론 여전히 역사학자로서입니다. 보통의 역사적인 평가나 의미 부여는 한참 시간이 지난 후에 하게 마련인데요. 물론 올바른 평가에는 분명히 시간이 필요합니다. 하지만 역사적 평가와 의미 부여가 당대의 새로운 역사를 열어가는 데에 영향을 미치지 못한다면 무슨 의미가 있겠습니까? 그래서 현재 국내외에서 일어나고 있는 시대적인 중요한 사안에 대한 역사적인 의미 부여와 평가를 적절한 시점에 내놓아서 이것이 올바른 역사를 만들어 가는데에 이바지할 수 있도록 하는 것입니다.

과거에는 언론사에 사설이나 논평이 있어서 어느 정도 이런 역할을 했는데요, 지금의 제 일은 이런 개별 언론사의 사설이나 논평 수준이 아닙니다. 국가 스스로가 감사의 기능을 갖는다고나 할까요? 감사라고 하면 대개 사실 검증을 통한 지적 정도의 의미일 텐데요, 저희 역사학자들에게 부여된 임무는 국정의 중요 방향에 대한 그리고 시대적 중대 사안이나 사건에 대한 그리고 좀 더 확대해서 국제적인 주요 이슈에 대한 역사적인 평가를 공식적으로 내는 것입니다. 물론 절대로 급하게 하는 것이 아니라 충분히 증거를 모으고, 정황을 바르게 판단한 이후에 역사적 의미를 부여하는 것입니다.

전반적인 근거 자료들은 국가기록원의 도움을 받게 되고, 저희가 잘 알지 못하는 분야들에 대한 지식은 해당 분야 전문가들의 도움을 받게 됩니다. 과거의 역사적인 사례들을 통한 교훈들을 많이 참조하게 되며, 예를 들어서 특정한 정책 사안에 대한 평가라면 그 정책이 주는 역사적 의미가 무엇인지, 지금의 역사적 평가는 어떠하며, 후대의 역사적 평가는 어떠할 것인지, 얼마나 널리 세상에 유익을 주거나 혹은 그 반대의 정책이었는지, 그리고 우리가 얻어야 할 교훈은 무엇인지 이런 사항들을 그 근거를 들어서 일목요연하게 정리해서 공식적으로 발행하는 것입니다. 국가 기관을 통해 내놓는 이 '역사평론'은 저희 역사학자들의 몫이고, 그 누구의 간섭도 받지 않습니다. 역사학자들 간에 의견이 여러 가지로 갈릴 경우에는 여러 의견을 두 가지나 많게는 세 가지 정도로 간추린 후에 이들 모두의 역사평론을 내게 됩니다.

우리의 역사를 수동적으로 기술하는 것이 아니라 이제는 능동적으로

써내려갈 수 있는 그런 시대가 되어서, 이를 통해 앞으로는 우리 후손들에게 부끄럽지 않고 자랑스러우며 뿌듯한 역사만이 쓰이게 될 것입니다. 우리들 모두는 이 시대의 역사를 가장 아름답게 만들어 가는 역사의 주인공들입니다.

종교학자

안녕하세요. 22세기 종교를 연구하고 있는 종교학자 '조홍교'입니다. 가치주의 시대를 사는 지금, 종교는 그 의미가 조금씩 달라지고 있습니다. 과거 오랫동안 종교는 삶의 힘겨움에 지친 무지한 영혼들에게 또 다른 삶의 방식이 있음을 일깨우고, 이를 통해 현생의 고됨을 견뎌내게 하며 내생에서의 희망을 심어주는 긍정적인 역할을 해왔습니다. 교육이라는 혜택을 받기 힘들었던 시절, 가난하고 헐벗은 사람들에게 가르침을 베풀었고, 일깨움을 주었으며, 인생의 보람과 다가올 소망을 알게 해주었습니다. 하지만 개인적인 차원을 넘어 다른 사람들을 돌아보며, 함께 보듬어주고, 함께 손잡아주며, 함께 도우며 살아가자는 근원적인 메시지는 종교가 번성할수록 오히려 힘을 잃어가기 시작했습니다. 융성하고 번성해질수록 그 종교는 근원의 메시지를 소홀히 여기기 시작했으며, 신자들의 깨달음과 정진에는 관심이 없어졌습니다.

의미 없이 살아가는 불쌍한 영혼들에 대한 외면할 수 없는 긍휼로 말미암아 시작했던 삶의 의미를 일깨우며 인생의 방향이 참되도록 가르쳐주던 것이었지만, 그 인도자가 더 이상 함께할 수 없게 되니 그 뜻을 따르며 구름 떼처럼 모이던 사람들이 종교라는 틀을 취하게 됩니다. 그 틀을 견고하게 하려고 교리를 만들었으며, 시간이 지날수록 어느새 그 교리에 탐욕이 스며들어갔으며, 자칭 지도자라는 자들이 나타나 최초의 인도자를 대신하는 자리를 차지해 버리게 됩니다. 이러한 탐욕에 이들 지도자라고 일컫는 자들이 점차 사로잡혀서, 시초의 가르침은 경전상의 문구로만 존재하며, 실상은 돈과 명예와 권력만을 좇는 그런 집단으로 변모해 가는 과정을 밟게 되었습니다. 우리는 절대로 그렇지 않다고 끝까지 주장하며 경건하게 종교의 참뜻을 따르고 있다고 여기는 소수의 종교인이 있을지라도, 그 교리를 잘 뜯어보면 돈에 연관된 교리들이 교묘하게 하나둘씩 들어가 있음을 알게 됩니다. 그것을 신자에게 강요 아닌 강요를 할 수밖에 없으니 그러한 탐욕과 무관하다고 하기에는 그들 자신도 양심에 거리낌이 있을 것입니다.

구시대의 많은 종교 분쟁들의 원인은 최초의 가르침이 아닌 탐욕에 물든 인간이 만들어 낸 교리들이 문제의 핵심이었습니다. 자신의 종교만을 옳다고 여기고 이것을 전파해서 모든 사람이 그리고 다른 종교를 이미 따르고 있다고 하더라도 그것을 버리고 반드시 이 종교를 따라야만 한다는 가르침은 그러한 탐욕을 극대화하기 위한 가장 효과적인 수단이었고, 절대로 참된 가르침일 수가 없습니다. 이러한 교리는 각 종교의 기원이 된 성인들의 메시지가 분명히 아니고, 공인화의 과정이나 교세를 확장하고자 교리를 정립하던 때에 성인들의 메시지인 것처럼 경전에 슬며시 들어간 것이었습니다. 성인들의 시초의 메시지를 확인해 보면 세상의 욕심을 버리라고 했고 낮아지라고 했으며, 자신을 버려 사랑의 실천을 통해 사회에 유익을 주라고는 했지만, 교세를 확장하라는 식의 욕심이 잉태한 메시지는 어디에도 찾아볼 수 없습니다.

만약에 그것이 참된 가르침이라고 주장하는 종교가 있다고 하면, 저는 그 종교에서 떠나시라고 감히 말씀드립니다. 나의 교리만이 옳으니 이것이 올바르다고 주장할지 모르지만, 그 교리라는 것이 과연 올바른 지를 자신의 양심에 하나하나 세심하게 물어보기를 권고드릴 수밖에 없습니다. 내 생각이 다른 사람들에게 정말로 도움이 되는지, 그렇다면 그러한 근거는 무엇인지, 나는 종교 지도자의 이야기만 아무 생각 없이 그대로 믿고 있는 것은 아닌지, 나의 주장을 상대방이 강하게 거부한다 면 그 이유는 무엇인지 생각해 봐야 합니다. 내가 알고 있는 그것이 진 리라면 그 오랜 역사 동안 수많은 사람은 왜 모두 이 진리의 길을 발견 하지 못하거나 따르기를 거부하는 사람들이 많았는지도. 우리는 막연하 게 종교를 따르는 맹목적인 추종이 아니라 필연적인 진리의 길을 찾으 려 하는 노력이 있어야 합니다. 그 종교가 진리를 따르고 있다면 누구라 도 이에 거부감을 느끼지 않게 되며, 비록 자신이 그 종교의 길에 들어 서지 않았다 하더라도 그 종교에서 베풀어주는 메시지에 마음을 열고 듣게 될 것입니다.

지금의 세상에서 종교학자로서 해야 할 역할은 결코 학문적인 의미만 이 아닙니다. 오랫동안 해결하지 못했던 전 세계의 역사적인 난제에 대 한 올바른 해결의 방향을 제시하고자 하는 뜻이 훨씬 더 중요합니다. 그것은 세계의 평화를 위한 길이고, 우리가 모두 구별 없이 그리고 차 별 없이 또한 다툼없이 살아가는 그래서 서로를 이해하고 서로를 존중 하며 서로의 아픔을 보듬고 서로에게 마음을 열며 살아가는 아름다운 지구촌의 모습으로 만들어 가서 진정한 평화의 길로 들어서는 우리 인 류의 삶이 되도록 하는 것입니다. 세계 평화를 가로막는 가장 강력한 장애물인 고질적인 종교의 갈등을 해결할 수 있는 본질적인 길을 제시 하고자 하는 것이며, 한국이라는 이 나라가 이러한 연구를 진행하기에 가장 적합하기에 세계 종교의 연구가 이곳 우리나라를 중심으로 진행되고 있습니다. 갈등의 주된 현장인 중동 지역이 아니며, 편협한 종교의 색채를 띠고 있는 북남미, 유럽, 중앙아시아, 동남아시아도 아니고, 세계의 큰 종교가 모두 들어와서 나름대로 번성하고 있으며, 국민의 교육과 지식의 수준이 이를 뒷받침할 수 있는 수준으로 올라서 있기 때문입니다.

기독교, 천주교, 이슬람교 등 서양의 대표적인 종교들이 모두 한국에 들어와 있고, 동양의 전통적인 종교라고 할 수 있는 불교, 유교, 대종교 등 그 이름을 모두 다 헤아리기에도 벅찬 수많은 종교가 아무런 제약이나 장애 없이 자리를 잡고 커 나갈 수 있는 우리나라야말로 진정한 종교의 천국이라고 말할 수 있습니다. 이런 연구 환경 덕분에 우리나라의 학자들뿐만 아니라 세계의 많은 종교학자도 우리나라에 들어와서 종교에 관한 활발한 연구를 진행하고 있습니다.

주된 연구의 방향은 종교의 본질이 무엇인지에 대해서 찾는 것이고, 이를 통해 그 종교가 나아갈 올바른 방향을 제시하는 것입니다. 우리나라가 아닌 다른 먼 나라들에서 시작되었지만, 우리나라에 전파되어서 우리나라에서 융성했던 세계의 대표적인 종교들이 오래전부터 모두 쇠락의 길을 걷기 시작했는데, 그 이유를 파악해 보니 각각의 종교의 본질이 퇴색하고 상업주의가 겉으로는 보이지 않지만, 내면의 중심에 굳건히 자리 잡은 까닭이었습니다. 더불어 세계 곳곳에서 일어나는 종교 분쟁의 이유를 들여다봐도 자신만이 옳고 다른 것은 모두 옳지 않다는 배타성이 원인이 되고 있음을 알 수 있습니다. 이것은 종교적인 정체성으로 그 겉을 포장하고 있으나, 실상은 자신의 종교의 세를 확대함으로써 그 종교 집단과 그 주도 세력의 이익을 장기적으로 혹은 영구적으로 극대화하려는 또 다른 형태의 상업주의인 것입니다. 이것은 각각의 종교의 본질이 상업주의 자체라는 말이 맞거나 아니면 그 본질은 다른 데 있으나 인간이 만들어 낸 상업주의가 그 본질을 장악해 버렸다는 두 가지 추론밖에는 없습니다. 당연히 두 번째의 경우가 올바른 판단입니다.

어찌 되었든지 이에 대한 반성이 종교의 본질을 찾아보자는 움직임으로 일게 되었고, 그때부터 이름만 있었던 종교학이 우리나라에서 본격적으로 활동하기 시작해서 각각의 종교에 관한 연구가 시작되었습니다. 그 발상은 어디이며, 시작은 어떠했는지, 어떻게 발전했으며, 국가의 공인 과정은 어땠는지 등의 역사적인 연구들, 그리고 각각의 종교가 요구하는 교리는 무엇이며, 본질적으로 추구하는 진리는 무엇인지에 대한 연구를 합니다. 이미 말씀드린 대로 아직도 남아 있는 세계 곳곳의 분쟁 원인은 대부분 종교 간의 갈등입니다. 이러한 종교 간의 갈등이 해결되지 않는 근원적인 문제가 무엇이고, 이를 해결할 만한 근본적인 방안은 무엇인지에 대해서 연구하고 있으며, 세계에서 가장 많은 신도 수를 가진 5개의 종교가 주된 연구 대상입니다. 이슬람교, 천주교, 힌두교, 불교, 기독교가 이에 해당합니다. 이슬람교와 천주교, 기독교 그리고 유대교는 섬기는 신이 모두 같으며 그 기원이 비슷합니다. 힌두교는 거의 인도라는 나라에서만 지역적으로 자생하고 있고 다른 지역으로의 전파가 없으며 수많은 신을 섬기는 다신교라는 특징을 가지고 있습니다. 불교는 힌두교와 마찬가지로 인도에서 그 기원을 찾을 수 있으며, 특별한 신을 내세우지 않고 있습니다. 세계 평화라는 관점에서 종교학자들이 가장 주목하는 종교는 두 가지 종교, 바로 기독교와 이슬람교입니다.

혹시 이런 생각을 해보셨나요? 예수님께서 왜 똑똑한 제자를 두지 않으셨을까요? 바울을 제자를 두었었더라면, 아니면 바울만큼 똑똑한 다른 어떤 누구를 제자로 두었었더라면, 세상의 역사는 분명히 달라졌을 것입니다. 어부이고 촌놈들이며 배운 것 하나 없어서 가롯 유다를 제외하고는 글도 제대로 읽고 쓰지 못하는 그런 제자만이 아니라, 배워서 학식도 갖추고 있으며 생각의 깊이도 있어서 예수님의 말씀을 제대로 이해할 수 있고, 깨달을 수 있는 그런 제자를 그 당시에 예수님께서는 왜 찾지 않으셨을까요? 그렇게 똑똑한 사람들은 자신을 부인할 줄 모르는, 그래서 세상에 매여 있고, 그것을 결코 놓을 수 없는 그런 사람들 뿐이었을까요? 그래서 찾으려고 했으나 찾지 못한 것일까요? 만약에 똑똑한 제자를 찾으셨더라면 예수님의 말씀은 모두 기록으로 남겨졌을 것입니다. 지금의 성경의 사복음서에 기록된 말씀이 전부인 예수님의 3년간의 공생애 동안의 기록은 경전이라 하기에는 너무나도 그 양이 부족합니다. 그것도 사복음 안에서는 같은 내용의 말씀이 많아서 이들 겹치는 부분을 제외하고 순수하게 예수님의 말씀을 적어놓은 부분만을 추려낸다면 3년이라는 기간의 말씀이라 하기에는 그 전체의 분량이 턱없이 부족한 것이 사실입니다. 종교학자들이 도마복음, 빌립복음, 유다복음 같은 기독교에서는 영지주의 복음서라고 분류하는 복음서들에 주목하는 이유가 바로 여기에 있습니다. 좀 더 많고 신선하며 꾸며지지 않은, 그리고 다른 관점으로 기술된 예수님의 말씀을 통해 예수님께서 전하신 참된 길이 무엇인지 그리고 그것이 기독교의 교리와 얼마나 일치하는지를 보는 것입니다.

이러한 점은 창시자인 마호메트가 자신이 받은 계시를 글로 남기기를 원하지 않았던 이슬람교도 마찬가지입니다. 이슬람교를 한마디로 요약하면, 인간이 신의 뜻을 따르고 복종할 때 인간의 몸과 마음이 평화에 이르게 된다는 것입니다. 그러나 계시를 직접 받았다고 하는 마호메트는 자신이 받은 계시를 암송으로만 전달했으며, 후대에 1대에서 3대 칼리프를 거치면서 문서의 필요성을 인식해서 기록으로 만들게 되었습니다. 암송으로 전해 오던 내용이 『쿠란』이라는 이름으로 경전이 만들어졌지만, 헤라라는 사막 골짜기에 있는 동굴에서 가브리엘 천사로부터 마호메트가 받은 계시의 메시지가 그대로 전달되었다고는 보기 어려운 부분들이 많이 있습니다. 역사의 기록을 통해 알 수 있는 사실은 초기 마호메트의 설교에서는 하나님 한 분만을 섬기는 신앙의 본질이 유대교나 기독교와 다르지 않고 동일하다는 것을 늘 강조했다는 것입니다. 즉, 이슬람교도는 유대교의 백성과 다투지 말고, 우리는 우리에게 계시가 된 것을 믿고, 그대들은 그대들에게 계시가 된 것을 믿습니다, 이렇게 전했다는 것입니다. 하지만 지금의 『쿠란』은 이슬람을 받아들이지 않는 불신자들의 생명을 해하도록 가르치고 있으니, 이는 분명히 변질된 것입니다.

  세계 종교 갈등 문제의 주요 원인 제공은 배타성과 포교 지향성, 그리고 폭력을 용인하는 종교이며, 두 가지 항목에서는 기독교, 가톨릭, 유대교가 해당하고, 세 가지 모두가 해당되는 종교는 이슬람교입니다. 따라서 국가 간의 종교 분쟁을 근원적으로 해결해서 세계 평화의 길로 나아가려면 이러한 배타성과 포교 지향성, 특별히 폭력성이 잘못되었다는 것을 제대로 알려주는 것이 중요합니다. 하지만 종교라는 특성상 이것은 교리의 문제이기 때문에 자신이 믿는 종교의 교리가 잘못되었다는 것을 입증할 수는 있어도 그 교리를 변경하도록 하거나 혹은 그 교리를 강조하지 않도록 하는 일은 현실적으로 불가능합니다. 물론 그러한 입증의 절차는 저희 종교학자들의 몫이지만, 더 현실적인 해결은 종교학자가 아닌 문화나 교육 쪽 전문가분들의 도움을 받아야 합니다. 종교 쪽에서의 직접적인 접근은 오히려 반발만 불러일으킬 뿐 결코 도움이 되지 못합니다. 그리고 오랫동안 믿고 있었던 신앙의 잘못된 부분을 깨닫게 하고, 올바른 방향으로 나아가게 하는 것이 그만큼 오랜 기간이 소요되는 것은 당연한 일입니다.

저희의 목표는 자라나는 어린이들입니다. 이들이 정상적인 생각과 사고를 할 수 있도록 올바른 문화를 접하게 하는 것입니다. 그리고 아이들을 위한 교육 자료가 주로는 이슬람 지역의 아이들을 올바르게 자라나도록 도움을 주는 일을 세계평화본부를 중심으로 문화부와 교육부의 도움으로 추진하고 있습니다. 여기에 담기는 문화와 교육의 콘텐츠에는 이들이 아무 거부감 없이 받아들일 수 있는 철학적 메시지가 담겨 있으며, 그것은 다름 아닌 홍익인간의 정신입니다. 널리 사람을 이롭게 한다는 정신이 문화의 콘텐츠 안에 그리고 교육의 콘텐츠 안에 담겨서 이슬람 지역의 아이들을 교육하고 그쪽 사람들에게 문화적인 유익을 줄 때 자연스럽게 그것이 올바르고 좋다는 생각을 가지게 됩니다. 그리고 그들이 가지고 있는 교리들에 담겨 있는 폭력적인 문구들 그리고 비상식적인 문구들이 점점 그들에게서 멀어지게 하는 그들 본연의 양심을 자극하게 됩니다. 새로 자라나는 어린이들은 그 교리를 접하게 될 때 거부감을 느끼게 될 것이며, 이미 오랜 기간 이슬람 문화에 젖어 있던 성인들도 그들의 양심이 언젠가는 일을 하게 될 것입니다.

저희 종교학자들은 각 종교의 근원과 본질의 의미를 사실적으로 그리고 논리적으로 파악한 결과를 공유함으로써 문화와 교육 분야의 역할을 멀리서 지원해 주고 있습니다. 이미 시작된 세계 평화를 향한 저희의 움직임은 절대로 멈추지 않을 것입니다. 이를 바라보는 세계인들의 관심도, 그리고 이에 대한 호응도 날로 더해 나갈 것입니다. 여기에서 우리 종교학자들의 역할도 그리고 저의 인생에서의 의미도 보람이라는 열매를 거두게 될 것입니다.

자연법학자

안녕하세요. 세상이 어떻게 바뀌더라도 여전히 법이 좋아서 법을 연구하고 있는 법학자 '노규범'입니다. 인간이 함께 사회를 이루며 살아가기 위해서는 법이라는 것이 필요합니다. 혼자 산다면 모를까 인간이 사회라는 모임을 이루면 서로의 이해가 상충하게 되고, 이를 조정하는 법이 필요하게 됩니다. 사회가 좀 더 복잡해지고, 국가라는 형태로까지 발전하면서 좀 더 복잡한 법들이 필요하게 됩니다. 국가의 틀을 유지하기 위한 법들, 사회의 다양한 이해관계를 중재하기 위한 법들이 자연스럽게 만들어져서, 헌법, 행정법, 형법, 형사소송법, 행정소송법, 민사소송법으로 분류되는 공법으로 제정되거나, 또는 민법이나 상법으로 분류되는 사법으로 제정되거나, 혹은 노동법, 경제법, 사회보장법으로 분류되는 사회법으로 제정되어서 쓰이게 되었습니다. 하지만 그 세부를 관찰하면 법조문이 불완전하거나 복잡하거나 난해해서 실제로 쓰이기에는 어려운 경우 등 많은 문제점이 있다는 것을 알게 됩니다.

먼저, 법조문의 불완전성이라는 것은 현재 제정되어 시행되고 있는 법이 완전하지 않고 허점이 많이 있다는 뜻입니다. 법 자체가 헌법의 취지에 부합하지 않는 경우가 있거나, 법의 조항들이 완벽하지 않아서 이를 해석하는 것이 해석자에 따라서 일정하게 되지 않는 때도 있으며,

법 조항 자체가 빈 구석들이 많아서 법 조항 사이로 회피할 수 있는 여지가 있는 경우도 있습니다. 법의 해석이 달라질 수 있는 경우는 실제로 법을 적용하는 권력자들이 자신들의 이익에 맞도록 적용할 수 있는 문제도 있었습니다. 그런 의도가 없더라도 판결이 판사에 따라 천차만별로 달라지기도 하니 똑같은 법인데 법 적용의 형평성에 문제가 많이 있었습니다. 또한, 시대가 바뀌어서 기존 법조문들이 전혀 필요하지 않거나 혹은 내용을 대폭 수정해야 하는 때도 있고, 새로운 여건의 출현으로 새로운 법률이 필요하나 아직 이를 뒷받침할 만한 법 자체가 없는 경우도 허다합니다. 국회에서 늘 열심히 법을 개정하고 만들어 내고 있으나, 대체로 문제가 터지고 나서야 법률 제정 또는 개정의 움직임이 있는 것이 현실이고, 그나마도 국회에서 통과가 안 되거나 다른 안건과 결부되어 통과가 미루어지기 일쑤여서 현재의 법조문이 완전한 상태가 되기를 기대하는 것은 현실에서는 전혀 일어날 수 없는 거의 불가능한 일처럼 보이기도 합니다.

또 다른 문제는 법조문이 너무 복잡하고 어렵다는 것입니다. 일반 국민이 어떤 일이 생겨서 이에 맞는 법조문을 찾고자 할 때, 이를 찾는 것도 힘들지만, 막상 찾는다고 해도 이를 이해하기가 무척이나 까다로워서 이에 대해 올바르게 해석하는 것이 법조인에게 자문하지 않는 이상 어렵다는 점입니다. 법을 제대로 알고 지켜야 하는 것은 법조인만이 아닌 모든 국민인데, 실제로 대다수의 국민은 이해하지 못하는 어려운 법이라면 그 자체로 모순인 셈입니다.

가치주의로 바뀌면서 이러한 모순들을 극복하고 법 자체의 완결성을 높이며, 많은 국민이 쉽게 이해해서 실질적으로 삶에 적용하며 살아갈 수 있는 그런 법을 만들기 위해 저희 법학자들이 한자리에 모여서 머리를 맞대고 그 방향을 찾고자 오랫동안 논의를 했습니다. 새로운 시대에 걸맞은 새로운 법의 틀을 찾고자 하는 것이었으며, 누구나 이해할 수 있도록 쉬워야 하며, 시대의 변화에 따라 흔들리지 않거나 쉽게 시대상의 변화를 반영할 수 있어야 하며, 우리나라에만 국한되지 않고 그 어디에 적용하더라도 적용될 수 있는 포괄성을 지닌 새로운 패러다임의 법으로 제정하는 것입니다. 오랜 논의의 끝에 그 방향을 성문법이라는 틀을 깨자는 결론에 이르게 되었습니다. 물론 법조문의 형식을 갖는 문장 자체가 아예 없는 것은 아닙니다. 국가의 틀을 유지하기 위한 헌법과 법의 근간인 자연법은 그 내용이 분명히 명시됩니다. 하지만 그 이외에는 어떠한 법도 명시되지 않습니다. 대신에 자연법의 원리에 맞도록 특정한 상황에 맞는 법을 필요할 때마다 생성하는 방식입니다. 국가의 틀을 유지하기 위한 필수적인 제도들은 일부는 헌법에 포함되기도 하고, 일부는 법이라는 이름이 아닌 제도나 규정 또는 규칙으로 두게 됩니다.

자연법의 내용은 상당히 간단합니다. 지구라는 행성에서 인간 사회를 이루며 살아가는 특정 국가의 국민이나 혹은 모든 개인에게 적용되는 법이며, 그 적용에는 누구라도 예외가 없으며, 그 적용이 감해지거나 늘어나지도 않습니다. 누군가에게 피해를 준 만큼 그대로 자신도 받게 된다는 것입니다. 우리가 자연을 대할 때 노력한 그대로 땀의 결실을 얻고, 대가를 지급한 만큼만 얻는 것과 마찬가지의 이치입니다. 세 가지의 권리와 세 가지의 의무가 있으며, 권리와 의무가 상충할 때는 의무가 우선시되며, 개인과 다수가 상충할 때는 다수가 우선시되며, 육신과 정신이 상충할 때는 정신이 우선시됩니다만 정확한 것은 그 가치의 비교를 통해 우선순위를 결정하게 됩니다.

권리의 세 가지 내용은 자유와 평등과 수호입니다. 자유는 활동과 의사 표현의 권리를 나타내는 신체의 자유, 생각과 이념과 종교를 선택하는 권리를 나타내는 사상의 자유, 그리고 자기 뜻을 펼치고자 하는 권리를 나타내는 자아실현의 자유가 있습니다. 평등은 교육이나 직업 선택 등의 권리를 나타내는 기회의 평등, 똑같이 인정받고 대우받을 권리인 존중의 평등이 있습니다. 수호는 자신이나 가족 등의 안위를 지키는 권리인 생명의 수호, 자신이 속한 사회나 국가를 지키고자 하는 체제의 수호, 그리고 이념을 지키고자 하는 이념의 수호가 있습니다.

의무의 세 가지 내용은 질서의 의무, 배려의 의무, 책임의 의무가 있습니다. 질서는 불법 무기를 소지한다거나 욕설이나 위협적인 행동을 하는 등의 다른 사람들에게 피해를 주는 행위를 삼가는 질서 준수의 의무, 전쟁이나 테러 등의 긴급 사태의 경우에 사회의 안전과 질서를 지키는 일에 협조하는 질서 수호의 의무가 있습니다. 배려의 의무는 자신보다 약한 사람들을 배려하기 위한 약자 배려의 의무, 다른 사람의 권리를 배려하는 권리 배려, 인간이 살아가야 하는 지구의 환경에 대한 배려인 자연 배려가 있습니다. 책임은 자신의 행위로 다른 사람들이나 사회 또는 자연에 피해를 주게 되면 이에 대한 책임을 지는 고의적 또는 비고의적 행위 책임, 그리고 자신이 해야 할 의무를 다하지 않아서 다른 사람이나 사회 또는 자연에 피해를 주게 되면 이에 대한 책임을 지는 비행위 책임이 있습니다. 세 가지의 권리와 세 가지의 의무만 알면 되니 그리 어렵지 않고, 국민이 실생활에서 이를 기억해서 삶에 적용하면서 사는 것이 가능합니다.

이제부터 몇 가지 실제 사례를 통해 이 자연법이 실제로 어떻게 적용되는지를 설명해 드리겠습니다. 시위나 집회의 경우는 사상 및 표현의 자유에 해당하므로 이에 대해서 제지할 이유가 없습니다. 다만, 시위를 통해서 주변이나 다른 사람들에게 손해를 끼치게 되면 이에 대해 배상을 해야 합니다. 도로를 막고 차량의 통행을 방해했다면 해당 차량 흐름의 손실가치를 분석해서 이를 시위자에게 청구하게 됩니다. 시위 때문에 주변 상가에 피해를 주게 되면 이에 대한 물질적 손해의 가치를 분석해서 지급해야 하며, 소음에 의한 피해도 보상을 해야 합니다. 시위 자체에는 문제가 없으나 다른 사람들에게 피해를 줄 수 있는 소지가 많은 만큼 아무래도 요즘은 시위보다는 인터넷을 통한 의사 표현의 방식을 많이 취하게 됩니다.

요즘은 자율주행차량만 있으므로 음주운전에 의한 사고는 일어나지 않지만, 이를 예로써 들어보겠습니다. 음주하게 되면 사고의 위험이 커진다는 것은 명백한 사실이며, 모든 운전자가 이미 알고 있습니다. 따라서 음주운전 자체가 고의적인 행위임은 명백하며, 음주운전으로 사고가 나는 경우는 일부러 사고를 낸 것은 아니기에 반고의적 과실이 적용됩니다. 사고의 결과에 따라서 반 고의적 행위 책임의 의무를 근거로 해당하는 만큼의 책임을 지게 되며, 물적 손실이 발생하면 이를 가치로 산정해서 배상해야 하고, 사람이 다치는 경우는 치료비 및 가치 활동 상실 기간만큼의 가치 보전 그리고 후유증이 있는 경우도 이에 대한 가치 보전이 요구됩니다. 사망인 경우는 사망자의 가족이나 가치 활동의 수혜자에게 사망자의 남은 평생에 예상되는 가치 생산량의 반을 보전해야 하며, 이것은 실제로는 아직 일어나지 않은 활동이기 때문이며 확률로써 반만을 인정하는 것입니다. 물론 정신적인 충격에 따른 손실에 대해서도 가치로 산출해서 보상해야 합니다. 살인의 의도가 분명히 없으므로 징역을 살지는 않으나, 가치 보전으로 피해자 가족에게 보상해야 하는 책임이 발생합니다.

이것도 요즘은 찾아보기 힘든 사례이긴 합니다만, 아동 학대나 다른 사람 학대의 경우에 대해서도 생각해 보겠습니다. 이것은 다른 사람의 자유의 권리와 자기 수호의 권리를 고의로 빼앗은 경우입니다. 박탈당한 권리에 대해서 가치로써 보상해야 하며, 학대의 기간과 방법 및 학대로 받은 신체적·정신적 손실을 정확하게 가치로써 산출해서 이를 보상하게 됩니다. 반인권 행위의 정도가 심각하다고 판단되면 가치 보전을 위한 피의자의 가치 창출 장소를 강제노역소로 강제하게 되고, 그곳에서 노역을 통해 가치를 창출해서 피해자 보상을 하게 되며, 이를 마치게 되면 강제노역소에서 퇴소할 수 있습니다.

원한의 이유 등으로 고의적 살인 사건을 일으키게 되면 피해자의 자유의 권리와 수호의 권리를 박탈한 상황에 해당합니다. 이런 경우는 먼저 정확한 수사를 해야 합니다. 어떠한 상황들이 가해자에게 살인이라는 끔찍한 일을 저지르게 했는지, 사건이 일어난 상황에 대한 피해자의 책임은 얼마만큼인지 수사를 통해 정확하게 밝혀내야 합니다. 그러고 나서 피해자의 손실 부분인 남은 예상 수명을 산출해서 이 기간에 가치 활동을 통해서 예상되는 창출 가치를 산정합니다. 정신적인 손실을 포함해서 피해자가 입은 손실 부분에서 피해자의 책임 부분을 감한 후에 남은 피해 가치를 피해자 가족이나 피해자의 가치 활동 수혜자에게 강제노역소에서의 노역을 통해서 혹은 이미 가지고 있는 가치로 지급해야 하고, 피해자가 사망에까지 이를 원인이 미약하다고 판단이 되면 살인에 대한 책임을 물어서 가해자에게 사형이 집행됩니다. 피해자가 사회나 많은 사람에게 큰 피해를 줄 수 있는 행위를 한 경우 등 피해자의 책임 부분이 훨씬 더 큰 사례도 있으며, 이런 경우에는 가해자는 사형을 면하게 되고, 가해자 누군가에게 피해를 준 부분과 가해자가 다른 사람의 피해를 줄인 부분을 면밀하게 살펴서 그 가치를 비교해서 오히려 가해자가 많은 사람에게 유익을 준 경우라면 이론적으로는 가해자에게 포상해야 하는 일도 있을 수 있습니다. 즉, 사회의 일반적인 사람들을 위해 얼마나 유익을 끼쳤는지 아니면 해를 끼쳤는지가 가해자의 행위를 판단하는 기준이 됩니다.

마약 밀반입의 경우를 생각해 보겠습니다. 마약은 투약하는 것은 개인의 자유라고 볼 수도 있습니다. 하지만 중독성과 투약 이후의 통제 안 되는 행위가 공공의 질서를 해치거나 다른 사람들에게 해를 가하는 행위로 나타날 수 있다는 것은 명백한 사실입니다. 따라서 마약을 투약하는 것은 자신을 스스로 범죄 행위에 노출하는 것과 마찬가지이며, 마약 투약량의 정도에 따라 처벌을 받는 것은 합당합니다. 따라서 투약량에 따른 일반적인 예상 행위 및 이로 인한 사회적인 손실을 가치로 환산하게 되고 마약 투약인은 이를 관찰 의무자인 국가에 지급해야 하며, 국가는 마약에서 벗어날 수 있도록 보호관찰 및 교육 등의 의무를 갖게 됩니다. 물론 마약 투약 후에 실제로 범죄를 저지르면 이에 대한 인적·물적 손실에 대한 책임도 별도로 지게 됩니다.

공무원의 부정부패나 뇌물 수수에 대해서도 생각해 보겠습니다. 사실 요즘은 뇌물 수수 자체가 일어나기 매우 힘든 가치주의 시스템이기 때문에 이런 일도 거의 일어나지 않기는 하지만 예로써 들어보겠습니다. 뇌물을 주는 이유는 무엇일까요? 그 이후의 대가를 바라기 때문이며, 이 바라는 대가는 제공하는 뇌물보다는 더 가치가 있을 것입니다. 뇌물 수수의 피해자 혹은 잠재적인 피해자는 해당 공무원의 업무 분야에 따라서 달라질 것이며, 소수일 수도 있지만, 다수일 수도 있습니다. 이미 뇌물로써 뇌물 제공자에게 혜택이 돌아가고 다른 피해자가 있다면 피해자의 피해를 보상해 주고, 뇌물은 가치주의의 근간을 흔드는 불건전한 행위이므로 국가에서 환수하며, 뇌물을 받은 공무원은 그 직위를 박탈하게 되며, 뇌물을 준 사람은 뇌물로 얻고자 했던 혜택을 얻을 기회를 영구히 박탈하게 됩니다. 아직 뇌물 수수만 있고 뇌물 제공자에게 어떠한 혜택도 돌아가지 않은 경우라도 뇌물 제공자나 뇌물 수수자가 불순한 의도를 갖고 있다고 판단하고 공무원의 직위 박탈 및 뇌물의 국가 회수, 그리고 제공자의 영구적 기회 박탈은 똑같이 적용됩니다.

　고위 공직자의 공무 중의 실책이 나중에 밝혀진 사례에 대해서도 살펴보겠습니다. 고위 공직자의 재임 기간 중의 실정은 국가나 사회의 근간에 지대한 영향을 미치는 중대한 사건이며 국가의 큰 재난이 될 수도 있습니다. 실정의 원인은 여러 가지로 볼 수 있습니다. 자신에게 혹은 가족이나 친인척 아니면 지인들에게 물질적 혹은 정신적인 혜택을 주기 위한 고의적인 실정일 수도 있고, 고의성은 전혀 없었으나 결과적으로 혜택을 받은 사람들과 피해를 본 사람들이 있는 때도 있습니다. 아니면 고의성이 없는 순수한 실정으로 국가가 손해를 보는 경우도 있습니다. 어떠한 경우이든지 고의성 여부를 제대로 살피는 것이 중요하고 누가 어떠한 이익을 얼마만큼 얻었으며, 누가 어떠한 손해를 얼마만큼 입었는지를 제대로 파악해야 합니다. 그리고 이익을 얻는 부분은 회수하고 손해를 입은 부분은 보상해야 하며, 고위 공직자의 보유가치 회수 및 명예 실추도 예외는 아닙니다. 그 피해액이 도저히 계산이 안 될 정도로 막대해서 도저히 회수되지 않는 경우는 고의로 이익을 얻은 사람들의 모든 평생의 보유 가치를 회수하고 나머지 모자란 부분은 손실로 처리하게 되며, 이를 교훈으로 삼을 수 있도록 국민에게 공지함으로써 다시는 이런 유사한 일이 일어나지 않도록 합니다. 이런 식으로 구체적인 법이 존재하지 않아도 모든 상황에 대해서 가치 손실의 피해를 산출함으로써 그 상황에 맞는 올바른 법을 만들어서 적용할 수 있습니다.

과거의 자본주의 경제체제에서는 상당히 복잡한 경제적인 상황들이 있어서 이런 방식으로 법을 적용하는 것은 불가능했을 것입니다. 하지만 지금은 화폐의 개념이 없고, 이자의 개념도 없고, 빚의 개념도 없으며, 상속도 없고, 토지의 소유권도 없으며, 모든 활동이 정확하게 가치로 환산될 수 있는 시스템을 가지고 있으니, 모든 경우에 대해서 법을 복잡하게 만들어 낼 필요도 없고, 이 복잡한 법의 테두리 안에서 이에 잘 맞지 않는 상황에 대해서 잘못된 법 적용을 해야 할 이유도 없어졌습니다.

다만 미비한 점이 발생할 수도 있기에 이를 미리 대비해 두기 위해서 인공지능을 이용해서 많은 판례를 만들어 내게 됩니다. 즉, 과거에 등장했던 많은 사법의 상황들과 현재의 등장할 만한 상황들을 만들어 내서 인공지능을 통해 여러 가지 다양한 사례에 대한 적절한 최선의 법 적용을 미리 만들어 내는 것입니다. 이렇게 만들어진 법 적용의 사례들은 현장에서 수사 인력이나 판사들에게 유용하게 참조가 되며, 범죄의 의도를 가진 사람들에게도 미리 경고를 할 수 있게 됩니다.

물론 아직은 기존의 법들이 살아 있고 그 안에서 운영되는 세상이며, 이러한 법의 틀을 모두 자연법으로 대체하려면 시간이 좀 더 필요합니다. 하지만 이상적인 법치를 위해서는 언젠가 이러한 불문법이 법의 주인이 되는 때가 올 것입니다. 남의 것을 탐하는 것은 욕심입니다. 남의 인생을 함부로 조종하려고 하는 것도 욕심입니다. 남에게 피해를 주는 행위는 자유가 아니며, 다른 사람을 배려하고 존중하는 것은 함께 살아가는 사회의 구성원으로서의 기본적인 의무입니다. 자신이 저지른 행위에 대해서는 어떤 상황에서도 그에 맞는 책임이 절대로 감해지지 않고 그대로 부여됩니다. 이러한 문구들이 점점 필요하지 않은 세상이 되어가고 있는 요즘입니다. 언젠가는 법이라는 틀마저 흔적도 없이 사라질지도 모르지요.

가치주의경제학자

안녕하세요. 저는 대학에서 '가치주의경제학'을 연구하고 있는 '이상향'입니다. 흔히들 가치주의(valueism)를 채택하면서 경제학이라는 학문은 사라졌다고 알고 있습니다. 경제학이라고 하면 보통은 자본주의에서 다루어지는 학문이고 자본주의가 존속할 수 있는 이론적인 배경을 제공하는 학문으로 알고 있습니다. 경제학을 다룬다고 하면 최소한 수많은 경제학에서 사용하는 개념들, 정의들, 용어들, 그리고 지표들이 무엇을 뜻하는지를 알아야 하며, 이것을 실제의 상황에서 경제를 이해하거나 예측하는 데에 사용하고 이러한 실제 상황에서의 부족하거나 어려운 점들을 개선해 나가기 위한 정책으로써 사용하고자 한다면 자본주의 경제학에 대한 지식의 깊이가 상당한 수준 이상으로 갖추어져야 합니다. 하지만 자본주의 경제학에 대한 지식을 깊이 있게 가지고 있다 하더라도 그 사람이 내놓은 정책이 현재의 경제 상황의 어려운 점들을 해결할 수 있을 것인가는 실제로는 다른 문제였으며, 그렇지 못했다고 말하는 것이 현실이었습니다.

예를 들어서, 부동산시장이 과열되고 있어서 아파트값이 급격하게 상승세를 타고 있고 전셋값은 이보다 더하게 폭등하고 있어서 서민들의 주거 안정을 위해서는 이를 해결해야 하는데, 사람들이 과도한 대출을 해서 아파트를 구매하는 데에 투자하는 현상을 완화하기 위해 금리를 미세하게 상향시키는 정책을 쓴다면 과연 이 정책이 집값 상승이나 부동산 투기 과열을 잡을 수 있을까요? 국제 원유 가격이 한참 상승세를 타고 있어서 이에 따라 국내의 에너지 가격도 올라가는데 이에 영향을 받아서 소비자물가가 오르는 것을 억제해야 하는데 이럴 때 기준금리를 인상하는 것은 올바른 정책이 될 수 있을까요? 주식시장이 장기적으로 침체 중이고 전망도 좋지 않으며, 부동산시장마저 수요가 없어서 가격이 추락하고 있고 거래가 급격하게 둔화하고 있으며, 시중의 자금의 흐름이 좋지 않고 금이나 원자재에 대한 투자로만 자금이 몰리고 있으며, 내수 경기가 급격하게 위축되고 있어서 경기 부양이 시급한데, 이럴 때 나라에서는 어떠한 경제 정책을 써야 할까요? 그리고 그러한 경제 정책이 과연 원하는 효과를 발휘할 수 있을까요?

자본주의 경제는 일반 사람들이 알고 있는 것보다 심지어는 경제학자들이 알고 있는 것보다 훨씬 복잡하고 이해하기 어려운 것이었습니다. 마치 살아 있는 짐승과 같아서 어떤 경우에는 주인의 말을 잘 듣다가도 어떤 경우에는 주인에게 반항하며 달려들기도 합니다. 먹을 것을 주어서 잘 달래야 하는데 그 먹는 양이 나날이 늘어나서 웬만큼 많이 주지 않으면 말을 듣지 않으며 화를 내기도 하고, 어떨 때는 먹을 것을 주어도 전혀 먹으려 하지 않기도 합니다. 때로는 한쪽 다리가 아프기도 하고, 그것을 치료해 주면 다른 쪽에 문제가 생기며, 그것마저 치료하면 배탈이 나기도 하고, 아픈 데도 무척이나 많은 약골인 짐승입니다. 그 덩치는 점점 커져서 이 짐승을 움직이게 하려면 더 많은 엄청난 양의 먹을 것을 요구하고 배설하는 양도 갈수록 엄청납니다. 그리고 마침내 그 몸집이 스스로 감당하지 못할 정도로 커지게 되어서 언제 큰 병이와서 쓰러질지 주인은 하루하루가 불안합니다. 이는 몸집을 키우지 않으면 그 생명을 유지할 수 없는 짐승이기 때문입니다. 자본주의 경제는 내용이 어렵고 복잡하고 향후의 예측이 쉽지 않고, 안정적인 상태로 회귀하는 능력이 부족해서 한쪽으로 치우치는 현상을 제어하기 위한 많은 부대 장치가 요구되며, 이 또한 이내 내성이 생겨서 잘 작동하지 않아서 점점 더 큰 조치나 희생을 요구한다고 볼 수 있습니다. 반면에 가치주의경제는 누구나 알 수 있도록 내용이 쉽고 단순하며 복잡한 이론이나 지표들이 없습니다만, 시장경제체제가 적용된다는 점과 그리고 각 개인이 노력한 만큼 소득이 자신에게 돌아가기에 일에 대한 동기부여를 갖게 된다는 점은 자본주의와 마찬가지입니다.

지금부터 자본주의가 아닌 가치주의에서만 주목하는 몇 가지 특징적인 지표들을 살펴보고자 합니다. 먼저, 개인별 총 일량 및 가치 수혜의 공정성입니다. 이것은 한 사람이 태어나서 평생을 통해 일하게 되는 총량을 산출하는 것과 그것을 가치로 환산해 받는 것이 얼마나 공정한가, 라는 것을 평가하는 것입니다. 가치주의경제학에서는 개인별 평생의 일의 총량을 산술적으로 표현하고 있으며, 이에 대한 전체의 표준편차도 구하고 있습니다. 이 부분은 가치산정이라는 항목이 깊숙하고도 중요하게 관여됩니다. 각각의 일에 대한 가치산정이 올바르다고 하면 사람마다 일의 총량을 산술적으로 근거 있게 표현할 수 있으며, 그 표준편차의 값이 작다고 하면 가치주의가 올바르게 실현된 사회라고 볼 수 있습니다.

두 번째 항목은 경제의 실제 효율성입니다. 이것은 자본주의의 모순적인 측면이기도 한 항목입니다. 사람이 일하게 되는 것은 그 필요성이 있기 때문인데, 그 필요성을 판단하는 관점을 지구 전체로 확대하거나 아주 장기적인 시각으로 바라보면 필요가 없거나 하지 말아야 하는 일인 경우가 있습니다. 즉, 일을 통해서 인간의 영속적인 삶에 유익을 주는 것을 만들어 내는 것이 아니라 오히려 이를 방해하는 일을 하게 되는 경우입니다. 옥수수의 경우와 같이 대량생산이라는 생산 또는 재배 체제를 통해서 재화를 필요 이상으로 많이 생산해서 억지로 소비처를 만들어 내는 것, 종자의 유전자조작이나 가축의 밀집 사육 등을 통해서 이윤 추구를 극대화해서 지구 생태계를 오염시키는 것, 여러 기업에서 경쟁적으로 같은 제품을 만들어서 가장 경쟁력 있는 기업이나 제품만 살아남고 나머지는 도태되기 때문에 도태된 기업이 투자했던 모든 일이나 노력이 쓸모없이 되는 것, 그리고 원자력발전처럼 현재의 투자를 최소화하기 위해 자연환경에 치명적인 악수를 두어서 미래의 후손들에게 엄청난 재앙의 불씨를 남겨주는 것, 정체된 경제를 타파하기 위해 이미 만들어 놓은 것을 파괴함으로써 새로운 발전의 모티브를 찾는 것 등이 비효율을 설명하는 대표적인 사례입니다. 가치주의경제학에서는 만들어진 가치의 자연 친화성, 가치투자의 중복성, 가치 생산 시 자연 훼손 총량, 사용되지 않고 버려지는 가치의 총량들을 산출하게 되며, 이들을 모두 고려해서 어떠한 사회의 가치주의경제의 효율성도 구하게 됩니다.

세 번째로는 경제체제의 안정성 또는 지속 가능성입니다. 이는 어떠한 경제체제가 발전해서 이상적인 상태를 실현한 후에 이상적인 상태를 실현한 후에 이를 계속해서 유지하거나 혹은 이로부터 벗어났다고 해도 다시 이 상태로 되돌아오는지를 보는 것입니다. 자본주의에서는 이상적인 상태로 나아가기 위해서 많은 규제나 장치들이 필요했으며, 그러한 규제나 장치 없이는 이상적인 모습으로는 구현되지 않습니다. 즉, 안정적인 상태를 유지하려면 시간이 지나면서 점점 더 많은 규제나 장치들을 요구하게 되어서 원하는 상태로 복귀하려고 하지 않고, 오히려 이 상태에서 벗어나려는 힘이 더 크게 작용해서 체제의 안정성과 지속성에는 문제가 있었습니다.

가치주의경제학에서는 수요와 공급이라는 시장경제의 상황을 제외한 측면에서의 각 재화의 대표 가치의 변동성과 복귀성을 산출하고 있으며, 각 개인에게 부여되는 일의 총량에 대한 합리성을 산출하고 있습니다. 또한, 기존의 이론에서 제시하지 않는 추가적인 규제나 장치의 도입 여부도 면밀하게 관찰하고 있어서, 앞서 언급한 각 재화의 대표 가치의 변동성과 복귀성 그리고 개인별 일의 총량의 합리성과 함께 사회별 가치주의 경제체제의 안정성과 지속성을 평가하고 있습니다.

마지막으로 네 번째인데요, 가치주의 하에서의 경제 예측의 실제성입니다. 경제 예측이라고 하면 국내총창출가치, 국내총보유가치, 국민 1인당 보유가치, 공공 부문 보유가치, 세입과 세출의 흐름 및 균형성 등 각각의 경제 지표들을 예측해서 국가의 운영에 문제가 없는지와 일반적인 국민의 생활에 문제가 없는지 그리고 향후 예측은 어떠한지를 보는 것입니다. 여기서 실제성은 자연재해 등의 변수를 제외하고 이러한 예측이 실제로 얼마나 잘 맞는지에 대한 판단입니다. 가치주의경제학에서는 현재 및 향후 일정 시점마다 각각의 경제 지표들을 예측해서 산출하고 이를 실제 상황과 비교해서 예측의 정확도를 누적해서 관찰하고 있으며, 국가의 운영에 필요한 세수의 확보와 실제적인 국민 생활의 안정성에 초점을 맞추어서 예측 및 이것의 실제성을 관찰하고 있습니다.

법과 정치와 경제가 그 개념이 어려웠던 시절, 그것은 이들을 다룰 수 있는 사람들의 전유물이었습니다. 그것을 이해하고 다룰 줄 아는 사람들은 법과 정치와 경제를 통해서 자신들의 이익을 챙기거나 독점하기 시작했으며, 그렇지 못한 보통의 사람들은 정책 집행자들의 정책들을 수용하며 따라야만 했습니다. 이들의 펼친 정책은 좋은 결과보다는 좋지 않은 결과들을 더 많이 낳아서, 법이라는 것이 가진 자에게는 유리하고 일반 국민에게 불평등하게 적용되었으며, 정치는 부패해서 기득권자를 위한 정책들이 나라를 살리기 위한 정책인 것처럼 그리고 일반 국민을 위한 정책인 것처럼 포장되어서 시행되었습니다. 경기를 살려야 한다며 수많은 경제의 묘책들을 다 동원했지만, 국민의 삶에 실질적으로 돌아온 것은 줄어드는 월급에 나날이 올라가는 물가, 불안한 고용과 자녀들의 취업 대란, 그리고 대출금 이자 상환에 허덕이며 날이 갈수록 늘어나는 빚더미 그 자체였습니다.

법조문은 왜 그렇게 어렵게 되어 있고 복잡하며 법 집행의 결과들은 왜 그렇게 상식적이지 않은지, 국민이 체감하는 정치라는 것은 왜 당리당략이라는 단어로밖에는 설명할 수 없었을까요? 새로운 정권이 들어설 때마다 가장 훌륭한 경제의 정책을 펼쳐서 경제를 반드시 일으키겠다고는 했으나, 가장 뛰어나다고 평가받는 경제통들을 거느리고도 이들이 내놓는 경제 처방들을 아낌없이 적용하고서도 나라의 빚은 왜 그렇게 천문학적으로 늘어났으며, 국민 개개인의 빚도 늘어나고 삶은 오히려 팍팍해지는 일이 반복되었을까요? 그렇게 어려운 공부를 해서 이를 능숙하게 다룰 줄 아는 이들이 의도적으로 그렇게 했던 것일까요? 그렇게 해야만 기득권을 유지하고 자신들만이 부귀와 영화를 오래도록 누릴 수 있으므로 나라를 그렇게 운영했던 것일까요? 그런 측면이 전혀 없다고는 하지 못하겠지만 나라가 이렇게 운영된 것의 실제 원인은 다른 곳에 있었습니다. 너무 어렵다는 것입니다. 그리고 그 이론들이 실제를 제대로 반영하고 있지 못한다는 것입니다. 특별히 경제라는 분야는 더욱 그랬습니다. 수많은 사람들이 노력했지만, 실제와의 괴리는 해결되지 않았으며, 아니 해결하지 못하는 것이 맞는다고 봐야 올바를 것입니다.

가치주의를 살아가고 있는 지금은 우리가 모두 경제인입니다. 자신이 무엇을 얼마만큼 해야 하는지를 아는 경제인이요, 그것을 할 수 있는 가장 효율적인 방법을 아는 경제인이며, 앞으로의 삶의 방향을 분별하고 예측할 수 있는 경제인입니다. 모두가 훌륭한 경제인인 만큼 누구라도 경제에 실패하지 않고 경제가 주는 혜택을 고르게 누리며 살아가는 그런 사회입니다. 경제라는 용어는 전문가들만이 다룰 수 있는 것이 아니라 바로 우리 모두를 위한 것이며, 경제는 전문가들이 운영하는 것이 아니라 바로 우리가 만들어 가는 것입니다. 가치주의경제는 그 자체가 우리의 생활이며 삶입니다.

세계학자

안녕하세요. 22세기 세계학자 '원대한'입니다. '세계학'이라 하면 좀 생소하실 텐데요. 과거로 보자면 지리학과 정치학이 합쳐진 지정학이라는 말이 가장 비슷한 의미일 것입니다. 그동안 세계의 지정학 지도는 많이 변모해 왔습니다. 아주 오래전에 문명이라는 것이 태동하고 국가라는 것이 생겨났을 때는 주변국들과의 힘과 경제 역학관계가 가장 중요하게 여겨졌습니다. 그 후 이동 수단이 발달하고 경제적인 필요성 증대에 따라 좀 더 먼 곳에 있는 나라에까지 가서 교역하게 되고 동맹도 하던 때도 있었습니다. 자국의 이익을 극대화하겠다는 욕심이 '제국'이라는 형태로 발전해서 힘 있는 나라가 큰 나라로 성장해서 작은 나라들을 자신의 일부로 편입해서 나라의 외형을 한껏 키우기도 했으며, 이러한 큰 제국이 멸망하고 또 다른 제국이 힘이 강성해져서 드넓은 영역을 지배하는 과정이 반복적으로 이어져 가던 시대도 있었습니다. 종교가 힘을 얻기 시작해서 그 힘이 절대적 수준으로까지 확장되어서 많은 나라가 이러한 종교의 지배 아래에 있고, 그 나라의 정치와 경제 그리고 사회와 문화 등 모든 국민의 생활 영역까지 종교에 예속되어서 돌아가던 시대도 있었습니다. 이후에 신이 아닌 인간 중심의 생각과 인간 중심의 삶을 되찾고자 하는 운동이 일어나고, 이것이 모든 삶의 바탕을 바꾸어 놓고 인간 문명의 급격한 발전이라는 길을 열기도 했습니다.

사람들의 관심이 자국이나 주변의 근접한 영역에서 벗어나서 전 세계의 미개척 지역으로 확대되어서 배를 타고 멀리 나가서 새로운 식민지를 개척해서 제국이라고 일컬어지는 국가들로 발전하고, 또한 과학기술이 혁신적으로 발전해서 대량생산과 대량소비가 이루어지는 '산업'이라는 형태가 나타나고 '경제'라는 체계가 생겨나고 발전하며, 그리고 이를 움직이는 '자본'이라는 것의 힘이 점점 막강해지던 시대도 있었습니다. 자본과 연관된 제국들의 이기적인 팽창주의가 서로 부딪혀서 동맹국들까지 전쟁의 소용돌이에 휘말려서 세계 전쟁으로 발전되었던 때도 있었습니다. 세계 전쟁이 마무리되자 자본주의와 공산주의라는 서로 다른 이념이 전 세계를 양분하며 끊임없이 대결 구도를 만들어 내어서 또 다른 형태의 보이지 않는 전쟁 같지 않은 전쟁을 치르던 시절도 있었습니다. 이러한 냉전의 하나의 축인 공산주의가 힘을 잃어가자, 다른 축인 자본주의가 급속도로 전 세계를 장악하면서 자본 패권주의가 시작되었습니다. 이 자본 패권주의를 통해 전 세계를 제 뜻대로 움직이던 세력의 무게 중심에 있던 한 나라가 힘이 약해져 가고 또 다른 나라가 힘을 얻어 가서 마침내 자본 패권이 한쪽에서 다른 쪽으로 넘어가기도 했습니다. 이때 그동안 인류가 만들어 내지 못했던 새로운 이념이 세계에 등장했습니다. 자본이라는 힘으로 국민을 굴복시켜 지배력을 유지하고 있던 자본 권력층이 있었고, 그들이 지배하는 국가는 그러한 방식으로 자국뿐만 아니라 전 세계의 다른 나라들도 주무르던 자본 패권 국가였습니다. 하지만 가치주의는 자본이라는 말이 더는 힘을 쓸 수 없는 그러한 세상을 지향하고 있었습니다. 사람들의 인식이 자본에 의한 노예적인 종속에서 벗어나야 한다는 생각으로 바꿔어 가고, 이에 동조해서 이를 국가의 이념으로 채택한 나라들이 하나둘씩 생겨나자, 자본에 의한 권력은 그 힘을 잃어가기 시작했으며, 동시에 자본주의는 쇠퇴기를 맞이하게 됩니다. 그리고 그것이 바로 지금의 시대입니다.

저희 세계학자들은 앞으로의 시대를 준비하고 있습니다. 여태까지의 역사가 걸어왔던 길은 앞서 설명해 드렸듯이, 문명의 태동기, 국가의 등장과 형성 시대, 국가의 제국화와 멸망의 반복, 종교 패권 시대와 인간 해방 시대, 대항해 시대와 제국주의 시대, 본격적인 자본의 출현과 세계 전쟁, 이념 대결과 냉전 시대, 자본 패권주의 시대, 가치주의 등장과 자본의 쇠퇴기, 이렇게 요약될 수 있습니다.

이제 앞으로 다가올 시대에 관해서도 연구가 되어 있고, 저희 세계학자들은 두 가지를 전망하고 있습니다. 만약 긍정적인 방향으로 인류 세계의 발전이 진행하게 된다면, 저희가 예상하는 앞으로 우리가 나아가야 할 세계의 미래는 이제 몇 단계가 남아 있지 않으며, 아마도 거기까지가 마지막 절차일 것이라고 보고 있습니다. 먼저, 가치주의를 채택한 국가들이 가까운 지역에 있는 나라들끼리 그 경제를 공유하게 되는 '지역 블록 연합 체제'로 전환되는 시대가 도래하게 되어 전 세계가 이러한 여러 개의 지역 블록 연합으로 구성되는 시대입니다. 그리고 시간이 좀 더 흘러가면 이러한 지역 블록마저 유명무실화되어서 지구촌 모두가 국가의 개념이나 블록 단위의 연합체제를 가지지 않는 형태로 발전하게 됩니다. 그리고 예상하건대 국가라는 경계나 블록이라는 묶음, 또는 다른 어떠한 형태의 구속도 존재하지 않고 모두 사라지며, 모든 인류가 차별이 없고 서로 도우며 살아가는 실질적인 '인류 대평화 시대'를 맞이하게 되는 것이 마지막 단계입니다.

여태까지 인류가 걸어왔던 모든 역사의 과정들은 우리가 추구해야 할 가장 이상적인 지구촌의 모습을 제대로 만들어 내기 위해서 인류가 만들어 낸 그동안의 체제들이 가지고 있는 모든 발생 가능한 모순들을 드러내고 끌어냄으로써 결국 앞으로 다가올 시대를 위해 기틀을 마련하고 아낌없이 헌신하고 희생했던 시대였다고 감히 생각하고 있습니다. 만약 전 세계의 미래가 이러한 긍정적인 방향이 아닌 부정적인 방향으로 진행된다면, 자국의 이익만을 추구하려는 세력들이 나타나서 다시 경계를 만들고, 또다시 무력을 갖추는 과정을 밟게 될 것입니다. 그리고 이에 동조하는 세력들과 규합하며, 또한 이와 다른 이익 추구 세력들도 나타나서 지구촌 전체가 오래전의 모습대로 다시 흩어지게 될 것입니다. 그리고 시간이 흘러가면 이러한 이익 추구 세력들 간의 무력 다툼이 걷잡을 수 없는 대결로 치닫게 되며, 그 시대의 엄청난 과학기술로 말미암아서 결국은 핵전쟁이나 이에 버금가는 파괴력을 지니는 또 다른 형태의 전쟁이 발발해서 마침내 지구가 종말을 맞이하는 전혀 상상하고 싶지 않은 그런 시나리오가 예상됩니다.

이번에는 긍정적인 방향으로의 진행에 대해서 좀 더 살펴보겠습니다. 가치주의의 등장으로 자본 패권주의라는 틀이 위협을 받게 됩니다. 한때 우리나라는 이러한 자본 패권의 양대 축 간의 힘의 대결로 인한 피해를 고스란히 받던 시절이 있었습니다. 남북 간의 큰 전쟁 이후에 우리나라의 발전을 위해 많은 도움을 주었던 전통적 우방국이자 동시에 전세계의 경찰국가를 자처하며 자본 패권을 휘두르며 전 세계를 주무르던 이 나라가 그 패권을 잃어가던 때에 또 다른 자본 패권의 한 축으로 떠오르던 다른 나라를 본격적으로 견제하기 시작합니다. 사실 그 나라는 아주 오래도록 우리의 역사와 함께 동고동락한 나라였고 실제로 우리나라와 가장 많은 교역을 하고 있던 나라이기도 했습니다. 힘이 잃어가는 쪽에서는 그동안 누리던 패권을 유지하기 위해 안간힘을 쓰고 있었으며, 새롭게 성장하는 자본 패권의 또 다른 축을 견제하기 위해 전략을 짜고 이에 대한 실행에 들어갔으며, 자국의 '미사일 방어 체계'를 자국이 아닌 우리나라에 배치하려고 했던 것입니다. 이것은 당시 북한의 핵 개발 위협으로부터 남한과 자국을 보호한다는 명분이었지만, 신흥 자본 패권국의 군사적인 위협을 견제하기 위한 장치라는 것은 누가 보더라도 의심할 바 없었습니다. 실제로는 우리나라와 신흥 자본 패권국의 돈독해져 가는 관계를 악화시키고 서로 등을 돌리게 만들려는 의도였고, 그래서 우리나라를 자국의 자본 패권을 지지하는 나라로 끝까지 유지하려는 의도였습니다.

하지만 우리나라에서 등장한 가치주의는 오히려 자본 패권의 힘을 약화시키는 결정적인 역할을 하게 됩니다. 부익부와 빈익빈, 가지지 못한 이들의 노동 예속화, 권력층에 만연한 부정부패, 자본 패권국의 횡포, 자본을 둘러싼 이익 추구에서 기인한 각국의 다툼이나 전쟁 등으로 자본주의에 염증을 느낀 나라들이 가치주의를 채택하기 시작했습니다. 곤두박질치는 경제 위기와 마비에 회복할 수 없는 병이 들었던 중남미 국가들이 그 선두에 있었습니다. 여기에 유럽의 국가들이 적극적으로 가치주의의 도입을 추진합니다. 아프리카 국가들도 많은 관심을 보이며 새로운 발전의 모델로 삼게 됩니다. 그 이후에 동남아 국가들과 오세아니아 국가들도 이에 동참하게 됩니다. 그리고 가장 많은 인구를 가지면서 신흥 자본 패권의 자리를 차지한 두 나라마저도 체제의 변화를 진행하고 있습니다. 현재까지 남아 있는 자본주의 국가들은 자본 패권의 향수를 버리지 못한 과거의 자본 패권 국가와 석유 패권주의와 종교 패권주의에서 아직도 헤어나지 못하고 있는 중동과 북아프리카 국가들이며, 그 밖에 세계의 경제 흐름에 크게 관여하지 않는 작은 나라들뿐입니다.

이미 가까운 나라들끼리 경제를 공유하는 지역 블록 연합이 시작되었으며, 현재는 우리 통일 대한민국을 중심으로 중국과 일본 그리고 대만과 몽골이 함께하는 '동북아 연합'이 새로운 체제의 선구적인 역할을 담당하고 있습니다. 과거의 껄끄러운 앙금들은 모두 묻어버리고, 역사의 오점들을 현재와 미래를 위한 희생으로 포용하며, 언어의 다름과 민족의 다름 그리고 문화의 다름을 오히려 서로를 도울 수 있는 장점으로 살려서 지역별로 공유할 수 가치 있는 것들을 만들어 내서 서로에게 유익을 주는 지역 블록 연합으로 발전해 가고 있습니다. 동남아시아도 지역 블록 연합의 형태로 발전해 가고 있는데, 인도와 스리랑카가 이에 합류하는 것을 고려하고 있습니다. 유럽의 나라들은 이미 지역 블록 연합에 속해 있으며, 러시아는 일부는 유럽 블록에, 또 다른 일부는 동북아 블록에 발을 걸치고 있는 형국입니다. 중부 아프리카 국가들도 블록 연합의 형태로 발전해 갈 것으로 예상합니다. 오세아니아 국가들은 남아프리카 국가와 북미의 캐나다와의 연합을 추진하고 있어서 이것이 실현될지는 좀 더 두고 봐야 할 것 같습니다.

순조로운 방향으로 인류의 문명이 발전한다면, 아직 남아 있는 자본주의 국가들마저도 가치주의 도입과 지역 블록 연합의 형태를 취하게 될 것이며, 이러한 지역 블록 연합은 좀 더 광범위한 형태의 연합으로 발전하게 될 것입니다. 더불어 국가의 개념도 그리고 서로를 분리하고 나누었던 경계선들도 점차 그 힘을 잃어갈 것입니다. 그래서 이러한 블록의 경계마저도 모두 허물어지는 때도 올 것으로 예상합니다.

자본이 세상을 움직이던 시절에는 자본을 좀 더 차지하고자 하는 욕심이 갈등과 다툼과 테러와 전쟁을 불러왔지만, 다른 사람에게 유익을 주는 가치가 중요해진 현재와 앞으로의 세계는 언어의 다름도, 민족의 다름도, 문화의 다름도, 환경의 다름도 같은 방향을 지향하는 생각과 이념으로 말미암아 모두가 다름이 아닌, 오히려 하나가 되려는 이유와 동기부여가 될 것입니다. 모두가 다툴 필요가 없는 세상, 서로에게 도움이 되는 세상, 그리고 아니 오히려 서로를 필요로 하는 세상, 그래서 평화라는 말이 더 이상 필요하지 않은 세상, 그런 세상이 우리 앞에 곧 다가오게 될 것입니다.

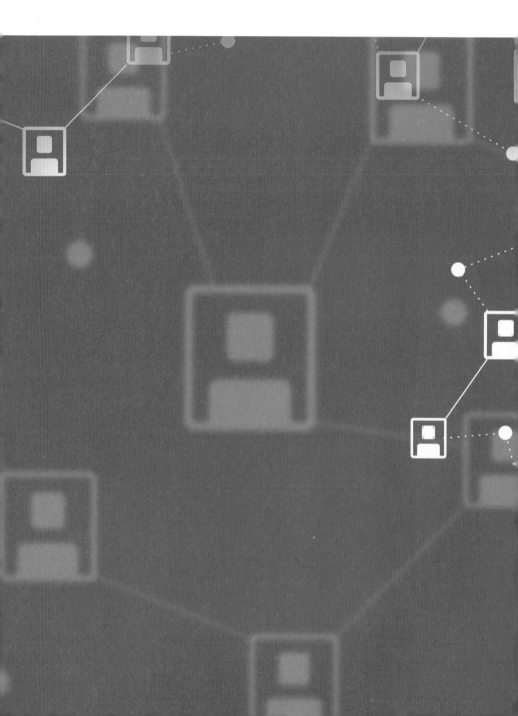

가치주의 공무원들

VALUEISM

가치평가소 가치산정원

안녕하세요. 저는 가치평가소에서 가치 산정 업무를 담당하고 있는 공무원 '금방세'입니다. 저는 예전엔 자동차 회사에 다녔습니다. 설계원가팀이라는 곳에 배치되어서 20년 넘도록 자동차에 들어가는 각 부품의 원가를 분석하는 일을 했습니다. 얼마의 원가로 그 부품을 만들 수 있는지, 그리고 어떻게 하면 좀 더 싼 가격으로 만들 수 있는지, 협력업체의 부품 견적도 꼼꼼히 분석하기도 하고, 설계팀이나 프로젝트팀과도 머리를 맞대고 가격을 낮추도록 이견을 좁히고자 싸우기도 하고요. 아무튼, 부품의 가치를 정확하게 산출하는 일에는 나름대로 자부심을 갖고 있었습니다. 그 덕분에 세상이 돌아가는 패러다임이 바뀐 지금은 부품이 아닌 사람들이 활동해서 창출해 내는 재화나 서비스에 대한 가치를 분석해서 산정하는 일을 하게 되었습니다. 개념이 매우 달라서 처음에는 시행착오도 많았지만 각 재화나 서비스가 사람들이 살아가는 이 사회와 자연에 얼마나 유익을 주는지를 올바르게 산출하는 것이 실질적인 개념으로 머릿속에 다가오기 시작하니까 요즘은 마음이 조금 편해졌습니다.

자신의 활동을 통해서 발생시킨 가치는 대개 가치평가시스템을 통해서 필요한 인자들을 입력하면 자동으로 산정이 됩니다. 여기서 몇 가지 개념을 설명하겠습니다. '가치 창출'이란 배우거나 익힌 지식이나 기술, 타고난 재능, 또는 갖추고 있는 노동력 등을 통해 사회적으로 공유하여 혜택을 줄 수 있는 재화나 제공하고자 하는 서비스를 만들어 내는 활동을 말합니다. 그리고 '가치산정'이란 공급하고자 하는 재화나 서비스의 기본 가치를 산정하는 과정입니다. 먼저, 공급하고자 하는 재화나 서비스가 얼마나 쓸모 있는 것이냐를 나타내는 것이 '효용가치'이며, 이 효용가치를 산정할 때는 필수성, 상품성, 수요, 수혜 범위, 수혜 시간을 고려하게 됩니다. 그리고 공급하고자 하는 재화나 서비스를 창출하기 위해서 필연적으로 소모되는 가치를 '소모가치'라고 부르며, 이 소모가치 산정 시에는 소요 시간, 다른 가치 소모, 다른 가치 훼손, 위험도, 난이도, 숙련도, 기피도, 피로도가 고려됩니다. 여기서 상품성이란 희귀성, 기술적 노하우, 품질의 정도 등 공급자만의 차별화된 장단점을 나타내는 것으로서 공급자가 스스로 부여하게 됩니다.

수혜 범위란 공급되는 재화나 서비스를 구매할 수 있거나 구매하지 않더라도 혜택의 대상이 되는 사람의 범위 또는 인원수입니다. 그리고 수혜 시간이란 공급되는 재화나 서비스의 가치가 지속되는 시간입니다. 시간이 지남에 따라 가치가 줄어드는 경우나 정해진 시간에만 가치가 발생하면, 이 인자를 고려하게 됩니다. 효용가치에서 소모가치를 제하면 '창출가치'가 산정됩니다. 재화나 서비스의 권장공급가치는 효용가치에서 소모가치를 더하게 되는데, 다른 가치 훼손 부분만 제외하게 됩니다. 그리고 이 다른 가치 훼손이 자연훼손에 해당하거나 다른 사람의 가치를 훼손하게 되는 경우는 부정홍익지수의 발생 여부도 확인해야 합니다. 권장공급가치 산정 시에 가치산정시스템을 이용하게 되면 쉽게 가치산정이 이루어지는데, 각각의 항목에 대한 몇 가지 정보를 입력하면 자동으로 계산치를 얻을 수 있습니다. 공급자는 여기서 계산된 권장공급가치를 바탕으로 이 값에 자기 생각을 반영해서 실제로 거래할 거래가치를 정하게 됩니다. 가치산정시스템으로 가치 산정이 이루어지지 않는 경우 가치평가소에 의뢰하면, 가치산정시스템과 동일한 산정 개념으로 가치를 산정하게 되며, 시스템을 통해서는 산정되기 어려운 항목들과 새로운 개념들도 가치 산정을 할 수 있습니다.

이 외에도 가치평가소는 가치거래소에서의 가치 거래 실적을 통해서 수요와 공급의 현황을 분석하고 분야별 상대가치평가를 시행하여 공시하고, 이를 바탕으로 가치산정시스템의 자동 계산치의 값이 현실화될 수 있도록 시스템 내의 가치산정계수들을 일 단위로 조정하여 반영하는 일도 하고 있습니다. 언뜻 보면 시스템이 잘 갖추어진 듯해도 아직은 갈 길이 멀고도 멉니다. 부정확하게 산정된 수식들, 부당하게 인정받지 못하는 부분들도 많고요.

예를 들면, 얼마만큼 위험한 일인지, 오랜 시간을 통해 쌓은 내공을 실어서 만들어 내는 부분들에 대해서 제대로 인정해 주지 못하는 측면들, 반대로 그다지 가치가 많은 일이 아닌데도 오랫동안 전통적으로 높게 평가받는 부분들도 있고요. 아직은 해야 할 일이 너무 많고, 시스템이 올바로 정착하기까지는 좀 더 많은 시간이 필요한데, 이런 부분들에 대한 민원이 들어올 때마다 이에 대해서 당장 명쾌한 답변을 드리지 못하는 현실 때문에 괴로울 때도 있습니다. 다만, 지금은 그렇지 못하더라도, 앞으로의 사회에서는 사람들이 행하는 활동들이 얼마만큼 가치 있는 것인가를 올바르게 산정할 수 있도록 최선을 다하는 지금의 하루하루가 정말 보람이 있습니다.

가치산정이라는 일이 완벽하게 구축되어서 제가 하는 이 일이 더는

필요치 않아서, 즉 인공지능으로 모두 대체 가능해서 이 일을 못 하게
되더라도 그런 날이 좀 더 빨리 왔으면 합니다. 그것이 우리 모두에게
유익한 길이니까요.

가치거래시장 관리자

안녕하세요. 가치거래소에서 가치거래시장 관리를 담당하고 있는 '아마존'입니다. 개인이나 단체가 가치 창출 활동으로 만들어 낸 재화나 서비스를 널리 세상을 이롭게 하는 가치로 보고, 가치 산정을 거친 후 가치거래시장에 등록해서 이를 원하는 수요자에게 공급하면 거래된 가치만큼 산술적 가치를 부여해서 '가상가치'라고 칭하게 됩니다. 이 가상가치는 가상가치관리시스템에서 관리되며, 해당 개인이나 단체의 가상계좌에 이 가치만큼 기존 보유가치에 누적되어 입력되고 관리됩니다. 한 사람이 태어나면 하나의 가상계좌가 부여되며, 평생을 통해 일어나는 계좌 입출명세가 기록되고 관리되며 보존됩니다. 가상계좌는 가상가치관리시스템을 통해 운영되며, 이에 대한 자세한 사항은 가상가치관리시스템 설계자께서 설명해 주실 것입니다. 저는 이제부터 가치주의의 꽃인 가치거래시장에 대해서 설명해 드리겠습니다.

가치거래시장은 여러 종류의 시장으로 나뉘어서 인간이 만들어 내는 거의 모든 가치가 여기에서 거래된다고 보시면 됩니다. 음식이나 의류, 주택 등 의식주와 관련된 재화나 서비스를 거래하는 시장, 에너지에 관련된 시장, 공산품이나 제조에 관련된 시장, 일반 서비스에 관련된 시장, 국가 및 공공 업무에 관련된 시장, 문화나 예술에 관련된 시장, 그리고 교육이나 종교 등에 관련된 시장까지, 총 7개의 그룹으로 나뉘어 있습니다. 재화나 서비스를 제공하는 공급자 또는 이를 구매하는 구매자는 개인, 단체, 회사, 공동체, 국가 중 하나 또는 그 이상이 될 수 있습니다. 개인이나 단체는 활동의 결과물 또는 제공할 수 있는 서비스나 재화를 시장에 등록하여 거래할 수 있으며, 공급자는 공급가치를 가치산정시스템이나 가치평가소에서 제시하는 권장가치를 참조하여 등록하고, 수요자도 원하는 재화 또는 서비스에 대한 거래에 대해서 권장가치를 참조해서 공급가치를 확인한 후 자신이 소유한 계좌의 보유가치 한도 안에서 구매를 진행합니다. 자신의 가상계좌 현황은 언제든지 열람할 수 있으며, 거래 기록은 평생 소멸되지 않고 시스템에 영구히 기록되어 관리됩니다. 가치거래시장은 앞에서 언급한 큰 카테고리 아래에 세부 시장으로 상세하게 나뉘어 있습니다. 가치거래시장에 들어가시면 거래를 원하는 세부 항목으로 들어갈 수 있으며, 여기에 공급하고자 하는 재화나 서비스를 등록할 수 있고, 또 등록된 재화나 서비스를 구매할 수도 있습니다.

가치 거래의 종류는 크게 다섯 가지로 구분됩니다. 재화를 생산해서 공급하고 이를 구매하는 경우, 서비스를 제공하고 이에 대한 대가를 지급하는 경우, 세금이나 공공요금을 부과하는 경우, 기부나 증여를 하는 경우, 외환 거래를 하는 경우입니다.

먼저, 개인이나 단체가 재화를 생산해서 이를 공급하고 소비자가 이를 거래하는 경우에 대해서 설명하겠습니다. 공급자는 재화를 생산해서 이를 거래 품목에 해당하는 거래시장에 등록합니다. 등록 시에는 먼저 가치산정시스템을 거쳐서 권장가치를 부여받은 후에 이를 참조해서 거래가치를 입력하게 되며, 등록한 이후에도 거래가 이루어지지 않았다면 거래가치를 다시 조정할 수 있습니다. 소비자는 구매를 원하는 품목을 거래시장에서 조회해서 원하는 상품을 선택한 후 구매를 진행하면 거래가 이루어집니다. 소비자가 상품을 구매할 때 그 상품의 권장가치를 볼 수 있으며, 다른 구매자의 상품평도 참조할 수 있습니다. 공급자의 이전 공급 이력 상에 공급한 상품에 대한 소비자 불만 사항이 있으면, 이것도 거래 전에 확인할 수 있습니다. 소규모 사업자이며 오프라인으로 거래하는 경우라 하더라도 거래가 이루어지기 위해서는 가치거래시장에 상품 등록을 해야만 하며, 상품을 등록하는 방법은 매장에 갖추어진 가치거래 단말기를 이용하거나 소규모 사업자의 경우에는 스마트 기기를 통해서도 쉽게 할 수 있습니다. 오프라인 매장에서의 거래 절차는 소비자가 매장에 진열된 상품을 거래시장을 통해 상품 정보를 조회한 후 공급자에게 원하는 상품의 구매 의사를 밝히면, 이후 공급자는 가치거래 단말기를 통해 상품을 선택하고 구매자는 홍채 인식과 손바닥 지문 인식이라는 본인 인증 과정을 거치게 됩니다.

가치거래시스템에서는 구매자의 가치 잔액을 확인해서 구매하고자 하는 상품보다 많은 가치를 보유하고 있는 경우 승인 정보를 보내고, 이 승인 정보를 확인하면 거래 체결을 승인하고 공급자가 상품을 구매자에게 전달합니다. 가치거래 단말기를 보유하지 않은 소규모 사업자의 경우, 온라인의 경우처럼 구매자가 스마트 기기를 통해서 거래시장에 등록된 상품의 구매를 요청하면 본인 인증 승인 절차 후 승인 명세가 공급자에게 전달되며, 이를 확인한 후 공급자는 구매자에게 상품을 전달하며, 가상가치관리시스템에서는 구매자의 가상계좌에서 해당 가치가 공급자의 가상계좌로 이체됩니다.

두 번째는 서비스를 제공하고 서비스 수혜자로부터 이에 대한 가치를 받는 경우입니다. 보통 기업체에서 근무하고 임금을 받는 경우 또는 육체적 노동력이나 기술적인 가치 등을 제공하고 이에 대한 대가를 받는 경우, 그리고 우리나라에는 없는 문화지만 외국에서는 음식점 웨이터가 팁을 받는 경우도 이에 해당됩니다. 이 경우는 서비스 구매자가 서비스 공급자의 서비스를 받은 후 이에 대한 대가를 지급하는 경우입니다. 서비스 요구자가 원하는 서비스 및 이에 대한 거래가치를 가치거래시장에 등록하면 서비스 공급자가 가치거래시장에 등록된 서비스 요청에 대해서 서비스 공급 신청을 합니다. 이에 서비스 요구자가 지원자 중에서 원하는 지원자를 선택하면 해당 신청자에게 서비스 제공 승인이 이루어집니다. 이후에 실제 서비스가 제공되면 서비스를 받은 수혜자는 가치거래시장을 통해서 거래예정가치의 지급 신청을 하며, 해당 서비스 제공자의 가상계좌로 그만큼의 가상가치가 지급되게 됩니다.

세 번째는 세금이나 공공요금을 부과하는 경우이며, 이는 서비스 제공자인 국가가 제공한 서비스에 대한 대가로 가치 지급을 요청하는 것입니다. 세금에 대해서는 세무 관리자께서 자세히 설명해 드릴 것입니다. 토지의 사용에 대한 세금은 사용하고자 하는 개인이나 단체가 토지이용시스템을 통해 특정 토지 사용 시의 세금을 확인하고 나서 이에 대한 사용 신청을 합니다. 그러면 국가가 신청자의 사용 이력 등을 확인하고 승인을 결정하면 해당 사용가치가 신청자의 가상계좌로부터 국가의 세금으로 빠져나갑니다. 그러면 신청자는 승인된 기간만큼 해당 토지를 사용할 수 있습니다. 공공요금도 이와 마찬가지로 개인이나 단체가 공공요금관리시스템을 통해 전기나 수도 등의 사용을 신청하면 신청한 항목과 해당 기간만큼의 서비스가 공급되며 일정 서비스 기간마다 이에 대한 사용량을 점검해서 해당 가치만큼 사용자의 가상계좌로부터 국가의 세금으로 자동으로 지급되게 됩니다. 개인의 사망 시 가상가치 잔액은 자동으로 세금으로 걷히게 되며, 이것은 특별한 조치가 필요하지 않고 자동으로 이루어지게 되어 있습니다.

네 번째는 다른 사람에게 자신의 가상가치를 기부하는 경우입니다. 먼저, 아이들에게 용돈이라 불리는 활동가치를 주고자 하는 경우에는 아이가 스마트 기기를 통해 가치거래시장에서 활동가치 영역으로 들어가서 활동가치 요청을 활성화하면 됩니다. 그러면 활동가치를 주고자 하는 어른이 시스템상 아이의 활동가치 요청 영역에 접근해서 스마트 기기에서 지문과 홍채 인식이라는 본인 인증을 통해 이를 승인하는 과정을 거친 후, 주고자 하는 가치를 입력하게 되면 그만큼의 가상가치가 아이의 가상계좌로 들어가게 됩니다. 다만, 아이와의 관계에 따라 지급가치의 한도 및 기간별 횟수의 제한 그리고 총지급량의 제한을 받게 되는데, 이것은 상속으로의 악용을 방지하고자 하는 목적입니다. 일반적인 기부도 이와 비슷하며, 기부가 필요한 개인이 스마트 기기를 통해 가치거래시장에 기부 요청을 활성화하면 기부자가 이를 승인하는 과정을 거쳐 지급을 원하는 금액을 입력하게 되면 해당 가치가 기부 수혜자의 가상계좌로 들어가게 됩니다. 요즘은 문화가 바뀌어서 이런 경우가 거의 없지만, 굳이 경조금을 내야 하는 경우도 이와 마찬가지로, 경조금 수혜자가 가상거래시장의 경조금 항목을 활성화하면 경조금을 내고자 하는 이들이 본인 인증을 거친 후 지급하고 싶은 가치를 입력하면 해당 가치만큼 경조금으로 지급되게 됩니다.

다섯 번째는 외국 국가와의 거래인 경우입니다. 먼저, 아직 가상가치를 사용하지 않고 기존의 화폐를 그대로 사용하고 있는 외국 국가로 외환을 송금하고자 할 때는 가치거래시장에서 외국환 항목으로 들어가서 가상가치의 외환송금 항목을 선택한 후, 원하는 외환과 송금액을 선택하고 수신자의 계좌 정보를 입력하면 외환 환율에 맞춰 가상계좌에서 가치가 빠져나가게 됩니다. 아직 가상가치를 사용하지 않고 기존의 화폐를 그대로 사용하고 있는 외국 국가의 외환을 송금받는 경우에도 가치거래시장에서 외국환 항목으로 들어가서 외환의 가상가치 수금 항목을 선택하면 본인 인증을 거친 후 외환 환율을 고려해서 외환이 해당 가치만큼 환산되어서 가상계좌로 들어오게 됩니다. 가상가치를 사용하지 않는 국가의 외국인이 국내를 여행하고자 하는 경우에는 입국 시 가상계좌를 만드는 과정을 거치게 되는데, 이때 입국 시 준비한 외국환만큼의 가상가치가 적립되어서 국내의 어디서든지 사용할 수 있으며, 남는 경우에는 다시 외국환으로 바꿔서 출국할 수 있습니다. 가상가치를 사용하는 국가의 외국인이라면, 본국의 가상가치를 국제가치거래시스템을 통해 여행하고자 하는 나라의 가상가치로 전환할 수 있으며, 입국 후 이를 바로 사용할 수 있습니다.

가상가치를 사용하지 않는 국가와 무역을 하는 경우에 대해서도 살펴보면, 먼저 수출은 수출품을 보내고 이를 수입한 국가가 보유하고 있는 국제가치를 받아서 이를 우리나라의 가치로 환산하는 과정을 거치며, 수입은 우리나라의 가상가치를 국제가치로 환산해서 수입품에 대한 대가를 지급하고 수입품을 받는 과정으로 이루어집니다. 가상가치를 사용하고 있는 나라도 나라별 가치의 척도가 조금씩 다르므로 지급하고자 하는 대가를 국제가치로 환산하여 지급한 후 수출입 물품 교환이 이루어집니다. 국제가치, 무역, 환전 그리고 차액에 대한 지급 방법 등에 대한 설명은 아마 따로 자세히 설명해 드릴 기회가 있을 것입니다. 이와 같은 다섯 가지 가상가치 거래 이외에도 사업자가 대규모 자금을 조달해서 투자하거나 병원비 등 갑자기 큰 비용의 지급이나 거래가 필요한 경우에 대해서는 산업과 의료 관계자분께서 따로 자세히 설명해주실 것입니다.

가치거래시장에서는 거래 현황과 수요 공급의 균형성도 확인할 수 있습니다. 즉, 공급하는 재화나 서비스의 개별 시장별 공급량, 그리고 이에 대한 수요, 그리고 실제로 거래가 이루어진 체결량과 거래가치 등 다양한 정보들이 매일매일 쏟아져 나오고 또 그것을 실시간으로 확인할 수 있습니다. 단순히 현재 시점에서의 정보만 얻을 수 있는 게 아니라 과거로부터 축적된 정보도 확인할 수 있으며, 이에 대한 각종 통계적 분석 자료도 확인할 수 있습니다. 여기서 수요와 공급에 대한 정보는 가치 산정 시 꼭 필요한 계수로써 사용되기 때문에 가치거래시스템은 가치평가소와 연계되어 있습니다. 또한, 수요와 공급에 대한 정보를 보면, 현재 어느 직종이 인력이 부족하고 어느 직종이 재화나 서비스의 공급이 남는지도 확인할 수 있으며, 농산물의 경우 어느 작물의 수요가 부족하고 혹은 남는지를 쉽게 확인할 수 있습니다. 이는 향후 직종이나 하는 일을 변경하고자 할 경우 많은 도움이 될 것입니다. 이상의 모든 작업과 처리는 가상가치거래소의 가치거래시스템에서 자동으로 구현되며, 인공지능 관리자가 오류 없이 잘 처리되도록 열심히 관리하고 있습니다. 다만, 이루어지는 거래 중에는 허수거래나 부정거래 혹은 불법거래 등이 있을 수 있어서 이런 잘못된 거래들을 잡아내는 게 바로 제가 하는 일입니다.

'허수거래'란 거래가 이루어질 수 없는 가치로 공급자가 거래 가격을 책정해서 공급 물품을 등록하거나 혹은 권장가치로 등록하나 공급 승인을 회피하는 방법으로 공급을 회피하는 경우입니다. 당연히 공급하고자 하는 재화가 준비되어 있지 않으며, 주로 공급자로서의 활동 이력을 채우기 위해서 이런 일을 저지릅니다.

　그에 비해 '부정거래'란 특정한 사람이나 단체에 혜택을 주기 위해 권장가치보다 지나치게 싼 가치로 공급하고자 하는 상품을 등록한 후 다른 사람들의 공급 요청은 승인을 거부하고, 특정한 사람이나 단체의 공급 요청에만 승인해서 부정하게 혜택이 돌아가도록 하는 행위입니다. 이는 불법 상속이나 증여의 수단으로 이용할 수 있으므로 철저하게 단속하고 있습니다. 또한, '불법거래'는 가치거래시장에서 거래할 수 없는 상품을 거래하기 위해 상품의 정보를 위장해서 등록한 후 예정된 고객이 이에 대한 가치를 지급하도록 하는 행위입니다. 주로 마약이나 그 밖의 금지된 품목들이 이에 해당되는데, 우리나라의 유능한 경찰청 수사팀들과 연계해서 철저하게 감시하고 적발해내고 있습니다.

　가치거래시장에서 가치의 거래가 가능하기에 가치주의라는 것이 자리 잡을 수 있었습니다. 그리고 이 가치주의 덕분에 우리의 삶이 좀 더 가치 있는 일에 집중할 수 있게 되었습니다. 앞으로 세상이 어떻게 변할지는 모르겠지만, 최소한 우리 인류가 과거의 물질주의를 다시 선택하는 일은 없을 것입니다. 저 또한 그렇게 되기를 바라고요. 좀 더 아름다운 세상이 되도록 제가 해야 할 일을 사명감을 가지고 열심히 하고자 합니다. 그것이 제 삶도 가치 있게 만드는 길이니까요.

가상가치관리시스템 설계자

안녕하세요. 아마 많은 분이 저를 궁금해하실 텐데요. 자신들이 가치 활동을 할 때마다 자신의 가상계좌에 가상가치가 제대로 쌓이고 있는지, 혹시라도 자신도 모르는 사이에 조금씩 새어 나가고 있는 것은 아닌지, 우리가 알지 못하는 누군가는 아무런 활동도 하지 않으면서 그냥 가상가치가 늘어나고 있는 것은 아닌지, 아니면 해커의 공격으로 서버가 마비되거나 저장하고 있던 데이터가 모두 소실되는 것은 아닌지, 혹은 그렇지는 않더라도 자연재해나 전쟁 등의 외부적인 요인으로 서버가 한순간에 아예 망가져서 열심히 살아온 열매들이 흔적없이 송두리째 사라져 버리는 것은 아닌지, 아니면 시스템의 주요 흐름을 관장하는 인공지능이 오작동을 일으키는 것은 아닌지 등등 갖가지 의문들이 인터넷에 여전히 괴기스러운 재앙의 모습으로 흉흉하게 떠돌고 있는 것이 사실입니다. 저는 가상가치시스템을 구축할 때에 기회가 되어 참여하게 되었고, 가상가치 출입 흐름도 등의 데이터 관리와 보안과 안전 시스템을 구축하는 일을 했던 '전산원'입니다.

보안이 그리 중요하지 않으면 데이터베이스 시스템을 구축하는 것은 그다지 어렵지 않습니다. 하지만 이런 경우는 방대한 데이터 규모와 신속성, 보안과 안전, 복구 시스템 등 갖추어야 할 사항이 너무 많고, 또 완벽성도 확보해야 하니 무척이나 어려운 작업이었습니다. 전 국민이 모두 계좌를 가지고 있고 데이터의 조회 및 출입 정보 변경이 빈번하게 일어나기 때문에, 원하는 데이터를 조회 시와 입출력 작업 등의 이벤트 발생 시에 정확하고 빠르게 검증하고 신속하게 처리해야 하며, 모든 과정 중에, 아니 어떠한 순간에도 데이터의 무결성이 확보되어야 하므로, 이를 해결하기가 만만치 않았습니다. 여기에 해킹의 염려가 전혀 없는 완벽한 보안도 이루어져야 하고, 혹시라도 일어날 수 있는 데이터 오류 여부를 수시로 확인해서 이를 신속하게 복구해야 하며, 여러 곳으로 분산된 안전한 데이터 백업 시스템도 갖추어야 했습니다. 전 국민의 모든 데이터를 평생 관리하려면 엄청난 규모의 저장공간이 필요하고, 서버는 최적의 온도 조건이 유지될 수 있도록 해야 하며, 혹시라도 있을 수 있는 화재나 지진 등의 피해에도 데이터 손상이 전혀 일어나지 않는 안전을 확보해야 합니다. 전쟁이 일어나더라도 사용할 수 있도록 독립되고도 안정적인 운영이 가능한 발전 및 전원 공급 설비를 갖추어야 하며, 누구라도 접근할 수 없는 전혀 알 수 없는 그런 곳에 서버가 구축되어야 합니다.

먼저, 데이터의 용량 문제 해결 및 빠른 조회가 가능하도록 무지막지하게 큰 대용량을 가진 구역별 데이터 간 독립성을 갖추고 있는 3차원 적층형 슈퍼소닉 SSD(Supersonic Solid State Drive)를 사용합니다. 이 데이터 저장 서버는 한 곳이 아니라 전국에 각기 다른 5개소에서 동시에 운영되고 있으며, 서로 간에 동일한 데이터 보유하고 있는지를 매 순간 쉬지 않고 확인하는 작업을 하고 있습니다. 즉, A라는 사람의 데이터가 5곳의 서버에 모두 저장되어 있고, B라는 사람의 데이터가 전혀 연관성을 가지지 않도록 독립된 구역으로 할당되어 보관됩니다. 5개의 서버는 데이터

조회 및 출입이 없는 시점에도 각각의 개별 데이터의 정보를 인공지능 시스템에 보내고, 인공지능 시스템은 이들 모든 서버에게서 온 데이터를 검증하여 무결성 정보를 확보하며 항상 최신의 상태가 문제가 없는지를 파악하게 됩니다. 다섯 곳 서버의 데이터 중 한 곳이라도 다른 값을 가지고 있다면 이를 확인하도록 또 다른 인공지능 시스템이 작동하며, 메모리의 데이터 보존력 문제인지 해킹으로 변조된 것인지 등을 확인하고 나서 다시 올바른 데이터로 정정하는 과정을 밟게 됩니다. 물론 해커들이 침입하지 않도록 이들 5개소의 서버는 인터넷에 연결되어 있지 않은 상태인 아이솔레이션(isolation)을 항상 유지하고 있으며, 내부망을 통해서만 이벤트 작업이 가능하며, 이벤트를 요청하며 외부로 데이터를 송출하는 역할은 또 다른 인공지능 시스템이 담당하고 있습니다.

구축된 데이터베이스의 완결성 점검은 인공지능 시스템의 도움을 받았으며, 일어날 수 있는 모든 경우의 셀 수도 없는 가능성에 대해서 시뮬레이션을 돌려서 수십 차례에 걸쳐서 여러 인공지능 시스템을 통해서 확인해서 데이터베이스가 완벽하고 올바르게 작동한다는 것을 확인했습니다. 물론 외부적인 처리 절차가 변경될 때마다 이를 반영하는 작업이 다시 요구되며, 그 경우에도 인공지능 시스템을 통한 데이터베이스의 완결성 점검은 다시 시행되게 됩니다. 구역별로 할당된 저장 공간으로 운영하다 보니 어느 구역은 이벤트의 총량이 얼마 되지 않아서 거의 비어 있는 상태인 구역도 있지만, 어느 구역은 상당히 많은 공간에 데이터가 채워지고 있어서 구역 할당 보충을 고려해야 하는 경우도 발생하게 됩니다. 그렇지만 그러한 낭비적인 운영 덕분에 안정적인 데이터 운영 및 다차원의 지능형 포인터를 통해 빠른 이벤트 처리가 가능하게 됩니다. 정기적으로 데이터 백업도 시행되어 이를 관리하고 보관하는 서버는 따로 두게 됩니다. 인공지능 시스템이 항상 최신의 데이터 무결성 정보를 가지고 있고, 데이터 저장 위치의 구역별 운영을 통해 빠른 접근이 가능하므로, 이벤트 처리 인공지능 시스템을 통해 요청된 작업이 신속하게 처리될 수 있습니다. 더군다나 개별적이며 독립적이 그리고 분산적이며 동시적 검증이라는 데이터 저장 및 운영 정책으로 해킹에 대해서도 거의 완벽하게 대비되어 있습니다. 거기에 지진이나 전쟁의 위협으로부터도 안정적으로 운영될 수 있는 장소에서 자가발전 시스템을 통해 운영될 수 있다고 말씀드리고 싶습니다.

인공지능 시스템들이 여럿 필요한데 이들에 대한 점검도 정기적으로 이루어지고 있습니다. 솔직히 전쟁 중에는 가치가 떨어져 버린 화폐로 쌀이나 필요한 물건을 사는 것이 거의 불가능하지 않습니까? 물건이 훨씬 중요하니 훨씬 더 많은 돈을 주어야 하고, 그나마도 매일 물건값이 오르니 전쟁 중에는 화폐는 거의 무용지물이 되지 않습니까? 하지만 가상가치시스템은 전쟁 중에도 운영됩니다. 단말기나 스마트폰 또는 거래 시스템이 살아 있는 곳에서는 어디서나 거래할 수 있고, 물건 구매를 위해 지급한 가치가 손실 없이 그대로 살아 있으니 물건을 파는 사람도 안심하고 같은 가격에 팔 수 있습니다. 물론 전쟁 중에는 물건 자체가 귀해지니 값은 좀 올라가겠지만요.

혹시라도 권력의 힘으로 데이터의 왜곡이 일어나지 않도록 공인들과 그 친인척에 대한 가상가치의 현재 데이터 및 일정 기간의 변화 추이에 대한 자료는 국가 운영 시스템에 주기적으로 저장되어서 열람할 수 있게 되어 있습니다. 따라서 그 누구에게라도 공평하고 평등하며 부정과 부패가 전혀 불가능한 그런 시스템이라고 보시면 됩니다. 현재 저는 이러한 시스템을 운영하는 감사진의 한 사람으로서 이런 멋진 일을 담당하게 되었음을 무척이나 영광스럽게 생각하고 있습니다. 모든 개인이 진짜로 평등하게 살 수 있는 이런 멋진 세상에 살고 있음에 감사할 따름입니다.

홍익평가소 공무원

안녕하세요. 저는 홍익평가소에서 '홍익지수'를 발굴하여 관리하는 일을 하는 '홍익군'입니다. 오늘은 새로운 소식이 없나, 혹은 특별한 일이 있지 않았나, 늘 뉴스를 찾아보게 되는데요. 홍익지수와 관련된 뉴스를 찾아내려는 것입니다. '홍익지수'는 가치주의를 채택한 이후에 도입된 가치를 표현하는 또 하나의 척도이며, 홍익인간이라는 우리의 자랑스러운 이념에서 그 개념을 가지고 왔습니다.

홍익지수는 널리 세상을 이롭게 한 기여도를 표현한 지수입니다. 누군가의 희생이나 헌신이 많은 사람에게 삶의 의욕을 북돋우어 주거나, 누군가의 선행이 전혀 관련이 없는 일반 시민들의 박수를 받게 되는 경우를 종종 보게 됩니다. 이처럼 어떤 사람의 행위가 보편적 가치로 판단했을 때 이를 알게 되는 불특정 다수의 사람에게 긍정적인 효과를 불러일으킨다면 이것을 널리 세상을 이롭게 한 기여로 봐서 이를 지수로 평가하여 행위의 주체자에게 홍익지수로써 부여하고, 부여된 지수가 행위자의 삶에 도움이 될 수 있도록 하는 것이 그 목적입니다.

사건이나 행위가 발생하여 행위의 주체자에게 홍익평가소로부터 긍정홍익지수가 발행되면 이미 보유한 홍익지수에 합산하게 됩니다. 오히려 널리 세상에 해를 끼치면 부정홍익지수가 발행되며, 이미 보유한 홍익지수가 차감되게 되는 것이지요. 개인이 보유한 홍익지수도 있지만, 회사나 단체 또는 기업이나 공공기관도 홍익지수를 받게 되며, 모든 홍익지수는 발행 기록이 삭제되지 않고 영구히 보관되어 관리됩니다. 물론 가상가치관리시스템처럼 홍익지수관리시스템이 있으며, 가상가치와 동등 수준의 엄격한 관리가 이루어지고 있습니다. 홍익 행위자의 행위에 관여된 개인이나 단체 또는 제삼자가 홍익평가소에 홍익지수 평가를 등록하거나 혹은 홍익조사단의 조사 활동을 통해 행위자 개인 또는 단체의 홍익 행위를 등록하게 되면, 이를 평가하여 행위자 개인 또는 단체에 홍익지수를 부여하게 됩니다. 홍익지수는 개인 또는 단체의 명예를 나타내는 지수가 되며, 가상가치와는 달리 직접 물질적인 혜택이 주어지지는 않습니다. 그러나 취업 시 참조가 되어 가산점을 받게 되며, 기초자치단체의 단체장 등 국가나 공공기관의 직무를 맡고자 할 때는 일정 수준 이상의 홍익지수를 갖추어야 하는 자격 조건이 요구됩니다. 가상가치는 후손에게 전혀 상속되지 않지만, 이와 달리 홍익지수는 후손에게 상속되어 후손도 그 혜택을 누릴 수 있습니다. 다만, 상속의 횟수 및 적용되는 후손의 범위는 발행되는 홍익지수의 구분에 따라 달라집니다. 여기서 긍정홍익지수와 부정홍익지수의 항목들이 무엇이 있는지 말씀을 드리겠습니다.

먼저, 긍정홍익지수에 대해 말씀드리겠습니다.

첫 번째로 애국적 헌신 및 희생 또는 공훈이나 국가 발전에 이바지한 경우입니다. 일제강점기에 독립운동을 하다가 목숨을 던지신 안중근 의사나 윤봉길 의사의 의거가 대표적인 사례입니다. 그분들은 이미 돌아가셨지만, 홍익지수가 도입되면서 가장 먼저 찾아낸 분들이 그분들의 후손들입니다. 그 후손분들께 명예의 지수인 홍익지수 수여식을 거행할 때 참석했던 많은 분이 눈물을 흘렸습니다. 비록 명예의 점수만을 드리는 것이었지만, 오랜 기간 아무것도 드리지 못한 죄송함 때문에, 그리고 다시 회복된 우리 사회의 올바른 모습이 뿌듯했기 때문입니다. 이것은 특별한 경우이기에 수여식이라는 의식을 갖추었지만, 보통은 그렇게 하지 않습니다.

두 번째 경우는 노벨평화상이나 과학적 업적 등 인류의 보편적 가치의 진작에 이바지한 경우입니다. 우리나라의 경우 아직 세계적으로 인정받는 업적을 남긴 사례는 없지만, 많은 학자들이 나름대로 자신의 분야에서 열심히 노력해서 언젠가는 좋은 사례가 나올 것으로 기대하고 있습니다.

세 번째로는 재난이나 범죄 현장 등 긴급 상황에서의 헌신적 희생입니다. 이 경우는 종종 등장합니다. 지하철 선로에 떨어진 분을 구하고 자신은 희생되는 뉴스를 오래전에 본 기억이 있는데요. 이런 경우에는 희생되신 분에게 홍익지수가 부여되고, 그 가족분들에게 혜택이 돌아가게 됩니다.

네 번째로는 보편적 가치에 따른 사회적 약자를 위한 헌신적 도움 및 봉사 활동입니다. 이 경우도 종종 등장하는데요. 외국에서 큰 지진이 발생한 지역에 가서 긴급 구제 활동에 참여하거나, 우리 국민에겐 절대로 잊을 수 없는 날인 2014년 4월 16일 세월호 침몰 사고 때 팽목항에 내려가서 구조활동에 직접 참여한 잠수사분들이나 이분들의 활동을 돕기 위해 식사 준비 등의 자원봉사 활동에 참여하는 일 등이 이러한 사례에 해당합니다.

다섯 번째로 가난하거나 형편이 어려운 소외된 이웃을 위한 기부, 구제 활동입니다. 이웃을 돕거나 부모 없는 어린이들을 위해, 또는 사회적 약자를 위해서 자신이 보유한 가상가치를 기부의 형태로 내어놓는 경우입니다. 그 밖에도 언급하지 않은 여러 가지 긍정적인 홍익 활동들이 있을 수 있습니다.

이에 반하여 부정홍익지수를 받게 되는 행위들도 있습니다. 그 첫 번째로는 매국 행위 또는 쿠데타와 같이 국가나 사회의 안녕을 위협하는 행위입니다. 부정홍익지수가 도입되면서 가장 먼저 해당되는 경우가 일제강점기의 친일파들입니다. 이들은 모두 사망했지만, 그 후손들은 그 이후에 많은 땅을 차지하면서 혹은 언론사를 보유하거나 재벌의 형태로 혹은 사학재단을 소유하는 등 오랫동안 부와 권력과 특권을 누리는 사실상 대한민국의 지배층을 이루고 있었습니다. 이들에게 가장 먼저 타격을 입힌 것은 모든 땅의 소유권이 소멸한 것이고, 그다음이 부정홍익지수를 받게 된 것입니다. 그리고 5·16군사정변이나 12·12사태에 참여하거나 동조해서 그 혜택을 누린 세력들과 그 후손들도 이에 대한 부정홍익지수를 늦게나마 받게 되었습니다. 이런 것을 보면, 세상은 착하게 살고 볼 일입니다.

부정홍익지수 발행의 두 번째 항목은 자연 훼손, 유전자조작, 바이러스나 병균 유포 등 자연 질서의 파괴 행위입니다. 계곡에 음식점을 만들기 위해 자연을 훼손하는 행위, 유전자조작에 참여하거나 유해 바이러스를 배양하는 경우, 그리고 유전자조작 음식물을 수입해서 판매하는 행위도 해당합니다.

세 번째 항목은 음주 주정, 기물 파손, 고성 다툼, 혐오 행위 등 타인에게 손해를 끼치는 행위입니다. 보통 경범죄에 해당하며, 혹시 해당하지 않는다 하더라도, 타인에게 해를 끼치는 행위라면 부정홍익지수가 발행됩니다. 이 덕분인지 요즘에는 상당히 보기 힘든 장면들이 되어 버렸습니다.

네 번째 항목은 쓰레기 버리기, 거리 흡연, 포괄적 공공질서 위반 등 공익에 어긋나는 행위입니다. 양심 없는 사람들의 행위이며, 이기적인 사람들의 행위입니다. 담배는 아예 법으로 판매나 이용이 금지되었으나, 그전에도 길거리에서 담배를 피우면서 걸어가거나 그 어디에서라도 다른 사람들에게 간접흡연을 하게 한다면 이는 다른 사람들의 혐연권을 명백히 침해한 행위이며, 이에 대한 불이익이 부정홍익지수 발행으로 이들에게 돌아가면서 그 이후에는 이런 모습을 찾아볼 수 없게 되었습니다.

다섯 번째는 민형사상 범죄 행위로 판명되어 유죄 판결을 받은 경우입니다.

홍익지수는 긍정적 동기부여의 정도, 긍정적 공훈의 정도, 행위자의 동기 및 의도, 행위자의 손실이나 노력 정도, 그리고 혜택 또는 긍정 효과 범위를 종합적으로 판단해서 산정하게 됩니다. 보통 홍익지수의 산정은 계산식에 따르게 되나, 홍익평가위원회의 심의를 거쳐 보정 후에 홍익지수가 부여됩니다. 홍익평가위원회는 평가 근거를 명확하게 제시해야 하며, 이러한 근거도 홍익 행위자인 개인 또는 단체에 영구히 기록되어 관리됩니다. 홍익지수가 부여된 후 행위자 개인 또는 단체는 평가 결과에 대해 이의를 제기할 수 있으며, 이의 제기 시에는 홍익재판소에서 이를 재심사하여 그 결과를 공표합니다. 홍익지수를 제대로 반영하기 위해서는 저희 같은 발굴단들의 발로 뛰는 노력이 필요합니다. 홍익 활동의 오래된 흔적들을 찾아내야 하고, 올바른 평가를 내리기 위해서는 반드시 그 현장을 찾아가서 그곳의 분위기와 주변 사람들의 평가를 들어보기도 하며, 뉴스나 그 밖의 소식에도 귀를 기울여서 건전한 홍익 활동이 묻혀 버리지 않도록 해야 하고, CCTV 등을 통해서도 아직 남아 있는 비양심적이고 이기적인 행위도 찾아내야 합니다.

홍익지수는 한 사람의 살아온 이력이자 양심이기도 합니다. 이것은 우리 사회를 건전하게 만들며, 이런 건전함이 당연하다는 것을 이제 우리는 잘 알고 있습니다. 각종 부정부패, 불법, 사기, 왜곡과 편법 등이 동원되어서 자신의 배를 불리고 선량한 사람들을 괴롭혔던 사람들도, 그리고 정치인들이나 돈 많은 사람들은 원래 다 그래 라고 말하며 용인했던 어리석은 사회적 분위기도 이제 더 이상 이 사회에 존재하지 않습니다. 단언컨대 지금의 사회는 건전한 사회이고, 정직한 사회이며, 다른 사람 돕기를 자발적으로 하면서도 이를 기쁘게 여기는 사회입니다. 가난을 불행하다고 여기지 않으며, 부유하다고 또는 사회를 움직이는 지배층에 있다고 거만하거나 다른 사람들을 천히 여기지 않고, 오히려 어려운 사람들을 적극적으로 찾아서 도와주기를 즐기는 사회입니다. 널리 세상을 유익하게 한다는 이념, 즉 홍익인간 이념은 우리에게 가장 큰 재산이지만, 후손들에게 물려줄 수 있는 가장 자랑스러운 유산이기도 합니다. 이러한 이념을 실천할 수 있는 지금의 제 삶이 행복하다라고 당당히 말씀드립니다.

토지 사용 관리자

안녕하세요. 저는 가치재정부 소속 토지관리청에서 토지 사용 관리 업무를 담당하고 있는 '공개념'입니다. 저는 한때 부동산 중개업을 했습니다. 서울의 아파트 단지 내 상가에서 영업하면서 아파트를 주로 다루었지만, 상가나 일반주택의 거래도 종종 있었습니다. 그 아파트 단지가 산기슭에 위치하다 보니 토지를 거래하는 건이 있었습니다. 그때는 누구나 땅이나 건물을 사두려고 했습니다. 좋은 곳에 있는 땅은 시간이 지나면, 가격이 오르면 올랐지 내리는 일은 거의 없었거든요. 2호선 등의 지하철역을 걸어 다닐 수 있는 거리, 주변에 명문 학군이 형성되어 있거나, 시내로의 출퇴근의 용이성, 대규모 상권이나 공원 같은 곳이 가까운 곳에 있는 그런 좋은 입지 여건을 갖춘 아파트는 노후화되더라도 재개발을 바라보고 오히려 가격이 오르던 그런 시절이었습니다.

어느 지역이 신도시로 개발된다고 방송에 나오면 어떻게 정보가 새어 나갔는지 이미 그전에 돈 있는 사람들은 대부분의 땅을 싼값에 매입했었던 것이 당시에는 일반적인 상황이었습니다. 땅 투기를 하며 재산을 늘려가는 부자들이 많았었지요. 어느 지역에 개발 호재가 있는지, 아니면 어느 지역에 쓰레기처리장 등의 혐오시설이 들어설 건지, 어느 지역으로 지하철이 새로 뚫리는지, 어느 지역의 개발제한구역이 풀리는지를 귀신같이 정보를 알아내어 투기하던 사람들입니다. 물론 이런 경우는 돈이 많은 사람들의 이야기입니다. 돈 없는 사람들은 전세금을 한 푼이라도 아끼려고 혹은 월세금이 조금이라도 싼 곳을 찾으려고 여러 동네를 돌아다니면서 발품을 팔았습니다. 구석진 곳에 있는 부동산 사무소에 들러서 게시판에 써 놓지도 않은 매물이 있는지에 대해서 그리고 매물의 상태나 살 만한지에 대해서 꼬치꼬치 집요하게 캐묻는 이들이 바로 이런 사람들입니다. 누구는 집을 이미 여러 채 소유하고 있고 알짜배기 토지도 곳곳에 보유하고 있으면서도 더 좋은 데가 없나 하고 정보력을 동원하고 있고, 누구는 낮에는 일해야 해서 저녁에서야 지친 몸을 이끌고 돌아와서 눈이라도 부칠 만한 그런 데라도 찾기 위해 몸부림을 쳐야만 했던, 지금 돌아보면 참으로 불공평한 사회였습니다.

새로운 장관이나 총리 후보자를 대통령이 지명하면 국회에서 인사청문회를 반드시 거치게 되는데 대부분의 후보자가 땅 투기, 부정전입신고, 또는 다운계약서 등 부동산 관련 부정을 저지른 이력을 갖고 있어서 국회의원들로부터 질책을 받던 TV 청문회 장면들이 아직도 기억이 납니다. 그때는 부동산 가격이 다른 중요 경제 지표의 영향을 많이 받았습니다. 저는 그 당시 높았던 취업의 문을 뚫지는 못했지만, 부동산뿐만 아니라 경제 공부를 열심히 해서 부동산을 업으로 삼았던 다른 경제 상황에 대해서도 해박한 지식을 가진 젊은 지식층이었죠. 정부에서는 부동산뿐만 아니라 나라 전반의 산업을 돌아가게 하는 경기를 활성화하기 위해서 저금리 정책을 유지하려고 했고, 금리를 더 낮추려고 노력했습니다. 그리고 양도소득세나 취득세액감면 등 부동산 경기 활성화 대책도 다방면으로 시행했습니다. 하지만 부동산 경기는 정부의 생각대로 움직이지 않았습니다. 전세가 대부분이던 부동산 거래에서도 월세 계약이 대세인 시대로 바뀌었고, 집을 사야 할 이유를 찾지 못한 또는 사고자 해도 여력이 없는 젊은 세대들이 실수요자가 되자 부동산 경기는 급속히 얼어버렸습니다.

그나마도 전 세계적인 금융 대붕괴에 따른 산업 체계의 몰락 이후 사람들이 도시를 떠나기 시작했습니다. 도시에서 그들은 일자리를 잃었고, 생활필수품의 공급도 원활하지 않았으며, 전기와 가스도 제한적으로 공급되었거든요. 돈이 돈으로 인정되지 않으니 사람들이 돈을 받고 일할 의욕을 잃게 되고, 사람들이 일하지 않으니 산업이 돌아가지 않아서 공산품들이 생산되지 않게 되었지요. 에너지 생산 분야도 마찬가지여서 당장은 국가가 최대한 생산을 유지하려고 노력하고는 있었지만, 이 역시도 한계가 있을 수밖에 없었거든요. 도시에서 살려면 이러한 생활필수품의 공급이 중요한데 일자리를 잃어버린 사람들이 도시 생활을 유지할 이유가 없었던 것이지요. 그때 많은 사람이 시골로 떠났습니다. 가지고 있던 아파트나 주택을 매물로 내놓았지만, 거래되지 않았습니다. 이를 예상하고 금융 대붕괴 전에 부동산을 처분한 사람들도 있었습니다. 그래 봐야 그들이 손에 쥔 돈도 곧 그 가치를 잃어버렸기 때문에 그 돈으로 마련한 시골 집터나 땅을 제외하고는 큰 도움이 되지는 못했습니다. 사려는 사람이 없으니 부동산 거래가 거의 이루어지지 않았고, 물론 거래가 된다 해도 돈 자체가 가치가 없으니 거래할 방법도 없었지만요. 저도 더는 이 일을 할 수 없었습니다. 경제 공부를 했기에 그럴 가능성이 있다는 것을 알고는 있었지만, 설마 그런 일이 벌어지지는 않을 거라는 생각하지 못했거든요.

한참 후에 국가의 시스템이 재정비되고, 사람들이 제자리를 찾기 시작했습니다. 각자가 자신이 할 수 있는 분야에서 자기 일에 최선을 다하는 것이 다시 나라를 살리는 길이라는 것을 알았거든요. 이때 모든 토지의 소유 개념이 사라졌습니다. 모든 토지에 대한 부동산 등기가 그 효력을 잃었습니다. 토지는 자연의 일부이고, 이것을 특정 개인이 소유한다는 개념이 잘못된 일이라는 겁니다. 사람이 토지를 이용하는 것은 가능하지만, 토지가 어떤 사람의 소유물로서 특정되고 그 후손에게까지 재산으로 상속되는 일은 잘못된 것이라는 의미입니다. 토지 소유자의 시초를 추적해 보면, 그것은 인간의 것이 아니라 자연의 것일 뿐입니다. 토지 소유라는 것은 생각해 보면 사람이 자기 편리한 대로 만들어 놓은 아주 잘못된 법입니다. 아무튼, 토지 소유권이 상실되자, 땅 부자들이 한순간에 쫄딱 망했다고 보면 되겠지요. 사실 원래의 주인인 자연에 돌려주는 것이니, 전혀 잘못된 것이 아니었지만, 그들의 반발은 한동안 거세었었죠.

  물론 토지 위에 세운 건물은 건물주의 노력의 대가이므로 그 소유가 인정되었습니다. 토지를 이용한 경작도 경작자의 노력의 대가이므로 경작물의 소유가 인정되었습니다. 다만, 토지 이용을 독점하는 것은 특혜이고, 이를 이용하고자 하는 다른 사람들이 있을 수 있기에 토지 이용에 대한 권리, 의무, 방법, 제한 등을 다룬 '토지 이용과 관리에 관한 규정'이 제정되어서 시행되었습니다. 이 규정은 모든 사람에게 공평하게 기회가 주어진다는 것과 합리적인 이용과 효율을 추구한다는 것, 그리고 인간과 자연을 함께 생각한다는 세 가지 원칙에 따라 만들어졌습니다. 자신의 땅에 이미 지어놓은 높은 빌딩을 소유했던 소유주나 넓은 경작지를 하고 있던 소유주, 그리고 넓은 공장용지에 대규모의 생산 시설을 갖추고 있던 기업의 주인들은 이에 대해 거세게 항의했지만, 결국 많은 사람들의 앞으로의 건전한 삶과 자연 보전을 위해 항구적인 이익을 주는 이 규정을 막을 만한 논리는 찾지는 못했습니다. 사실 대량생산 위주의 산업이 그 수요를 잃어서 의미가 없어졌으며, 높은 빌딩을 임대해서 사무실로 쓰고자 하는 수요자도 거의 없어졌고, 넓은 땅에서 많은 농산물을 거둔다 하더라도 자신의 소유물이 후손에게 상속되지 않는 그런 시대가 되었으니, 이들의 항의도 이내 잦아들게 된 것이지요.

부동산 중개업을 하던 저는 이미 갖추고 있던 경제 관련 지식과 나름의 철학적인 사유로 정리된 가치관을 바탕으로 이런 변화의 시류에 부응하여 직접적인 의견을 수차례 제시하고 적극적인 관여 의사를 표명해서 이 규정의 제정에 참여하게 되었습니다. 그리고 그 이후에 토지 이용에 관한 관리를 맡는 가치재정부 내의 토지관리청에 소속되어서 도시 부문의 토지 관리를 업무를 담당하고 있습니다. 아직은 이 규정에 대해서 보완해야 할 부분이 많아서 이 일을 계속하고 있지만, 법안의 완결성이 확인되는 시점에 이르면 이 일도 공정성을 위해서 인공지능이 맡게 될 것입니다. 현재의 이 일이 아니더라도 앞으로도 이 분야에서 또 다른 해야 할 일이 많이 남아 있어서 지금도 매일 새로운 공부와 구상을 병행하고 있습니다. 부동산 거래를 통해 그 수수료를 챙겨서 살아가는 인생이 아닌, 자연의 선물인 '땅'을 올바르고 공평하며 합리적으로 그리고 효율적으로 모든 인간과 자연을 위해 쓰일 수 있도록 일한다는 것이 매일 아침에 눈을 뜰 때마다 제 가슴을 설레게 합니다.

세무 관리자

안녕하세요. 저는 공공 부문에서 세무 업무를 담당하는 공무원 '조세중'입니다. 가치주의를 채택하고 있는 지금은 세무 업무가 많이 간소화되었습니다. 자본주의 시대였을 때는 세금의 종류도 많았고, 각각의 세금을 산출하는 방법도 상당히 복잡했습니다. 그 복잡한 세법의 빈틈을 뚫고 조세 회피를 하거나 더 나아가서는 탈세를 하는 탈세 전문가들도 많았습니다. 특히, 상속세의 경우 돈 많은 사람들이 절대로 곧이곧대로 내지 않았고, 상속세를 줄이기 위해서 각종 편법이 많이 등장했습니다. 세금에 대한 공무원의 비리도 비일비재했고, 세금 징수의 공평성도 올바르게 집행되지 못했습니다. 그때는 세금의 개념도 많이 달랐습니다. 국가가 필요하다는 이유로 국가에서 일방적으로 책정한 금액을 의무적으로 부과했습니다. 국가의 필요에 따라서 세율도 마음대로 조정하고, 없던 세금도 만들어 내고, 책정되는 세금의 액수도 그 근거가 희박했습니다. 더구나 세금의 사용은 더욱 엉터리였죠. 꼭 필요한 곳에 합당한 금액만 집행해야 하는데, 실제로는 쓸데없는 대규모 토목공사를 추진하거나 필요 없는 개발을 시행하거나 부실한 사기업이 망하지 않도록 공적자금이라는 명목으로 엄청난 자금을 사용하거나 해외자원개발 등의 투자 명목으로 집행한 금액들이 모두 아무 소득 없이 날아가 버린 사례도 허다했습니다.

국가가 세금을 거두려면 합리적인 명목이 있어야 하고, 징수 세액에 대한 합당한 근거가 필요하며, 집행에 대한 투명한 공개 및 꼭 필요한 일에만 집행하여 세금의 낭비를 없애고 모든 국민에게 공평하게 합리적으로 납세의 의무가 적용되어야 하는 것은 누가 뭐래도 명명백백한 사실입니다. 근거가 희박한 세금 항목들, 합리적이지 못한 세액, 공평하지 못한 징수, 방만하고 주먹구구식 집행, 잘못된 집행으로 엄청난 세금 낭비 등, 대부분의 국민은 제대로 인식하지 못했지만, 한마디로 요약하면 총체적인 난국이었습니다. 이것은 돈으로 모든 것이 돌아가는 자본주의 시스템에서 돈의 개념이 잘못되어 있는 것이 그 문제의 원인이며, 세금뿐만 아니라 다른 모든 부문도 이러한 이유가 문제의 시초가 되었습니다. 즉, 화폐를 발행하면 그것으로 바로 가치가 발생했다고 착각하는 것과 마찬가지로, 세금을 거둬서 돈이 수중에 들어오면 그것을 사용하는 것에는 아무런 제약이 없다고 여기는 착각 같다고나 할까요. 화폐 그 자체가 진정한 가치가 아니듯이, 세금 그 자체가 진정한 사용의 권리가 아니라고 표현하면 이해가 될까요.

아무튼, 지금의 세금에 대한 개념을 들어보시면, 제가 드린 말씀이 좀 더 쉽게 이해가 될 겁니다. 지금의 세금 개념은 한마디로 국가가 국민에게 제공하는 서비스만큼만 국민에게 세금으로 거둔다는 것입니다. 즉, 국가가 국민에게 제공한 서비스의 가치만큼만 국가가 국민에게 세금으로 징수하게 되는 것이지요. 이런 원리라면 국가가 국민에게 세금을 징수하는 명분이 타당하겠지요. 따라서 국가가 국민에게 제공하는 서비스가 없으면 세금을 전혀 거둘 수가 없겠지요.

이제는 국가가 국민에게 제공하는 서비스가 무엇인지 설명하겠습니다.

첫 번째로 국토를 지키는 서비스가 있습니다. 국방 서비스라고 해야할까요. 군대 유지와 군용장비들, 무기들, 시설들, 훈련이나 작전 비용들, 그리고 우리 눈에 보이지는 않지만, 전략이나 전술, 작전의 개발 등 큰 비용이 들어가는 서비스입니다.

두 번째로 치안 및 사법 서비스가 있습니다. 수많은 치안력 유지 및 운영, 사건 해결을 위한 수사요원들, 과학수사에 관한 시설과 장비와 투자들, 그리고 바다와 하늘을 지키기 위한 치안력, 그리고 수많은 재판과 이를 위한 법원의 운영도 생각해야겠지요.

세 번째로 공공 부문 및 행정 서비스가 있습니다. 공무를 감당하기 위한 다양한 부문의 공무원들과 공공 집행 사업들 그리고 공공시설들을 생각하시면 됩니다.

네 번째로 외교 및 대외 서비스가 있습니다. 외교관과 외교 시설들, 가난한 나라를 위한 부담금, 대외 업무 등의 비용이 발생하지만, 이 덕분에 여러분들이 외국으로 안심하고 여행도 가고 유학도 가며 사업도 벌이면서도 대한민국의 국민으로서 대우와 보호를 받을 수 있습니다.

다섯 번째로 국토의 관리, 사회의 기간 시설 및 이를 통해 제공하는 서비스와 교통 서비스가 있습니다. 국토의 개발 또는 보존도 엄청난 일들이고, 고속도로, 공항, 철도, 항만, 전기 및 통신 시설들, 교각, 발전소, 수도 공급 시설, 가스 공급 시설, 에너지 저장소 등 셀 수 없을 정도로 많은 기간 시설들이 있고, 이를 통해 국민 생활에 필요한 전기나 수도, 에너지 등의 많은 유용한 것들을 제공하고 있으며, 교통 시스템도 체계적으로 운영하고 관리하게 됩니다.

여섯 번째로 교육 및 학술 진흥 서비스가 있습니다. 우리나라는 현재 유치원 과정부터 고등학교 과정까지 국가에서 교육비를 모두 부담하고 있습니다. 그리고 대학 과정과 대학원 과정, 각종 산업훈련 과정, 산업기술학교, 창업 준비 과정, 평생교육 과정 등은 교육비용이 요구되나 그 형편과 상황에 따라서 감면이나 할인 혜택이 주어지고 있습니다. 많은 교사와 교육을 위한 시설들, 그리고 유지 보수 비용들도 필요하겠지요. 그리고 많은 국가 연구 기관의 운영 등 과학기술 분야의 발전을 위해서도 해야 할 일이 많이 있겠지요.

일곱 번째로 소방, 안전 및 재난 대비 서비스가 있습니다. 화재나 긴급사태 또는 천재지변 등의 국가 재난 사태에 대비하기 위한 인력들 그리고 시설과 각종 장비 및 설비들, 그리고 대비를 위한 훈련 비용들이 있겠지요.

여덟 번째로 보건 및 복지 서비스가 있습니다. 사회 보건을 위한 보건소, 보건 정책 수립 및 시행 등의 보건 관련 부문들 그리고 사회적 약자들을 위해 시행되는 여러 부문의 복지 비용들이 필요하겠지요.

아홉 번째로 문화의 진흥과 역사의 보존 서비스가 있습니다. 수많은 문화재들, 역사의 산 증거인 유·무형의 유물들, 그리고 현재를 아름답게 만드는 각 부문의 자랑스러운 문화와 예술들, 그리고 과거의 사료와 유적들 각종 기록 속에 묻혀 있는 우리 역사의 진실을 발굴해 내는 작업, 그리고 현재의 역사를 아무런 변조 없이 그대로 기록하고 보존해서 후손들에게 떳떳함과 자랑스러움을 물려주는 일들은 모두 미래의 국민을 위한 서비스입니다.

열 번째로 국가 운영 서비스가 있습니다. 모든 것들이 제 역할을 할 수 있도록 중앙에서 지휘부의 역할을 하며, 사회를 운영하고 유지하는 법과 제도들을 발의, 시행 및 운영과 집행을 하고, 큰 재난이나 사고,

전쟁 등의 국가비상사태에 대비하며, 미래의 비전을 제시하고 준비하는 등의 역할을 담당합니다. 이런 것들 말고도 산업의 관리나 자원 개발 등 일반인들이 잘 인식하지 못하는 서비스들이 있고, 모든 서비스를 여러 가지 세세하게 다 언급하지는 못했지만, 국가가 국민들에게 생각보다 많은 서비스를 제공하고 있다는 것을 알 수 있을 것입니다. 이를 정리하면 국가가 국민에게 제공하는 모든 서비스는 부문별 개별적인 가치의 형태로 환산되어서 해당 인력이나 시설 등에 지급되거나 소요되고, 이러한 국가가 국민에게 제공하는 서비스의 총 가치가 곧 국가가 국민에게 세금을 거두는 근거가 됩니다.

이번에는 국민이 국가에 내는 세금의 종류에 대해 설명하겠습니다. 단, 세 가지 종류의 세금밖에는 없습니다.

첫 번째로는 전기, 가스, 상하수도 등 국가에서 사회간접시설을 통해 생산해서 공급하는 물과 에너지에 대한 세금입니다. 사람들이 사용하는 양만큼 생산량이 늘어나게 되고, 이것은 자연을 오염시킬 수 있는 방향이기 때문에 사용량에 대한 어떠한 할인도 없으며, 반대로 할증도 없고, 원가에 세금이 일정량 추가되어서 그 사용 비용을 세금으로 내게 됩니다. 이것은 국가에서 제공하는 서비스를 이용하는 방식이므로 자연스럽게 세금 부과의 명분이 발생합니다.

두 번째로는 토지의 이용에 대한 세금입니다. 아시는 바대로 가치주의를 채택한 이후로 토지의 소유권은 모두 소멸했습니다. 다만 건물의 소유권은 그대로 인정됩니다. 그 건물은 토지를 사용하는 것이기에 이에 대해 세금을 부과하는 것입니다. 농사를 위한 땅도, 공장을 위한 땅도, 학교 등의 부지도, 기타 자연의 상태대로 전혀 사용하지 않는 땅을 제외하고는 토지를 이용하는 경우에는 모두 이에 대한 세금을 내게 됩니다. 이것은 국토방위나 재난, 안전 또는 공공 부문의 행정 등을 통해 국가가 제공하는 서비스에 대한 보상으로 부과되는 세금으로 보시면 됩니다. 땅을 사용했으니 이에 대한 대가를 지급하는 것은 당연한 것이고, 세상에 공짜란 없는 법이지요.

마지막으로 가장 중요한 세금인데요, 한 사람이 사망하게 되면 그 사람의 가상계좌에 평생 쌓인 가상가치를 모두 세금으로 환수하는 것입니다. 자본주의 시대에는 상속을 통해 자녀들에게 그 재산이 돌아가는 것이 당연했는데, 지금은 공수래공수거(空手來空手去)의 시대입니다. 평생 국가가 제공하는 서비스를 받은 만큼 이에 대해서 다시 국가로 돌려준다는 것입니다. 이렇게 세금으로 돌려받은 가상가치는 현세대나 다음 세대를 위해 다시 쓰이게 됩니다. 건물을 짓거나 소유하지 않으면, 그리고 전기나 수도 등 전혀 사용하지 않는 경우, 그리고 가상계좌에 남겨 놓은 가상가치가 전혀 없는 경우라면 태어나서 죽을 때까지 전혀 국가에 세금을 내지 않아도 되는 경우가 발생하기도 합니다. 물론 실제로는 절대로 발생하지는 않겠지만요. 재산 상속이 되지 않기에 금수저를 대물림받는 잘못된 일이 절대로 일어나지 않는 지금의 세상이 정말로 다행이라고 생각합니다. 우리는 모두 서로를 돕기 위해 태어났고, 이러한 생각이야말로 자식들에게 물려줄 수 있는 가장 큰 재산이 아닐까요.

사회 구성원 관리자

안녕하세요. 사회 구성원 관리를 담당하는 사회부 소속 공무원 '이주민'입니다. 예전에는 주민등록증도 있었고, 주민등록등본이라는 것도 있었고, 인감증명이나 가족관계증명이라는 것도 있었습니다. 그리고 성별에 맞도록 주민등록번호가 부여되어 있고 이름과 생년월일이 기재되어 있었으며, 한번 등록된 정보들은 바꾸는 것이 무척이나 어려워서 때에 따라서는 잘못 기재된 사항이라서 반드시 정정해야 함에도 이를 정정하는 것이 행정적으로 불가능한 경우도 있었습니다.

지금은 그때보다 훨씬 많은 개인 정보가 관리됩니다. 하지만 각 개인의 고유 번호를 제외하고는 모든 정보를 쉽게 정정할 수 있게 되어 있습니다. 물론 이 고유 번호는 관리만을 위한 것이어서 외부에 노출되지는 않습니다. 이름을 바꾸고 싶으면, 성별이 잘못되어 있어서 정정하고 싶으면, 기타 어떤 정보라도 올바른 정보로 정정하는 것이 언제든지 가능합니다. 입력되고 관리되는 거주민의 개인 정보는 성명, 한자 성명, 영문 성명, 성별, 생년월일, 국적, 국적 취득일, 태어난 곳, 거주지 이력, 현주소, 그리고 식별 고유 번호가 기본적인 입력 사항입니다. 여기에 전후 측면의 안면 사진, 전신사진, 홍채 정보, 손바닥 지문 및 각 손가락 지문 정보는 개인 식별 및 보안 정보로서 정기적으로 입력을 받으며, 그

진위를 철저하게 검증하여 관리합니다. 각 관청이나 공공기관에 3차원 입력 장치가 마련되어 있으며 쉽고 빠르게 입력이 되며, 기존 누적 정보와의 비교와 발달 및 변화의 타당성을 인공지능 알고리즘을 이용해서 진위를 곧바로 판단할 수 있게 되어 있습니다. 거기다가 신장, 몸무게, 허리둘레, 체지방, 시력, 청력, 혈압, 혈당, 소변 검사 결과, 혈액 검사 결과 등 각종 건강 상태를 파악하기 위한 정보들을 정기 검진을 통해 입력을 받게 되며, 인공지능 알고리즘이 이러한 지표들을 통해 문제의 여부를 판단해서 알려주게 됩니다. 물론 병원에서 치료를 받는 경우 이러한 진료 및 치료 정보도 함께 받아서 관리됩니다. 여기에 가상가치 관리시스템으로부터 가상계좌의 정보가 연결되어 관리되어서 가치 활동의 모든 이력 및 현재의 가상가치 잔액을 확인할 수 있으며, 홍익지수관리시스템도 연결이 되어서 홍익 활동 이력 및 홍익지수 정보도 확인할 수 있습니다.

이것만이 아닙니다. 국가인재관리시스템으로부터도 필요한 정보를 받게 되어 있어서, 교육 이력 정보들, 그리고 직업 이력 정보들이 연결되어 확인됩니다. 이 모든 정보가 사회구성원관리시스템에서 개인별 입력 정보로서 관리되며, 그 진위 여부, 변동된 이력, 그리고 문제 발생 여부가 인공지능 알고리즘을 통해 정기적으로 파악되고 관리되어서 담당자에게 공지되도록 관리되고 있습니다. 국내에 거주하는 모든 거주민이 관리의 대상자가 되며, 태어나서부터 죽을 때까지 살아가면서 필요한 정보나 활동하면서 발생하는 모든 정보가 입력되고 관리된다고 보시면 됩니다. 해외에서 국내로 여행을 온 여행객의 경우는 입국 시에 필요한 정보 입력의 과정을 밟게 되며, 개인 식별 및 보안 정보와 가치 활동을 위한 가상가치관리시스템 정보, 그리고 홍익 활동 정보가 관리되며,

국내에서 병원 검진을 하게 되는 경우 이에 대한 진료 및 치료의 이력들도 관리됩니다. 따라서 해외 밀입국자나 불법 체류자의 경우는 물건을 구매하거나, 직업을 구하거나, 병원에 출입하는 등의 기본적인 삶의 활동이 원천적으로 불가능하게 되며, 따라서 불법 체류자는 더는 없다고 보시면 됩니다.

또한, 새로 태어나는 아기들의 출생신고는 반드시 해야만 하는 필수적인 일입니다. 과거에는 주민등록등본이라든가 인감증명이라든가 이런 행정 서류들을 요구하는 일들이 있었다고 하는데, 요즘은 필요한 모든 정보가 쉽게 파악되기 때문에 그럴 필요가 전혀 없으며, 그런 불필요한 낭비적인 일들은 더는 하지 않습니다.

어떤 사람들은 개인의 모든 정보를 국가가 관리하고 있으니 사생활이 침해되는 것이 아니냐는 견해를 피력할 수도 있습니다. 과거라면 당연히 그런 생각을 가질 수도 있을 것입니다.

하지만 지금 시대 사람들의 생각은 좀 다릅니다. 개인의 정보를 국가가 관리하는 것은 맞지만, 사회를 안전하게 지켜주고, 각 개인이 일일이 챙겨야 하는 사항들에 대한 낭비적인 요소를 제거하고, 합리적으로 운영하며 삶을 이롭게 하고, 사회에 유익을 주는 체제 안에서 그 모든 것들의 보안이 확실하게 관리되어서 우리들의 삶을 풍요롭게 한다면, 그것이 훨씬 더 낫다고 보는 것입니다. 물론 모든 정보가 암호화되어서 나타나기에 알아볼 수도 없기는 합니다. 우리는 가치주의 시대를 살고 있습니다. 이는 돈을 위해서 사는 시대도 아니고, 개인의 유익만을 추구하는 시대는 더더욱 아닙니다. 살아가면서 발생하는 모든 활동의 가치를 높이고자 추구하는 시대이며, 나만을 위해서가 아니라 우리와 우리를 둘러싼 모든 환경을 위해서 살아가는 시대입니다. 사회 구성원 관리자로서 저는 이러한 관점에서 현재의 관리 시스템의 미비한 점이나 문제점이 있지 않나 늘 관찰하고 있으며, 앞으로 더욱더 사람이 사람답게 살아가는 세상에 부합하는 이 시스템이 되도록 현재 맡은 이 일에 최선을 다하고자 합니다.

민중의 지팡이 경찰관

안녕하세요. 22세기 민중의 지팡이 경찰관 '강치안'입니다. 이 시대의 경찰의 임무와 역할에 대해서 말씀드리도록 하겠습니다. 경찰은 정의로운 사회 구현을 위한 핵심 기관이며, 지금은 사법기관인 대법원의 산하 조직으로 편성되어 있습니다. 과거에는 내무부의 산하 기관으로 있다 보니, 정권의 궂은일을 많이 했는데요. 정치적인 사안에 대해 중립성을 지키기는커녕 정권의 하수인이 되어서 정당한 집회를 불법시위로 간주해서 무력을 동원해서 해산시키고, 정권이나 특정 정치집단 나팔수들의 불법집회는 눈감아주는 잘못을 많이 범하곤 했습니다. 또한, 검찰의 수사 지휘를 받다 보니 검찰의 요구에 따라 권력층들과 재벌을 감싸는 잘못된 수사 방향으로 어쩔 수 따라가야만 했던 부끄러운 과거도 갖고 있습니다. 지금은 경찰청이 행정부가 아닌 사법부 대법원의 산하 조직이며, 수사권을 검찰이 가지고 있는 것이 아니라 경찰이 가지고 있어서 수사의 방향을 경찰 스스로 잡아갈 수 있습니다. 정치적인 독립성과 수사권을 모두 확보한 셈이지요.

과거에는 경찰의 업무 중에 교통경찰의 역할이 있었지만, 지금은 모두 CCTV한테 그 역할을 넘겨주었습니다. 어차피 모든 차량이 인공지능이 운전대를 잡는 자율주행차량으로 바뀌었고, 이것이 매우 정밀해서 실수가 전혀 발생하지 않기 때문에 속도 제한이나 신호 위반 등의 운전 잘못을 지적할 필요가 없어졌습니다. 전국 구석구석에 설치된 CCTV가 모든 상황을 관찰하고 있으므로, 이에 대한 경찰의 모니터링은 필요하지 않습니다. 지금은 인공지능이 실시간으로 CCTV 영상을 판단하고 있어서 문제가 발생하면 문제의 수준이 어떠하며, 어떤 조치가 필요한지를 판단해서 치안청에 출동 요청을 한다거나 소방차나 구급차를 부른다거나 하는 등의 일도 직접 하고 있습니다. 과거에는 사건이 발생하면 그곳에 가깝게 설치된 CCTV 영상을 확보해서 일일이 돌려보며 문제의 원인을 파악하려 했겠지만, 지금은 전혀 그럴 필요가 없습니다. 인공지능이 실시간으로 모니터링을 하고 필요한 사항을 바로 이야기해 주니 참 편리한 세상이지요. 이건 도로만이 아니라 전국 곳곳에 설치된 모든 CCTV가 마찬가지입니다. 이들이 계속해서 작동하고 있어서 범행 의지는 정말로 많이 줄어들었습니다. 물론 가치주의 세상이 되어서 올바르게 살아가려는 사람들이 훨씬 더 많아졌기에 범죄 자체가 거의 일어나지 않는 이유가 더 크겠지만요.

혹시 치안 로봇에 대해서 들어보셨나요? 요즘 거리에서 보실 수 있는 경찰들을 다 로봇들입니다. 달리기도 엄청 빠르고, 속된 말로 거의 광속입니다. 힘도 무지하게 셉니다. 각종 범인 제압용 무기들도 갖추고 있고요. 인공지능으로 움직이며, 중앙관제센터와 교신을 하며 현장의 모습을 실시간으로 전송하고, 필요에 따라 중앙관제센터의 명령을 받아서 활동합니다. 직접 보시면 무시무시합니다. 범죄를 저지르고 싶어도 무서워서 못합니다. 이러한 치안 관련 일들은 행정부의 내무부 소속 치안청에서 담당하고, 사법부의 경찰청 소속인 우리 경찰들은 주로 사건 수사를 주 임무로 삼고 있습니다. 정치적인 이슈들, 사회적인 문제들로 인한 사건들, 그리고 소소한 사건들까지 수사가 필요한 사건들이 있거든요. 가치주의로 바뀌어 사회가 깨끗해지고 안정되었지만, 사람이 사는 곳이라서 여전히 사건들은 있습니다.

지금은 공소시효라는 것이 없어졌습니다. 범죄를 저지르면 그에 대한 합당한 대가를 반드시 치러야 한다는 뜻이고, 시간이 지나도 죗값은 사라지지 않기 때문입니다. 하지만 의도가 전혀 없고 순전히 과실로 인한 경우, 즉 과실치상이나 과실치사가 명백한 경우에만 공소시효가 존재합니다. 과학수사 기법도 엄청나게 발전해서 사건 현장을 풀 스캔하면, 즉 특수장비로 모두 촬영하면 현장의 지문이나 흔적들, 사건과 연관된 모든 사소한 물건들까지 잡아내서 파악할 수 있는 장비가 있습니다. 여기에 시뮬레이션 기능까지 이용하면 범인과 피해자의 사건 당시의 행적까지 추정해서 동영상으로 만들어 낼 수 있습니다. 단순히 지문이나 머리카락만 채취해 가고, 혈흔만 채취해 가서 성분 분석을 하는 그런 수준이 아닙니다.

CCTV에, 치안 로봇에, 과학수사팀에, 그리고 엄격한 법 적용까지, 범죄를 저지르려고 해도 무서워서 감히 못 하는 세상입니다. 요즘은 강력 사건들이 많지 않아서 이러다가는 할 일이 없어져서 다른 직업을 찾아야 하는 날이 오더라도 한때 경찰이었다는 것에 자부심을 느끼며, 그런 날이 속히 올 수 있도록 오늘도 열심히 맡겨진 업무를 수행하려고 합니다.

국가기록원 공무원

안녕하세요. 현재 국가기록원에서 근무하고 있는 '서기관' 입니다. 국가기록원은 국가의 모든 정보를 기록하고 관리하는 역할을 하며 과거에도 있던 기관입니다. 한때 국가정보원이라는 정부 기관이 있었습니다. 국가 운영에 필요한 모든 정보를 수집하고 관리하던 역할을 했는데, 솔직히 정보 수집 및 관리를 하기보다는 최고권력자나 권력층의 권력 강화를 위한 초법적인 기관으로서 운영되었고, 국정 운영에 꼭 필요한 정보의 관리보다는 국정을 마음대로 움직이고자 오히려 정보를 기획하고 제작해 내는 이상한 역할을 했던 곳입니다. 지금은 국가정보원은 존재하지 않으며, 모든 정보의 관리는 국가기록원에서 하고 있습니다. 국가기록원은 말 그대로 정보를 수집하고, 기록하며, 보관하는 곳입니다. 국가기록원에서 정보를 수집하고 관리하는 궁극적인 목적은 올바른 역사를 한 치의 오차 없이 제대로 기록하기 위한 것입니다. 그래서 그 역사를 읽는 후손들에게 이 시대의 상황을 사실 그대로 전달하고, 이를 통해 이 시대의 교훈을 바르게 주고자 함입니다. 과거 한때 역사 교과서를 국정 교과서로 만들어서 다른 교과서는 모두 배제하고 국정 교과서만을 사용해서 학생들을 가르쳐야 한다는 논리로 이를 밀어붙인 우리 역사의 수치스러운 기록도 남아 있습니다. 우리 학생들은 지금 그 기록마저도 역사의 진실로서 그대로 배우고 있으며, 그러한 사건에 관한 판단은 각 학생 개인이 스스로 하고 있습니다. 따라서 국가기록원에서는 역사의 모든 순간을 그대로 기록한다는 취지 아래 모든 활동이 이루어집니다. 어떠한 조작이나 변조는 있을 수 없고, 기록의 편향성으로 인해 나중에 해당 기록을 찾아볼 때 편향적인 해석이 일어나는 경우가 절대로 발생하지 않게 모든 방향에서 판단할 수 있도록 최대한 다각도의 정보가 모두 포함될 수 있도록 하며, 공정하고 합리적이며 객관적인 정보로만 구성되도록 하고 있습니다.

각각의 정보에는 출처가 명기되어 있고, 작성 일시 및 원작자와 기록자의 정보도 표기되어 있으며, 정보의 신뢰성을 평가한 결과도 기록되어 있고, 이러한 신뢰성의 변경 이력도 남게 됩니다. 즉, 사실로 인식해서 신뢰성을 100%로 기록했다가도 역사가 흐른 시점에 사실이 아닌 것으로 판정되면 그 시점에 0%로 변경이 되고, 변경이 이루어진 시점과 근거에 대해서도 기록으로 남깁니다. 수집하는 기록들은 몇 가지로 분류됩니다. 인물, 사건, 외교, 국제, 국무, 행정 및 지방 자치, 지식, 문화, 교육, 국방, 산업, 보건 및 복지, 환경 및 국토 해양, 그리고 기타 이렇게 분류됩니다. 인물은 역사적으로 기록해서 교훈이 될 만한 분만을 기록하며, 국가인재관리시스템의 도움을 받아서 어떤 교육을 받고, 어떠한 직업과 일들을 통해서 가치 활동과 홍익 활동을 하며 살아왔는지에 대한 모든 것이 기록됩니다. 그 업적에 관해서도 내용, 사회적 영향, 그리고 평가에 대한 각 언론의 기사마저도 모두 그대로 기록됩니다. 사건이란 예를 들어 과거에 일어났던 세월호 침몰 같은 경우입니다. 사건의 배경, 시간별 진행, 해당 부처나 기관의 대응, 언론의 반응, 국내외 여론, 사건 조사 결과, 진상조사위원회 등의 활동, 처벌 과정 및 결과, 행정

조치 과정 및 결과, 사건의 가해자와 피해자에 대한 조사 결과 등을 아무 변조 없이 그대로 남기는 것입니다.

외교는 외교부의 업무 기록을 참조하게 됩니다. 시대별 외무의 방향과 비전, 이를 실행하는 계획 및 실제 실행 여부, 외교 정세 변화 및 이에 대한 대응, 시대별 외무의 난제 및 국가의 당면 외교 과제, 중요한 각종 외교 문서들, 대한민국 외무에 대한 국제적인 평가 및 근거 등 역사의 기록으로 남겨야 할 모든 사항을 그대로 기술하게 됩니다. 국제는 국제적인 뉴스에 초점을 맞추게 됩니다. 그 뉴스와 배경 이후의 결과와 사회적·국제적인 파장들에 집중하게 됩니다. 주로 우리나라의 치세에 영향을 미치는 뉴스들이지만, 해외에서 운석이 떨어지거나 기이한 천체 현상이 관측되는 일 등도 그대로 기록됩니다.

국무는 우리나라의 국정을 운영하면서 발생하게 되는 일들에 대한 기록입니다. 국무회의 자료들이나 안보전략회의 자료들, 외국 정상과의 회담 내용, 정부가 추진하는 법안의 상세 내용, 국무에 대한 여론의 반응 등이 가감 없이 그대로 기록됩니다. 행정 및 지방자치는 행정적인 이슈들을 다루게 되며 내무부나 지방자치단체로부터 자료를 받아서 기록하게 됩니다. 중요한 사안이 아니더라도 행정구역 개편 등의 사회상을 역사에 남겨야 하는 경우, 이를 기록으로 남기게 됩니다. 지식은 당시의 과학이나 기술의 수준을 제대로 전달하기 위해서 학문적 이슈들, 중요한 연구과제들, 그리고 새로운 이론 및 이에 대한 학계의 평가 등이 기록됩니다.

문화는 시대의 문화상을 제대로 전달할 수 있도록 예술계, 체육계, 방송계 등으로부터 관련 자료를 수집하며, 의식주 생활상, 문화적 발전상, 문화적 추세나 흐름 등을 기록하게 됩니다. 교육은 교육부로부터 정보를 받으며, 교육 정책 및 방향, 교육 수요 및 공급 인력, 산업과 연계 및 활용도 등이 기술됩니다. 국방은 국방부의 자료 도움을 받으며, 시대별 군사력 및 주변국의 군사력, 보유 무기들 및 특별한 기능들, 군사 전략 및 전략의 시대적 변천, 군사 전술 및 협동 훈련, 군인들의 사기와 군대 문화 등의 사실을 그대로 기술합니다. 산업은 일반산업부의 자료를 받으며, 직업 및 직종의 종류 그리고 종사 인구, 산업지도 및 시대적 흐름, 산업별 발전상 등이 기술됩니다. 보건과 복지는 보건부와 사회부의 자료 도움을 받으며, 의료 정책 및 체계, 치료법 및 의료 기술, 의료 장비, 신약, 및 효능, 한의학의 발전상, 복지 정책 및 방향 등이 기술됩니다. 환경 및 국토 해양은 환경부와 국토교통부 및 해양수산부의 도움을 받으며, 우리나라의 영토, 지도 및 지형, 지질, 환경적 특성, 대기의 질, 해양의 온도, 오염도, 해양생태계 등을 기록합니다. 그리고 이들 항목에 들어가지 못하는 기록들은 기타 항목으로 분류되어 기록되고 보존됩니다. 모든 기록은 후손들에게 물려주는 역사 그 자체이며, 어떠한 판단이나 평가도 들어가지 않습니다. 판단이나 평가는 그들의 몫이기 때문입니다.

국가선거관리원 소속 선거관리위원

　　안녕하세요. 저는 국가선거관리원에서 1년 동안 일하고 있는 '공명한'입니다. 가치주의로 바뀌고 나서 선거와 선거관리제도도 많이 바뀌었습니다. 선거는 민주주의의 꽃이고 선거를 통해 국민이 자기의 생각을 드러내고 표현하는 것이 당연하지만, 예전에는 선거에 참여하지 않는 사람들이 많이 있었습니다. 국회의원 선거나 대통령 선거 때는 선거 참여를 독려하기 위해 하루를 쉴 수 있도록 공휴일로 지정했음에도 끝끝내 선거에 참여하지 않는 사람들이 많이 있었습니다. 주로 젊은 층들이 그랬는데요. 사실 그들이 선거에 참여하지 않는 이유가 몇 가지 있었습니다. 먼저, 공휴일이지만 다니는 직장이 쉬지 않는 경우입니다. 그러나 정말로 이런 이유로만 선거에 불참하는 사람들은 많지 않았습니다. 다른 이유가 있었는데요. 그것은 정치에 대한 불신입니다. 정치인 중에서 청렴하고 인격을 갖추었으며 능력까지 겸비한 제대로 된 사람이 하나도 없다고 생각해서 선거에 참여할 이유가 없다고 지레 그렇게 마음을 먹는 사람들이 꽤 있었습니다. 이런 사람들은 선거 전단도 훑어보지 않고, 길거리에 붙어 있어 쉽게 눈에 띄는 선거용 벽보 속 출마자들의 사진조차 전혀 눈길을 주지 않는 사람들입니다. 마음속으로는 정치에 관심이 없는 것은 아니지만 아직은 자신의 표를 줄 만한 사람이 전혀 없다고 판단하고 있는 것입니다.

또 다른 부류는 정치에 대해서 아예 포기한 사람들입니다. 정치라는 것이 오히려 사람들을 힘들게 하고, 정치라는 것이 우리의 권리를 빼앗고, 정치인들은 우리가 가진 것을 축내기 위해 존재하는 가장 먼저 없어져야 할 사람들이라고 생각하는 부류입니다. 이런 부류는 정치 혐오증이 있는 사람들이라고 볼 수 있습니다. 이런 정도까지는 아니더라도, 선거보다는 공휴일을 나들이 기회로 삼는다든가, 아니면 다른 일들이 더 중요하다고 여기는 무관심도 일종의 정치에 대한 불신이 원인이라고 보시면 될 것 같습니다.

그렇다면 선거에 참여한 사람들은 모두 이와는 반대로 정치에 관심이 많으며, 정치인들을 신뢰하고, 이들을 통해서 나라가 발전하며, 자신들에게 궁극적으로 이익이 된다고 생각하는 사람들일까요? 그렇지 않습니다. 선거에 참여하더라도 대부분의 사람은 정치인들을 절대로 신뢰하지 않았습니다. 부정부패에 연루되어 있고 나라의 곳간이나 국민의 주머니를 노리는 사람들이라고 생각하는 것이 일반적이었습니다. 어쩌다가 정치는 불신을 당하고, 외면을 당하며, 혐오의 대상이 되었을까요? 어쩌다가 정치인은 가장 추악한 사람들의 대명사가 되었을까요? 돈이 제일이었던 시절, 그래서 돈만을 추구하는 삶이 일반화되었던 자본주의에서는 어쩌면 권력을 통해 돈을 얻는 것이 다른 방법보다 수월했기에 정치인이 되면 그런 부정과 부패의 유혹에 빠지기 쉽고, 한번 그 맛을 보게 되면 그 이후는 마치 늪에 빠지듯이 점점 더 깊숙이 그 속으로 빨려 들어가서 다시는 청빈한 삶과 정직한 삶으로 아예 돌아가려 하지 않게 되는 것이 자본주의의 맹점이라고 봐야 할 것 같습니다. 물론 그렇지 않은 분들도 꽤 있었지만, 다수는 아니었습니다.

가치주의로 바뀐 지금은 가장 먼저 정치인들이 달라졌습니다. 권력을 향해 그리고 부를 향해 전속력으로 질주하던 그들의 모습은 이제는 찾을 수 없습니다. 지금 그들이 선거에 출마해서 정치인의 길을 걷고자 하는 것은 권력도 아니고, 부도 아니요, 명예도 아닙니다. 오직 단 한 가지 그들 자신의 삶에 대한 만족 때문입니다. '정치인이 되어서 그리고 전심전력을 다해 나라를 위해 봉사해서 자신에게 맡겨진 소임을 다함으로써 우리나라를 좀 더 살기 좋은 나라로 만들고자 하는 욕심', 그리고 '어렵고 힘든 사람들이 자신의 도움으로 다시 힘을 얻을 수 있고 다시 용기를 얻을 기회를 주고 싶다는 욕심', '아직도 어딘가에 남아 있는 불평등을 해소하고 부정과 부패의 요소를 발본색원해서 정직하고 청렴한 사람들이 좀 더 웃을 수 있는 그런 사회를 만들고자 하는 욕심', 바로 그것입니다. 그리고 그 욕심의 근원은 자신의 인생이 의미 있는 인생이 되었으면 하고 바라는 마음입니다.

정치인들이 올바른 모습을 갖기 시작하자, 국민들도 달라지기 시작했습니다. 이번에 자신이 표를 줄 만한 후보자가 누구인지 관심을 두기 시작했습니다. '정치혐오증'이라는 말도 점점 구시대의 유물로 바뀌고, '정치호감정'이라는 말도 생겨났습니다. 이를테면, 이번에 출마하고자 하는 후보가 준비한 정책집에 대한 열렬한 호응 같은 것이랄까. 굳이 투표를 독려하지 않더라도, 아주 불가피한 경우를 제외하고는, 대부분의 사람들이 선거에 반드시 참여하는 그런 시대로 바뀌었습니다.

투표의 방식도 많이 달라졌습니다. 선거일은 공휴일이 아닙니다. 그 이유는 굳이 투표를 독려할 필요가 없고, 선거가 상당히 간소화되었기 때문입니다. 선거관리시스템이 만들어져서 여기에 스마트 기기를 통해 접속하면 본인 인증 후 간단하게 투표할 수 있습니다. 선거전에 돌리는 선거인 명부나 안내지 등도 전혀 없습니다. 그 흔하던 선거용 벽보도 없고, 후보자의 선거 사무실에 큼지막하게 걸어 놓은 사진도 다시는 볼 수 없는 풍경입니다. 스마트 기기를 통해 다가오는 선거일에 대한 정보를 받고, 출마한 후보들에 대한 정보도 모두 확인할 수 있습니다. 출마한 후보자의 교육 등 자격 요건, 보유 가치와 가치 활동의 이력들, 그리고 홍익 활동의 이력들이 낱낱이 공개됩니다. 그리고 정책 설명 연설문도 들을 수 있습니다. 필요하면 질문도 가능하고, 그 질문에 대한 답변도 들을 수 있습니다. 대통령 선거를 제외하고는 TV 공개 토론회는 하지 않습니다. 예전에는 비밀투표라는 방식이 민주주의임을 증명하는 중요한 요소였는데, 요즘은 자신이 투표한 후보가 누구인지 공개하는 사람들도 더러 있고, 이것이 아무런 법적인 하자가 없는 시대입니다. 자신이 선거관리시스템에 들어가서 투표할 때 공개 여부를 선택할 수 있게 되어 있어서 공개를 선택하면 자신이 투표한 후보자가 누구인지 다른 사람들이 알 수 있는 시대입니다.

만약에 스마트 기기를 사용할 수 없을 정도로 인지 능력이 떨어지는 경우나 스마트 기기의 사용 능력을 습득하지 못할 정도로 사고 능력이 부족한 경우에는 투표권 부여가 옳지 않다고 보기 때문에, 주로 연세가 드신 분들이 여기에 해당되는데, 이분들을 위한 다른 방식으로의 투표 배려는 허용되지 않습니다. 즉, 나이에 따른 투표권 제한은 없으나 인지 능력이 가능한 범위까지만 투표가 허용된다고 보면 됩니다. 즉, 그렇지 못한 경우는 잘못된 후보자를 선택할 수도 있다고 보는 것입니다.

투표 날은 오전에만 투표가 허용되고, 곧바로 투표 시스템이 닫혀 버리기 때문에 주의해야 합니다. 만일 오전에 다른 일이 있어서 투표하지 못하면, 그것으로 더 이상의 기회는 주어지지 않습니다. 투표하면 그 이후는 선거관리시스템에 투표 결과가 집계되며, 인공지능을 이용한 여러 가지 형태의 선거 결과에 대한 통계적 지표들이 산출되고, 당선자가 오후에 바로 공지됩니다.

예전에는 그런 일이 꽤 있었다고 들었는데요, 전자개표를 통해 득표 수를 조작하는 개표 부정은 지금은 절대로 가능하지 않습니다. 자신이 투표한 결과가 동시에 여러 개의 시스템에 분산되어 저장되고, 집계 시에는 각각의 시스템에서 개별적으로 집계한 후에 그 결과를 종합적으로 비교해서 오류의 여부를 확인하는 과정을 거치게 됩니다. 그런데도 의심이 있는 경우에는, 정해진 요건을 충족한다면 재투표를 시행하게 됩니다. 어차피 금방 투표할 수 있고, 혹시라도 이전과 다른 후보자를 선택하더라도, 그것이 지금의 선택이라면 그 선택을 인정한다는 뜻입니다. 사람들은 투표 날 오전 일상의 업무 중에 잠깐 짬을 내어 투표하면 되고, 오후에 당선자를 알게 됩니다. 자신이 투표권을 행사한 여부가 기록에 남기 때문에 나중에 나라를 위해 큰일을 하겠다고 마음먹은 사람들은 반드시 투표하는 것이 좋습니다.

국가선거관리원에서 하는 일은 선거일 조정과 확정 및 공지, 그리고 후보자 정보 조사 및 공지, 선거 결과 공지 및 통계 정리 등입니다. 어차피 인공지능 선거관리시스템을 이용하면 웬만한 일들은 척척 알아서 해줍니다. 예전에 비하면 정말로 할 일이 없어졌습니다. 그래도 예전보다 투표 자체가 워낙 손쉽다 보니까, 투표의 횟수는 정말로 많이 늘어났습니다. 대통령이나 국회의원 선거 말고도 정부 정책에 대한 각종 여론 조사성 투표가 많이 이루어지고 있습니다. 정치인들이 국민의 생각을 충분히 반영하기 위해 투표를 많이 활용하고 있습니다.

선거관리위원은 임시직이며, 자신의 경력을 쌓기 위해서 1년 정도 일하는 것이 청년 시절에는 권장되고 있습니다. 저도 두어 달만 지나면 1년이란 약정된 기간을 모두 채우게 되는데요, 그리 길지 않은 기간이었지만 사람들의 생각을 모으고 함께하는 과정을 만들어 낸다는 것이 정말로 쉽지 않다는 것을 알게 되었습니다. 때로는 많은 인내가 필요하다는 것도 알게 되었습니다. 우리가 소중히 여겨야 할 것이 무엇이고, 우리가 지켜야 할 것이 무엇이며, 우리가 아끼고 가꾸어 나가야 할 것이 무엇인지 다시 한 번 깨닫게 된 시간이었습니다. 지금 사는 이 사회가 정말로 아름다운 사회이지만 아직은 미완성이기에 우리의 후손들을 위해 더 나은 모습으로 발전되도록 미력이나마 이바지할 수 있었다는 것을 기쁘게 생각합니다.

CONNECTION
ANALYSIS
DATA
SEARCHING
VERIFICATION
CODING
SENDING

Chapter

03

국가 행정본부들

VALUEISM

가치관리본부

세상에는 공짜란 없습니다. 이 말은 노력하지 않으면 그 결과가 절대로 따르지 않는다는 뜻이고, 반대로 노력하면 그 열매가 반드시 있다고도 해석할 수 있는 말입니다. 분명히 흔히들 진리라고 할 만큼 맞는 이야기이고, 그런 세상이라고 말들은 하지만, 우리 인류가 실제로 그런 세상을 살아보기 시작한 것은 그리 얼마 되지 않습니다. 그 말은 여태까지는 한 번도 그런 세상이 아니었다는 뜻입니다. 국민 여러분, 안녕하십니까? 저는 가치관리본부의 본부장을 담당하고 있는 가치재정부 장관 '구두쇠'입니다. 가치주의를 적용한 이래로 세상에는 공짜란 없다는 이 말이 정말로 현실이 되었습니다.

예전에는 금수저, 흙수저라는 말이 있었습니다. 요즘 사람들은 전혀 모르는 말입니다. 대기업의 총수들, 대대로 권력을 대물림하는 권력층들, 혹은 소유하고 있는 땅이나 건물 또는 다른 재산이 많은 경우 이런 사람들의 자녀는 금수저를 물고 태어났다고 말하고, 그렇지 않고 부모로부터 아무런 경제적 혜택이나 권력 등의 혜택을 받기 어려운 경우 이런 자녀들은 흙수저를 물고 태어났다고 말했던 것입니다. 금수저를 물고 태어난 사람들은 국내외를 막론하고 질 좋다고 일컬어지는 교육을 거의 모두 받을 수 있었고, 좋은 일자리에 취직해서 부모의 후광으로 직장에서 승승장구해서 쉽게 높은 자리로 올라가거나, 아니면 부모의 기업을 물려받아서 젊은 나이에 기업의 주인이 되는 길을 걷게 됩니다. 이들이 그 자리에 오르는 데는 그 자신의 많은 노력은 들지 않습니다. 즉, 별로 노력하지 않았는데도 쉽게 높은 자리에 오르고, 쉽게 많은 경제적 가치를 창출합니다. 특별히 큰 잘못이나 실수를 하지 않으면, 그 앞길도 순탄하게 보장되는 삶이었습니다.

반면에, 흙수저들은 열심히 공부하지 않거나 아주 특별한 재능이 없으면 '성공'이란 단어는 이미 물 건너갔다고 생각해야 했습니다. 아주 열심히 공부한다고 해도 명문 대학에 그리고 인기 있는 학과에 진학하기 위해서는 상당히 어려운 과정을 통과해야 하고, 또한 대학을 졸업한다 해도 이름 있는 직장에 취업하는 것은 더욱 어려운 일이었습니다. 그 직장에서도 최고경영자에 오르는 것은 거의 불가능한 일이었고, 설사 오른다 해도 한낱 월급쟁이 불과했습니다. 창업해서 스스로 기업을 크게 일구는 방법도 있지만, 성공해서 굴지의 대기업 반열에 오르게 하는 것은 그 사례를 찾아보기 힘들 정도로 어려웠습니다. 사법고시나 행정고시 등의 국가고시를 통과해서 법조인이나 고위 공무원의 길을 선택할 수도 있지만, 그 흔한 하위직 공무원조차 엄청난 경쟁률을 뚫으려면 실력 이외에 행운이라도 있어야 했습니다.

금수저들은 큰 노력 없이 쉽게 모든 것을 이루어내고 쉽게 많은 것을 누리며 살아가기 때문에 세상에는 공짜란 없다는 말이 그들에게는 맞지 않는 말이었고, 그에 반해 흙수저들은 아무리 열심히 노력한다 해도 좋은 기회를 얻기 어려워서 주어진 환경에서 자신이 열심히 노력한 것에 대한 보상을 제대로 받기 어려운 세상이었습니다. 즉, 자신이 노력한 만큼은 그 결과가 반드시 따른다는 의미에서 세상에 공짜란 없다는 말이 맞지 않는다고 볼 수밖에 없었던 그런 과거였습니다.

하지만 가치주의가 전격적으로 채택되어 운영되니, 이런 상황들이 단번에 바뀌었습니다. 노력하지 않으면 누구라도 공짜로 얻는 것이 없는 그런 세상이 되었고, 반면에 노력하는 사람들에게는 그 누구라도 그 대가가 주어지는 세상이 된 것입니다. 대기업 총수의 자녀도, 권력층의 자제도, 아니면 과거의 고위 공직자를 역임했어도, 지금은 노력하지 않으면 얻을 것이 아무것도 없는 그런 세상이 되었습니다. 저희 가치재정부는 그런 세상이 제대로 구현되고 유지되며 더 올바른 모습으로 발전해 나갈 수 있도록 재정에 대한 흐름을 관장하고 있습니다. 예전에는 경제부나 경제기획부 또는 재정경제부라는 이름으로 불리던 부서인데, 지금은 가치재정부라고 불리며 담당하는 일이 사뭇 달라졌습니다. 과거 자본주의 시대였을 때는 경제는 특권층의 전유물이었습니다. 너무도 복잡했던 경제 이론들과 지표들, 그리고 용어들 때문에 보통 해외에서 유학했던 경력에 대학의 교수로 진출하거나 경제 관련 기관에서 오랫동안 경험을 쌓지 않으면 한국은행장이나 금융감독원장 혹은 재정경제부 장관을 맡기 어려웠습니다. 상당한 전문성이 필요했고, 세계 경제의 흐름을 볼 수 있는 통찰력과 정확하고도 신속한 판단력이 있어야 하는 무척이나 어려운 일이었기 때문입니다. 솔직히 해외 유수의 대학을 나왔고 경제 관련 기관에서 오랜 경력을 갖추었다 해도 실제로 그 일을 제대로 수행하지 못해서 국가 경제의 흐름에 큰 장해를 초래했던 분들이 적지 않았던 사례가 이를 입증해 줍니다.

지금은 '이자'라는 개념도 없고, '금리'라는 개념도 없으며, 증권이나 그리고 채권 등 각종 금융 상품들이 전혀 없습니다. 그래서 대출이나 빚이라는 개념도 없어서 증권업은 물론이고 대부업이나 은행업, 보험업도 없습니다. 따라서 거리에서 노숙하는 사람도 없고, 빚쟁이가 한 명도 없으니 빚 때문에 도망 다니는 사람도 없습니다. 또 상속이라는 개념도 없으니 상속세를 포탈하려는 대기업 총수들의 법망 회피를 위한 각종 부도덕한 묘책들도 찾아볼 수 없는 역사 속에서나 등장하는 이야기가 되어 버렸습니다.

과거는 1차 산업이나 2차 산업이라 불리던 산업을 통해 만들어 낸 재화를 많은 사람이 나누어서 써야 하는 세상이었는데, 금융이나 경제 관련 인력들이 세상에 유익을 주는 아무런 재화를 창출하지 않았습니다. 단지 금융이나 경제에 대한 지식이 있다고 해서 그 지식으로 현금이나 유가증권 등을 굴려서 1차 산업이나 2차 산업에서 열심히 일하던 사람들이 만들어 낸 것들을 쉽게 취할 수 있었던 이상한 시대였습니다.

하지만 가치주의 세상이 되면서 속된 말로 돈놀이를 하는 이런 불필요한 업종들은 모두 사라지고, 모든 사람이 사회에 가치 있는 일을 함으로써 가치를 창출하면서 사는 세상이 되었습니다. 스스로가 창출한 가치만큼 그대로 자신의 가상계좌에 그 가치가 쌓이고, 이것을 사용하면서 살 수 있는 세상, 자신이 노력하지 않으면 대기업 총수의 자제라도 아무것도 공짜로 받을 수 없고, 현금이나 채권, 유가증권이 존재하지 않으니 뇌물이나 절도, 부정부패가 원천적으로 불가능한 세상이 되었습니다. 스스로 모은 가상가치이지만 죽을 때는 모든 것을 아낌없이 사회에 내어 주고 떠나야 하는 세상, 그래서 가진 것으로 사회에 유익을 주는 행위를 스스로 찾아서 하게 되는 그런 세상이 되었습니다.

지금은 모든 것이 상당히 단순해져서 가치를 산정하는 과정을 제외하고는 복잡한 이론도 거의 없습니다. 국내총창출가치, 국내총보유가치, 국민 1인당 보유가치 등의 재정 지표들은 과거와 비슷합니다. 저희 가치

관리본부에서는 국내에서 가치들이 창출되고 흘러가며 소멸하는 일련의 흐름에 주목하고 있습니다. 인간이 직접 사용할 수 없는 것을 가치라고 부르지는 않습니다. 인간의 노력으로, 인간이 쓸 수 있는 형태나 상태로 만드는 것이 가치를 창출하는 일이고, 이것이 인간이 사용하고 나서 다시 직접 쓸 수 없는 상태로 변하게 되면 가치는 소멸하는 것입니다. 매년 얼마만큼의 가치가 새롭게 창출되고 있는지, 그리고 얼마만큼이 소비되며, 얼마만큼이 남아 있는지를 면밀하게 살펴보게 됩니다.

여기에서 일반 개인이 소유하고 있는 가치와 국가가 소유하고 있는 가치를 구분해서 살펴보겠습니다. 세무 관리자께서 설명해 주신 대로 국가의 세금은 따로 없습니다만, 국가의 가치 수입은 세 가지 경로를 통해서 들어오게 됩니다. 개인들이 사망하게 되면 상속 대신 사회에 환원되는 보유가치, 그리고 모든 토지는 소유권이 소멸하고 국가가 토지를 관리하기 때문에 토지 사용에 관련된 세금, 그리고 에너지 및 상하수도 사용에 대한 세금이 바로 그것입니다. 이것 말고는 어떠한 세금도 없습니다.

하지만 이런 세금이 매년 일정치 않기 때문에 이를 자세히 관찰해야 합니다. 국가의 가치 수입은 세무 관리자께서 이미 말씀드렸듯이 국민을 위한 열 가지 서비스 형태로 사용되기 때문에 만약 국가의 수입이 부족하면 이러한 국가의 기능을 수행하는데 문제가 발생할 수도 있기 때문입니다. 따라서 '국민이 창출하는 총가치', '개인보유가치', '국가보유가치', '국가수입예상가치' 등이 월 단위로 집계되고 관리됩니다. 국가가 이미 보유하고 있거나 보유할 것으로 예상하는 총가치 안에서 국민에게 제공하는 서비스를 운영하기 때문에 때에 따라서 국가가 제공하는 서비스를 유연하게 운영해야 할 경우가 종종 발생합니다. 물론 국가에서 국민에게 제공하는 서비스는 제공해야 하는 필요성이 발생한 만큼만 제공하고, 이에 대한 인력 및 장비의 운영 그리고 필수적인 품목만을 소비하게 되어 있으므로 거의 가치의 낭비가 발생하지 않기는 합니다만, 그래도 국가의 수입과 지출이 균형을 이루지 못할 경우가 발생하기도 합니다. 이러한 때를 대비해서 국가의 수입이 지출보다 많은 경우, 이를 국가의 가치로 낭비하지 않고 쌓아두고 있습니다.

이렇게 준비해 놓았음에도 불구하고 국가의 보유가치마저 부족한 경우에는 다음의 방법을 순차적으로 취하게 됩니다. 첫 번째로는, 신규 투자 항목을 축소합니다. 사회간접시설의 신규 건설 등 신규 투자 건에 대해서 면밀히 검토하여 집행의 필요성 검증 및 집행 시기의 조절 등을 시도하는 것입니다. 두 번째로는, 국가 제공 서비스의 효율성 증대시킵니다. 즉, 각 서비스에서 낭비되는 요소는 없는지, 불필요한 부분은 없는지, 그리고 인력 운영의 묘미를 살릴 수 있는 부분은 없는지, 잘 검토해서 효율성을 높여서 지출을 줄이는 것입니다. 세 번째로는, 국가 운영을 위해 한시적으로 특별세금을 거두는 것입니다. 다만, 앞에서 언급한 세 가지의 세금만으로는 도저히 운영되지 않을 때로만 국한하며, 국민이 이미 보유한 가치의 일부를 국가에서 일시적으로 사용하는 것입니다. 국가 운영을 위해 어쩔 수 없는 경우에만 취하게 되며 보유가치가 일정 기준 이상 넉넉한 개인에게만 해당하고, 국가가 다시 일정 기준 이상으로 국가보유가치를 확보하게 되면 다시 돌려주게 되니 해당 개인에게는 그리 손해가 되지는 않습니다. 네 번째는, 토지 사용 세금을 상향 조정하는 것입니다. 이 경우는 장기적인 안목에서 결정하게 되는데, 국가가치보유분이 앞으로도 계속 좋지 않을 것이라는 전망이 뚜렷할 때에만 국민의 의견을 물어서 결정합니다. 다섯 번째는, 에너지와 수도 등의 공급가치를 한시적으로 높이는 것입니다. 물론 에너지와 수도의 사용가치는 그 수급에 따라서 항상 변해서 일정치 않은데, 공급가치를 높인다는 말은 책정해야 할 가치보다 더 높게 받겠다는 뜻으로, 이 또한 전체 소비자물가에 영향을 미치기 때문에 국민의 동의를 거치게 됩니다.

이상과 같은 일을 하는 우리 가치관리본부는 같은 가치재정부 소속의 홍익지수관리본부, 세무관리청, 그리고 토지관리청과 협력하며 일하고 있습니다. 가치재정부는 국가의 모든 서비스와 시스템을 제대로 작동시키기 위한 가치의 흐름이 원활히 이루어지도록 늘 촉각을 곤두세우면서 관리하는 가치주의의 심장과도 같은 역할을 하고 있습니다. 스스로 수고한 것은 반드시 자신에게 그 결실이 돌아가는 세상, 그리고 정말로 공짜란 없는 그런 세상, 우리 가치재정부가 만들어 나갈 것입니다.

국가학술본부

안녕하세요. 지식으로 세계를 선도하는 우리나라를 만들어 나가기 위해 하루를 천 년처럼 열심히 살고 있는 국가학술본부장 겸 지식창조부 장관 '박식남'입니다. 가치주의가 시작된 이래로 우리나라는 지식의 중요성에 대해서 눈을 뜨게 되었습니다. 그동안 우리는 다른 나라에서 이미 만들어졌거나 만들어지고 있는 지식을 받아들여 그것을 활용하는 방법에만 집중했었고, 우리가 주도하는 학문을 갖지 못했으며, 우리가 새로운 학문의 방향을 제시하여 이를 개척해 나간다는 것은 감히 엄두도 내지 못했습니다.

하지만 '가치주의'라는 새로운 이념은 다른 곳이 아닌 바로 우리나라에서 창출되었고, 우리나라의 모든 제도와 체계를 바르게 잡아나갔습니다. 즉, 잘못된 것들이 이 새로운 체계 안에서는 점차 소멸되고, 올바른 것들이 힘을 발휘하기 시작했습니다. 부정함과 부패함이 정함과 깨끗함을 꾸짖던 세상, 왜곡과 그릇됨이 진실과 올바름을 욕하던 세상, 탐욕과 부도덕이 순전함과 정직을 정죄하던 세상, 추함과 악함이 아름다움과 선함을 짓밟던 세상은 우리의 부끄러운 과거의 모습이었습니다. 하지만 이제는 정함과 깨끗함이 인정을 받으며, 진실과 올바름이 올곧게 세워지고, 순전함과 정직이 우리가 살아가는 사회를 이롭게 하며,

아름다움과 선함이 이 나라를 빛나게 하는 것을 우리의 눈으로 직접 목격할 수 있었습니다.

많은 나라가 우리나라를 부러운 눈으로 바라보았으며, 우리에게 다가와서 손을 내밀며 도움을 요청했습니다. 다른 나라로부터 지식을 얻고 이념을 배우며 그들의 체계로 나라의 틀을 갖추고 그들의 원조를 거름삼아 전쟁의 폐허를 딛고 아무것도 가지지 못한 처절하고 처절했던 가난함으로부터 다시 일어나야 했던 우리나라였지만, 이제는 우리가 그 나라들의 모범이 되며 그들에게 도움을 줄 수 있다는 것을 알게 되었습니다. 우리가 받았던 것을 이제는 보답할 수 있으니, 떳떳함이 무엇인지, 뿌듯함이 무엇인지 배우게 되었고, 그리고 우리가 선조로부터 물려받은 홍익인간이라는 훌륭한 가르침이 이제는 그 뜻을 펼칠 수 있는 세상이 되어 가니, 그야말로 한민족이라는 긍지가 하늘을 찌를 듯한 자부심으로 살아가고 있는 우리나라와 국민이 되었습니다.

여기에서 그칠 수 없다는 생각이 지식인들 사이에서 자연스럽게 일어났습니다. 우리가 잘할 수 있는 것을 찾아서 지식의 발전을 선도하고, 이를 통해서 모든 인류에게 도움을 주자라는 생각을 하게 되었습니다. 과학기술부라는 이름의 정부 부처가 지식창조부라는 이름으로 거듭나게 되었으며, 이때부터 대학에서 자율적으로 진행하던 학문 탐구가 나랏일의 한 영역으로 들어오게 되었습니다. 지식창조부는 국가학술본부와 국가에너지본부라는 두 개의 본부와 지식산업청과 에너지산업청이라는 두 개의 기관을 주관하고 있습니다.

국가학술본부에서는 홍익철학, 역사철학, 인간윤리학, 자연윤리학이라는 철학 관련 학문, 가치학과 가치경제학, 가치사회학, 가치문화학이라는 가치 관련 학문, 자연법학, 인류정치학, 인류복지학이라는 사회와 정치 관련 학문, 그리고 자연학, 인간학, 생명학, 정신학이라는 자연과 인간 관련 학문, 물질물리학, 비물질물리학, 물질에너지학, 비물질에너지학이라는 물리학 관련 학문 및 기타 학문에 관한 연구를 주관하고 있습니다. 각각의 학문에 대해서 특성화된 대학들이 그 학문 분야에 관한 연구를 주도하고 있으며, 때에 따라서는 정부의 연구 기관이 특정 학문의 연구를 주도하기도 합니다. 세계의 많은 인재들이 우리나라가 주도하는 이러한 연구에 참여하기 위해서 우리나라로 유학을 오고 있으며, 자연스럽게 한글과 우리나라의 문화가 세계로 퍼져 나가는 계기가 마련되고 있습니다. 이러한 연구의 결과들은 우리의 정신의 성숙과 사회와 문화의 발전, 그리고 교육의 바른 지표 제시 및 법 제도의 개선, 의학의 혁신적인 발전과 에너지 산업의 기술 개발, 미래의 신 운송 수단의 개발에 필요한 지식으로 쓰이고 있으며, 앞으로도 이러한 지식은 많은 연구를 통해서 더욱 발전해 나갈 것입니다. 국가학술본부의 역할을 통해서 우리나라 학계에서 창출되는 지식은 우리 사회에서 쓰일 수 있도록 제도권의 제도로 만들어지거나 혹은 이러한 지식이 지식산업청을 통해서 산업화되어집니다.

홍익철학, 역사철학, 인간윤리학, 자연윤리학의 연구 성과는 국가의 비전을 세우고, 국정의 기조를 바로 세우며, 국민의 정신을 일깨우고, 선진화된 국가의 모범을 제시하는 역할을 하게 됩니다. 이에 대한 기본 이론들과 원리들과 그리고 이것들이 실제로 우리나라 정치 현실에 적용된 사례들이 다른 나라의 정치 이념을 세우는 데에 그리고 그 나라 국민을 교육하는 데에 쓰이고 있습니다. 많은 나라들의 고급 관료들과 공무원들 그리고 그 나라의 국민이 이를 배우기 위해 그리고 직접 눈으로 확인하고 피부로 느껴보기 위해 우리나라를 찾고 있습니다. 자연스럽게 우리나라의 국제적인 위상이 올라가고, 우리나라 국민이 다른 나라에서 우대를 받으며, 많은 해외 관광객들이 우리나라를 찾게 되는 이유가 되기도 합니다. 가치주의라는 새로운 이념은 아직도 연구하고 개척해야 할 이론적인 영역이 많이 남아 있으며, 가치학, 가치경제학, 가치사회학, 가치문화학에 대한 연구는 가장 활발하게 연구되고 있는 분야이기도 합니다. 가치주의에 눈을 뜬 많은 세계의 뛰어난 인재들이 우리나라에서 진행되는 선도적인 연구에 동참하기 위해서 우리나라로 몰려들고 있으며, 이렇게 연구되어 나오는 성과들이 우리나라뿐만 아니라 가치주의를 받아들인 많은 나라의 가치경제 운영에 곧바로 적용되고 있습니다.

자연법학, 인류정치학, 인류복지학은 사람을 존중하고 공평과 평등을 합리적으로 실현하며 모든 국민이 보람을 찾을 수 있는 삶의 기회를 제공함으로써 진정한 행복의 길을 열어주는 제도와 시스템을 제공할 수 있는 학문을 개척해 나가고 있습니다. 이를 통해 만들어지는 제도와 시스템은 우리나라뿐만 아니라 이를 원하는 다른 나라들의 제도와 시스템을 이상적인 방향으로 이끌고 있습니다. 앞서서 언급한 철학 관련, 가치학 관련, 그리고 사회정치학 관련 학문의 연구 결과들은 모두 교육산업에서 교육을 위한 콘텐츠로 만들어져서 우리나라뿐만 아니라 이를 필요로 하는 세계의 많은 나라에 공급되고 있습니다. 가치거래시스템 및 가상가치관리시스템 그리고 토지관리시스템 등 가치주의 관련 시스템 구축 및 운영도 우리나라의 정보산업 발전에 이바지하고 있으며, 세계의 여러 나라에서도 이를 도입해서 활용하고 있습니다. 자연학, 인간학, 생명학, 정신학은 의학과 약학 및 인간의 건강을 증진하기 위한 보건산업 분야에서 쓰이는 신지식의 이론을 제공하고 있습니다. 물질적인 차원에서의 접근만이 아닌 비물질적인 차원에서의 이해 및 접근을 통해서 올바르고 효율적이며 꼭 필요한 의학적인 처방과 해결의 길을 관련 산업계에 제공하고 있으며, 이들 보건 관련 산업은 보건부 소속 보건산업청에서 관장하고 있습니다. 물질과 비물질의 물리학과 에너지학은 미래의 신 운송 수단의 개발에 이론적인 근거를 제공하고 있으며, 미래의 신에너지 개발에도 큰 역할을 담당하고 있습니다. 우주로 나가기 위해서는 그리고 더욱 빠른 비행을 위해서는 신개념의 운송 수단 개발이 필요하며, 안정적인 에너지 공급을 위해서는 신에너지 개발도 우리가 반드시 이루어내야 하는 과제이며, 이 산업들은 모두 지식산업청에서 관장하고 있습니다.

우리나라의 지식산업은 다른 나라와 차별화되어 있습니다. 과거 우리나라의 주력 산업은 자동차산업, 철강산업, 조선산업, 건설산업, 전자산업이었지만, 지금은 누가 뭐라고 해도 지식산업이 으뜸입니다. 우리나라 사람들의 명석하고 뛰어난 두뇌가 그 힘을 제대로 발휘해서 인류에 유용한 지식의 산물들을 내놓고 있으니, 모든 국민이 밥을 안 먹어도 자부심만으로도 배가 불러서 터질 듯한 요즘입니다. 세계의 지식과 정신문화를 선도하며 자랑스럽게 살아가는 지금의 후손들의 모습을 우리의 선조들도 뿌듯하게 여길 것입니다.

국가에너지본부

안녕하세요. 지식창조부의 국가에너지본부에서 일하고 있는 공무원 '태양광'입니다. 에너지는 모든 산업의 근간이 되며, 안전하게 생산되고 국내의 소비량을 감당할 수 있도록 안정적인 공급이 지속될 수 있는 환경을 구축하는 것이 매우 중요합니다. 국내에 공급되는 에너지로서 전기와 가스는 가정용과 산업용으로 쓰이고, 석유와 석탄은 주로 산업용으로서 주로 전기 생산을 위한 발전용으로 쓰입니다.

에너지 부문의 관리는 조금 전에 말씀드렸듯이 안전한 생산과 안정적인 공급이 주된 초점입니다. 안전한 생산을 위해서 과거에 40% 정도 전력 생산을 감당하던 원자력발전 방식을 퇴출했습니다. 사실 원자력발전을 하게 되면 필연적으로 방사성물질들이 생산되거나 이에 오염된 물질들이 나오게 됩니다. 이런 방사성물질들은 인간을 포함한 모든 생명체의 세포로 침투하여 세포 내에 있는 핵을 공격하는데, 세포분열 시 세포핵 내에 있는 유전자가 그 역할을 하게 되는데 암세포 같은 돌연변이 세포들이 만들어지는 조건이 됩니다. 이런 원자력발전을 통해 만들어지는 방사성물질들을 생태계에 유해하지 않도록 효과적으로 처리하려면 천문학적인 비용이 들어가고, 그나마도 완벽하게 안전하지도 않으며, 플루토늄 239의 반감기가 2만 4,000년이라고 하니, 방사성물질이 완전히 안전해지기를 기다리는 것보다 인류가 사라지는 날을 기다리는 것이 훨씬 더 빠를 것입니다. 이처럼 실제로는 천문학적인 생산 비용이 들어가는 원자력발전은 오래전에 퇴출당하였고, 화력발전도 점차 그 비율을 낮추어 가고 있으며, 장기적으로는 모두 폐기하려고 추진 중이어서 전력 생산을 완전한 친환경 재생에너지 위주로 재편하려고 하고 있습니다.

이제 안정적인 에너지 공급에 대해서 말씀드리겠습니다. 대부분의 에너지 수요는 가스와 전기입니다. 가스는 최대 가스 생산지인 러시아와 가스 공급을 위한 파이프라인을 연결해서 안정적인 공급처를 확보했으며, 이란 등 중동 지역으로부터도 병행해서 수입하고 있습니다. 러시아에서 연결된 파이프라인이 북한 지역에 들어선 수급 기지에 가스를 공급하고, 여기에서 연결된 배관망들이 주로 북한 지역의 가스 공급을 담당하고 있습니다. 남한 지역은 인천, 평택, 통영, 삼척, 제주의 해안에 가스 수급 기지를 운영 중이며, 주로 중동 지역으로부터 수입한 가스를 공급하며, 동서 방향과 남북 방향으로 촘촘하게 연결된 배관망이 잘 구성되어 있어서 전국 어디라도 안전한 가스 공급이 이루어지고 있습니다. 향후 러시아 파이프라인과 연결된 북한 지역의 수급 기지에 연결되는 남한 내륙의 수급 기지를 추가로 건설 중이어서 수입 현황에 대해서 좀 더 유연한 대처가 가능할 것입니다.

전기는 안정적인 공급을 위해 두 가지 방향으로 정책이 추진되고 있는데, 바로 전력 생산 방식의 다변화와 가정에서의 전력 생산입니다. 화력과 수력에만 거의 의존하던 전력 생산 방식에서 태양광발전을 대폭으로 늘려가고 있으며, 국외에서 발전해서 국내에 들여오는 방식도 채택하고 있습니다. 풍력, 조력, 그리고 구름 속의 번개를 통해서도 대량의 전기를 얻고 있습니다. 배터리 기술도 많이 좋아져서 축전 용량 및 축전 보유 기간도 대폭적으로 늘어났으며, 이 덕분에 발전소에서 고압선을 통해서 송전하는 방식이 아니라 지역별 전력 보급 기지로 충전된 배터리를 운송하는 방식을 택하고 있어서 고압선들도 사라졌습니다. 배터리 기술 향상과 더욱 다양한 발전 방식에 대해서는 에너지학자분들께서 열심히 연구하고 계십니다.

요즘은 단독주택을 선호하기 때문에 태양광발전을 통해 가정에서 직접 생산하는 전력의 생산량도 많이 늘었습니다. 배터리 기술 향상과 다양한 전기 생산 방식의 개발과 적용 그리고 가정에서의 직접적인 전기 생산을 더욱 늘려서 필요로 하는 전력 수요에 차질이 없도록 대응하고 있습니다. 사실 전기료와 가스료가 과거와 비교하면 상당히 많이 올라갔습니다. 생산 비용의 현실화가 가장 큰 요인이고, 세금의 의미도 있습니다. 그 덕분인지 사람들이 전기를 상당히 아껴서 사용합니다. 조금이라도 아껴서 써야 자연에 도움이 된다는 생각입니다. 적절한 에너지 수요의 형성과 이에 부응하는 원활한 에너지 공급은 마치 우리 몸에 공급되는 혈액과도 같은 역할을 해서 우리나라를 건강하게 하며 골고루 성장시킵니다. 이를 위해서 열심히 노력하는 하루하루가 제 삶을 건강하게 하는 에너지가 되고 있습니다.

국가인재본부

한때 "사람이 곧 미래"라는 말이 유행하던 시절이 있었다고 들었습니다. 그때는 기업을 홍보하기 위한 문구로 사용되었지만, 지금은 그 말이 진짜 현실이 되었습니다. 안녕하십니까? 교육부 산하 국가인재본부에서 일하고 있는 '한재능'입니다. 사람이 살다 보니 하나둘 모이게 되었고, 촌락이 생기고, 마을이 생기고, 사회가 생기고, 이것이 국가라는 이름의 체계를 갖추게 되었습니다. 국가는 사람들의 필요로 인해 생겨났지만, 그래서 사람들의 삶을 지켜주는 든든한 역할을 해주지만, 때로는 사람들의 삶을 어렵게 하기도 하고, 때로는 사람들의 건전한 삶에 방해가 되기도 해서, 보호와 체계의 유익이 공평하게 적용되지 못하기도 하고, 건전하지 못한 삶이 오히려 유익이 되기도 했던 시절도 있었습니다. 가치주의로 바뀐 지금은 기존의 많은 모순이 제거되거나 개선되고 새롭고 올바른 것들이 들어와서 정착해 가면서 차츰 그 효과가 빛을 발하기 시작해서 우리나라 국가의 위상이 역동적으로 높아져 가는 것을 보게 되니, 이 나라의 국민이라는 것에 내심 자랑스러움을 금할 길 없습니다. 제가 맡은 국가 인재 관리라는 분야도 기존에는 없었던 새로운 분야인데요, '사람의 지식이 곧 국력'이라는 마인드로부터 출발한 것입니다.

과거로부터 우리나라는 교육열이 매우 높아서 많은 사람이 대학까지 공부하고 나서 사회에 진출하는 것이 일상화되었으며, 실제로도 다른 나라에 비하면 우리나라 국민의 교육 수준은 세계적으로도 가장 높았습니다. 하지만 이러한 교육으로 길러낸 인재들이 사회의 곳곳에서 제 역할을 할 수 있도록 제대로 쓰이지는 못했습니다. 일부의 사람들은 학계나 기업체 등에서 자신의 역할을 제대로 다 하기도 했지만, 대부분의 사람들은 사회의 발전에 자신만이 가진 재능을 활용해서 이바지할 여건을 얻지 못하고 도태되거나, 혹은 전문 분야와는 전혀 다른 일을 해야만 했습니다. 어느 정도 자신의 분야에서 경력이 쌓여서 일할 만한 연륜이 되면, 오히려 자신의 능력을 제대로 발휘할 기회를 얻지 못하고 퇴물로 여겨져서 사회적 기여자의 자리에서 내려와야 했던 경우가 허다했습니다. 잠재력을 갖춘 인재들을 정말로 많이 길러낸 나라이지만, 이들의 잠재력이 능력과 실력 그리고 빛을 발할 수 있는 여건은 운이나 줄 또는 인간관계 같은 요소들에 의해 결정되어서, 실제로 나라의 발전과 성장을 위해 사용되어야 할 능력들이 제대로 쓰이지 못했습니다.

가치주의로 바뀐 지금 이 나라는 모든 사람이 만들어 내는 가치의 활용성을 최대한 높일 수 있도록 나라의 정책과 방향이 만들어지고 그렇게 나아가고 있습니다. 모든 사람을 잠재적인 인재로 보고 이들이 제대로 교육을 받고 적합한 일자리에서 자신의 역할을 다함으로써 사회에 유익한 활동과 가치를 올바르게 창출해 낼 수 있도록 사회적인 여건을 조성하고, 그 환경을 제공하고 있습니다. 그것이 바로 국가인재관리시스템이며, 이것은 사람을 중심으로 교육의 기회를 제공하고, 직업의 선택 및 가치 활동의 기회를 제공하며, 창출한 가치나 지식이 체계적으로 관리되도록 하고 있습니다. 특별한 역할이 필요한 인재들에게는 미래 선도 지식이나 미래 가치 창출의 역할이 주어질 수 있도록 국가가 기회를 부여하고, 각 사람의 사회적 기여를 관리해 주는 시스템입니다. 이것은 국가인재관리시스템이라는 상위 체계 밑에 교육관리시스템과 직업관리시스템이 연결되어 있으며, 여기에 인재들이 창출한 지식을 관리하는 지식관리시스템으로 구성되어 있습니다. 교육관리시스템에 대해서는 다른 분께서 설명해 주실 것이며, 저는 직업관리시스템과 지식관리시스템 그리고 국가인재관리시스템에 대해서 잠시 설명하고자 합니다.

직업관리시스템은 현재 존재하는 산업 및 각종 직업이 무엇이 있으며, 어느 직업이나 직종에 얼마만큼의 일자리가 있고, 여기에 얼마나 많은 사람이 일하고 있으며, 어느 정도의 인력이 더 필요한지에 대한 정보를 종합적으로 관리하는 시스템입니다. 국가산업지도의 현황을 볼 수 있고, 직종별 혹은 부문별 요구 인력과 공급 인력의 현황을 한눈에 알아볼 수 있으며, 이에 대한 각각의 상세 정보도 파악할 수 있습니다. 예를 들어서, 태양광 패널을 연구개발하는 직업을 찾아보려면 에너지 산업 부문을 찾아 들어가서 태양광발전을 선택한 후 산업지도 보기를 선택합니다. 그러면 전국적으로 태양광발전에 관련된 회사, 연구소, 생산 공장, 유통업체 등을 한눈에 볼 수 있습니다. 여기에서 연구소만을 추출해서 따로 볼 수 있으며, 특정한 연구소를 선택하면 연구 부문별 요구 인력 및 실제 공급 인력의 현황도 볼 수 있습니다. 그리고 향후 충원이나 감원 계획에 대한 정보도 알 수 있으며, 지원하고자 할 때 요구되는 교육 경력, 직무 경력, 홍익지수 등에 대한 정보도 알 수 있습니다. 이것은 회사나 연구소 그리고 공장 등 국가 내의 모든 산업이 국가산업관리시스템을 통해서 일반산업부 내의 국가산업본부에서 관리되고 있다는 것을 말합니다. 그 관리의 목적이 각 산업의 수요와 공급을 최적으로 조절해서 국가 산업의 효율성 증대 및 정직한 일자리 제공과 사회적 가치 창출의 극대화에 있기 때문이며, 산업별 그리고 직종이나 회사별로 국가산업관리시스템 운영에 필요한 정보를 제공하도록 강제해서 운영하고 있습니다. 과거 자본주의 시대에서는 개별 회사는 자체의 경쟁력 강화를 위해 필요한 정보들을 보안 정보로서 관리했으며, 인력 관리에 대한 정보도 그러했습니다. 하지만 가치주의로 바뀐 지금은 개별적으로 존재하는 회사일지라도 국가를 위해, 사회를 위해, 그리고 사회의 모든 구성원을 위해서 존재할 때 그 존재의 의미를 부여하고 있으며, 그러므로 개별적인 회사일지라도 회사의 이익을 극대화하기보다는 올바른 사회적 가치를 창출하고 있느냐에 대해서 관심을 집중하고 있습니다. 그래서 사회적 가치 창출에 이바지할 수 있도록 필요한 정보들을 모아서 국가산업관리시스템을 통해서 이를 관리하고 있습니다.

지식관리시스템은 개인이나 회사 등의 단체가 새롭게 창출한 지식을 공유해서 함께 사용할 수 있도록 함으로써 개인이나 회사의 지식만이 아닌 사회적 지식으로서의 활용 가치를 높이자는 취지입니다. 때로는 지식을 등록받기도 하고, 필요에 따라 조사하기도 해서 지식을 모으고, 공유할 수 있는 부분은 공유하고, 공유할 수 없는 부분은 비공개로 설정해서 운영하게 됩니다. 필요에 따라 지식에 대한 보완이나 수정을 요구하기도 하고, 근거나 이론의 합리성 등에 대한 전문가들의 평가도 넣어서 다른 사람들이 활용하고자 할 때 이를 참고할 수 있게 되어 있습니다. 기존 지식도 체계적으로 집대성되어 있고, 새롭게 나온 지식도 분류별로 일목요연하게 정리되어 있으며, 앞으로 나와야 하는 미래 선도 지식 분야도 제시되어 있어서 이 모든 지식의 현황이 국가지식지도의 형태로 표현되어 있습니다. 즉, 과거의 지식지도, 현재의 지식지도, 그리고 미래의 지식지도를 지식관리시스템을 통해서 볼 수 있어서, 이제부터 준비해서 미래의 지식을 창출해 내려는 많은 인재에게 귀중한 자료가 되고 있습니다.

국가인재관리시스템은 교육관리시스템, 직업관리시스템, 지식관리시스템을 종합하는 것으로서 올바른 사회적 가치 창출에 이바지할 수 있는 사람이라면 누구라도 인재로 보고, 사회의 구성원인 개개인이 스스로 관리해서 인재로서 살아가도록 도와주는 시스템입니다. 현재 어떤 교육들을 받았는지, 어떠한 직업이나 직무의 경험이 있는지, 관심 있는 분야의 산업 전망과 사회적 기여도는 어떠한지, 특정 산업에서 하고자 하는 직무를 감당하려면 어떠한 부분이 더 요구되는지 등을 알아볼수 있게 되어 있습니다. 또한, 국가의 측면에서도 잠재력 있는 인재들이 기회를 얻지 못하고 사회적 가치 창출의 역할을 하지 못하는 경우 이에 대한 해결 방안이나 대안을 제시할 수 있도록 시스템을 통해서 도움을 주는 기능도 가지고 있습니다. 그리고 한 가지 더 언급하고 싶은 것은 필요에 따라 국가 인재로 등록해서 관리한다는 것입니다. 즉, 특별한 재능이나 기능, 혹은 특별한 지식을 갖춘 사람이고 그 수준이 일정 레벨을 넘어선다면 국가에서 이 사람을 국가 인재로 등록하고 인재 등급을 부여해서 관리하며, 원치 않는 직종에 있어야 하거나 혹은 원치 않는 직무 공백 기간을 갖게 되는 사회적 손실을 최소화하도록 직장과 연계해서 관리해 준다는 뜻입니다.

마지막으로 하나 더 추가로 언급하고자 하는 사항은 재활 프로그램입니다. 범죄 사실로 인해 교도소 생활을 했던 재소자 출신이나 가치 활동 부적응자들이 있습니다. 이분들은 직업을 구하고자 해도 정상적인 직업을 구하기 어렵거나, 직업을 구하려 하지 않는 분들입니다. 이분들도 사회에 적응해서 살아갈 수 있도록 특별한 교육이 마련되어 있으며, 교육 이후에는 이분들만을 전문적으로 담당하는 분들을 통해서 이분들에게 적합한 직업이나 직장의 연계도 함께 이루어지고 있습니다.

여기까지 짧게나마 교육·직업·지식 관리를 통한 국가의 종합적인 인재 관리에 대해서 말씀드렸습니다. 한마디로 우리는 모두 국가의 인재이며, 아니 설령 그렇지 않을지라도 인재로 살 수 있고, 또 인재로 살아야 한다는 국가의 강력한 의지라고 보시면 됩니다. 우리들 각자는 곧 국가의 전부니까요.

국가재난본부

국가의 재난은 언제든지 일어날 수 있습니다. 하지만 닥쳐온 재난에 우왕좌왕하면서 올바른 조치를 때맞춰 적절하게 취하지 못해 그 피해를 걷잡을 수 없이 키우거나 매년 비슷한 유형의 재난을 겪으면서도 이에 대한 근본적인 대비책을 마련하지 못하고 있다면, 이것은 재난에 대비하는 국가의 시스템에 문제가 있다는 뜻이겠지요. 안녕하십니까? 상설기구인 국가재난본부를 맡아서 재난에 대비한 체계를 갖출 수 있도록 운영하며, 재난이 발생하면 본부장의 역할을 맡게 되는 내무부 장관 '방비완'입니다. 보통은 내무부 장관이 국가재난본부장을 맡게 되나 재난의 규모와 파급 효과에 따라서 국무총리 혹은 대통령으로 그 격을 높이기도 합니다. 저는 오늘 국가재난본부의 활동에 대해서 설명해 드리고자 합니다. 먼저 국가의 재난은 국민의 신체나 생명 그리고 재산 혹은 국가의 자연환경에 일정 기한 내에 일정 규모 이상의 피해가 발생하거나 일정 수준 이상의 신뢰성으로 같은 피해가 예상될 때 국가의 재난을 선포하게 됩니다.

재난은 다음과 같이 몇 가지로 분류됩니다. 첫 번째는 호우나 폭설, 태풍, 홍수 혹은 해일 등 물이나 바람에 의한 재난입니다. 두 번째는 가뭄, 혹은 녹조나 적조 등으로 인한 식수원 오염 등 물 부족 재난입니다. 세 번째는 황사나 스모그 혹은 미세먼지 등으로 인한 대기오염의 재난입니다. 네 번째는 지진이나 화산 폭발로 피해가 발생한 경우입니다. 다섯 번째로 대규모 화재가 발생해서 일정 규모 이상의 산림을 태우게 되는 경우입니다. 여섯 번째로 인간이나 동물 혹은 식물에 바이러스나 세균 등의 병원균에 의한 전염병이 발생해서 확산되는 경우입니다. 일곱 번째로 일정 규모 이상의 배가 침몰하거나 일정 규모 이상의 비행기가 추락해서 큰 인명 피해가 발생하는 경우입니다. 여덟 번째로 건물이나 빌딩 혹은 교각 등 대규모의 인공 건축물이 불이 나거나 무너져서 수많은 인명 피해가 발생하는 경우입니다. 아홉 번째로 화학공장 등의 사고로 가스 등의 유해물질이 확산되는 경우입니다. 열 번째로 기름 등이 유출되어서 바다나 강물이 오염되는 경우입니다. 열한 번째로 원자력발전소나 핵 관련 시설의 사고 등으로 방사선이나 방사성물질이 누출되는 경우입니다. 열두 번째로 식량이나 에너지 등의 공급이 장기적으로 문제가 발생하는 경우입니다. 열세 번째로 국가의 통신 및 네트워크망이 마비되고, 이것이 장기화하는 경우입니다. 열네 번째로 전쟁이나 테러가 발발하는 경우입니다.

이러한 재난이 발생하게 되면, 이를 감지하는 과정, 국가재난본부가 피해 규모를 파악해서 재난을 선포하는 과정, 국가재난본부에서 대책을 세우고 대책을 추진할 담당 기관을 선임하는 과정, 담당 기관이 이를 시행하는 과정, 재난을 마무리하고 피해를 복구하는 과정, 재난을 종결하고 이에 대한 재발 방지 대책을 수립하는 과정, 그리고 재발 방지 대책이 실제로 적용될 수 있도록 매뉴얼이나 필요에 따라 관련 시행령 등을 개정하는 과정을 거치게 됩니다. 재난을 감지하는 과정에는 피할 수 있는 재난의 사전 예방 활동도 포함됩니다.

첫 번째 경우인 호우나 태풍 혹은 홍수 등 물에 의한 재난은 환경부 소속 기상청으로부터 정보를 받습니다. 국가 재난으로 선포되면 국가재난본부를 중심으로 해당 지방자치단체로부터 대피시설 마련 등의 협조를 받습니다. 필요한 물자는 일반산업부 소속 국가산업본부와 자연산업부 소속 국가식량본부로부터 지원을 받으며, 긴급한 경우 해당 지방자치단체나 인근 지방자치단체로부터 물자 지원을 받기도 합니다. 필요한 인력은 사회부의 국가민생본부로부터 소요 인력이 동원되며, 이때 자원봉사자도 국가민생본부를 통해서 봉사의 기회를 얻게 됩니다. 대규모의 인력이나 특수한 부분의 전문 인력이 필요한 경우 국방부 소속 긴급대민활동본부의 도움을 받기도 합니다. 치안이나 질서 유지가 필요한 경우 내무부 소속 치안청이 나서게 되며, 보건 활동이나 약품의 지원은 보건부 소속 국가보건본부가 맡습니다. 전체적인 지휘 및 통솔은 국가재난본부에서 하게 되며, 이후의 피해 복구 과정은 국토교통부 소속 국토개발본부에서 주관하게 됩니다. 재난 이후의 재발 방지 대책의 수립은 국가재난본부가 주도하며 필요에 따라 관련 부서나 관련 본부의 협조를 받게 됩니다.

두 번째 경우인 가뭄이나 식수원 오염은 환경부에서 늘 주의 깊게 관찰하면서 문제가 되는 수준에 이르지 않도록 예방 조치와 수자원을 관리하기 때문에 재난에까지 이르는 경우는 거의 없습니다. 혹시라도 재난의 수준에 이르게 되어 대규모의 식수 조달이나 농업 혹은 공업용수가 필요한 경우에는 환경관제청에서 인공 강우를 유도하고, 일반산업부에서 주변국들로부터 대규모의 용수를 조달하며, 해양수산부의 협조를 얻어서 청정한 바닷물의 담수화를 추진하기도 합니다.

세 번째 경우인 대기의 오염은 중국 황사 발원 지역의 초목화 프로젝트 및 내연기관 차량의 추방, 그리고 한반도 산림 면적 증대 등 오랫동안 환경부의 노력으로 한반도의 대기의 질이 향상되었습니다. 따라서 재난으로 분류되어 있으나 실제로는 문제가 될 만한 재난은 아닙니다.

네 번째 경우인 해일이나 지진 또는 화산 활동은 환경부 환경관제청에서 관련 정보를 받게 됩니다. 물론 환경부에서는 지진이나 화산 활동의 경우 전 세계에서 일어났던 화산과 지진의 관측 자료 분석과 국내에서 오랫동안 이루어진 축적된 관측 자료의 분석을 통해서 사전 예측 프로그램을 가동 중입니다. 하지만 사전 예측이 쉽지 않기 때문에 재난 발생 시 신속한 대처 방안을 사전에 마련해 놓고 있습니다. 화산의 경우 백두산을 제외하고는 한반도에서는 거의 해당되지 않으며, 화산이나 화산가스의 직접적인 피해를 최소화하기 위해 위험 단계별로 주변 지역 통제 및 통제 지역 확대에 대한 기본 규칙이 정해져 있습니다. 화산재의 경우 아직까지 특별한 대책을 찾지는 못했지만, 피해를 최소화하는 방안에 대해서 환경관제청 주도하에 연구가 진행 중입니다. 해일이 일어날 때의 피해를 최소화하기 위해서 기존 원자력발전의 가동은 모두 이미 중단되었고, 폐기물 등의 처리는 아직도 진행 중입니다. 예상되는 지진의 시뮬레이션을 통해서 해일이 예상되거나 해일 때의 피해가 일정 규모 이상일 것으로 추정되는 지역은 건물을 짓거나 거주하지 못하도록 하고 있으며, 이미 지어진 건물은 해체를 유도하고, 거주자도 퇴거를 유도하고 있습니다.

해일이 발생한 이후에는 홍수 피해에 따르는 대책이 시행됩니다. 지진의 경우는 긴급 지진 알리미 시스템이 상시 가동 중입니다. 지진이 발생하면 항상 여진의 위험이 남아 있게 됩니다. 따라서 환경부 소속 환경관제청의 여진 정보에 대한 도움을 받으면서 지진에 대한 피해 복구 작업을 수행하며, 내무부 소속 소방안전청의 주도적인 활동으로 매몰된 인명을 구조하는 작업이 이루어지고, 지방자치단체의 협조를 받아서 피해 주민의 안전한 임시 거주처 및 향후 거주처를 확보하게 됩니다. 사회부의 국가민생본부와 국방부의 긴급대민활동본부로부터 재해 복구에 필요한 인력을 지원받으며, 보건부로부터 필요한 의료 인력과 약품을 지원받고, 일반산업부의 국가산업본부로부터 필요한 물품을 받고, 자연산업부의 국가식량본부로부터 식품을 지원받게 되는 등의 지원은 홍수의 경우와 마찬가지입니다. 치안을 위한 치안청의 활동도 필요하며, 긴급 도로 건설이나 매몰 현장에서의 인명 구조를 위한 대규모 장비 동원은 국토교통부의 국가개발본부에서 도움을 주게 됩니다.

다섯 번째로 대규모 산불이 발생한 경우 환경부의 국가수자원본부와 국토교통부의 국가교통본부, 그리고 자연산업부 산림청의 공동 협조를 받아서 진화에 필요한 소방용수를 확보하고, 소방용 비행체 등의 소방 활동용 교통수단도 마련하며, 진화 방법이나 혹은 단계별 진화의 방향을 설정한 후에 내무부 소속 소방안전청과 국방부 소속 긴급대민활동본부의 인력이 동원되어서 진화 활동을 벌이게 됩니다.

여섯 번째 경우인 질병에 의한 재난은 보건부에서 실질적인 방역 및 질병 확산 방지 활동을 하게 되나, 국가 재난으로 선포된 경우에는 국가재난본부에서 지휘 통솔을 하게 되며, 필요에 따라 내무부 내의 관련 부문의 협조를 받게 됩니다.

일곱 번째 경우인 교통수단에 의한 재난은 보통 일정 규모 이상의 큰 배가 침몰하거나 비행기가 추락해서 대규모의 인명 피해가 발생한 경우입니다. 내무부 내의 치안청은 해양의 치안도 담당하고 있으며, 해양을 통해 운행하는 배들의 진행 경로를 실시간으로 파악할 수 있는 각종 첨단 탐지 장비들을 갖추고 있습니다. 해양의 지정된 구역별 선박의 위치 및 기타 정보 감지 장치도 설치되어 있어서 이로부터 선박의 이동에 대한 기본적인 정보를 입수할 수 있습니다. 일정 시간마다 구역별 인공위성 사진을 받아서 이를 인공지능을 활용해서 세밀하게 분석함으로써 선박의 이동 등 다른 정보들과 비교해서 정보의 신뢰성을 더하며, 선박으로부터의 자체 송출 신호와 최첨단 레이다 시스템이 약간의 빈틈도 허용하지 않고 해양에서의 모든 인공적인 물체의 움직임을 실시간으로 파악할 수 있는 시스템이 구축되어 있습니다. 따라서 선박이 정규 운항 노선을 벗어나서 진행하거나 혹은 멈추어 있거나 아니면 비행기 등이 바다로 추락한 경우에는 빨리 이를 감지해 내서 바로 구조 작업에 착수하게 됩니다. 구조는 물에 잠긴 선박을 통째로 끌어올릴 수 있는 규모별 각종 구난용 함선들이 쓰이게 되며, 이 함선들로부터 나온 쇠줄을 침몰한 배에 연결할 때와 구조를 위해서 바닷속에서 기타 작업을 해야 할 때는 각종 해양 구조 작업용 로봇들이 활용됩니다.

바다에 떠 있는 사람을 빠르고 손쉽게 구출하기 위한 긴급 구난선들과 구난용 비행체들도 사고현장으로 동시에 출격하며, 배에 불이 난 경우에는 이를 진압하는 소방선들과 소방 비행체들을 활용하게 됩니다. 과거에는 사고 여부를 파악하는 것 자체도 쉽지 않았고 또 구조를 위해 출동하는 데에도 많은 시간이 필요했지만, 지금은 사고가 일어난다는 가정하에 모든 인공 물체의 움직임을 실시간으로 면밀하게 관찰하고 있다가 이상한 점이 발견되면 즉시 출동하며, 한반도에서 일어나는 모든 해양에서의 사고가 일정 시간 이내로 수습이 시작되어 마무리되도록 관리되고 있습니다. 운행되는 모든 선박의 안전 관리가 철저하게 이루어지고 있어서 많은 인원이 탑승한 대형 선박이 침몰하는 사고는 일어나지도 않지만, 혹시 일어난다고 하더라도 인명 피해로 이어지는 경우는 이러한 해양사고 대비 시스템이 가동된 이래로는 한 번도 없었습니다. 비행기나 비행체가 바다로 추락하는 경우는 국토교통부 내의 국가교통본부에서 담당하는 항공관제센터의 도움을 받아 추락 여부가 신속하게 접수되거나 해양 감시 시스템에서 이를 쉽게 감지하게 됩니다. 선박이 침몰하는 것과 마찬가지로 침몰한 항공기를 건져낼 구난용 함선들과 인명을 구조하는 구난용 선박들 그리고 각종 장비가 신속하게 동원되어서 사고의 수습이 긴급하게 이루어집니다.

그다음으로 여덟 번째 경우인 건물이나 빌딩 혹은 교각 등 대규모의 인공 건축물이 불이 나거나 무너져서 수많은 인명 피해가 발생하는 경우는 앞서 언급한 지진과 같은 사고 수습의 과정을 밟게 됩니다.

아홉 번째 경우인 화학공장 등의 사고로 인한 가스 등 유해 물질이 확산되는 경우는 일반산업부 내의 국가산업본부에서 공장 내의 사고가 더 커지지 않도록 우선적인 조치를 시행하게 됩니다. 동시에 내무부 내의 치안청에서 사고 구역 내로 인명의 접근을 통제하고, 소방안전청에서 사고 구역 내에 남아 있는 인명 사고자들을 구조하게 됩니다. 소방안전청과 치안청에서는 여러 가지 사고에 대한 시나리오 및 이에 대한 시뮬레이션을 통해서 사고 수습에 필요한 다양한 훈련들을 정기적으로 수행하고 있어서 언제라도 완벽한 수습이 이루어지도록 최선을 다해 노력하고 있습니다.

열 번째로 기름 등이 유출되어서 바다나 강물이 오염되는 경우는 화석 연료의 사용이 최소화되면서 일어날 가능성이 희박합니다. 이러한 경우는 확산되는 것을 방지하는 펜스 작업 이후에 환경부 주도하에 연구개발한 기름 제거용 환경선을 이용하게 됩니다. 사태 수습 이후의 생태계 문제 파악이나 생태계 복원도 환경부에서 담당하게 됩니다.

열한 번째는 원자력발전소나 핵 관련 시설의 사고 등으로 방사선이나 방사성물질이 누출되는 경우이며, 현재는 모든 원자력발전소의 폐기가 완료되었기에 이런 재난은 한반도에서 일어나지 않는다고 보시면 됩니다.

열두 번째는 식량이나 에너지 등의 공급이 장기적으로 문제가 발생하는 경우인데, 이에 대비하기 위해서 자연산업부 내의 국가식량본부와 지식창조부 내의 국가에너지본부가 오랫동안 식량과 에너지 수급에 문제가 없도록 대비하고 있습니다. 에너지의 경우는 그동안 꾸준한 연구 개발과 노력으로 자급에 전혀 문제가 없으나, 식량의 경우는 기상에 따라 작황이 달라지고, 기상 상황이 전 세계적으로 좋지 않다면 큰 문제가 될 수도 있습니다. 예를 들면, 큰 화산의 폭발로 화산재가 지구 대기의 상당 부분을 덮고 있는 기간이 장기화하는 경우인데요, 우리나라뿐만 아니라 전 세계적으로 엄청난 식량 문제가 발생할 수 있습니다. 따라서 국가식량본부에서는 장기적으로 보관이 가능한 식량을 일정량 이상 보유하고 관리하고 있으며, 필요한 종자도 마찬가지로 운영하고 있습니다. 따라서 이러한 재난이 혹시 일어나더라도 이에 대한 대책은 늘 준비되어 있다고 보시면 됩니다.

열세 번째는 국가의 통신 및 네트워크망이 마비되고, 이것이 장기화되는 경우입니다. 전쟁이나 테러 등이 그 원인이 될 텐데요, 이에 대비해서 파괴된 통신기지국이나 통신 중추 시설을 대체하는 3단계의 예비 시설들을 갖춰 놓고 있으며, 이러한 기존의 통신 시설이나 예비 시설들은 그 안전이 확보되도록 구축되어 있습니다.

열네 번째는 전쟁이나 테러가 발발하는 경우입니다. 이런 경우는 국가재난본부에서 담당하지 않고 국가안전본부에서 맡아서 지휘 총괄을 하게 됩니다.

　일정 규모 이상의 국가 재난인 경우 해당 재난의 이름을 앞에 붙인 재난에 대한 최종보고서인 「재난백서」를 발행하게 됩니다. 여기에는 재난의 원인 및 발생 배경, 인명 및 재산상의 피해 규모 및 변경 추이, 피해의 복구 과정 및 복구 결과, 재난 복구 전 과정에서의 업무 분담과 조직도 및 관련 부서의 협조, 재난의 재발 방지 대책 수립 및 결과와 향후 과제 등 재난에 관련된 모든 사항이 빠짐없이 기록됩니다. 필요에 따라 사법부 소속 경찰청의 협조하에 진행한 수사 결과도 포함됩니다. 국가의 재난은 운이 나쁘면 당하는 것이 아니라 이에 대한 대비가 부족하면 언제라도 올 수 있으며, 그 피해도 훨씬 커지는 인재입니다. 모든 것을 미리 막을 수는 없지만, 올 수 있는 재난을 최소화하고, 혹시 닥치더라도 그 피해가 최소화되어서 우리나라 국민의 안전이 늘 보장될 수 있는 나라가 되도록 우리 국가재난본부는 최선의 노력을 다하고 있습니다.

국가보건본부

한때 '메르스'라는 바이러스가 창궐해서 우리나라의 수많은 전국의 병원들이 이 바이러스에 혼쭐나고 나라의 방역 체계가 여지없이 뚫리는 어처구니없는 일이 일어나기도 했습니다. '사스'라고도 불리는 중증급성호흡기증후군의 원인인 코로나바이러스가 중국을 중심으로 세계 곳곳에서 맹위를 떨치던 때도 있었습니다. '신종플루'라는 바이러스가 전 세계를 무섭게 강타했을 때 긴급하게 백신을 개발해서 많은 국민에게 투약하기도 했지만, 많은 이들이 목숨을 잃는 사태가 발생하기도 했습니다. 에볼라바이러스에 의한 출혈열에 전 국민이 두려움에 떨던 때도 있었습니다. 조류인플루엔자로 전국의 양계 농장들이 수백만 마리의 살아 있는 닭과 오리를 도살 처분하던 때도 있었고, 구제역 파동으로 역시 수백만 마리의 소와 돼지들을 도살 처분하거나 생매장해야 했던 안타까운 과거의 기록을 돌아보면 이러한 보건 재난 사태는 가축들도 예외는 아니었습니다. 지금 돌이켜보면 빈약한 지식과 사전 대비 부족 그리고 어처구니없었다고밖에는 볼 수 없는 주먹구구식 대응이 문제였습니다. 안녕하세요. 보건부 산하 국가보건본부의 수장을 맡은 보건부 장관 '강건해'입니다. 우리 국가보건본부는 긴급 보건 재난 사태 대비와 대응, 보건관리시스템 운영, 그리고 보건 신기술 및 신약 연구라는 세 가지의 역할을 담당하고 있습니다.

　먼저, 긴급 보건 재난 사태의 대비 및 대응에 대해서 말씀드리겠습니다. 과거에도 질병관리본부라는 곳이 운영되어서 긴급 사태에 대한 대비 및 체계적인 대응을 담당했습니다. 병원체에 대한 감시 및 긴급 대응 체계가 잘 갖추어져 있었으나 당시의 바이러스나 병원체에 대한 부족한 의학 지식이 올바른 대응이 이루어지지 못하게 한 주된 원인이었습니다. 따라서 지금의 긴급 보건 재난의 대비 및 대응 체계는 과거 질병관리본부에서의 체계와 특별히 다르지 않으나 병원체별 사전 대응 체계가 확실하게 마련되어 있어서 신종플루 백신의 초긴급 개발 및 투약과 같은 어리석고 무모한 대응은 일어나지 않도록 하고 있습니다. 왜냐하면, 갑작스럽게 만들어 낸 백신의 신체 거부 반응 및 부작용은 사실 심각하거든요. 인간이 인지하는 현존하는 유해 세균성 병원체에 대한 정보 및 대비 체계가 마련되어서 긴급 전염 사태에 대한 만반의 대응이 이루어지도록 대비가 되어 있습니다. 바이러스성 유해 병원체는 숙주에 침입하기 전까지는 전혀 생명 활동을 하지 않기도 하고, 워낙 변종이 잦기 때문에 미리 대비하는 것이 어려운 측면이 있기는 합니다. 하지만 예상 가능한 유해 병원체에 관한 연구 및 대응 체계가 마련되어 있어서 면역이 취약한 분들에게 도움이 되는 백신이 사전에 준비될 수 있도록 대비하고 있습니다. 사실 바이러스성 병원체는 백신보다는 일반 국민의 면역력 증진을 위해 노력하는 것이 훨씬 중요합니다. 면역만 튼튼하다면 큰 문제를 일으키지 않는 경우가 대부분이고 미리 개발해 놓은 백신도 바이러스의 변이로 쓸 수 없는 경우가 흔하기 때문입니다. 현재는 가축의 밀집 사육 방식이 금지되었기 때문에 가축들의 면역력이 상당히 좋은 편이어서 가축의 전염병 감염에 따른 막대한 피해는 거의 일어나지 않습니다. 다만, 국내로 들여오는 식품과 물품의 검역 시스템의 강화로 이로 인한 감염의 가능성을 사전에 제한하고 있으며, 이는 국외로 반출하는 식품과 물품에 대해서도 마찬가지로 적용되고 있습니다. 가축의 전염병이 발생하게 되면 가축의 이동을 제한하고 해당 지역에 방역을 시행하는 전통적인 대응은 여전히 적용하고 있습니다.

국가보건본부의 두 번째 역할인 보건관리시스템 운영을 통한 국민의 건강 관리는 모든 국민의 건강을 체계적이고 효율적으로 관리해서 국민의 삶의 질을 높여준다는 데에 그 의의가 있습니다. 국민이 질병에 시달리지 않고 건강한 모습으로 살아간다는 것은 단지 국가 보건으로만 해결할 수 있는 것은 절대로 아닙니다. 필요한 교육 여건을 제공하고, 만족하는 직업을 갖도록 지원하며, 과거의 경제적인 문제로 대표되는 여러 가지 가정과 사회에서의 문제로 말미암아 개인이 받게 되는 스트레스가 최소화되도록 사회적인 시스템이 뒷받침하는 것이 병행되어야만 개인의 육체적인 그리고 정신적인 건강을 담보할 수 있는 것입니다. 물론 그런 각종 사회 시스템이 잘 갖추어져 있기 때문에 건강이라는 분야를 체계적으로 관리해 주는 보건관리시스템이 제대로 역할을 하는 시대가 되었습니다. 이 시스템의 근본은 개인의 건강 지표에 대한 체계적이고 지속적인 정보 입수 및 이에 대한 적절한 대응 관리입니다. 모든 국민에게 단지 때가 되면 건강검진을 받으라고 권유받는 정도가 아니라, 각 주민의 정보를 관리하듯이 건강에 대한 정보를 태어나서부터 사망 시까지 관리하는 시스템입니다. 정기적인 건강검진을 통해 정보가 입력되며, 때에 맞추어서 필요로 하는 정보는 다음 건강검진 시 검진 항목으로 들어가게 되어 있습니다. 가장 주의 깊게 관리되는 항목은 나이별 그리고 체질별 각 지표의 특성이 표준 권장치와 얼마나 차이가 있느냐는 것과 이것의 변화 추이, 그리고 향후 예측치의 위험 수준 접근에 관한 판단입니다. 더불어 정신 건강에 대한 상담이 해당 개인의 특성에 맞게 면밀하게 이루어져서 육체적으로뿐만 아니라 정신적으로도 건강한 삶이 유지되도록 관리됩니다. 건강검진 후 의료 조치가 필요할 경우에는 이를 통보해서 조치를 받도록 하며, 기본 항목에 대해서는 국가 보건 재정으로 지원합니다. 지원이 안 되는 항목은 개인이 비용을 지급하도록 하지만 개인의 보유가치가 부족해서 생활에 문제가 될 수 있는 경우에는 역시 국가 보건 재정으로 충당합니다.

국가보건본부의 세 번째 역할인 보건 신기술 및 신약 연구는 민간 주도였던 과거와는 달리 국가에서 주도합니다. 보건산업청을 통해서 대학과 병원 그리고 제약회사와 연계해서 연구를 주도하고 집대성하게 됩니다. 과거에는 어느 한 기관이나 회사에서 연구를 진행해서 성공하게 되면 해당 기관이나 제약회사가 큰 이익을 취하는 구조였지만, 지금은 연구의 결과를 공유하도록 강제하고 있습니다. 따라서 어떠한 연구가 여러 곳에서 소모적으로 경쟁적으로 이루어져서 시간과 노력을 낭비하게 되거나 한쪽에서 성공한 연구 결과를 독점해서 일반인이 해당 연구 결과의 혜택을 보려면 비용이 많이 들거나 공급 부족 사태로 어려움을 겪게 되는 모순이 더 이상은 일어나지 않고 있습니다. 국가보건본부에서 필요한 의료 기술의 개발과 신약의 개발을 선도하고 있으며, 연구의 방향과 중간 과정에 대해 철저히 관리와 감독을 함으로써 국책 연구가 반드시 결실을 맺도록 하고 있습니다. 연구 비용에 관해서는 연구 결과를 적용해서 실제의 가치 환원으로 돌아오기까지 장기적으로 회수하는 방법을 취하고 있습니다. 만약 장기적인 회수가 어렵더라도 꼭 필요한 연구에 대해서는 국가 보건 재정의 지원을 받을 수 있게 하고 있습니다.

건전한 생활과 삶의 방식 덕분에 과거보다는 국민의 건강이 매우 좋아졌습니다. 정신의 건강도 마찬가지입니다. 하지만 저희 보건부와 보건부 직원들은 이에 만족하지 않고, 꾸준히 국민 건강에 도움이 되는 일들을 찾아내고 발굴해서 시행하고 있습니다. 국민의 건강이 곧 국가의 건강이기 때문입니다.

수자원관리본부

안녕하세요. 수자원관리본부의 수장을 맡은 환경부 장관 '순수한'입니다. 수자원은 먹거리 그리고 에너지와 함께 우리 인간이 살아가는데 필수적인 자원입니다. 우리나라를 대대로 삼천리금수강산이라는 말로 표현해 왔습니다. 전 세계 어디를 가도 우리나라만큼 산 좋고 물 좋고 사람 좋은 곳이 없다는 것은 우리 모두의 생각일 것입니다. 한때 우리나라의 대표적인 젖줄인 한강, 낙동강, 금강, 영산강을 '4대강 살리기'라는 이름으로 대규모 토목 사업을 벌인 적이 있었습니다. 강바닥을 파내고 친환경 보를 설치해 하천의 저수량을 대폭 늘려서 하천 생태계를 복원한다는 것이 주된 목적이었으며, 그 밖에 노후 제방 보강, 중소 규모 댐 및 홍수 조절지 건설, 하천 주변 자전거길 조성 등은 부수적 목적이었습니다. 하지만 그 결과는 참혹했습니다.

강바닥은 모래 대신 시커먼 펄로 가득 차기 시작했고, 심한 악취가 나며 썩어들어가기 시작했습니다. 펄로 바뀐 바닥층 덕분에 지하수 유입이 감소했으며, 용존산소량이 부족해졌고, 영양염류가 증가했으며, 어류들이 집단으로 폐사하는 사태가 속출했습니다. 물고기들은 집단으로 죽어 갔고, 대신에 큰빗이끼벌레나 실지렁이 등 저급수에서만 사는 개체들이 강물을 점령해 버렸습니다. 그래서 짙은 녹조가 강물을 뒤덮어서 마치 녹색 물감을 진하게 풀어 놓은 듯했습니다. 강물의 수질은 5등급까지 떨어져서 사실상 식수는 물론이고 농업용수로도 사용할 수 없는 물이 되어 버렸습니다. 모든 원인은 강물이 흐르지 못하도록 만든 '보' 때문이었습니다. 그 당시 금액으로 수십조 원이라는 엄청난 공사비를 투자해서 강을 그 지경으로 만들었으며, 보의 유실로 인한 보강 공사비까지 모두 합산하면 가히 천문학적인 수준이었습니다. 물론 이러한 프로젝트로 이익을 본 사람들이나 집단이 분명히 있었고, 그것이 이 4대강 살리기 프로젝트의 실질적인 목적이라는 것이 나중에 수사를 통해서 밝혀졌습니다. 상상만 해도 끔찍한 일이 상상이 아닌 현실로서 우리나라에 정말로 일어났던 것입니다.

이후에 정말로 4대강을 살려야 하는 프로젝트가 진행되었습니다. 다만, 기존 프로젝트와 이름이 똑같아서는 안 되기에 프로젝트 명칭을 '4대강 살리기'가 아닌 '강을 자연에게'라고 했습니다. 수십조 원이 다시 들어간다고 해도 무조건 다시 시작해야 했으며, 한시라도 시급한 일이었습니다. 가장 먼저 '보'라 불리던 구조물을 모두 제거했습니다. 그리고 바닥에 깔린 펄을 어느 정도 제거하는 작업도 진행해서 다시 흐르기 시작한 강물에 의해 단단하게 굳었던 펄이 떠내려가도록 했습니다. 시간이 지나자 점차 강바닥의 펄이 모래로 바뀌어 갔고, 녹조도 사라졌으며, 물고기들이 하나둘씩 돌아오기 시작했습니다. 강물도 점차 깨끗해졌고, 식수로서 적합한 수질로 수질 등급이 상승했습니다. 보를 모두 제거한 덕분에 때마다 보를 재보수해야 하는 비용의 지출도 더 이상은 발생하지 않았습니다.

강물이 제자리로 돌아오기까지 우리 인간이 한 일은 인공적인 구조물들을 제거하고 그저 자연을 자연에 돌려준 것밖에는 없습니다. 4대강 살리기라는 프로젝트로 강바닥을 파내고 보를 건설해서 엄청난 수질 환경 문제가 발생하자 다시 보를 해체해서 강이 원래의 모습대로 되돌아오기까지 엄청난 비용이 소모되었지만, 귀한 교훈을 얻을 수 있었습니다. 자연의 주인은 자연이고, 인간의 개입이 도리어 인간에게 해가 된다는 사실을 알게 된 것입니다. 혹자는 가뭄으로 수자원이 부족한 경우를 대비하는 능력이 떨어졌다고 이야기했습니다. 보가 있어서 물이 내려가지 않고 일정 수량을 유지하고 있다고 하더라도, 썩은 물을 보유하고 있는 것은 아무짝에도 쓸모없으며, 그저 냄새나는 물일 뿐이었습니다.

보가 제거되고 나서 강바닥이 자연스럽게 지하수로와 연결되어서 혹시라도 가뭄에 강물이 마를지언정 지하수를 통한 농업용수 등의 공급에는 전혀 문제가 없었습니다. 이 지하수가 다 소모되기 전에는 반드시 비가 내리는 축복받은 자연환경이 바로 조상들이 대대로 자랑삼아 온 삼천리 우리나라의 금수강산입니다. 상수원 부족은 치수의 문제라기보다는 물 관리의 문제였습니다. 도심 지하의 수도관에서 물이 공급되는 과정 중에 누수되는 양이 공급 수량의 절반에 육박했던 것이 과거 수도관의 현실이었습니다. 보를 해체하면서 수도관들의 교체 작업을 벌였습니다. 내구성이 뛰어나며 내부 부유 물질이 발생하지 않아서 수질의 보존성도 뛰어난 수도관으로 전면적으로 교체했습니다. 더불어 물을 아껴 쓰는 캠페인도 벌여서 가뭄이 오더라도 수돗물 공급에 문제가 발생하는 일은 다시는 일어나지 않았습니다. 혹자는 홍수에 취약한 상태로 돌아갔다고 이야기했습니다. 보가 있어서 가뭄을 대비하기 위해 물을 가두어 두고 있는데, 홍수라도 발생하면 수량이 더해져서 오히려 더 큰 문제가 될 수 있으며, 잘못된 우려일 뿐이었습니다. 기본적으로 인공 구조물을 제거하고 강을 자연에 돌려주니, 강이 물을 담아둘 수 있는 보유력이 늘어났습니다. 그리고 홍수에 대비해서 강 주변에 있는 주거 시설이나 피해를 입을 만한 지역 내의 시설들을 일정 거리 이상 떨어진 지역으로 옮기는 작업을 진행했습니다. 덕분에 홍수가 있더라도 주변에 큰 피해가 일어나지 않았으며, 산사태 등의 이차적인 재해에도 인명이나 재산 피해는 거의 일어나지 않았습니다. 강 주변에서 사람들이 멀어지니 강의 수질은 더욱 깨끗해지는 부가적인 효과도 발생했습니다.

자연은 우리 인간이 생각하는 것보다 훨씬 더 기본 원리에 충실합니다. 어떠한 일이 발생할 환경이 생기면 이에 대한 경고를 보내고, 때가 여물면 어김없이 그 일이 일어납니다. 그것을 기억하지 못해서 안 일어나거나, 한 번쯤은 넘어가 주거나, 아니면 실수로 다른 방향이나 형태로 진행되는 일은 절대로 없습니다. 즉, 자연은 거짓말을 하지 않는다는 뜻입니다. 거짓말을 하는 것은 자연이 아닌 우리 인간입니다. 자연에게 생각을 묻는 것은 가능하지만, 인간의 생각을 강요한다고 해서 자연이 인간의 생각을 따르는 일은 일어나지 않습니다. 자연이 자연일 때 우리 인간에게는 혜택입니다. 자연을 자연으로 돌리는 것, 그것이 자연과 함께 살아가야 하는 우리가 반드시 해야 하는 일이며, 더불어 우리 후손들에게도 가르쳐야 할 소중한 교훈입니다.

국가민생본부

안녕하세요. 국가민생본부의 본부장을 겸하고 있는 사회부 장관 '민생본'입니다. 국가민생본부에서 하는 일은 크게 네 가지로 말씀드릴 수 있습니다. 첫 번째로 국민의 민생 지표를 조사하고, 만약 문제가 있으면 이를 개선하는 일입니다. 두 번째로는 교육과 직업 그리고 건강 관리에 대한 일반적인 사회 지원의 체계가 실질적인 민생에 도움을 주는 기여도를 조사하고 부족하거나 혹은 효율적이지 못하거나 낭비적인 요소가 있다면 관련 부서의 협조를 통해 이를 개선해 나가는 일입니다. 세 번째로는 한 개인의 평생의 실제적인 삶이 어떠한지에 대한 인생 추적 평가를 해서 일반적인 삶의 지표에서 많이 벗어나서 힘들게 살게 되는 경우가 발생하지 않도록 사회적 약자에 대해 도움을 주는 활동입니다. 네 번째로는 사회의 구성원 간에 서로 돕고 살 기회와 체계를 제공하는 일을 하는 것입니다. 사회의 약자들에게 정말로 필요한 도움을 줄 수 있도록 하거나 재난 시의 자원봉사를 통해 사랑을 나누고 사람 사는 정을 나눌 수 있도록 길을 열어주고 제도적인 뒷받침을 하게 됩니다.

이 네 가지 국가민생본부의 역할에 대해서 좀 더 자세히 설명하겠습니다. 먼저, 첫 번째 사항인 민생 지표들을 조사하는 것은 사회 구성원 개개인의 생활 형편이나 살림살이가 어떠한지를 파악해서 필요에 따라 제반 시스템의 미비한 점들을 보완하는 일을 하는 것입니다. 조사하게 되는 민생 지표들은 재정 건전성 및 일과 휴식의 조화성입니다. 재정 건전성 지표는 국가와 국민 개개인 모두에 대해서 지역별, 계층별, 나이별, 직업별 편차도 함께 평가하며, 일과 휴식의 조화성은 개인에 대해서만 조사합니다. 그리고 현재의 상태뿐만 아니라 과거로부터 현재까지의 지표의 변화 추이와 미래 시점의 예측 지표도 산출하게 됩니다. 개인의 재정 건전성 및 변화 추이는 가치관리본부의 도움을 받아서 가상가치관리시스템을 통해서 쉽게 데이터를 얻을 수 있습니다. 각 개인이 가치 활동을 통해서 얼마의 소득이 있고, 지출이 발생해서 현재의 남아 있는 잔액은 어떠한지, 그리고 그 변화의 추이는 어떠한지를 쉽게 집계할 수 있습니다. 지역별, 계층별, 나이별, 그리고 직업별 편차도 인구수를 고려해서 가상가치관리시스템을 통해 데이터가 집계되어 산출됩니다. 개인의 가치 활동 결과를 가치산정시스템을 통해 권장가치를 산정할 때 소요 시간도 고려되기 때문에 일정 기간 일에 투자한 총 시간을 산출할 수 있고, 이를 통해서 일과 휴식의 조화성도 산출할 수 있습니다. 각각의 지표들은 목표치와 하한 기준치가 설정되어 있으며, 지표 값이나 변화 추이가 하한 기준치를 향해 가고 있으면 해당 지표에 대해서 예의주시하게 되며, 하한 기준치 이하로 떨어지게 되면 이를 바로잡는 조처를 하게 됩니다.

만약에 사회 구성원의 총 창출가치가 증가 없이 총 노동시간이 증가한다면, 가치 창출의 사회적 환경이나 여건이 나빠져서 더 많은 시간이나 노력이 요구되거나 혹은 활동에 대한 가치 산정 시 인정 기준이 변동된 것을 원인으로 볼 수 있습니다. 근로 환경이 악화된 원인을 분석해서 이를 개선하기 위한 대책 마련이나 가치 인정 기준의 합리성에 대한 검토를 통해서 가치 산정 기준을 조정하도록 가치위원회에 요청하게 됩니다. 또한, 사회 구성원 전체의 창출 가치가 상승하고 있는데 오히려 개인별 평균 보유가치가 하락한다면 소비문화 활성화가 아니라면 분명히 세금으로 지출되는 측면이 많기 때문입니다. 개인의 재정 건전성과 국가의 재정 건전성을 점검한 후 합리적이지 못한 부분이 있다면 가치재정부에 개선에 대한 협조 요청하게 됩니다. 그리고 개인이 창출해서 나라 전체가 현재 보유하고 있는 총 가치도 가치관리본부를 통해서 정보를 받으며 이러한 총 가치가 국가와 개인으로 적절하게 이동되는 흐름이 발생해서 국가나 개인의 재정 건전성에 도움을 주고 있는지에 대해서 분석이 이루어지며, 만약 그렇지 못하면 가치관리본부를 통해서 개선되도록 협조를 받게 됩니다. 그 밖의 여러 다른 경우에 대해서도 각각 지표를 산출하고 분석을 통해서 문제가 있다면 원인을 파악하고 이를 개선하는 활동을 해서 각 개인의 실질적이고 평균적인 삶이 건전한 양상을 가지도록 관리하게 됩니다.

두 번째 항목은 교육과 직업 그리고 건강 관리에 대한 일반적인 사회 지원 체계가 실질적인 민생에 도움을 주는 기여도를 조사하고 부족하거나 혹은 효율적이지 못하거나 낭비적인 요소가 있다면 관련 부서의 협조를 통해 이를 개선해 나가는 일입니다. 이 부분은 주로 교육부 산하 국가인재본부에서 운영하는 국가인재관리시스템의 도움을 받게 됩니다. 또한, 국가보건본부의 도움을 받아서 보건관리시스템으로부터 건강 정보도 동시에 받게 됩니다. 교육관리시스템과 직업관리시스템을 통해 개인의 교육 이력과 직업 이력을 파악하게 되며, 보건관리시스템으로부터 건강 관리에 대한 정보도 주기적으로 입수하게 됩니다. 이를 종합적으로 파악해서 교육의 기회와 직업의 공급이 그리고 건강 관리의 체계가 각 개인의 실질적인 삶에 도움이 되는 정도를 삶에 혜택을 주는 기여도로써 산출하게 됩니다. 그리고 전체적인 기여도의 평균값과 표준편차를 산출하게 되며, 이러한 지표의 변화 추이와 향후의 예측치도 관찰하게 됩니다. 이를 통해서 국가에서 제공하는 혜택들의 현실과의 괴리를 찾아내게 되며, 편중되지 않고 보편적으로 적용되고 있는지도 알아내게 됩니다. 만약 교육이나 직업 또는 건강 관리의 혜택이 보편적인 수준임에도 개인의 실질적인 삶의 질에 이바지하는 정도가 기준치에 미치지 못하거나 혹은 삶의 질이 실질적으로 좋지 않은 경우는 이에 대한 원인 파악에 들어가게 되며, 해당 원인의 해결 방안도 검토해서 시행하게 됩니다.

세 번째 항목은 한 개인의 평생의 실제적인 삶이 어떠한지에 대한 인생 추적 평가를 해서 일반적인 삶의 지표에서 많이 벗어나서 힘들게 살게 되는 경우가 발생하지 않도록 사회적 약자에 대한 도움을 주는 활동이며, 이는 모든 개개인에게 해당하지는 않습니다. 이것은 민생지표 조사의 또 다른 목적으로 지역별, 계층별, 나이별, 직업별 전형적인 유형의 사람들로부터 가장 동떨어져 있으면서 재정 건전성이 좋지 않은 부류의 사람 중에서 특정인을 지목하여 그 삶을 추적해서 평가하는 것입니다. 그래서 그러한 문제가 개인적인 차원의 문제인지 아니면 사회적인 지원의 모순인지를 파악하게 되며, 만약에 지극히 개인적인 차원의 문제라면 필요에 따라 해당 개인에 대한 삶을 개선할 수 있는 도우미 프로그램을 가동하게 되는데, 이는 멘토의 개념이라고 할 수 있습니다. 만약 사회 구조적인 문제라면 이러한 사각지대라는 구조적인 문제점의 개선을 추진하며, 해당 부류에 대해서는 다시 일어설 수 있는 회생 프로그램을 가동하게 됩니다.

　네 번째는 사회 구성원 간에 서로 돕고 살 기회와 체계를 제공하는 일입니다. 이는 봉사를 원하는 사람들을 위한 것이기도 하고 사회의 재정만으로는 모두 감당할 수 없는 부분에 대한 보충이기도 합니다. 가치주의를 시작한 이래로 많은 사람이 사회적 기여에 대해서 눈을 뜨게 되었으며, 이는 단순한 기부가 아닌 마음을 나누고 함께하는 삶이 주는 진정한 보람을 알게 된 까닭입니다.

　국가민생본부에서는 국가사회복지시스템을 통해서 그 사회적 도움의 수요를 파악하고, 봉사 및 나눔관리시스템을 통해서 사회적 기여 제공자들의 도움이 모자라거나 과잉되지 않고 골고루 공급되도록 관리하고 있으며, 부족 시 국가 복지 재정으로 충당하게 됩니다. 입으로만 민생을 외치지 않고 국가의 모든 체계와 관리가 국민의 실질적인 삶에 도움이 되도록 하려는 것입니다. 이 부분에 대해서는 사회복지 담당자분과 봉사 및 나눔관리 담당자분께서 자세히 설명해 주실 것입니다. 국가가 어떻게 운영되고 있는지 그리고 국민이 어떻게 살아가고 있는지, 이를 제대로 아는 것이 바른 정치의 시작입니다. 그것이 곧 민의를 아는 시작이요, 민의를 이루는 시작이기도 합니다. 국가가 존재하는 이유는 바로 국민이 있기 때문입니다.

국가산업본부

안녕하세요. 국가산업본부에서 기업 부문을 담당하고 있는 '성장세'입니다. 저는 가치주의 시대에서 일반적인 기업의 운영은 어떻게 이루어지는지를 설명해 드리고자 합니다. 자본주의 시절은 대기업들이 국가의 경제를 이끌어갔으며, 수많은 협력업체를 거느리고 있어서 대한민국의 산업에 중추적인 역할을 했지만, 보유 중인 주식 지분을 따져 보면 당시 대기업 오너라고 일컬어지는 재벌들의 현실은 상당히 실망스러웠습니다. 당시 대기업들은 그룹 내 다른 회사들 간의 상호출자 또는 순환출자 방식으로 지분의 소유가 얽혀져 있었고, 그룹의 규모가 크고 경영하는 회사의 숫자가 늘어날수록 더욱 복잡한 방식의 출자를 통해서 한 명의 그룹 총수가 그룹 내의 전체 회사의 경영권을 가지게 되는 방식을 취하고 있었습니다. 만약에 재벌 그룹의 총수가 각 회사의 지분을 모두 일정 비율 이상의 주식으로 보유하고 있고, 모든 회사에 대해서 그 주식 보유 비율이 다른 대주주보다 높다고 하면 그 사주가 경영권을 획득하는 것이 타당하고 아무런 문제가 없다고 볼 수 있습니다. 하지만 실제로는 상당히 작은 지분만으로도 상호출자나 순환출자 등으로 그룹 내 모든 회사의 지배권을 가지고 있었으며, 이는 부당한 현실이었다고 할 수 있습니다.

여기에 또 다른 모순도 있었습니다. 재벌의 총수가 그룹의 보유 지분을 자식에게 상속하는 과정이 올바르지 못했다는 것입니다. 그 당시의 법대로 재산 상속을 하기 위해 상속세를 제대로 내고 보유 지분을 자식에서 물려준다면 자식이 그 재산을 소유하는 것은 정당성을 갖게 될 것입니다. 하지만 가뜩이나 보유 지분이 작은 상태에서 상속세를 내기 위해 지분을 상당수 처분한다면 그룹의 경영권은 자식에게 돌아가지 못할 가능성이 매우 농후했습니다. 따라서 규모가 큰 대기업의 그룹일수록 경영권의 후계 상속을 위해 각종 편법이 동원되었습니다. 작은 회사를 설립해서 그룹 내의 다른 회사들이 일감 몰아주기를 한다거나, 그룹 내의 다른 회사의 재물을 헐값으로 취득하게 한다거나, 혹은 그룹 내의 특정 사업이나 이권을 독점적으로 차지하도록 하는 것도 이러한 편법 중의 하나였습니다. 이후 이 회사의 덩치를 비정상적인 방법으로 키워 회사의 전망을 매우 좋게 평가받도록 만든 후에 주식을 상장하고, 그 주가가 상승하도록 해서 그 자식이 소유하고 있는 재산을 짧은 시간 내에 키우게 됩니다.

어떠한 방법을 취하더라도 재벌인 아버지의 재산이 그 자식에게 넘어가는 과정이 일어난 것은 분명하기에 이에 대해 상속세를 부과해야 하나, 당시의 집권자들은 세금을 부과할 의지를 가지고 있지 않았습니다. 정상적인 과정을 통해 세금이 거두는 것은 정상적인 국가 운영을 위한 기본적인 일임에도 당시의 국가는 그것을 게을리했고 모자라는 세수는 일반 국민의 몫이었습니다. 이를 다시 되짚어보면, 일반 국민의 호주머니에서 대기업 총수의 자식에게 돈을 지급한 꼴이 되는 것입니다. 당시 정부가 이를 모르지는 않았지만 이러한 모순들을 개선할 기미는 보이지 않았습니다.

가치주의로 경제체제가 바뀌면서 이러한 모순들도 바른 모습으로 정리되었습니다. 가치주의의 원리대로 공짜는 없고 노력한 만큼만 가진다는 것이 그대로 적용되었습니다. 먼저 주식을 통해서 회사의 모자라는 자본을 확보하고, 이를 경영권으로 활용하는 것이 더는 인정되지 않았습니다. 주식은 국민이 주식투자라는 방법을 통해서 자신의 노력보다 과도한 이득을 취하거나 혹은 손해를 입히는 부작용도 가지고 있었습니다. 따라서 주식 발행이라는 수단 말고 다른 수단을 통해서 부족한 자본금의 해결, 회사 경영의 지분율 판별을 이루어야 했습니다. 먼저, 가치주의에서는 노력한 것만 얻는다는 원리가 적용되므로 자본금이 부족한 상태에서는 회사의 설립이 인정되지 않습니다. 필요한 자본금이 모두 확보된 이후에 회사를 설립하거나 여러 명의 동업을 통해서 자본금을 확보하고 나서 회사를 설립하기도 하고, 아니면 투자설명회를 개최해서 투자자를 통해 자본금을 모은 후에 회사를 설립하는 방법도 있습니다. 따라서 부족한 자본금을 메우기 위해서 주식을 발행할 필요는 없습니다.

　두 번째로 회사의 경영권을 나타내는 지분율은 자신이 자본금에 투자한 금액이 가상가치라는 수단을 통해서 명확하게 드러나는 만큼 따로 주식이라는 수단이 요구되지는 않습니다.

　세 번째로 주식을 발행하지 않으니, 자연스럽게 국민의 사행심을 유발하는 수단이 없어지는 것입니다. 그러므로 가치주의에서는 회사를 설립할 때 필요한 자본금을 확보한 후에 회사를 시작하게 되며, 이 자본금에 동참한 사람들의 지분율대로 회사 경영의 권리를 가지게 됩니다. 따라서 투자에 참여한 모든 개인이나 단체가 회사의 주인이 되며, 회사의 경영에 투자한 비율만큼의 역할을 부여받아서 직접 혹은 간접적으로 참여하게 됩니다. 즉, 각자가 투자한 자본금은 회사의 이름으로 된 가상계좌로 입금되어서 관리되며, 가상계좌에 모인 총 자본금 중 개인별 투자 금액에 따른 투자 지분이 분별되고, 이 지분의 비율대로 회사의 경영권을 나누어서 가지게 됩니다. 기업의 가상계좌에는 이러한 개인별 총 투자가치가 표현되며, 총 투자 지분도 표현이 됩니다. 회사 운영 중에 시설 투자 등의 운영 자금으로 회사의 가상계좌에서 가치가 인출되면 이 또한 일일이 확인할 수 있으며, 개인이 투자했던 가치를 일부 회수하더라도 이를 확인할 수도 있고, 현재 시점에서의 개인별 총 투자가치 및 투자 비율을 확인할 수 있어서 경영권의 지분을 확인하기가 매우 쉽습니다. 사업의 방향 및 투자의 결정뿐만 아니라, 재무 관리, 인사 관리, 제품 개발, 영업 등 회사 전반의 경영 활동은 투자가들이 직접 참여하거나 혹은 지명하는 전문경영인과 실무자들을 통해 이루어집니다.

경영 활동의 결과로 창출되는 가치나 혹은 손실가치는 그 역할과 투자 비율에 맞게 이익을 취하거나 손실을 감수하게 됩니다. 따라서 회사의 사업을 통해 창출된 가치가 특정 개인이나 특정 단체로 귀속되지 않고 투자자 모두에게 그 역할에 맞도록 분배됩니다. 회사의 경영 과정 중에 사고 등으로 손실이 발생해서 자본금을 모두 소진하더라도 모자란 경우에는 일차적으로 현재의 경영권 지분을 확보한 개인들의 추가적인 지분 투자가 강제되며, 이는 경영의 책임을 묻는 것이기 때문입니다. 물론 지금의 경영진이 아닌 이전의 경영진이나 다른 쪽에서 손실의 원인이 있었다면 강제적인 지분 투자는 원인 제공자에게 집행하게 됩니다. 이러한 추가적인 투자로도 손실이 남아 있게 되면 몇 가지의 조치가 뒤따르게 됩니다. 제일 먼저 회사의 각각의 분야에서 업무에 참여했던 사람들에게 급여로 지급해야 하는 가치를 투자의 형식으로 받는 방법이 있습니다. 이것은 임직원들에게 자발적으로 경영진으로의 참여를 유도하는 것입니다. 자본가치에 참여한다는 것은 개인이나 단체가 소유하고 있는 가상가치를 그 회사에 투자하는 것으로서 투자 규모에 따라 그 회사에서의 역할을 부여받게 되어 회사의 경영이나 그 밖의 활동에 참여하게 되는 것이며, 회사가 이윤을 창출하지 못하고 손실을 보게 되면 투자한 자본가치의 손실을 볼 수도 있습니다. 두 번째로는 사업설명회를 개최해서 추가적인 투자를 유치하는 것입니다. 이들 두 가지 방법은 회사의 사업 아이디어 혹은 보유하고 있는 기술이 뛰어나거나, 사업의 전망은 유망하지만, 경영 착오로 인해 어렵지 않게 해결할 수 있는 범위 내의 가치의 흐름이 일시적으로 좋지 않았을 때 이러한 방법으로 투자를 유치해서 손실가치를 메울 수 있을 것입니다.

또 다른 방법으로는 공공 부문의 투자 지원 창구를 통해서 일정한 자격을 갖추면 신청 후 심사를 거친 후에 자본가치를 지원받을 수도 있습니다. 이 경우는 정해진 기간 내에 지원된 가치가 공공 부문으로 회수되지 않게 되면 재심사를 통해 자격이 갖추어지면 회수 유예를 거치게 되며, 유예된 기간을 다한 경우에도 지원가치 회수가 이루어지지 않으면 공공 부문에서의 손실로 처리하게 됩니다. 이러한 지원을 모두 받더라도 끝내 손실을 만회하지 못한 기업은 자산이 가진 모든 자산을 매각한 후 파산하게 되며, 매각한 가치로 손실 상환을 한 후에도 손실이 남아 있는 경우는 남아 있는 만큼 그대로 손실로 처리됩니다. 돈이나 대출이라는 것이 없으므로 기업이 대출을 통해 덩치를 키워서 성장하다가 도산해서 사회에 큰 손실을 끼치는 경우는 발생하지 않으며, 한 명의 기업주가 아주 작은 지분을 투자하고도 순환출자를 통해 여러 회사를 거느리며 문어발식 경영을 하다가 연쇄적으로 기업이 도산하는 일도 전혀 일어날 수 없는 일입니다. 기업의 자금 흐름이 지극히 투명하고 이익의 분배가 공정하게 이루어지게 됩니다. 경영진을 포함한 기업의 모든 임직원은 해당 기업의 역할가치로서 참여하는 것입니다. 역할가치로 참여한다는 것은 참여하고자 하는 개인이나 단체가 보유하고 있는 기술, 기능, 장비 등을 활용하여 그 회사의 경영 활동에 필요한 역할을 담당하는 것이고, 그 역할 수행의 결과에 따라서 회사로부터 일정 기간마다 근로가치를 지급받게 되는 것입니다. 역할 수행 결과에 대한 평가는 가치 활동 평가의 일반 기준을 따르며, 역할의 특성상 평가가 어려운 경우에는 그 역할에 맞는 평가 방법을 제정하고 이에 대해서 가치평가소를 통해 승인을 받은 후 시행하게 됩니다.

기업의 형태는 하나의 대기업이 모든 분야를 모두 관장하지 않는 것이 일반적입니다. 제조업의 경우 인사, 총무, 재무, 홍보, 연구개발, 생산, 영업, 서비스 등 각각의 분야를 모두 갖추고 있을 수도 있지만, 일반적으로는 이들 중 일부만을 운영하거나 아니면 하나의 분야만을 전문으로 하는 경우가 많습니다. 예를 들어서, 스마트 기기를 만드는 경우 연구개발과 인사만을 담당하고, 다른 분야는 다른 각각의 분야의 전문 기업에 외주를 주는 것입니다. 이러면 비슷한 분야의 연구개발만을 전문으로 하는 여러 기업을 거느리는 경우도 많이 있습니다. 심지어는 기업의 제품 브랜드도 만들지 않는 때도 있습니다. 이런 경우는 국가의 인증을 거친 후 국가에서 제공하는 브랜드와 국가에서 제공하는 영업망을 이용하게 됩니다. 어떠한 경우든지 각각의 분야에서 일에 대한 가치가 올바르게 산정되어서 이를 지급하게 되면 모든 협업이나 외주의 형태가 간단하게 처리됩니다.

한때는 뭐든지 규모가 커야만 인정받던 시절이 있었습니다. 여러 개의 기업이 문어발식으로 복잡하게 얽혀 있고, 덩치를 키워서 많은 인력을 고용하고 있으며, 수많은 협력업체를 거느리고 있으면 국가에서는 이런 기업을 함부로 하지 못했습니다. 설사 자금 운용에 큰 문제가 생기더라도 망하도록 내버려 둘 수 없어서 대규모의 공적 자금을 투입하는 일도 있었습니다. 지금의 기업들은 그 덩치는 크지 않지만, 알차고 안정적이고, 건전한 가치를 창출하며, 사회에 유익을 주는 훌륭한 역할들을 제대로 하고 있습니다. 우리나라 기업들의 이러한 운영은 가치주의 시대 기업의 모범이 되고 있으며, 우리나라를 든든히 지탱하는 역할을 훌륭히 감당하고 있습니다. 마치 우리나라가 아주 작은 나라지만 전 세계 수많은 국가들에게 유익을 주는 역할을 훌륭히 감당하는 것처럼요.

국토개발본부

안녕하세요. 국토개발본부를 담당하고 있는 국토교통부 장관 '국개발'입니다. 국토개발사업은 국가가 산업화를 시작하면서 다른 모든 산업에 필요한 기반을 제공하는 중요한 역할을 해왔습니다. 국토개발사업은 도로를 닦거나, 철도나 지하철을 놓거나, 다리를 연결하거나, 간척사업을 벌이거나, 공항을 건설하거나, 항만을 세우거나, 발전소를 만들거나, 송전시설 및 송전망을 구축하거나, 국가 간 가스관 라인을 연결하고 가스 연결망을 구축하거나, 상하수도망을 매설하거나, 댐을 만들거나, 하천을 정비하는 등의 대규모 건설 및 토목 관련 사업들입니다. 그 규모가 상당히 크고 범위 및 파급 효과가 막대하며, 여러 지방자치단체와 연관되어 있어서 어느 특정한 지방자치단체에서 사업을 추진하는 것이 아니라 국가가 주도해서 추진해야 하는 사업들입니다. 그 규모가 크다 보니 사업의 목적과 가치에 대해서 면밀하게 검토를 한 후에 추진 여부를 결정해야 하며, 소요 예산의 관리와 집행에 오류나 누수가 발생하지 않도록 철저하게 관리가 필요한 사업이기도 합니다. 과거에는 이런 큰 사업들에 대해서 권력자들이 이권을 바라보고 달려들어서 무리하게 사업을 추진할 때도 많이 있었는데, 그 대표적인 사례가 강을 잘 관리한다는 명목하에 벌였던 4대강 살리기 사업이었습니다. 이 사업은 강물의 흐름을 막는 구조물을 세워서 엄청난 수질오염을 불러와서 결국 국가에 큰 폐해를 끼쳤으며, 막대한 초기 건설 비용 및 이에 상응하는 추가적인 유지·보수 비용을 국고로 쏟아부었던 부끄럽기 짝이 없는 사례였습니다.

지방자치단체도 지역 주민들의 환심을 사기 위해 막무가내로 사업 유치에 열을 올려서 다른 지방자치단체와 불협화음을 내기도 했고, 이미 운영 중인 넓은 지역에 걸쳐 있는 사회기반시설들의 관리에 있어서 주변 지방자치단체와 책임 소재를 가지고 다투기도 하는 꼴불견을 종종 연출하기도 했습니다. 쓰레기 소각장이나 원자력발전의 방사성폐기물처리장 같은 혐오시설이라면 모든 지방자치단체가 꺼리기 때문에 적합한 건설 장소를 찾기 위해서는 타협과 절충을 끌어내기 위한 오랜 시간 동안의 각고의 노력이 필요했던 경험들도 많이 있었습니다. 과거에는 지방자치단체에서 중앙정부로부터 예산을 배정받아 사업을 추진해야 하는 경우가 많아서 지방자치단체의 자율적인 운영에 제약을 가하는 원인이 되기도 했습니다.

하지만 지금의 국토개발사업은 모두 국가에서 담당해서 추진하고, 관리 및 유지·보수도 모두 맡고 있습니다. 다만, 규모가 상당히 작은 사회기반시설이어서 그 범위가 지방자치단체에 국한되는 경우에는 사업 추진 결정 이후에 사업 진행 및 관리와 유지·보수를 지방자치단체에 일임하기도 합니다. 물론 이를 시행할 수 있는 재정은 중앙정부로부터 지원받게 됩니다. 과거에도 사업 추진에 대한 사전 검토를 충분히 했다고는 하나 잘못된 판단으로 국고를 낭비한 경우가 허다했고, 부정부패와 전혀 무관했던 사업을 찾아보기 힘들 정도여서 수많은 이권 개입으로 투자한 비용에 비해 초라한 사업 결과물이 나오는 경우가 예사였습니다.

지금은 사업 추진 시 몇 단계의 검증을 모두 통과해야만 사업 승인이 이루어집니다.

먼저, 사업 자체의 당위성입니다. 사업을 통해서 얻게 되는 가치와 사업을 통해서 소모되는 가치를 면밀하게 따지게 됩니다. 여기에는 가치 평가 말고도 사업 자체의 필수성도 고려하며, 당위성 평가에 관한 결과를 분야별로 해당 전문가의 의견을 통해서 절대 지표로 지수화해서 객관적인 최종 지수를 산출하게 되고, 이렇게 산출된 지수는 향후 사업에 문제가 발생하면 그 책임 여부를 가늠하는 역할을 하게 되므로 상당히 공정하게 사업성을 평가할 수 있습니다.

두 번째는 국가의 재정 건전성에 관한 판단입니다. 국가의 재정이 과거처럼 예산을 잡는다고 해서 만들어지는 세상이 아니기에 국가의 세금으로 확보된 재정 안에서만 사업이 이루어집니다. 따라서 사업 추진 시에 재정 건전성에 문제가 발생하면 사업 자체의 당위성이나 다른 사업들과의 우선순위를 재검토하게 되며, 재정이 확보된 이후에 추진하게 됩니다.

세 번째는 환경영향평가입니다. 이것은 첫 번째 항목의 검증에 포함될 수도 있는데, 환경 부문만을 따로 검토하는 것이며, 이는 국가의 환경이 곧 국가가 가진 재산이라는 의미를 반영한 것입니다. 사업의 시행 단계에서의 환경 평가뿐만 아니라 사업이 완료된 이후의 운영 단계에서의 환경 평가도 이루어지며, 환경문제가 예상되면 이를 해결하기 위한 재정 부담이나 혹은 사회적 손실 비용으로의 환산치도 산출하게 됩니다.

네 번째는 국토 개발 장기 로드맵과의 부합성입니다. 국토개발본부에서는 향후 국토 개발에 대한 장기 로드맵을 마련하고 있는데, 이를 항상 점검해서 국가 운영 방향에 맞춰서 필요에 따라 이 로드맵을 수정하거나 개편하는 작업을 합니다. 국가의 운영 방향은 외교 상황이나 전략 등이 반영된 사항이고, 따라서 국토 개발의 방향은 이에 영향을 받게 됩니다. 예를 들어서, 앞으로 러시아의 천연가스 파이프라인이 연결될지 그리고 만일 연결된다면 어떤 루트를 통해서, 어디까지 연결되어야 하는지 검토 중에 예상되는 혹은 가능성 있는 루트 상에서 방해가 될 수도 있는 사회기반시설을 건설하는 일이 발생하지 않도록 검토하는 것입니다.

다섯 번째는 연관 사업과의 시행 시점 조율입니다. 어떤 사업을 시행하고 나서 나중에 지역적으로 혹은 기능적으로 이에 연관된 사업을 검토해서 시행하려다 보니 기존에 완공된 사회기반시설에 손상이 발생하거나 혹은 전면적인 보수가 필요하거나 아니면 해체하고 다시 건설해야 하는 경우가 발생하기도 합니다. 이런 일을 미연에 방지하기 위해서 어떤 사업이 시행되기 전에 예상되거나 아니면 예상되지는 않더라도 향후 이 사업에 영향을 줄 수 있는 일이 일어날지를 미리 점검해서 사업 시행 여부에 반영하는 것입니다.

여섯 번째로 관련 기관의 동의를 얻는 것입니다. 물론 일정 규모 이상의 대규모 사업이라면 국회의 동의를 얻어야 할 텐데요, 앞서 말씀드린 다섯 가지 사항만 충분히 검토해서 결정된다면 큰 문제 없이 통과될 수 있습니다.

요즘 시대는 과거와는 달리 모든 것을 조속한 시일 안에 해결해야 하는 시대가 아닙니다. 따라서 이런 단계를 모두 만족시키는 상황이나 조건이 충족될 때까지 어떻게 기다릴 수 있느냐는 볼멘소리가 나올 수도 있습니다. 그러나 가치주의 원리대로 가치가 발생해서 그것으로 사용한다는 원칙이 실제로는 모든 것이 준비된 이후에 일을 시작하는 방식으로 적용됩니다. 자본주의 시대처럼 빠른 대응이 요구되고, 먼저 상품을 출시하는 것이 중요한 시대는 아니라서, 가치를 발생시키면 언제든지 느긋하게 쓸 수 있는 시대입니다. 따라서 모든 흐름이 자본주의 시대보다 아주 느긋해졌고, 사람들의 생활 방식도 여유가 많아졌습니다. 그러니 여러 단계의 검증이나 철저한 확인이 전혀 문제가 되지 않고, 오히려 부실공사나 사고 혹은 잘못된 선택을 미연에 방지하는 좋은 효과를 거두고 있는 셈입니다.

이런 과정을 통해서 어떤 사업이 추진되기로 결정되면 건설산업청에서 이를 받아서 사업 시행을 추진합니다. 사업에 드는 비용이 매우 정확하게 가치로 산출되며, 이를 시행할 민간 사업체를 선정합니다. 이때 과거처럼 수의계약이나 최저가입찰 등의 방식으로 선정되는 게 아니라 사업에 드는 가치가 이미 정확히 산출되어 책정되었으므로 시공 능력과 신뢰성을 평가해서 시행처를 선정합니다. 과거처럼 하도급에 하도급으로 연결되는 수주 방식은 절대로 용납되지 않으며, 독자적으로 감당할 수 있는 부분만 수주를 받을 수 있습니다.

우리나라의 국토는 우리나라 국민의 삶의 근간입니다. 본래의 자연환경이 우리에게 가장 좋은 모습이지만, 인간 생활에 편의를 도모하고 도움을 주고자 꼭 필요한 만큼만 개발이라는 칼을 댑니다. 따라서 필요하기 때문에 국토를 개발하는 것도 중요하지만, 필요하지 않다면 개발이라는 칼을 대지 않고 보존하는 것이 더욱 중요합니다. 개발을 통해 조금은 더 쓸모 있는 국토로 만드는 것보다 자연 그대로의 모습에서도 불편함이 없다면 그편이 더 나을 것입니다. 필요하면 언제든지 개발하면 되지만, 한번 개발하면 다시 자연의 모습 그대로 되돌리기는 쉽지 않기 때문입니다. 조금은 느리더라도 신중할 수밖에 없고, 조금은 더 불편하더라도 한 번 더 생각할 수밖에 없는 것은 우리가 물려받은 자연은 이세상 어디를 가도 자랑할 만한 아름답고 살기 좋은 땅이기 때문입니다. 개발이라는 명목하에 함부로 온 국토를 헤집어놓거나, 위험하고 폐해가 심각한 시설을 마구잡이로 이 땅에 세우는 일은 우리의 소중한 재산을 우리 손으로 파괴하는 행위이자 돌이킬 수 없는 재앙이 될 수도 있습니다. 삼천리금수강산은 현재 우리가 살아가기 위한 땅이지만, 동시에 우리 후손들을 위한 터전이기도 합니다. 우리가 생명을 소중히 다루듯이 우리의 이 땅을 소중히 가꾸고 아끼며 지켜나가야 합니다.

04

행정 각료와
정치인들

VALUEISM

대통령 입후보자

　　안녕하십니까? 돌아오는 대선에서 입후보하고자 준비 중인 '왕도전'입니다. 현재 입후보를 준비 중인 후보는 저를 포함해서 네 명 정도가 예상됩니다. 입후보를 원하는 후보들이 더 있으나 자격 요건이 되지 않기 때문에 가능한 후보들이 모두 출마를 선언한다면 4 대 1의 경쟁이 예상됩니다.

　지금의 정치제도는 전체적인 틀은 과거와 같으나, 그 틀이 제 역할을 할 수 있도록 세부 사항이 많이 바뀌었습니다. 입법부, 사법부, 행정부로 이루어지는 삼권분립이라는 정치제도의 형태는 그대로 존재하며 그 역할과 기능도 동일합니다. 과거에는 삼권분립이라는 말이 무색하도록 행정부 수반에게 권력이 집중되어 있었는데, 이것은 행정부 수반이 사법부와 행정부 각료 및 정부 산하 기관장에 대한 인사권을 가지고 있었기 때문입니다. 따라서 여기에 국회의원들마저 상당수가 대통령의 뜻을 따르면, 그 권력의 비대칭은 극에 달할 수도 있었습니다. 정책 수립 및 집행이 대다수 국민의 뜻이 아닌, 대통령의 의지대로 관철될 수 있었으며, 이는 국가와 국민의 안위에 위협이 되는 결과로 나타나기도 했습니다. 또한, 과거의 선거로 모든 것이 결정되는 대통령을 비롯한 지방자치단체장 그리고 국회의원 및 시·도의회 의원의 선출 방식은 많은 사람들에게 인기가 있으면 그의 자격과 능력, 인격과 관계없이 그 누구라도 당선될 수 있다는 위험성이 도사리고 있었습니다.

지금은 선거로만 이루어지는 과거의 선출 방식이 아니라, 여러 단계를 거치는 자격 준비 및 철저한 검증을 통해서 해당 직무의 적임자로 거듭나게 되는, 즉 부화의 조건을 갖춘 병아리가 껍데기를 깨고 밖으로 나오듯 부화의 방식으로 선출되도록 바뀌었습니다. 즉, 대통령과 국회의원, 행정 각료 및 각 지방자치단체장을 비롯한 모든 공공 부문의 직무를 맡으려면 그 자격을 갖추는 것이 선행되어야 합니다. 이는 직무 수행 능력에 대한 필수적인 전제 조건이며, 직무별로 필요로 하는 교육 이수 및 능력 검증의 통과가 필수적입니다. 대통령은 국제 및 외교, 국방 및 안보, 내무 및 행정, 가치경제 및 산업, 교육 및 과학기술, 의료 및 보건, 법무 및 치안, 재난 및 안전 등 대통령이라는 직무를 수행하기 위해 필수적으로 갖추어야 하는 각 분야의 지식과 식견에 대한 철저한 교육 이수 및 시험을 통과해서 그 자격을 갖추어야 합니다. 각 교육에 대한 강좌 개설은 각 해당 행정 부서에서 주관하며, 철저하고도 투명한 검증은 교육부에서 총괄합니다. 대통령이 되고자 하는 자들은 먼저 이러한 자격을 갖추도록 강좌를 이수하고, 직무별로 요구되는 필수적인 지식 수준을 넘어서는 것이 선행되어야 합니다. 이렇게 자격이 갖추어지면, 국가를 운영하고자 하는 방향 및 비전 제시 그리고 해당 정책을 준비해서 국회의 미래를 위한 국가운영회의에서 발의하는 과정을 거쳐야 하며, 발의 후에는 국회의원들의 질의에 응답해야 합니다. 여기서 발의된 국가 운영에 대한 비전 및 정책 제안들은 국가운영시스템에 등록해서 모든 국민이 자유롭게 열람할 수 있으며, 항목별로 해당 부문의 전문가 그룹과 국민의 철저한 검증을 거치게 되고, 국민의 의견을 반영하는 보완 과정을 거치게 되며, 부문별 세부 항목에 대한 평가가 이루어지며, 최종 결과가 국가운영시스템을 통해 공지되는 절차를 밟게 됩니다. 최종적으로 완성된 발의안은 대통령이 되고자 하는 자의 공약이 됩니다.

마지막 검증 단계는 삶의 이력을 공개하는 것입니다. 가치거래시스템을 통해 등록되어 관리되어 온 모든 가치 활동과 홍익지수 및 활동에 대한 이력이 낱낱이 공개됩니다. 어떠한 교육을 받았는지, 어떠한 가치 활동들을 해왔는지, 어떠한 홍익 활동을 해왔는지, 모든 것이 국민 앞에 공개됩니다. 따라서 국민은 대통령이 되고자 하는 후보자의 업무 능력, 국정 운영의 비전 및 공약, 그리고 살아온 이력 등 모든 것을 살펴볼 수 있게 됩니다. 그러고 나서 국민은 다수의 후보자 중에서 나라를 이끌 적임자를 현명하게 선택할 수 있게 됩니다.

저 또한 지난 십수 년 동안 국회의원과 지방자치단체장을 역임하면서 모든 필수 교육 과정을 이수했고, 국가 운영 방향과 비전, 정책 제안을 상당히 오랫동안 준비해 왔습니다. 오랫동안 고심해서 나름대로 준비한 국가 운영의 비전을 바라보며, 이성적으로 옳다는 결론을 얻고 나서, 더욱 밝아질 세상을 기대하며 벅차오르는 기쁨을 느꼈습니다. 그래서 이 비전을 가지고 정책 제안을 만들다 보니 전문가분들의 식견과 지혜가 필요했고, 이런 분들을 일일이 찾아가서 의견을 모으고 마음을 함께하다 보니 어느덧 저의 비전에 동의하며 뜻을 함께하고자 하는 분들을 제 주변으로 모셔오게 되었습니다. 그분들의 도움으로 정책 제안을 완성했으며, 최근 국회에서 이 비전과 정책을 발의해서 저로서는 무척이나 영광이었습니다.

현재 세 차례에 걸친 국회의 분야별 질의 응답은 마무리되었고, 국가의 전문가 그룹과 의식 있는 국민의 철저한 검증이 이루어지고 있습니다. 이런 검증이 마무리되고 정책들에 대한 세부적인 보완 작업이 마무리되면 국가운영시스템에 미래의 비전 및 정책으로 등록되어 일반 국민이 그 최종본을 열람할 수 있게 됩니다. 대통령 선거에서 이 비전과 정책들이 저의 공약이 되며, 혹시 제가 당선된다면 도움을 주셨던 분들 중 일부는 행정부의 일원이 되어 저의 국정 운영 기간 동안 더 많은 도움을 주시게 될 것입니다.

사실 돌아가신 선친께서 오래전 제가 방황하던 젊은 시절에 그릇된 길로 나아가지 않도록 올바른 가르침을 주셨던 것이 지금 제게 큰 힘이 되었습니다. 그렇지 않았더라면 저의 가치 활동과 홍익 활동 이력에 오점들이 있어서 아마 입후보 자격은 얻을 수 있더라도 국민의 선택을 받지 못하게 될 것이기 때문에 입후보를 포기해야 했을 것입니다. 혹시 제가 당선되지 않더라도 실망하지는 않을 것입니다. 당선인은 분명히 저보다 더 자격이 있으며, 더 좋은 비전을 제시해서 우리나라를 더욱 올바르게 이끌 분이기 때문입니다. 현재 우리나라의 이러한 대통령 선출 방식을 도입하고자 검토 중인 나라들이 많이 있습니다. 과거에는 모든 것을 외국에서 들여와야 했지만, 지금은 우리가 가치주의뿐만 아니라 정치제도까지 수출할 수 있는 나라로 발전했다는 사실에 대한민국 국민의 한 사람으로서 정말 감개무량합니다.

국무총리

국민 여러분, 안녕하십니까? 대한민국의 국무총리 '신행정'입니다. 많은 분께서 '통일한국'의 정부가 어떻게 구성되어 있고, 어떻게 운영되는지 궁금하실 텐데요, 이 자리를 빌려서 잠시 설명해 드리고자 합니다.

대통령 산하에는 대통령비서실과 국가철학위원회, 국정자문위원회, 역사평론위원회 및 국가안전본부가 있습니다. 국무총리 산하에는 국무총리비서실과 홍익위원회, 가치위원회, 그리고 국가기록원과 국가선거관리원이 있습니다.

정부의 구성은 가치재정부, 지식창조부, 교육부, 사회부, 문화부, 내무부, 국방부, 외교평화부, 보건부, 환경부, 해양수산부, 국토교통부, 자연산업부, 일반산업부 이렇게 총 14개의 부서로 되어 있습니다. 과거에 있었던 감사원은 국회로 그 기능이 이관되었으며, 대통령경호실은 대통령비서실에 그 기능이 통합되었고, 국무조정실은 국무총리비서실에 그 기능이 통합되었습니다. 국정원, 방송통신위원회 등 불필요하거나 가치주의가 적용되면서 그 역할이 마땅치 않은 정부 부처는 모두 정리되었습니다.

이제, 정부의 각 부서와 그 역할에 대해서 개략적으로 설명하겠습니다. 먼저, 대통령 산하 조직으로 국가철학위원회는 국가의 나아갈 방향과 국정의 기조에 대한 미래적이고 장기적인 비전을 제시하는 역할을 합니다. 국정의 원로급들과 국가 최고의 지성들이 위원회를 구성하며, 대내외적으로 중요한 시점에 국가 철학의 방향을 논하고, 국정의 기조를 점검하며, 미래의 비전을 열어가는 역할을 합니다. 국정자문위원회는 대통령이나 국무총리에게 국정에 대해 자문하는 역할을 합니다. 정치, 사법, 외교, 안보, 국방, 사회, 문화, 과학, 산업, 교육, 보건, 복지, 환경, 행정, 국토, 해양 등 국가에서 다뤄야 하는 모든 분야에 대해서 학식과 식견 및 경륜을 두루 갖춘 전문가분들을 자문위원으로 모시게 됩니다. 역사평론위원회는 중요한 국내외적인 국가 시책이나 외교 사안에 대해서 적절한 시점에 역사평론을 내며, 역사학자들로 구성됩니다. 국가안전본부는 전쟁이나 테러 등 국가 안전이 위협을 받게 되면 이에 대한 대책 및 대응 방향 설정을 하는 국가 안전의 최고 회의 기구입니다. 국무총리 산하 조직으로 홍익위원회는 국민의 홍익 활동을 장려하며 올바른 홍익 평가를 주관하게 됩니다. 가치위원회는 국민의 건전한 가치 활동이 올바르게 평가받을 수 있도록 사회의 각 분야를 점검하며, 이를 통해서 가치주의가 올바르게 실현되도록 하는 역할을 합니다. 국가기록원은 기록에 남겨야 할 모든 국가적인 정보를 수집하여 기록하고 보전하는 역할을 합니다. 국가선거관리원은 과거에는 선거관리위원회라는 명칭을 갖고 있었으며, 마찬가지로 국가의 모든 선거를 주관하는 역할을 합니다.

행정부 산하 부서는 14개로서 그 업무 영역에 따라 체계적으로 분류되어 있습니다. 가치재정부는 국가의 재정을 운영하고 세무를 담당하며, 가치주의경제하에서 국민의 삶의 근간을 제공하는 역할을 합니다.

그 산하에는 가치관리본부와 홍익지수관리본부, 세무관리청, 토지관리청을 두고 있습니다. 지식창조부는 국민의 지식 창출 활동을 주관해서 최고의 지식으로 세계를 선도하는 우리나라가 되도록 이끌며, 그 산하에는 국가학술본부, 국가에너지본부, 지식산업청, 에너지산업청을 두고 있습니다. 교육부는 국가의 인재를 키워내며 그 직업과 가치 활동의 이력을 관리해 주고, 학생 교육, 산업인 교육, 일반인이나 장애인들의 교육을 관장하는 역할을 합니다. 산하 기관으로는 국가인재본부, 학생교육청, 산업인교육청, 평생교육청을 두고 있습니다. 사회부는 국민의 삶의 실질적인 질을 높일 수 있는 활동을 통해서 국민의 복지와 사람다운 삶을 관장하는 역할을 합니다. 그 산하 기관으로는 국가민생본부, 인권위원회, 공정거래위원회, 국가통계원을 두고 있습니다.

문화부는 우리나라의 건전한 문화를 꽃피우고 예술을 장려하며, 이를 세계에 전해서 인류 문화의 발전에 이바지하는 역할을 합니다. 그 산하 기관으로는 국가문화본부, 문화예술산업청, 관광산업청, 문화재청이 있습니다. 내무부는 국가의 모든 내무 업무를 담당하고 국가 재난의 예방과 해결을 관장하며, 지방자치단체와의 협업 및 소방안전과 치안을 책임지고 있습니다. 그 산하에는 국가재난본부, 지방자치위원회, 소방안전청, 그리고 치안청을 두고 있습니다. 과거의 경찰청은 수사 업무를 담당하며 사법기관인 대법원 산하로 자리를 옮겼고, 치안 기능은 치안청에서 담당합니다. 국방부는 국가의 평화유지를 위한 제반 업무를 담당하고 대한민국 국군과 군수용품 관련 방위 사업을 맡고 있으며, 국가 재난 등의 긴급한 상황에서 군대가 대민 활동을 할 수 있도록 관장하고 있습니다. 그 산하에는 한반도평화본부, 병무 및 방위사업청, 해상방위본부, 대민활동본부가 있습니다. 외교평화부는 과거의 외교부가 이름이 개편된 부서로서 국가의 모든 외교 업무를 담당하고, 관련국들과 세계 평화운동을 주관하는 역할을 하며, 고질적인 분쟁국들의 평화를 위해 세계 종교에 관한 연구도 담당하고 있습니다. 그 산하 기관으로는 국가 외교본부, 세계평화운동본부, 세계종교연구원, 국제교류청이 있습니다.

보건부는 국가와 국민의 보건과 방역을 담당하며, 보건 관련 산업을 관장하고 약품과 식품의 안전을 책임지게 됩니다. 그 산하에는 국가보건본부, 보건산업청, 약품안전청, 식품안전청을 두고 있습니다. 환경부는 국가의 대기의 질과 수자원을 체계적으로 관리하며, 환경 관련 산업을 관장하고, 기상과 지진, 화산 등의 환경 변화를 관측하고 알리며, 이에 대한 대비를 주관합니다. 그 산하 기관으로는 국가환경본부, 수자원관리본부, 환경산업청, 환경관제청이 있습니다. 해양수산부는 국가의 해양과 해양 활동을 관리하고 해양 개발과 산업을 관장하며, 해양 자원의 친환경적인 발굴과 개발을 주도합니다. 그 산하에는 해양관리본부, 해양개발위원회, 해양산업청, 해양자원청을 두고 있습니다. 국토교통부는 지상과 지하 및 하늘을 망라한 국가의 모든 교통 체계를 개발하여 갖추고 체계적으로 관리하며, 국토와 자원의 친환경적인 개발과 관련 산업을 주관합니다. 그 산하 기관으로는 국가교통본부, 국토개발본부, 자원개발청, 건설산업청이 있습니다.

자연산업부는 과거에는 농림축산식품부에 해당하며, 국가의 1차산업을 책임지고 있습니다. 국가의 식량을 체계적으로 관리해서 국제적인 식량 재난에 대비하는 중요한 역할을 하며, 관련 산업의 균형적이며 친환경적인 발전을 주관하고, 산림 육성도 관장합니다. 그 산하에는 국가 식량본부, 자연산업청, 산림청, 자연산업균형위원회를 두고 있습니다. 일반산업부는 제조산업과 서비스 산업을 주로 담당하며 분야와 관계없이 국가산업의 전반을 담당하게 됩니다. 산업 부문에서 대한민국의 국제적인 역할을 위해 국제산업을 육성하고 지원하는 일도 맡습니다. 그 산하 기관으로는 국가산업본부, 국제산업지원본부, 제조산업청, 일반산업청이 있습니다. 이상과 같이 정부의 조직이 그 업무 영역에 따라 체계적으로 개편되었으며, 긴급 사태 시나 중요 업무에 대응을 위해서 각 부서의 산하에 본부라는 것을 두고 있고, 위원회나 원 또는 청을 두고 있습니다.

 이제 국무회의에 대해서 잠시 설명해 드리고 제 이야기를 마치고자 합니다. 지금의 국무회의는 주로 국무총리가 주관합니다. 국무총리 부재 시에는 부총리가 이를 대신합니다. 대통령도 물론 국무회의에 참여하지만, 주로 회의 내용을 듣는 것을 위주로 하고, 일반적인 부서 보고는 각 부서의 장관이 국무총리에게 보고하는 형식입니다. 국무회의의 주요 안건에 대해서는 대통령의 발언도 듣게 되며, 특별히 대통령이 발의한 안건에 대해서는 대통령께 보고하는 형식을 갖추게 됩니다. 국가의 모든 주요한 흐름이나 사안을 대통령과 국무총리가 공유함으로써 대통령의 갑작스러운 유고 사태에도 국가의 통치력 부재를 미연에 방지하는 효과도 있습니다.

 국무회의에는 국정자문위원들이 배석하게 됩니다. 먼저, 각 부서의 업무가 보고되고, 이후 특별 안건들이 논의됩니다. 각 부서의 업무 보고는 일상적인 업무 보고라 할지라도 업무 전반에 대한 점검을 위해 하나라도 빠뜨리지 않고 보고합니다. 결정이 필요한 사항에 대한 의결은 국무총리가 주재하여 국정자문위원 및 각 부 각료들의 의견을 모아서 의결하고, 투표가 필요하면 각료들과 국무총리까지 투표권을 행사합니다. 대통령은 의결된 사항에 대해서 국정 운영 기조에 부합하는지에 대한 의견을 개진하며, 필요할 경우 명확한 근거를 들어 의결을 미루거나 거부권을 행사할 수 있습니다. 모든 국무회의 내용 및 자료는 국가운영시스템을 통해 공지되며, 항목별로 그 내용의 보안 수위에 따라 해당 권한에 따라 차별적으로 열람할 수 있습니다.

　대통령의 국가 비전 및 국정운영 방향, 각 부처의 운영안 및 정책 방향에 대한 기조는 국가운영시스템을 통해 누구든지 언제라도 열람할 수 있습니다. 행정부에서 의결하여 시행하고자 하는 각 사안 또는 대통령이 거부권을 행사한 사안이 국정운영 기조와 얼마나 잘 부합하는지에 대한 평가는 국정자문위원을 통해 이루어지고, 그 결과도 국가운영시스템을 통해 공개됩니다. 대한민국의 행정부는 대통령이 수장이기는 하지만 많은 관료와 전문가들의 의견이 건설적으로 논의되어서 최선의 정책을 이끌어내서 국가를 운영하는 기구입니다. 권력자의 정부가 아니라 국민의 정부이며, 한 사람을 위한 정부가 아니라 모두를 위한 정부입니다. 이것이 대한민국의 힘이며, 또한 자랑이기도 합니다. 우리 국민 한 사람 한 사람이 우리나라의 가장 큰 재산이며, 우리나라의 주인은 여러분 모두입니다.

대통령

대통령비서실 · 국가안전본부 · 국가철학위원회

국정자문위원회 · 역사평론위원회

국무총리 — 부총리

국무총리비서실 · 홍익위원회 · 국가기록원

가치위원회 · 국가선거관리원

가치재정부
가치관리본부
홍익지수관리본부
세무관리청
토지관리청

지식창조부
국가학술본부
국가에너지본부
지식산업청
에너지산업청

교육부
국가인재본부
학생교육청
산업인교육청
평생교육청

사회부
국가민생본부
인권위원회
불공정개선위원회
국가통계원

내무부
국가재난본부
지방자치위원회
소방안전청
치안청

국방부
한반도평화본부
병무 및 방위산업청
해상방위본부
긴급대민활동본부

외교평화부
국가외교본부
세계평화운동본부
세계종교연구원
국제교류청

문화부
국가문화본부
문화예술산업청
관광산업청
문화재청

보건부
국가보건본부
보건산업청
약품안정청
식품안전청

환경부
국가환경본부
수자원관리본부
환경산업청
환경관제청

해양수산부
해양관리본부
해양개발위원회
해양산업청
해양자원청

국토교통부
국가교통본부
국토개발본부
자원개발청
건설산업청

자연산업부
국가식량본부
자연산업청
산림청
자연산업균형위원회

일반산업부
국가산업본부
국제산업지원본부
제조산업청
일반산업청

국회의장

국민 여러분, 안녕하십니까? 대한민국 국회의장 '반두태' 입니다. 저는 이번 인터뷰를 통해 21세기 대한민국 국회에 대해 국민 여러분께 말씀드릴 수 있음을 매우 영광스럽게 생각합니다. 지금의 대한민국 국회는 과거와는 전혀 다른 국회가 되었습니다.

먼저, '정당'이라는 것이 사라졌습니다. 수많은 당원이 큰 체육관에 모여서 전당대회를 치르던 모습을 이제는 전혀 볼 수 없습니다. 당을 이끌어가는 대표자를 선출하기 위해서나 대통령 선거에 나설 당의 후보를 지명하기 위해서, 아니면 당의 중대한 정책 방향을 결정하기 위해서 치르던 전당대회였지만, 과연 올바른 정치를 위해서 꼭 필요한 일이었을까요? 당을 운영하기 위해 갖췄던 그 복잡한 조직들이 그 본래의 역할대로 제대로 충실하게 운영되었다면 과거 정치의 모습이 그렇게 혼탁하고 부정직했을까요? 그렇게 많은 당원은 왜 필요하고, 그 인원들이 과연 사회에서 필요로 하는 가치를 창출하는 일을 하고 있었던 것일까요? 지금의 시각으로 바라보면, 당연히 그런 조직이나 인력의 운영은 아무런 가치가 없고, 국가나 사회를 위해서 생산적인 가치 창출에 이바지해야 할 사람들의 수고와 시간을 빼앗는 일일 뿐이었습니다. 전국적으로 분포된 수많은 사무실의 운영도, 조직을 동원해서 시행하던 많은 행사도, 모두 쓸데없는 가치의 낭비일 뿐이었습니다. 정당이라는 제도가 사라지니 당리당략이라는 말도 더 이상은 존재하지 않습니다.

　지역구를 통해 선출하던 국회의원 선출 방식도 지역의 구분 없이 투표하는 방식으로 바뀌었습니다. 따라서 선거 무렵이면 지역구에서 일어나던 소모적인 선거 운동이 이제는 필요치 않습니다. 따라서 엄청난 선거 비용이 들어갈 이유도 없어졌고, 지역 후보 선정을 위한 공천 작업도 다시는 볼 수 없는 광경입니다. 비례대표라는 선출 방식도 사라졌으니, 비례대표의 순번을 놓고 벌이던 논쟁과 잡음, 각종 비리 소식도 이제는 들을 수 없습니다. 국회의원들이 지역구 사람들의 환심을 사기 위해 시간을 빼앗기고 해당 지역만을 위한 편협한 정책을 추진하던 모습에서 벗어나서, 국가를 위한 본질적인 정책이나 법안에 몰두하는 모습이 요즘의 국회입니다. 표를 더 얻기 위해 지역에 찾아가서 지역 행사에 참여하거나 혹은 지역구 유지들의 경조사에 찾아가거나 지역구 사람들의 모임에 얼굴을 비추고 눈도장을 찍는 어처구니없는 일을 더는 찾아볼 수 없습니다. 자신의 소신은 제대로 펴지도 못하고, 국민에 대한 생각은 안중에도 없으며, 오직 정당 지도부의 뜻대로만 따르는, 즉 당리당략대로만 충실하게 움직이던 어리석은 국회의원이 절대로 있을 수 없는 시대입니다.

　국회의원이라면 자신의 안위보다는 국가를 먼저 생각하며, 국가와 국민을 위해서 나아가야 할 올바른 국가 운영의 방향을 제대로 분별할 수 있어야 합니다. 이러한 분별을 법안이나 정책으로 만들어 내고 발의할 수 있는 능력이 필요하고, 그렇게 만들어 낸 결과물이 국가와 국민을 위한 길이라면 자신의 목숨을 내놓고서라도 끝까지 추진하는 물러설 수 없는 사명감이 투철한 인물이어야 할 것입니다. 정당 지도부의 눈치나 보고, 표를 얻고자 환심 사는 일에만 몰두하거나, 자신의 안위를 위해서만 일하는 사람은 절대로 대한민국 국회에 필요하지 않으며, 그런 사람들이 이제는 존재할 수도 없는 것이 바로 지금의 국회입니다.

국회의원 선거도 전자투표로 진행하고, 투표권자 한 사람이 여러 명을 동시에 지명하는 방식입니다. 과거에 국회의원만 누리던 특권들도 거의 폐지되었습니다. 국회의원 선거 방법과 국회의원 특권 폐지에 대해서는 국회의원분께서 따로 말씀드릴 것입니다.

저는 국회의장의 역할과 선거 방식에 대해서 잠시 말씀을 드리고자 합니다. 과거에는 국회의장을 국회의원들의 투표로 선출했습니다. 국회의원 당선자의 수가 많았던 정당의 국회의원 중에서 국회 경험이 많은 다선 의원 중에서 후보를 추대해서 선출했습니다. 국회의원들이 국민의 투표로 선출되었다는 표면적인 점만 보자면 충분히 수긍할 수 있기는 하나, 정말로 국민의 뜻이 반영된 국회의장의 선출이냐 하는 것을 생각하지 않을 수 없는 대목입니다.

국회의장은 입법부의 수장으로서 대한민국의 의전 서열 두 번째의 지위를 가지며, 명실상부하게 국회를 대표하는 인물입니다. 국회에서의 원활한 회의 진행을 위한 의사정리권, 회의장의 질서 유지를 위한 질서유지권, 국회의 조직과 운영에 대한 전반적인 사무감독권을 가지는 자리입니다. 이를 법률적인 용어로 살펴보면, 임시국회소집공고권, 정기국회집회공고권, 원내질서유지권, 의사정리권, 사무감독권, 국회대표권, 국회의 위임에 의한 특별위원선임권, 국회에서 가결된 의안의 정부에의 이송권, 궐석의원의 보궐선거를 정부에 요구하는 권한, 의원의 청가허가권, 폐회 중 의원사직처리권, 의안을 심사할 위원회의 선택결정권, 국회 내 경호권, 방청허가권, 발언허가권, 발언중지권, 확정법률의 대통령

5일 내 미공포 시 공포할 권한을 갖게 됩니다. 국회의장은 국회 직원에 대한 인사권과 국회예산권을 가지고 있으며, 인사권에는 국회사무총장과 국회도서관장, 비서실장, 입법차장, 사무차장 등이 포함됩니다. 국회의장은 본회의 일정을 포함한 모든 의사일정을 결정할 수 있는 권한도 있어서, 국회의장이 본회의를 열지 않으면 국회를 정지시킬 수도 있습니다. 이와 관련해 대표적인 권한은 법률안을 상임위원회 의결 없이 직접 본회의에 올릴 수 있는 직권상정 권한입니다.

정당주의가 사라진 지금 국회의장의 자리는 더욱 중요해졌습니다. 국회에서의 원활한 회의 진행을 통해 필요한 법안의 합의 도출, 국회가 감당해야 하는 모든 일정을 소화해 내기 위해서는 국민의 생각을 듣고 파악할 수 있는 안목도 필요하고, 다양한 의견 중에서 최선의 결정이 이루어지도록 수용하고 기다려 주며 합의로 이끌어 나가는 도량이 넓은 통솔력도 요구됩니다. 국회의원들의 입법 활동 중에서 혹시라도 있을 수 있는 개인적인 사리사욕 추구나 이권 개입을 철저히 외면하고 단호하게 배척하는 청렴성도 요구됩니다. 따라서 지금의 국회의장은 국회의원들이 투표로 선출하는 2년 임기의 직분이 아니라 대통령 선거와 마찬가지로, 국민이 선택하는 국민에 의해 지명되는 국회의 대표입니다. 국회의원 선거 시에 대통령 선거와 마찬가지로 부화 방식으로 국민투표로서 선출하게 되는데 임기는 4년이며 1회의 연임이 가능합니다. 자격 요건은 국회의원 경력 4선 이상이며, 행정부 내 교육부에서 요구하는 공직자 교육 과정을 통해 국회의장으로서 필요한 교육 이수 과정을 모두 마친 입후보 자격을 갖춘 후보들이 국회의장 후보로서 입후보할 수 있습니다. 다른 공직자들과 마찬가지로 입후보하게 되면 가치 활동 이력과 홍익 활동 이력도 모두 공개되는 만큼 공인이 되고자 하는 사람들은 인생 설계에서 철저한 준비가 필요합니다. 살아가면서 맞이하게 되는 숱한 상황들에서 조금은 더 양보하고 조금은 더 손해를 보며, 자신의 유익을 추구하기보다는 다른 사람들이나 사회에 유익을 주는 길을 선택하는 것이 현명할 것입니다.

어느새 우리 사회가 그런 사회가 되었습니다. 우리의 일상도 마찬가지로 그러한 면을 추구하게 되었습니다. 사회의 요구에 귀를 막고 눈을 감으며 묵묵히 자신의 유익만 쫓으며 사는 사람은 결국 큰일을 할 기회를 얻을 수 없고, 자신의 것을 내어놓고 자신을 희생하며 사회를 이롭게 하는 사람들에게는 공인으로서 사회나 국가에서 필요한 큰일을 담당하도록 길이 열리는 사회입니다. 우리나라의 입법을 책임지고 있는 국회의원들도 그리고 국회의장도 그런 사람들이 모여서 나라를 위해 자신을 헌신하며 봉사하고자 이 길을 선택한 사람들입니다. 입신양명이 아니라 사회를 위한, 국가를 위한, 그리고 많은 국민을 위한 삶이 결국은 자신의 인생의 의미를 찾을 수 있는 참된 길임을 알기 때문입니다.

국회의원

안녕하세요. 이번 선거에서 당선되어 국회에 입성하게 된 국회의원 '소신남'입니다. 어릴 때부터 제 꿈이 정치인이었는데, 막상 국회의원이라는 타이틀을 얻게 되니 기쁨보다는 막중한 책임감이 느껴집니다. 우리나라의 권력은 삼권분립이고 행정부와 사법부도 중요하지만, 입법부인 국회가 그 역할을 제대로 감당하는 것이 정말로 중요하다는 것은 오랜 정치 역사 속에서 증명된 부인할 수 없는 사실입니다. 국회가 행정부의 일방통행을 견제하고 국민의 마음을 닮은 올바른 목소리를 내는 것, 즉 국정감사나 청문회 등을 철저히 준비해서 행정부의 잘못된 전횡을 지적하고 바로잡으며, 청와대의 독단으로 아무런 검증 없이 그대로 하달되는 중차대한 정책들에 대해서 강력하게 자기 목소리를 내며 끝까지 물러서지 않는 끈질긴 대응을 통해서 행정부의 독선을 막아서며, 나라를 위해서 그리고 국민을 위해서 정책의 추진 방향을 선회하도록 국회의 책임을 다하던 시절이 있었습니다. 그때는 우리나라의 잘못된 정치 관행들이 드러나서 올바른 모습으로 바뀌어 가며, 불균형을 이루던 정치권력의 축이 균형이 잡혀가고, 집권자의 독선이 줄어들고 국민의 목소리에 좀 더 귀를 기울이도록 만든 진정한 민주주의로 발전해 가던 그런 때였습니다.

하지만 여대야소의 국회가 되어 야당의 목소리가 표 대결로 묻혀버리던 시절, 여당마저 청와대의 하수인 또는 대변인 역할을 하던 시절에는 민주주의가 힘을 잃고 국민의 목소리도 정부 정책에 반영되지 않았습니다. 국회의원의 역할은 국가 및 국민을 위한 헌법 등의 법률을 제정하고 개정하며 의결하고, 국가 예산을 심의하고 확정하며 결산하고, 국정감사 및 청문회 등 감사의 직무를 담당하는 것인데, 국회 전체가 행정부를 견제하도록 각 국회의원이 그 역할을 제대로 수행하는 것이 진정한 민주주의를 이루어 가기 위한 중요한 요소이지만, 국회가 가진 몇 가지 문제점이 이에 큰 걸림돌이 되고 있었습니다.

첫 번째가 정당을 기반으로 국회가 운영된다는 것입니다. 정당을 기반으로 운영되는 국회는 정당의 지위를 공고히 하려는 태생적 본능이 있습니다. 그리고 이것이 각 정책 현안에 대해서 정당 지도부가 정당의 의견을 하나로 정하게 되면, 공천권을 쥐고 있는 정당 지도부의 뜻에 개별 국회의원들이 자신의 의견을 맞추어야 하는 억지가 따르게 됩니다. 정당 지도부의 결정이 올바른 결정이 아닐 수도 있고, 심지어 국민의 뜻에 반하는 결정일 수도 있으며, 다른 진영 정당과의 물밑 교섭을 통해서 각 정책 사안들에 대한 사전 나눠먹기식 결정일 수도 있습니다. "이 법안은 우리가 양보하니까 저 법안은 우리에게 양보해 줘, 이것을 이번에 통과시켜 주면 다음번에는 저것을 양보해 줄게, 이 법안은 반드시 저 법안과 연계해서 통과되어야 해." 뭐 이런 이야기들이 오가며, 아무래도 국회의원 숫자를 많이 보유한 다수당이 정당 간 정책이나 법안에 대한 협상을 유리하게 이끌어 갈 수 있었습니다. 만약 국회의원 개개인의 목소리가 정당 지도부와 관계없이 나올 수 있다면 국민의 시선을 두려워하는 국회의원들의 선택은 당리당략이 아닌 국가와 국민을 위한 정책이나 법안일 것입니다. 하지만 개별 국회의원이 아닌 정당의 선택이기에 그것이 혹시 국민의 뜻에 반하더라도 그 정당을 지지하고 있던 국민은 그 의견 외에는 다른 의견이 없으므로 동의하지 않더라도 억지로 수용해야 합니다.

정당주의의 또 하나의 단점은 지역주의로 흐르기 쉽다는 것입니다. 정당이 선거에서 승리하기 위해서 그리고 정치적 환경이 바뀌더라도 끝내 살아남는 정당이 되기 위해서 특정 지역을 자신들의 연고지로 삼아서 이 지역을 통해 안정적인 지지율을 확보하고자 하는데 이러다 보니 지역 간 갈등을 조장하게 되고, 지역 간 이기심을 부추겨서 국민을 분열의 길로 나가게 하는 모순이 발생했습니다.

국회가 가졌던 두 번째 문제점은 바로 지역구를 통한 국회의원 선출 방식입니다. 이것은 국회의원이라는 본연의 직무보다는 지역을 위한 정책이나 법안, 예산 배정 등 지역이기주의에 편승할 수밖에 없으며, 앞서 말씀드린 정당주의로 인한 지역주의를 공고하게 만드는 길이 됩니다. 따라서 선거에 출마하는 후보의 자격이나 능력에 따라 당선 여부가 결정되는 것이 아니라, 유권자가 특정 지역에 대한 공천권을 딴 후보자 중 한 명을 선택해야 하기 때문에 자기 뜻과 상관없이 특정 지역에서는 특정 정당에 소속되면 손쉽게 당선되는 이상한 일이 실제 국회의 모습이었습니다.

과거 국회가 가졌던 세 번째 문제는 비례대표 선출 방식에 있었습니다. 정당 지도부의 마음에 들거나 혹은 소위 '공천헌금'이라 불리는 부도덕한 뒷거래를 통해서 높은 순위의 비례대표로 공천을 받으면 손쉽게 국회의원에 당선되었습니다. 그래서 법안 제정은커녕 이해하기조차 힘들어하는 국회의원들이 많이 배출되었고, 이들 중에는 열심히 활동해서 많은 성과를 낸 의원들도 소수 있었지만, 대부분 법안이나 정책 표결 시 소속 정당의 거수기 역할만 충실히 할 뿐이었습니다.

과거 국회가 가졌던 네 번째 문제로는 국회의원들에게 너무나 많은 특권이 주어졌다는 것입니다. 불체포 및 면책특권, 사무실·차량·보좌관 등의 각종 유지비용, 철도·항공·출장비 등의 지원, 엄청난 세비에 연금까지 일일이 언급하기조차 힘든 특권들이 국회의원의 직무를 잘하라고 제공되었는데, 분명히 너무 많았습니다. 정당주의, 지역구를 통한 선출, 비례대표, 국회의원의 과도한 특권이 과거 국회가 가진 문제의 핵심이었습니다.

이러한 문제를 해결하기 위해서 현재 국회는 정말로 많이 바뀌었습니다. 먼저, 정당 중심의 의회 구조가 사라졌습니다. 보수, 중도보수, 진보, 개혁, 우익, 좌익 등 다양한 성향의 정당들이 있었지만 정당주의 폐지로 모두 사라졌습니다. 지금은 국회의원 개개인이 '1인 정당'이라고 보시면 됩니다. 개별적인 정책 사안에 대해서 국회의원들이 뜻을 모으고 힘을 합치는 것은 아무런 제약 없이 인정됩니다. 다만, 하나의 공식적인 이름을 걸고, 그 이름 아래 뭉쳐서 대표를 선출하는 등의 정당 활동은 인정되지 않습니다. 따라서 지금은 개별 사안별로 뜻을 같이하는 의원들끼리 뭉쳤다가 다른 사안에 대해서 의견이 다르면 흩어지는 형태의 이합집산이 빈번하게 일어납니다. 과거 정당주의가 힘을 하나로 모을 수 있었기에 막강한 행정부에 대항할 수 있었지만, 하나로 뭉친 정당이 취하는 단일화된 의견이 국민의 뜻에 부합되지 못할 때가 많았습니다. 오히려 지금은 국회의원 개개인이 모두 국민의 눈치를 봐야 하므로 국민의 목소리를 진정으로 담아내는 구조라고 할 수 있습니다. 개별적인 국회의원들 대다수가 국민의 목소리를 대변하다 보니 전체 국회의 목소리가 곧 국민의 목소리가 되는 것이지요.

두 번째 변화는 지역구를 통해 선출되던 방식도 폐지되고, 비례대표 선출은 아예 사라진 것입니다. 그 대신 국회의원을 선출하는 과정은 선거 인원 확정 및 선거라는 두 가지 과정을 거치게 됩니다. 먼저, 현재의 국회의원 중에서 기준 점수 미달자를 탈락시킴으로써 새로 선출해야 하는 국회의원의 정수를 산정합니다. 즉, 현재 의원들의 의정 활동에 대한 개별적인 점수가 매겨집니다. 의정 활동 기간에 제출한 법안의 총 가치, 즉 얼마나 널리 세상에 유익을 주는 법안인지를 산술적으로 총 합산한 결과와 상임위원회 활동, 국가예산심의, 청문회 등 개별적인 의정 활동에 대한 평가, 직접 혹은 간접적인 부정부패의 연루, 윤리적인 문제 여부, 범죄 등의 연루 여부, 국회 회기 중 출석일 등을 객관적인 점수로 관리해서 국회의원 임기 중의 총 점수가 기준 점수에 미치지 못하면 다음 회기로의 국회의원직 연임에서 탈락하게 됩니다. 물론 자발적으로 국회의원직을 떠날 수도 있습니다. 자발적이든지 아니면 기준 점수에 미달해서든지 국회를 떠나는 의원의 총수가 다음 회기에 선출해야 할 국회의원의 숫자가 됩니다. 이 숫자만큼 선출할 수 있도록 새로 국회의원이 되고자 하는 준비된 분들의 지원을 받게 됩니다.

국회의원의 선출도 부화 방식이 적용되는데, 이 준비라는 것이 좀 복잡합니다. 먼저, 다른 고위 공직자와 마찬가지로 국회의원 직무 강좌를 이수하고 자격 요건을 통과해야 합니다. 이 직무 강좌는 교육부에서 개설하며 공직자별로 요구하는 과목이 다르게 되어 있습니다. 그다음은 국회에서 자신의 역할에 대한 비전 및 추진하고자 하는 법안을 정리해서 자신이 만들어 놓은 법안과 정책에 맞는 국회의 상임위원회에 국회의원 선거 1년 전에 제출하면 국회의원 선거에 출마하는 것이 되며, 이것이 곧 공약이 됩니다. 국민들은 국회의원 선거 시에 과거처럼 지역 후보자나 정당 후보자를 선택하는 것이 아니라, 각 국회 상임위에 출마한 후보들의 정책 법안과 이에 대한 평가들, 그리고 각 출마자의 가치 활동 및 홍익 활동 이력, 그리고 국회의원 경력이 있는 경우는 국회에서의 활동 이력들을 검토한 후에 투표에 임합니다.

투표는 투표권을 가진 사람이 다수의 후보를 선택하는 방식입니다. 지역구가 없어졌기 때문에 자기 지역구 출마자 중에서 선택하는 것이 아니라 출마한 후보자 중에서 누구라도 다수를 선택할 수 있습니다. 투표권은 1표이기 때문에 만약 네 명을 선택한다면 선택된 후보자는 각각 1/4표씩을 득표하게 됩니다. 즉, 마음에 드는 후보를 복수로 지명하고, 그 선택한 후보 중에서도 이중 또는 삼중으로 택할 수 있습니다. 예를 들어서, 1번을 세 번 선택, 2번을 한 번 선택, 3번을 열 번 선택하면, 1번 후보는 3/14표를 득표하고, 2번 후보는 1/14표를 득표하고, 3번 후보는 10/14표를 득표하게 됩니다. 이렇게 함으로써 국민 개개인의 뜻을 그대로 표로써 제대로 나타낼 수 있습니다. 물론 보통 100명 이상의 결원된 국회의원을 선출해야 하기에 투표자들은 사전에 후보자들에 관해 공부를 해야 투표에 임할 수 있으며, 나중에 공직에서 일하려는 뜻이 있다면 투표 참여 기록도 중요하므로 철저히 준비해서 투표에 임해야 합니다.

투표는 스마트 기기를 이용해서 선거관리시스템에 접근하면 손쉽게 할 수 있으며, 투표에 대해서는 선거관리위원회에서 일하시는 분께서 자세히 설명해 드릴 것입니다. 그리고 또 다른 변화는 국회의원들이 가졌던 수많은 특권이 축소되거나 사라진 것입니다. 세비는 활동가치를 산출해서 책정하기 때문에 가치 있는 활동만 가상가치를 지급받고, 연금 수령은 존재의 근거가 사라졌으므로 폐지되었습니다. 각종 활동 경비에 대해서는 지급할 만한 명확한 활동 근거를 제시하면 받을 수 있지만, 근거가 부족하면 지급이 거부됩니다. 불체포 및 면책특권은 국민의 여론을 투표에 부쳐서 국민이 불체포나 면책을 거부하면 적용되지 않지만, 요즘의 국회의원들은 정직한 사람들이기 때문에 그런 일은 거의 일어나지 않습니다.

투표가 워낙 신속하고 편리하게 진행되는 세상이라서 투표를 통해 결정하는 일들이 많아졌습니다. 지금의 국회의원은 특권자들이 아니고, 기득권층도 아닙니다. 또한, 지역만을 위해 일하는 사람들도 아니고, 세비를 많이 버는 것도 아니면서 열심히 일하지 않으면 국민의 질타를 받으며 그 자리를 내놓아야 하는 정말 일복이 터진 직업입니다. 그런데도 국회의원이 되려는 뜻을 둔 사람들은 더 높은 공직에 대한 꿈이 있는 사람들이거나 세상을 좀 더 아름답게 하고자 하는 열망으로 가득한 사람들입니다. 저도 이런 사람 중 하나이며, 아직은 미완성인 우리나라가 더욱더 멋진 모습으로 거듭나서 세계인들의 부러움을 한몸에 받는 나라가 되도록 저의 꿈을 계속 펼쳐나갈 것입니다. 기대해 주시고, 지켜봐 주십시오!

검찰총장

22세기의 정의로운 사회는 바로 우리가 만들어 갑니다. 안녕하십니까? 검찰총장 '정직형'입니다. 민주주의란 백성이 주인이 되어 국가를 다스리는 정치제도입니다. 이러한 민주주의는 그 역사가 상당히 오래되었습니다. 하지만 본래의 취지대로 국민에게 진정한 주권이 주어진 시기는 그리 얼마 되지 않았습니다. 과거 자본주의 시절, 민주주의 국가라는 타이틀은 있었지만, 권력은 국민에게 있지 않고 소수 집권층의 전유물이었습니다. 그들은 권력을 대물림하면서 부정한 방법으로 많은 부를 축적했습니다. 부동산 투기, 부당한 주식 거래, 뇌물 수수. 하지만 이런 것들은 아주 유치한 수준의 부정 축재 방법이었습니다. 권력으로 기업들을 압박해서 엄청난 뒷돈을 챙기기 일쑤였고, 회사나 사학재단을 아무런 대가 없이 통째로 빼앗기까지 했습니다. 돈이나 권력으로 여론을 자신들에게 유리하게 몰고 갔으며, 여론몰이가 마음대로 되지 않거나 여론이 상당히 불리한 경우에는 미리 기획했던 큰 사건을 터뜨려서 사람들의 관심을 그쪽으로 돌리는 방법으로 자신들이 원하는 정책을 손쉽게 국회에서 처리하는 능숙함이 돋보였던 권력 집단이었습니다. 자신의 세력에 방해되는 사람들에게는 없는 죄도 만들어서 뒤집어씌우고, 검찰을 동원해서 기소하며, 언론을 동원해서 범죄 사실을 왜곡하면 국민들은 그를 매도하게 됩니다. 지역 이기주의를 부추기고, 지역 간 갈등을 조장하며, 북한과의 대결 구도를 만들어서 그들의 정적을 종북주의자로 몰아가는 일은 선거에서 이기기 위한 필승의 카드였습니다. 여기에 검찰이 그들의 하수인 역할을 하며, 그 부정한 권력을 지켜주기 위해 검찰만이 가지고 있는 수사권과 기소권을 이용해서 그들의 죄에는 눈감고, 진정한 민주시민들은 없는 죄도 만들어서 수사하고 기소했던 몹시도 부끄러운 검찰의 역사를 우리는 똑똑히 기억하고 있습니다.

우리는 이전의 부끄러운 모습을 반성하며, 오랫동안 '검찰개혁'이라는 쟁점을 놓고 서로 의견을 나누고 국민의 목소리를 들었습니다. 우리가 권력 집단의 일부가 되어서 특권을 누리는 권력의 시녀로 살아가는 것이 아니라, 정의를 지키기 위해 일하며, 국민의 편에 서고, 오히려 권력을 국민에게 돌려주는 방법을 찾기 위해서 우리의 선배들이 많은 고민과 노력을 했습니다. 앞서 말씀드렸듯이 당시에 검찰은 공소권과 수사권을 모두 가지고 있었습니다. 죄가 있으면 기소하고 죄가 없으면 기소를 포기하지만, 죄 있는 자를 기소하지 않거나 죄 없는 자를 기소하는 것도 가능했습니다. 경찰이 범죄를 저지르면 검찰이 수사하게 되지만, 검사가 범죄를 저지르면 검찰에서 자체적으로 수사하기 때문에 무마해 버리는 일이 비일비재했습니다. 이 두 가지 권한을 아무런 제약이나 견제 없이 모두 가지고 있는 것이 문제라는 것을 모두가 인식하고 있었습니다. 그래서 국민적 합의를 거친 후에 한 가지를 내려놓기로 했습니다. 검찰이 기소권과 수사권을 모두 가지며 실질적인 경찰 수사가 검찰의 지휘 감독을 받도록 하는 방식은 검찰로의 권력 집중을 막을 수 없으며, 특정 정치 집단 또는 이해관계를 가진 특정 집단과의 연결 고리를 갖는 등 공정한 사법 실현을 어렵게 함으로써 국민에게 불평등한 사법 현실의 피해를 주기 때문입니다.

검찰이라는 직무의 특성상 기소권은 내려놓을 수 없기에 수사권을 경찰에 넘겼습니다. 대신 검찰은 수사요청권을 가지며, 경찰의 수사 결과에 대한 감독 및 필요하면 명확한 근거를 들어 경찰에게 재수사를 청구할 수 있고, 경찰에 대한 수사권은 검찰이 계속 가지도록 했고, 필요한 경우 경찰이 검찰을 수사할 수도 있게 되었습니다. 또한, 국민청원기소제도를 두어서 수사나 기소가 필요한 사안에 대해서 검찰이 수사요청권 및 기소권을 행사하지 않는 경우 국민의 요구에 따라 검찰이 경찰에 수사를 요청하도록 하거나 혹은 이미 기소한 사건에 대해서 부당하다고 판단한 국민의 의견을 받아들여서 기소권 행사를 철회할 수 있도록 제도화했습니다. 때로는 국민청원기소제도의 칼끝이 검찰을 향하기도 합니다. 검찰이 마땅히 진행해야 할 수사의 방향을 제대로 잡지 않고 일부러 엉뚱한 방향으로 수사를 진행해서 밝혀내야 할 사안을 흐리고 무마시키거나 혹은 정치적인 목적으로 죄 없는 사람을 수사를 통해 기소하는 경우 국민의 분노를 살 수도 있으며, 국민은 국민청원기소제도를 통해서 해당 검사나 검찰총장 등을 기소할 수 있습니다. 이런 경우 국민이 지명하는 특별검사의 지휘하에 경찰의 수사팀과 함께 해당 피의검사에 대한 수사와 기소를 진행합니다.

검찰청에서 관리하는 국가기소관리시스템에서는 현재 진행 중인 기소 건을 열람할 수 있으며, 기소 예정이거나 이미 종결된 사건들도 열람할 수 있습니다. 이에 관심이 있는 국민은 누구라도 이 시스템에 들어가서 각 사건의 수사 및 기소에 대한 진행 현황을 살펴볼 수 있으며, 의견을 실명으로 달거나 기소 철회 요구도 할 수 있습니다. 여기서 국민청원기소를 제안할 수 있으며, 동조하는 국민의 규모와 범위가 정해진 기준을 초과하면 수사 및 기소 절차를 착수합니다. 이런 변화로 검찰이 권력기관이 아닌 정의로운 사법 현실을 충실히 수행하는 믿음직한 사법기관으로 거듭나게 된 것입니다.

검찰청은 행정부 산하가 아니라 대법원 산하로 자리를 옮겼고, 검찰의 수장인 검찰총장도 이제는 대통령이 임명하는 자리가 아닙니다. 자격을 갖춘 자가 부화 방식을 거쳐서 선출됩니다. 그 자격 요건은 일정 기간 이상 검사직을 수행한 자로서 법, 정치, 역사, 사회, 윤리 등의 교육 요건을 충족하며, 불필요한 기소권의 남용이나 필요한 기소를 거부한 이력이 없어야 하고, 일정 수준 이상의 홍익지수를 보유하고 있어야 합니다.

따라서 지금의 검찰은 권력의 시녀가 아니며, 정권의 하수인도 아닙니다. 검찰은 정치인이 되기 위한 엘리트 코스도 아니며, 국민 위에서 무소불위의 권력을 휘두르는 견제할 수 없는 권력기관이 절대로 아닙니다. 검찰은 이 땅의 정의를 지키는 파수꾼이자 민주주의의 선봉장이고, 서민의 아픔을 돌보며 인권을 지키는 물러설 수 없는 최후의 보루입니다. 검찰의 권한이 줄어들었으나 정의를 지키기 위한 검찰의 역할은 더욱 막중해졌다고 생각합니다. 우리나라의 사법 정의, 새롭게 거듭난 우리 검찰이 있는 한 안심하셔도 됩니다.

대통령

국민 여러분, 모두 평안하신지요. 이제 집권 3년 차를 맞이하고 있는 대통령 '현명군'입니다. 많은 분들이 대통령이라는 직분을 가진 저의 일상에 대해서 궁금해하실 텐데요, 이 자리를 빌려서 그동안 국정 운영의 기조를 근간으로 추진해 왔던 일들과 저의 일상에 대해서 잠시 소개해 드릴까 합니다. 제가 대통령에 출마하면서 제시한 국정 운영의 기조는 '가장 안전한 나라', '모든 국민이 행복한 나라' 이 두 가지입니다. 더 훌륭한 비전을 제시할 수도 있지만, 이 두 가지가 국민을 위해 국가가 존재하는 근본적인 이유가 되기 때문에 이것만큼은 꼭 지키자는 뜻으로, 이를 국정 운영의 기조로 삼았습니다. 전쟁으로부터 안전, 재난으로부터 안전, 범죄로부터 안전, 유해 환경으로부터 안전이라는 네 가지 항목을 가장 안전한 나라를 만들기 위한 핵심 추진 과제로 삼았으며, 즐겁게 일할 수 있어서 행복, 배울 수 있어서 행복, 나눌 수 있어서 행복이라는 이 세 가지 항목을 모든 국민이 행복한 나라를 만들기 위한 핵심 추진 과제로 삼았습니다.

이러한 핵심 과제를 달성하기 위해서 먼저 전쟁으로부터 안전을 지키기 위해서 주변국과의 상호 불가침 협정 추진, 핵무기 폐기 및 재래식 무기 감축 추진, 과거 동맹국이라고 불리던 협력국과의 협력 체제 강화이 세 가지를 추진 정책으로 정했습니다. 이 정책들은 외교부와 국방부가 협력해서 추진 중입니다. 중국과는 불가침 협정을 맺었으며, 독도 영유권과 위안부 문제 사과로 지체되기는 했지만 일본과도 그리고 러시아와도 불가침 협정이 마무리 단계입니다. 핵무기 폐기 추진은 우리나라가 국제사회에 이슈를 제기해서 동남아시아 국가들 그리고 유럽 대다수의 국가들 그리고 중남미와 아프리카 국가들의 대대적인 환영을 받고 있으며, 핵무기를 보유한 일부 국가들도 이를 긍정적으로 검토하고 있습니다. 가장 큰 걸림돌은 미국과 러시아, 중국인데, 장기적으로 완전히 폐기의 필요성은 모두 인정하고 있으나, 지구와 인류를 위해 대승적인 결단을 내리기까지는 폐기 수준 및 방법, 단계별 폐기 목표, 핵 재무장 방지 방안, 지속적인 신뢰 확보 방안 등 아직 합의를 끌어내야 하는 사안들이 많이 남아 있습니다.

재래식 무기 감축도 '전쟁 없는 지구'라는 캐치프레이즈를 내걸고 우리나라가 의욕적으로 국제사회에 이슈를 제기했습니다. 많은 나라가 이에 공감해서 유엔을 중심으로 대륙별 대표국들이 정기적으로 모여서 고질적인 지역 분쟁 해소, 영토권 분쟁 해소, 국가 이기주의 철폐, 종교 갈등 해소, 국가별 산업지도 분배를 통한 협력 체계 구축이라는 네 가지의 추진 방향을 정해 놓고 재래식 무기 감축을 실질적으로 추진할 수 있는 국제적인 분위기 및 공감대 형성을 위해 심도 있게 논의하고 있습니다. 아직 길은 멀고도 험하지만, 우리와 후손들이 함께 살아가야 하는 지구이기에 국제사회가 협력해서 반드시 이루어내야 할 중대한 사안이라고 생각합니다. 협력국과의 협력 강화라는 추진 정책은 위에서 언급한 기조로 인해 원래의 이름인 협력국과의 안보 협력 협정 체결이라는 이름이 수정되어서 표현된 것입니다. 즉, 안보 협정 체결은 전쟁 시에 서로 도와준다는 의미이며, 협력국의 전쟁 시 참전한다는 의미이기도 합니다. 이는 전쟁 없는 지구라는 캐치프레이즈와는 상충하는 부분이 있으므로 추진 방향을 협력 체제 강화라는 명칭으로 바꾸었으며, 이를 위해서 협력국과의 무역 불균형 해소, 관광 교류, 인적 교류, 기술 교류, 문화 교류의 강화, 필수 산업 체제의 공생 등을 추진하고 있습니다.

재난으로부터 안전을 지키기 위해서는 인재 예방을 위한 교통 재난 대비, 산업 및 건설 재난 대비와 천재 예방을 위한 지진 및 화산 재난 대비, 기상이변 및 홍수 재난 대비를 추진 정책으로 정했습니다. 이러한 정책들은 국가재난본부를 중심으로 국토교통부와 일반산업부 그리고 환경부와 자연산업부 및 보건부 등이 협력해서 추진 중입니다. 교통 재난에 대비하기 위해서 대형 교통 재난 시나리오 연구와 대비책 수립, 인공지능을 활용한 교통 체계 확대 적용, 교통안전 법규 정비를 추진해 왔습니다. 산업 및 건설 재난에 대비하기 위해서 산업 및 건설 재난 시나리오 연구 및 대비책 수립, 전력, 수도, 가스 등의 공급 재난 시나리오 연구 및 대비책 수립을 진행 중입니다. 지진 및 화산 재난에 대비하기 위해서 한반도 지진 및 화산 연구센터를 신설했으며, 필요한 최신의 관측 시설 및 장비들을 도입해서 운영하고 있고, 지진 시의 대비책 마련과 내진을 고려한 건물 신축 설계 규정 등을 완비해 가고 있습니다. 백두산 화산 폭발에 대비한 연구도 중국 및 일본과 공동으로 진행하고 있으며, 화산 폭발 때의 용암 분출 및 화산재 등의 피해를 최소화하기 위한 사전 조치 및 사후 대책에 대한 다각적인 검토 및 연구가 활발하게 진행되고 있습니다. 기상 이변 및 홍수 재난에 대비하기 위해서 기상 이변 예측 프로그램을 가동하고 있으며, 우리나라 주변 해역뿐만 아니라 태평양 등에서의 해류 및 해수면 온도 변화, 태풍의 발생 및 피해 예측, 일조량 및 강수량 예측, 홍수 재난 시의 대비책 및 부문별 행동 매뉴얼 정비 등의 일을 진행하고 있습니다.

범죄로부터 안전을 지키기 위해서는 범죄 사전 인지 및 예방, 범죄 환경 퇴출, 범죄 사후 조치 완결을 추진 정책으로 정했습니다. 이러한 정책들은 검찰청을 중심으로 경찰청과 교육부, 보건복지부가 협력해서 추진 중입니다. 범죄 사전 인지 및 예방을 위해서 로봇 경찰을 통한 치안 강화, 불법 무기 소지 감지 시스템 가동, 인공지능 CCTV를 통한 24시간 치안 구역의 확대 그리고 치안지도에 상응하는 치안 시스템 가동을 시행해서 치안을 강화하고 테러 방지 효과를 보고 있습니다. 범죄 환경 퇴출을 위해서 평생 인성 교육 프로그램 운영, 평생 직업 교육 및 열린 취업 문화 정착, 소외 및 사회 부적응 계층 도우미 프로그램을 운영하고 있습니다. 범죄 사후 조치 완결은 범죄를 저지르게 되면 이에 합당한 수준의 처벌을 반드시 받게 한다는 뜻입니다. 치안은 로봇과 인공지능이 많은 영역을 담당하고, 수사는 수사 전문 조직으로 개편된 경찰의 수사력을 향상시켜서 과학적·심리적·조직적·체계적 수사 기법 및 빅데이터를 활용한 정밀한 수사를 통해서 범죄 해결 능력을 크게 높여가고 있어서 범죄 환경에서의 범죄 의지를 크게 축소하려고 노력하고 있습니다. 또한, 범죄에 대한 처벌의 합리적 기준 및 수위에 관한 연구를 통해서 해당 사법 조치의 합리성과 정당성을 최대한 확보하는 프로젝트를 진행하고 있습니다.

유해 환경으로부터 안전을 지키기 위해서 한반도의 대기 질 향상, 치수 및 수질 향상, 생활 환경의 유해 요소 척결이라는 세 가지를 추진 정책으로 정했습니다. 이러한 정책들은 환경부가 주축이 되어서 외교부, 산림청, 국토교통부, 일반산업부가 협력해서 추진하고 있습니다. 한반도 대기 질 향상을 위해서 미세먼지나 황사의 주범인 중국발 대기의 질을 향상시키고자 중국 정부와 함께 오랫동안 꾸준히 진행 중이던 고비사막과 네이멍구자치구 일대의 황사 발원지에 대한 초목화 프로젝트를 계속해서 추진 중입니다. 또한, 미세먼지를 유발하는 내연기관 차량의 운행은 하이브리드 차량을 포함해서 모두 금지되었습니다. 한반도의 산림 면적 및 밀도를 지속적으로 늘려나가는 사업을 추진하고 있으며, 도시의 자연환경 복원 프로젝트도 꾸준히 진행 중입니다. 아마 100년 후에는 우리나라의 도시들이 공기 질에서는 여타 선진국들의 부러움을 받게 될 것입니다.

치수 및 수질 향상을 위해서 강을 원래 자연의 모습 그대로 복원시키는 작업을 꾸준히 진행하고 있습니다. 강줄기를 따라 지어진 건축물, 음식점, 숙박업소들, 심지어는 공장들까지도 모두 정리해 나가고 있습니다. 강이 차츰 자연의 모습으로 돌아가니, 수질은 특별한 노력을 기울이지 않아도 차츰 깨끗해지고 있습니다. 홍수 조절 및 전력 생산을 위한 신규 댐 건설은 가능한 강 하류로 위치시키고 자연 훼손이 최소화되도록 노력하고 있습니다. 기존 댐 중에서 상류에 위치하면서 홍수 조절에 큰 도움이 되지 않는 댐들은 모두 중류나 하류 쪽으로 재건설해서 강 상류의 모습을 최대한 자연 그대로 돌아갈 수 있도록 추진 중입니다. 또한, 생활 환경의 유해 요소인 화학물질들, 환경호르몬들, 그리고 필요 이상으로 지나친 건설 현장이나 교통으로 인한 소음 등 기타 유해 요소들도 모두 사라질 수 있도록 환경부를 중심으로 지속해서 생활 환경 유해 척결을 추진하고 있습니다.

이제 모든 국민이 행복한 나라를 만들기 위한, 즐겁게 일할 수 있어서 행복, 배울 수 있어서 행복, 나눌 수 있어서 행복이라는 세 가지 핵심 추진 과제에 대해서 설명하겠습니다. 먼저, 즐겁게 일할 수 있어서 행복이라는 의미는 인생을 의미 있게 하는 행복한 일자리가 열려 있다는 것과 이를 통해서 누구나 삶을 영위할 수 있고, 또한 가치 있는 일이라면 그 어떤 직업이라도 차별받지 않고 존중받는다는 뜻입니다.

가치주의를 채택한 이래로 가장 많이 변화된 영역이 바로 직업이라는 영역일 것입니다. 하나의 직업으로 살아가는 것이 아니라 복수의 직업을 여러 차례 바꾸면서 살아가는 시대가 되었고, 어떤 일을 하든지 가치가 있는 일이라면 이에 대한 합당한 가치를 받을 수 있다는 것과 모두 존중을 받는 그런 사회 분위기로 바뀌어 가고 있다는 것입니다. 특정 직업을 택하기에는 장벽이 너무 높다든가, 특정 집단이 이 직업군을 독점하고 있다든가, 아니면 어떤 직업은 그 가치에 비해서 천대를 받는다든가, 하는 경우가 아직도 남아 있습니다. 이를 바꾸어 나가기 위해서 그 이유에 대한 파악, 특정 직업군의 진입 장벽에 대한 잘못된 특권이나 특혜가 남아 있으면 이를 해소하는 일, 그리고 어떤 일이나 활동이 우리 사회에 유익을 주는 가치가 제대로 인정받을 수 있도록 하겠다는 것입니다. 이를 위해서 가치관리본부를 중심으로 가치위원회와 홍익위원회가 이에 대한 현황 점검 및 미비점에 대한 개선을 추진하고 있습니다.

배울 수 있어서 행복하다는 것은 누구에게나 배움이 기회가 주어지고, 살아온 배경이나 나이에 상관없이 언제든지 열려 있으며, 배움을 통해 지식에 대한 욕구도 채울 수 있고, 다른 직업을 선택하거나 인생에서 또 다른 경험을 하게 함으로써 자유로운 사회로 만들어 가겠다는 의지입니다. 교육부를 중심으로 지식창조부와 함께 연계해서 다양하면서도 수준 높은 교육 프로그램을 개설해서 누구라도 손쉽게 배우고자 하는 것을 배울 수 있도록 교육의 문턱을 낮추고 있습니다. 특별히 직업에 연관된 교육이라면 이를 수강해서 해당 직업에 진출할 기회와 방법도 연계해서 지원하는 프로그램을 확대해 나가고 있습니다. 현재와 미래 어느 직종의 인력이 더 요구되고, 어느 직종의 인력이 잉여가 발생하게 될지, 이에 대한 수요 예측 정보도 직업관리시스템을 통해서 함께 제공되고 있습니다. 자신의 적성 및 선호성 그리고 직종 적합성에 대한 탐색도 대학이나 평생교육원에서 또는 인터넷을 통해서도 손쉽게 알아볼 수 있게 되어 있습니다.

자신의 것을 내어서 어려운 사람들을 돌아보는 것을 기쁘게 여기는 이웃들, 내게는 남는 것이지만 그들에게는 꼭 필요하다면 아낌없이 나눌 수 있는 사람들, 내가 도움이 꼭 필요할 때 나를 돕고자 하는 이웃들이 결코 나를 외면하지 않을 것이라는 믿음이 있는 사회, 그리고 그 믿음이 옳다는 것을 모든 국민이 인정하는 나라, 그러한 나라의 국민은 많은 것을 여유 있고 풍족하게 누리지만 서로를 믿지 못하는 사람들과 함께 살아가야 하는 나라의 국민보다 훨씬 더 행복할 것입니다. 홍익지수를 얻기 위해서 마지못해 나갔던 봉사 활동이나 기부 활동이 점차 일상으로 들어오게 되고, 삶의 일부가 되어 버린 사람들이 많이 있습니다. 자신의 것을 덜어서 내주었지만, 오히려 마음의 풍족함을 얻고 이것이 훨씬 더 자신의 삶을 의미 있게 한다는 것을 알게 된 것이지요. 나눌 수 있어 행복한 나라는 홍익주의의 시작과 함께 이미 우리 모두에게 와 있습니다. 그러나 아직 이를 체감하지 못하는 사람들, 즉 그것이 행복임을 아직 알지 못하는 이들을 위해 나누고 베풀 수 있는 기회와 프로그램을 보다 많이 만들어서 이런 행복을 알리는 것이 바로 이 과제의 목표입니다. 전혀 모르는 낯선 어린아이들이었지만 자신이 다가감에 따라 어두움이 미소로 변하며, 자신이 내민 손에 해맑게 웃는 그 얼굴을

본 사람들은 이미 사랑으로 연결된 끈을 결코 놓지 못하게 됨을 경험할 것입니다. 우리 국민 모두는 행복할 권리가 있고, 행복할 수 있는 환경을 통해 모든 국민이 행복한 나라를 만들고자 합니다.

이제 저의 대통령으로서의 일상을 설명하겠습니다. 제 일주일은 생각보다 빡빡한 일정으로 이루어져 있습니다.

월요일 오전은 주말에 들어온 뉴스와 지난 일주일간의 뉴스들을 브리핑받는 것으로 업무를 시작합니다. 국내 뉴스 중에서 반드시 짚고 넘어가야 할 것들은 따로 분류해서 조치나 대응이 필요한지를 따져보게 됩니다. 국제 뉴스도 확인하며, 이 또한 정부의 대응이나 관찰이 필요한 주요 뉴스를 분류합니다. 청와대 비서진과 수석들이 이것을 준비하며 필요에 따라 국정자문위원분들과 전문가 그룹분들이 배석해서 의견을 주고받는 시간을 갖기도 합니다. 뉴스에 따라 깊이 있는 논의가 필요한 부분이 있기에 보통 오전을 모두 소진하게 되는데, 한 주간 청와대로 들어온 민원이나 건의, 신문고 안건들도 될 수 있는 대로 이때 함께 보게 됩니다. 오후에는 행정부의 각 장관들로부터 긴급 현안에 대한 보고를 받는 경우가 많습니다. 국무회의가 따로 잡혀 있지만, 그전에 심도 있는 논의가 필요한 사안이 있는 각 행정 부서의 요청을 받을 수 있도록 가능한 월요일 오후 시간만큼은 비워둡니다. 저녁에는 밀려 있는 보고서를 일일이 확인하고 결재합니다. 내용을 모두 읽어 보고 부족하거나 필요한 사항에 대해서는 미루지 않고 즉시 피드백을 하려다 보니, 아무래도 월요일 저녁은 주말에 올라오는 보고서들이 밀려 있어서 늦게까지 잠들지 못할 때가 많습니다.

화요일 오전은 주로 외교 업무에 집중을 많이 합니다. 핵무기 폐기라든지, 전쟁 없는 지구라든지 우리나라가 국제사회에 벌여 놓은 일들이 많다 보니 이에 대해서 진행 현황과 대책들, 문제를 헤쳐나가기 위한 더 좋은 아이디어에 대해서도 외교부와 전문가 그룹분들과 깊이 있게 논의합니다. 꼭 필요한 공식 의전이 있는 경우, 화요일 오후 시간을 배정합니다. 저녁에는 어김없이 밀려 있는 보고서들을 검토합니다.

수요일에는 국내 정치·사회 이슈들을 위해 시간을 할애합니다. 여러 현안들을 해결하기 위한 회의를 하며, 필요에 따라 국회를 방문하거나 현장 방문이라도 하게 된다면, 저녁에 보고서를 챙길 시간마저 나지 않을 때가 태반입니다.

목요일에는 오후에 국무회의가 잡혀 있습니다. 오전에는 이를 사전에 준비하기 위해 청와대 참모진들과 혹은 국정자문위원들이나 전문가 그룹분들과 주요 안건에 대해서 이견 조율을 합니다. 오후에는 국무회의를 통해서 국정 운영의 현안들에 대해서 회의를 통해 의견을 나누고, 필요에 따라 행정부의 정책 방향을 의결하기도 합니다. 회의를 줄이려고는 하지만 각 행정부 각료들이 현안들에 대해 주인의식을 갖는 것이 중요하고, 때로는 협조가 필요한 부분이 있으므로 가능하면 모든 각료분들이 참석하게 되며, 격식과 권위를 조금씩 내려놓고 허심탄회하게 회의가 진행되도록 노력하고 있습니다. 목요일 저녁 시간은 가능하면 국내외 주요 인사들과 식사를 잡는 경우가 많이 있습니다. 주로 청와대로 초청하게 되는데요, 제가 의견을 듣고 싶은 분들을 찾아서 청와대비서실을 통해서 요청을 드립니다. 이 시간을 통해서 식견 있는 분들의 고견을 듣게 되니, 저로서는 상당히 행복한 시간이 아닐 수 없습니다.

금요일은 제게도 TGIF(Thank God It's Friday)입니다. 주로 이번 한 주간 동안 해결하지 못한 일들을 처리하게 되는데요, 긴급 현장 방문이 필요한 때도 있고, 외국 수반과의 정상 통화가 필요한 때도 있습니다. 때에 따라 기자회견이나 대국민담화문을 발표하는 시간으로 잡기도 합니다. 그리고 혹시라도 시간이 나게 되면 국민에게 아뢰는 글을 작성해서 특정한 사안에 대한 제 생각과 의견을 공식적으로 청와대 홈페이지에 게재하기도 합니다. 물론 이것은 많은 국민이 해당 사안에 대해서 저의 견해에 대해 요청을 했으며 의견 피력이 필요하다고 판단된 경우에 한합니다. 금요일 저녁에는 가능하면 가족들과 식사를 하려고 하는데, 이 또한 여의치 않을 때가 많습니다. 주말이 오기 전 저녁 늦게까지 예상치 못한 보고들이 올라오는 경우가 많이 있거든요.

　토요일과 일요일은 공식적으로는 업무가 없습니다. 하지만 청와대 비서진들로부터 올라오는 보고서들은 주말이라고 예외가 되지 않습니다. 이 정도면 대통령이라는 사람이 무엇을 하는지에 대한 궁금증이 많이 풀리셨으리라 봅니다.

　저는 의전 같은 형식적인 일에 대한 시간 할애는 거의 하려고 하지 않습니다. 민생 탐방을 한다는 명목하에 재래시장이나 보육원 같은 곳을 방문해서 도움도 되지 않는 봉사 활동을 하는 척하면서 사진 찍기용 장면을 연출하는 일과 같은 국민의 삶에 전혀 도움을 주지 못하는 일에 빼앗길 시간은 더더욱 없습니다. 또한, SNS에 저의 사적인 의견을 올림으로써 정치를 풀어나가려 하는 시도도 거의 하지 않습니다. 뚜렷한 목적이 없고 특별한 의미를 둘 수 없는 해외순방이나 기타 출장은 절대로 하지 않습니다. 그런 일을 하고 다닐 만큼 대통령이라는 자리가 시간이 많이 나는 자리도 아니며, 그런 의미 없는 일에 빼앗기는 시간만큼 국가를 위해서 그리고 국민을 위해서 일해야 할 시간이 줄어들기 때문입니다.

내년 말이면 집권 4년이 되기 때문에 다시 대통령 선거가 예정되어 있습니다. 우리나라는 전자투표를 통해 워낙 쉽게 선거를 치를 수 있으므로 4년, 3년, 3년의 3임제를 채택한 지도 꽤 오래되었습니다. 올해 말 선거에서 제가 제안하는 국정 운영의 비전은 지금과 다르지 않습니다. 다른 후보들은 저와는 다른 국정 운영 비전을 제시할 텐데요, 혹시 제가 선택된다면 기쁘겠지만, 다른 후보가 선출된다 하더라도 실망하지는 않을 것입니다. 왜냐하면, 이 나라를 이끌어 가기에 더 합당한 인물이 선택된 것일 테니까요. 선거 전에 미리 인사드립니다. 국민 여러분, 여러분 모든 가정에 늘 평안과 행복과 안녕이 깃드시기를 진심으로 기원합니다.

과거 통일부 장관

안녕하세요. 분단국가 시절 통일부 장관을 역임했던 '하나로'입니다. 저는 이제부터 남한과 북한으로 분단되었던 우리나라가 어떻게 통일을 이루게 되었는지 그 과정에 대해서 설명해 드리고자 합니다. 이야기는 한때 암울했던 우리나라의 모습부터 시작해야 할 것 같습니다. 북한은 3대째 내려오는 세습 정권이 그 권력을 확실하게 다지려고 기를 쓰고 있었습니다. 심심치 않게 북한 내부 고위층의 숙청 소식들이 들려왔는데, 아주 잔인한 방법이 동원되었습니다. 각종 핵무기 개발 관련 성공 소식들, 대륙간탄도미사일 등 미사일 발사와 관련된 소식들, 하루가 멀다 하고 쏟아내는 남한에 대한 비방 발언들에 대한 뉴스들, 그리고 심지어는 그 당시 세계 최강국이었던 미국에 대한 선전포고성 발언들까지. 아무튼, 당시의 북한의 최고 권력자는 아버지와 할아버지를 훨씬 능가하는 대담성과 폭력성을 가지고 있었고, 돌발 행동과 이상한 행적들은 예측불허 수준이어서 항상 국제 뉴스의 주요 화젯거리로 다루어졌습니다. 당시 남한이라 불리던 우리나라도 상황이 만만치 않았습니다. 선거 때마다 그 결과는 지역 이기주의가 극에 달하고 있음을 말해 주고 있었습니다. 권력층의 비리나 부정에 대한 의혹들이 불거져 나왔다가도 다른 뉴스들로 인해 묻혀 버렸는데, 어느 순간부터 이것들이 하나둘씩 사실로 드러나기 시작했으며, 이를 계기로 지식층들이 가슴속에 응어리진 것들을 쏟아내기 시작했습니다. 정치에 대해서는 애써 외면해 왔던 비지식층도 무지에서 점차 깨어나기 시작해서 하나둘씩 불만을 쏟아내어 사회 곳곳에서 잘못되어 가고 있는 나라의 모습을 빗대어 '헬조선'이라는 신조어까지 유행되었습니다.

빈익빈 부익부라는 경제적 양극화와 청년실업 문제가 날로 극심해지고 있었고, 우리나라의 경제 지표들은 바람 앞의 촛불처럼 아무리 좋게 보려 해도 국민이 바라보는, 특별히 청년들이 그리는 미래의 모습 역시 헬조선 그 자체였습니다. 여기에 날이 갈수록 서로를 향한 비난의 수위를 높이고 전쟁이 언제 일어날지 모르는 분위기를 조성해서 남북 간의 정세는 파국으로 치닫고 있었으며, 이는 남북 간의 관계를 대결 구도로 만듦으로써 서로의 집권 체제를 오히려 공고히 하자는 양 집권자들의 의중을 그대로 반영하는 것이었습니다. 그러던 와중에 남한에서 최고권력층의 부정부패가 만천하에 드러나서 한동안 국내의 정치가 극도로 혼란을 겪은 적이 있었습니다. 하지만 이후에 새롭게 선출된 대통령이 권력을 이양받아서 그때까지의 권력층의 부정과 부패를 모두 청산하기 위해 엄청난 노력을 기울였습니다. 하지만 일제강점기 친일파의 후손으로 일컬어지는 무리가 중심이 되어 오랫동안 쌓아왔던 부정과 부패라는 암 덩어리는 모두 다 파헤치고 제거하기에는 너무나 크고 막대해서 5년이라는 대통령의 임기가 순식간에 지나가 버렸습니다. 부정부패 타파의 노력이 어느 정도 성과를 거두고 있던 즈음에 차기 대통령 선거가 치러졌고, 근본적이고 철저한 개혁을 바라던 국민의 지지를 한몸에 받던 한 후보가 대통령으로 당선되었습니다. 그분이 작정하고 들고나온 것이 있었습니다. 바로 지구촌 평화입니다.

나라의 모든 부분이 아직도 어수선하고 뜯어고치고 해결해야 할 문제가 산적해 있고, 국제 정세도 최악으로 치달아서 미국과 일본의 연합전선에 대항해서 중국과 러시아가 손을 잡고 있었으며, 여기에 북한은 중국과 러시아 연합에 동조하고 있었고, 남한은 미국과 일본의 연합전선의 연장선상에 있던 신냉전 시대였습니다. 그런데 국내의 사회와 정치가 해결해야 할 산적한 문제들로 인해 단 한 번의 악수라도 두어진다면 곧 나라가 치명상을 입을 것 같았던 그때, 뜬금없이 지구촌 평화라니…….

당시 언론은 실망스러운 여론의 분위기를 그대로 담아냈습니다. 하지만 그것은 결코 허튼소리도 아니었고, 뜬금없는 문구도 아니었습니다. 그분은 지구촌 평화라는 모토를 가지고 여기저기를 뛰어다녔습니다. 국제회의가 있을 때마다 참석해서 회의 주제와 관계없이 지구촌 평화라는 발언을 했으며, 외국의 정상을 만날 때마다 회의 안건에 집어넣어서 지구촌 평화와 동북아 평화를 외치는 전도사의 역할을 했습니다. 우리나라의 정책도 지구촌 평화와 동북아 평화라는 큰 맥락 안에서 이에 맞게 수립되도록 그 방향을 잡고자 노력했습니다. 이것은 과거 우리나라의 어떤 지도자도 하지 않았던 일이었습니다. 당시로써는 국제경찰국가의 역할을 자청했던 미국이나, 아니 주로는 국제적인 민간단체들이 외치던 주장이지, 한 나라의 국가 지도자가 그것도 우리나라의 국가 지도자가 하던 행동은 절대 아니었으며, 그래서인지 오히려 많은 다른 나라 정상들의 호의적인 반응을 끌어냈습니다. 그때는 몰랐지만, 그분의 내심은 이랬습니다.

'우리나라도 이제 국제적인 목소리를 낼 때가 되었다. 그리고 그것은 앞으로 국제사회에서 우리나라가 담당해야 할 역할이고, 우리나라를 통일 국가로 이끌 수 있는 유일한 타개책이다.'

그분이 또 하나 전개한 운동이 있습니다. 바로 화해와 용서 운동입니다. 오랫동안 당해서 분이 차오르고 억울했던 일들에 대한 용서이고, 너무도 한스럽고 한스러워서 해결하지 않고는 도저히 눈을 감을 수 없는 그런 일이지만 그래도 용서하자고 외쳤습니다.

"우리가 용서하지 않으면 그들은 여전히 우리의 원수로 남습니다. 우리가 용서하지 않으면 그들은 여전히 짐승이며, 용서하지 않은 우리도 역시 그들과 같은 짐승이 됩니다. 우리가 먼저 손을 내밀어야만 상대방이 손을 잡을 수 있습니다. 우리가 먼저 마음을 열어야만 그들도 마음을 열게 됩니다. 그들도 우리의 형제요, 그들도 단군 안에서 한 핏줄들입니다."

아직도 그분이 연설하시던 모습을 떠올리면 가슴이 뭉클해집니다. 이것은 남한 내에 여전히 남아 있던 갈등을 해소하기 위한 메시지였습니다. 이것은 보수라는 이름의 탈을 쓴 친일파와 그 추종자들의 부정과 부패, 그리고 그동안 당한 악행들을 용서하자는 뜻이었습니다. 당시는 친일파 정권들이 민주세력을 누르고 집권했던 동안 했던 일들에 대한 보다 철저한 응징과 심판의 여론이 들끓던 때였습니다. 남한이 먼저 하나가 되지 않으면 절대로 통일을 이룰 수 없다는 것을 알고 있었기 때문입니다. 화해와 용서라는 단어는 차츰 그 힘을 발휘하기 시작해서 지역주의를 허물어뜨렸으며, 그 당시 기득권 수구 세력들의 편협된 이기적인 생각들도 누그러뜨렸습니다. 그리고 새롭게 등장한 가치주의 채택에 대한 가부를 이 사회에 화두로 던졌습니다. 당시에는 너무나도 새로운 이념이기도 했지만, 모든 것을 내려놓아야 하는 수구 기득권층의 반발이 거세었습니다. 젊은 층들과 진보 진영들 그리고 빈곤층들은 대대적으로 환영하는 분위기였습니다. 너무 큰일이고 국민적 합의를 이룬다

해도 시행을 위한 준비가 이루어지려면 많은 시간이 필요했습니다. 수용과 불가의 입장이 끝끝내 대립을 이루고 있었는데, 그때 그분이 준비기간 20년을 제안했습니다. 20년 안에 모든 관련 법을 만들고, 제도를 만들며, 행정 체제들을 갖추어 놓자고 제안했습니다.

한편으로는 한반도 주변 국가들에게 지구촌 평화 및 동북아 평화라는 모토를 주장해서 주변국들 간의 긴장 관계를 조금 누그러뜨린 다음에, 북한에 '남북한 상호 체제 존중 성명'을 채택하자는 제안을 합니다. 이것은 북한을 정식 국가로 인정하지 않고 있었던 남한으로서는 상당히 파격적인 제안이었습니다. 자신의 체제 불안을 가장 걱정해 왔던 북한 정권은 이를 받아들여서 남한과 북한은 함께 상호 체제 존중과 동반자 관계 인정이라는 공동성명을 채택하게 됩니다. 이어서 비무장지대 확대 적용 및 전쟁 시를 비롯한 그 어떠한 경우라도 비무장 평화 지대로 선포하자는 제안을 하게 됩니다. 이 또한 파격적인 제안이었으나 이미 상호 체제 존중이라는 기틀이 마련된 후라서 북한과 이에 대한 상세한 합의를 끌어내게 됩니다. 1년에 남북 각각 1㎞씩 비무장지대를 넓히고, 비무장지대 내 공동 지뢰 제거 작업을 하자는 것, 그리고 비무장지대가 남북한 합쳐서 20㎞가 되는 시점에 철책선도 함께 제거하자는 내용이었습니다. 그리고 북한 산업 발전을 위한 경제 교류 협력에 대해 합의를 체결합니다. 먼저, 북한 내에 남한의 자본으로 최첨단 반도체 공장, 디스플레이 공장, 전기자동차용 배터리 공장, 가전제품 생산 공장도 세우게 됩니다. 물류를 위한 남북한 도로망이 자연히 생겼으며, 남한 내에도 북한의 인력들이 일부 들어와서 농업과 의료 등의 부문에서 기술 교류도 진행하게 됩니다. 전력 생산을 위해 북한 내에 수력발전소의 공동 설립도 진행되었고, 북한 내 기간 도로망 확충 사업도 진행했습니다.

백두산 관광을 위한 백두산 주변 비행장 첨단화 작업도 추진했습니다. 김포와 백두산 간 비행기 운항으로 많은 사람이 그리고 외국의 관광객도 쉽게 백두산을 찾게 되었습니다. 자연스럽게 이산가족들의 만남도 이루어졌고, 남한과 북한 내에서는 이제는 서로를 보듬어야 할 때라는 분위기가 조성되었고, '한반도 평화 운동'이라는 이야기가 심심치 않게 언론에 오르내렸습니다. 한반도 평화 운동은 어느새 '동북아 평화운동'이라는 슬로건으로 확대되었고, 미국과 일본의 동맹에 대해 중국과 러시아가 손을 잡은 형국에서 양 진영 간에 팽팽하게 긴장감이 흐르던 분위기가 이내 힘이 빠지고 대결의 명분이 마땅치 않은 꼴이 되었습니다. 이 와중에 국내 정치에서는 가치주의 채택을 선언하게 됩니다. 국민투표로 그것이 결정되었는데 20년간의 유예 기간을 둔다는 조건이었습니다. 그분의 대통령 임기가 끝나고, 다음 대통령이 임기 동안 가치주의 실행을 위한 많은 것들을 구체화했습니다. 가치에 대한 정의, 가치 산정 방법, 가치거래시장시스템 구축, 업무 및 일의 정의와 가치 판단, 가상가치관리시스템 구축, 토지관리법 및 세무관리법 등 관련 법 제정 등 많은 것들을 미리 구축해 놓았으며, 가치주의 채택 이후 경제 운영이 어떻게 돌아가는지에 대한 시뮬레이션을 한참 동안 시행하고 있었습니다.

북한과는 상호 동반자의 관계로 급성장하는데, 가치주의 체제에서 일어나는 일들에 대한 시뮬레이션 결과들을 남북한 지도자가 함께 지켜보는 자리에서 북한이 이를 도입하고 싶다고 제안해 옵니다. 즉, 인민들을 잘살게 하기 위해서는 공산주의로는 안 된다는 생각은 있었지만, 자본주의에 대해서는 거부감이 너무나 컸었는데 가치주의는 가능하다는 것입니다. 그래서 그 이후 장기간에 걸친 연구 결과 공유와 세부 운영 방법, 그리고 법률적인 검토 및 조직적인 정비 등을 모두 마련한 후 남한과 북한이 모두 2040년에 가치주의를 도입하는 국가로 체제를 바꾸자는 공동선언을 하게 됩니다. 가치주의를 함께 시행한 지 10년 만에, 즉 2050년에 남한과 북한은 통일한국(United Korea)이라는 이름으로 하나가 됩니다. 이념도 같고 경제체제도 같고 민족도 하나이니 이제 하나가 되지 못할 이유가 더 이상은 없었던 것이지요. 그때 통일부 장관을 역임하면서 우리나라가 마침내 통일되는 것을 직접 이 두 눈으로 목격했습니다. 너무도 감격에 겨워 눈물을 펑펑 흘리면서 이렇게 인생이 아름다울 수도 있구나, 이렇게 인생이 기쁠 수도 있구나, 이렇게 보람될 수도 있구나, 그렇게 생각했습니다. 세월은 정말로 빠르고 인생은 덧없다는 이야기를 어른들에게서 늘 들으면서 살아왔지만, 막상 내 인생에 노년이 오니, 인생이 덧없지 않을 수도 있구나, 그리고 마지막 날에도 웃을 수 있다는 것을 알게 되었습니다.

외교평화부 장관

안녕하세요. 대한민국 외교평화부 장관 '한걸음'입니다. 외교평화부라고 부르니, 조금 어색하시지요. 과거에는 그냥 외교부라고 불렀는데, 우리나라가 세계평화운동을 주도하다 보니 이를 주관할 주무부서를 외교부에 두고 명칭을 외교평화부로 개편하게 되었습니다. 그래도 보통 외교부라고 부르며, 저도 그렇게 부릅니다. 저는 연중 200일 이상을 외국에서 보내고 있습니다. 세계평화운동이 외교부 업무의 핵심이 되어 버려서 다른 나라의 외교부 장관들을 만나고 다니는 일이 주된 업무가 되었습니다. '세계평화운동사절단'이라는 이름으로 아시아에서는 한국이, 유럽에서는 스위스, 아메리카와 오세아니아에서는 캐나다와 뉴질랜드, 그리고 아프리카에서는 남아프리카공화국의 외무부 장관들이 모여서 세계 각 나라를 찾아갑니다.

처음 방문하는 나라에서는 세계평화운동의 배경과 취지에 대해서 설명하고 나서, 그 나라가 처한 상황에 대한 설명을 듣습니다. 저희가 설명하는 시간보다는 듣는 것에 훨씬 더 많은 시간을 할애합니다. 그 나라의 내부 사정은 어떠한지, 그 나라의 대외관계는 어떠한지, 정치와 경제 상황, 법과 치안과 군대, 빈부 격차나 현 정권에 대한 지지율 등의 사회 불안 요소 여부, 역사적인 흐름에서 주변국과의 관계 등 그 나라가 처한 현실을 제대로 볼 수 있도록 가능한 한 많은 이야기를 듣습니다. 그다음은 그 나라 외무부 장관과 함께 필요한 곳들을 방문합니다. 국경 지대라든가, 주요 군사 시설들, 발전소나 기간 시설들, 그리고 사회 곳곳의 치안 상태를 확인할 수 있도록 주로 야간에 도시 인근을 방문합니다. 테러를 당한 지역은 반드시 방문하고, 내전 중인 지역이 있으면 위험하지 않은 정도로 가까이 접근해서 내전 현황을 눈으로 직접 확인합니다. 방문 현장에서 시민들이나 현지인들의 이야기도 귀담아듣습니다. 이렇게 보고 들은 모든 것들을 바탕으로 동행했던 평화사절단들이 함께 모여 회의를 합니다. 이 나라에 대한 평화의 방향은 어떻게 잡아갈지에 대한 회의이며, 주변국과의 정세, 보유하고 있는 군사력과 무기들에 대한 정보들, 국가 정세의 변화 및 방향성에 대한 예측 등을 기록으로 정리해서 국제평화지도에 이 사항을 반영합니다.

여기서 '국제평화지도'에 대해서 잠시 설명하겠습니다. 치안력, 사회 불안 요소, 경제 상황 및 전망, 법과 제도의 수준 등을 고려해서 내부 평화지수의 현재 상태와 방향성 및 신뢰성에 대한 종합 데이터를 산출하게 되고, 그리고 군사력과 경제 전망, 외교력과 외교 방향, 주변국과의 관계, 지정학적 정세 및 역사적 배경 등을 바탕으로 외부 평화지수의 현재 상태와 방향성 및 신뢰성에 대한 데이터를 얻게 됩니다. 이를 국가지도를 반으로 나누어서 색깔로써 각각 표현하고, 신뢰성에 대한 숫자를 기재하게 됩니다. 녹색에 가까울수록 평화지수가 높은 것이고, 빨간색에 가까울수록 전쟁 수준에 가까운 것입니다. 이제 대부분의 관심 국가는 첫 번째 방문이 거의 마무리되었으며, 두 번째 방문한 나라도 이미 제법 됩니다. 두 번째로 방문하는 나라에 대해서는 방문 전에 전략 회의를 하게 됩니다.

이 장면에서 세계평화운동이 여태까지 걸어온 길에 대해서 먼저 말씀을 드려야겠네요. 그 시초는 한반도 통일을 위한 주변국 분위기 조성을 위해 지구촌 평화를 외치고 다녔던 때로 거슬러 올라갑니다. 통일을 향한 첫걸음으로 한반도의 긴장 완화가 필요했고, 이를 위해서는 이런 분위기를 조성할 만한 명분이 필요했습니다. 그래서 지구촌 평화를 들고 나왔고, 이것이 자연스럽게 한반도 평화라는 슬로건으로 연결되었으며, 이것이 전쟁 없는 한반도를 만들자는 슬로건으로 발전했습니다. 그리고 동북아 평화를 외치게 된 것이지요. 나중에 한반도를 인류의 평화지대로 만들자는 슬로건으로 발전했으며, 남한과 북한이 평화롭게 통일이 되자 한반도가 말 그대로 동북아 평화의 상징처럼 떠올랐습니다. 그리고 이것이 전 세계인들에게 평화의 성지와도 같은 이미지로 각인되었습니다. 그전까지는 전 세계 사람들이 생각하기에 평화라는 단어는 스위스라는 나라쯤이라고 생각했는데, 그때부터는 평화라는 단어에 가장 어울리는 나라로 '통일한국'이라는 나라를 떠올리게 되었다는 뜻입니다. 실제로 우리나라의 비무장지대였던 곳은 '세계평화공원'으로 조성되어 전 세계의 관광객들이 꾸준히 찾고 있는데요, 자연보호를 위해서 일부 구역만 개방해 놓고 있습니다. 이후 국제적인 테러들, 분쟁들, 내전들이 끊이지 않자 세계평화운동의 필요성에 대한 목소리가 많은 외신과 국내에서도 여기저기서 흘러나왔습니다.

그때 많은 나라가 평화의 상징이자 청정 지역인 한반도를 주목하게 되었고, 마침내 우리나라의 개성에 세계평화운동본부가 세워지게 됩니다. 개성이 과거 비무장지대였던 세계평화공원과도 가깝고 북한 땅이었으며 서울과도 멀지 않은 곳에 있었기 때문입니다. 세계평화운동은 정상들의 회담이 필요할 때는 주로 유엔본부에서 하게 되고 실무적인 일들은 세계평화운동본부인 개성에서 주로 외무부 장관을 통해서 이루어집니다. 이때부터 본격적인 세계평화운동이 시작되었습니다. '지구촌 평화, 전쟁 없는 지구'라는 슬로건이 핵무기 완전 폐기, 재래식 무기 감축, 지역 분쟁 해소, 영토권 분쟁 해소, 국가 이기주의 철폐, 종교 갈등 해소 등의 해결해야 할 이슈들로 표현되어서, 이를 해결하고자 전 세계 국가 정상들과 함께 인류 대평화 운동으로 발전시켜 나가게 되었습니다.

다시 두 번째 방문하는 나라, 즉 2차 방문할 때에 대한 설명을 이어 나가겠습니다. 2차 방문 시에는 방문하는 국가의 평화를 위한 평화사절단의 제안을 먼저 준비하게 됩니다. 해당 국가의 형편과 처지에 맞는 수용 가능한 안을 만들어서 이에 대해 사전 협의를 하고, 이를 받아들였을 때의 지정학적인 정세의 변화라든가 해당 국가의 정치나 내정의 문제는 없는지 등의 면밀한 검토를 먼저 하고 나서 제안의 방향을 확정합니다. 물론 1차 방문 이후 변화된 사항에 대해서도 고려합니다. 제안이라고 하면 현재의 수준보다 전쟁의 위험을 낮추도록 하는 제안인데요, 예를 들어서 주변국과 분쟁이 잦은 지역에는 분쟁의 원인을 분석해서 종교가 원인이면 서로의 종교를 인정하는 방향으로 제안하고, 영토가 원인이면 그 역사적 배경을 자세히 검토해 보고 서로 간의 절충안을 찾아서 제안하게 됩니다. 하지만 민족 문제, 종교 문제, 영토 문제, 역사 문제가 복합적으로 얽혀서 해결이 힘든 지역에 대해서는 적절한 제안을 찾기가 상당히 어렵고 거의 불가능하다고 여겨질 때가 대부분입니다. 2차 방문 때부터는 평화를 위한 제안을 전달하고 이에 대한 해당 국가의 일차적인 답변을 받아서 돌아오게 됩니다. 3차 방문부터는 분쟁 지역의 경우 다자간 협의 방식으로 평화 협의를 진행하려고 하나, 아직은 준비 중이고, 3차 방문이 이루어진 국가는 없습니다.

저희가 주장하는 평화는 힘의 팽팽한 균형으로 전쟁이 일어나지 않고 평화가 유지되는 상태가 아닙니다. 단지 분쟁이나 전쟁만이 없는 상태를 이야기하는 것도 아닙니다. 절대로 핵무기를 포기하고 싶지는 않지만 어쩔 수 없이 폐기 절차를 밟기를 원하는 것도 아닙니다. 아직 눈에 띄는 성과는 없어도, 아직 핵무기 폐기나 재래식 무기 감축을 실질적으로 진행시키지는 못했어도, 언제쯤에나 이 일이 끝나게 될지 세계 평화라는 것이 정말로 가능하기는 한 것인지 날마다 회의감에 사로잡혀도, 저희가 다시 한 번 용기를 내서 이 일을 계속해 나가는 것은 바로 희망을 바라보기 때문입니다.

이익을 위해 이권만을 바라보며 달려가던 무기 수출업체 같은 이익 집단들이 언젠가는 사람을 바라보고 인권을 바라보게 될 것이라는 희망입니다. 자신의 종교만을 주장하며 교리만을 고집하던 민족들이 종교와 교리의 본질이며 근본인 '사랑'을 이해하는 때가 올 것이라는 희망입니다. 나의 역사와 나의 영토만이 중요하다고 주장하는 국가들의 이기주의가 내가 아닌, 우리의 역사를 바라보며, 나의 것이 아닌 우리의 모두의 터전임을 받아들여 상대방을 이해하고 배려하는 국가들로 바뀔 날이 올 것이라는 희망입니다. 그때는 내 나라의 안보를 위해 필요했던 핵무기나 재래식 무기가 우리 이웃 국가들의 안보를 위협하며, 결국 지구의 안보를 위협하는 괴물임을 알게 될 것입니다. 나에게 소중한 것이 존중받기를 원한다면 다른 이들에게 소중한 것을 존중해야 함을 알게 될 것입니다. 사람이 존중받는 것이 어떠한 산업을 잘되게 하는 것보다 훨씬 더 중요하다는 것을 모두가 인정하게 될 것입니다.

저희가 나아가는 발걸음을 온 세계 지도를 녹색으로 바꾸기 위한 발걸음이요, 힘의 균형으로 이루어진 평화가 아닌 서로를 존중함으로, 서로를 신뢰함으로, 서로를 진정한 이웃으로 인정함으로 이루어지는 평화를 위한 발걸음이요, 곧 인류 대평화를 이루기 위한 발걸음입니다. 올해는 분쟁 지역에서 세계평화합창제가 개최되며, 여기에서 대통령과 수상 등 각국의 정상들도 참석해서 합창단원이 되어서 함께 노래를 부르게 됩니다. 세계의 진정한 평화를 위한 아름다운 메시지의 울림이 전쟁터의 한복판으로부터 시작해서 지구촌 곳곳으로 퍼져 나갈 것입니다. 이러한 시도는 처음에는 미약하게 보일지라도 점차 힘을 발휘해서 아직 버리지 못한 이기심들을 점차 내려놓게 할 것이며, 결국은 서로를 향한 사랑으로 바꾸어 놓을 것입니다. 희망이 현실이 되는 그날까지 저희의 한 걸음 한 걸음을 믿음으로 지켜봐 주시길 바랍니다.

대법원장

안녕하세요. 대한민국의 대법원장을 '나바름'입니다. 이제부터 지금의 사법부에 대해서 말씀드리겠습니다. 과거에는 삼권 중에서 가장 힘이 미약했던 쪽은 사법부였습니다. 입법부는 행정부에 대해서 탄핵소추권과 국정감사권을 가지고 있었고, 사법부에 대해서는 대법원장임명동의권을 가지고 있었습니다. 행정부는 입법부에 대해서 법률안거부권과 사법부에 대해서는 대법원장과 대법관 임명권을 가지고 있었습니다. 사법부는 입법부에 대해서 위헌법률심사제청권을 가지고 있었으며, 행정부에 대해서는 명령, 규칙 심사권을 가지고 있었습니다. 사법부의 수장을 행정부 수반인 대통령이 임명하니 삼권분립이라고는 하나 상식적으로도 사법부가 제 목소리를 내지 못했습니다. 오랜 논의 끝에 법무부 산하 검찰청과 내무부 산하의 경찰청을 모두 사법부 조직 내로 옮기는 작업이 이루어졌습니다.

검찰의 경우 당시 막강한 힘을 가지고 있었지만, 권력의 개라는 속칭이 붙을 정도로 국민의 신뢰를 전혀 받지 못하던 기관이어서 검찰청을 개혁해야 한다는 목소리가 지배적이었습니다. 경찰도 정부의 뜻대로만 움직이다 보니 정상적인 국민의 목소리가 담긴 집회와 시위를 불법으로 간주해서 공권력을 동원하여 해산시키는 일이 국민적인 저항을 받을 때가 많이 있었고, 오히려 권력자들의 사주를 받은 불법 집회는 버젓이 아무 제약 없이 열리는 일들이 종종 있어서 국민에게 여론을 호도한다는 질타를 받곤 했습니다. 그렇듯이 경찰도 정치적 독립성이 필요하다는 목소리가 드높던 과거였습니다. 그래서 검찰청과 경찰청을 모두 사법부인 대법원 소속으로 변경하게 되었습니다. 행정부에서는 법을 다루던 법무부가 있었고 그 밑에 검찰청이 있었는데 검찰청이 사법부로 옮겨가니 법무부의 존재 이유가 없었고, 따라서 사법부 내에 법무행정이라는 조직으로 자리를 옮기게 되었습니다. 사법부 산하에는 대법원, 기존에 있었던 고등법원 조직들, 그리고 새로 개편된 법무행정청, 검찰청, 경찰청, 헌법재판소까지 들어오게 되었습니다. 따라서 입법부인 국회는 법을 제정하거나 개정하고, 기존 업무인 국정감사, 각 상임위 활동 등을 그대로 하고, 행정부에 남아 있던 사법에 대한 조직들을 삼권분립이라는 모두 원래의 취지대로 사법부로 옮겨오게 되어서 사법부는 명실상부하게 삼권분립 중 하나의 축의 역할을 충실하게 담당할 수 있게 되었습니다.

여기에 몇 가지 변화가 더 있습니다. 먼저, 대법원장의 임명도 행정부 수반이 하는 것이 아니라 대통령 선거와 마찬가지로 부화 방식으로 국민투표로서 선출하게 됩니다. 사법부 내 조직에서의 업무 경력이 20년 이상이며, 행정부 내 교육부에서 요구하는 공직자 교육 과정을 통해 대법원장으로서 필요한 교육 이수 과정을 모두 마친 입후보 자격을 갖춘 후보들이 대법원장 선거에 입후보하게 되고, 대통령 선거 시에 국민투표로서 선출이 됩니다. 대통령이 임명하는 자리가 아니라 국민이 뽑아주는 자리인 만큼 민주주의라는 원래의 취지에 맞게 국민의 뜻을 받드는 그런 자리가 될 수밖에 없습니다. 또한, 판결의 사후 심사 제도도 도입되었습니다. 이것은 이미 판결이 선고된 이후 이에 대해 평가하는 과정을 도입해서 판결 내용에 문제가 있었는지를 사후에 다시 한 번 평가함으로써 향후의 판결이 보다 공정하게 이루어질 수 있도록 유도하고자하는 것입니다. 사후 심사 후에 판결의 공정성에 문제가 있다고 밝혀진 판결에 대해서는 해당 판결을 내린 법관은 이에 대한 불공정 판결 사항이 가치 활동 이력이 남게 되며, 이러한 이력이 일정 허용 범위를 초과하게 되면 법관의 직분을 박탈당하게 됩니다. 따라서 지금의 법관들은 자신이 내리는 판결에 최대한 공정한 시각이 반영되도록 자연스럽게 최선을 다하고 있습니다.

시대가 바뀌면 사람도 바뀌지만, 사람이 운영하던 제도도 바뀌게 됩니다. 잘못된 것이 있으면 고쳐나가고, 모자란 것이 있으며 채워나가고, 부족한 것이 있으면 메꾸어 나가고, 그러다 보면 어느새 합리적인 모습으로, 공정한 모습으로, 그리고 이상적인 모습으로 변해가게 됩니다. 여태껏 사법제도가 존재한 이래로 지금처럼 공정성과 독립성을 갖추었던 시대는 없었던 것 같습니다. 하지만 지금이 끝은 아니라고 생각합니다. 앞으로도 국민의 삶에 유익이 된다면 우리 사법제도는 얼마든지 변모할 것입니다. 든든하고도 믿음직한 사법제도가 우리나라 모든 국민이 법 없이 살 수 있는 그런 나라로 만들 것입니다.

국방부 장관

안녕하세요. 22세기 대한민국의 국방을 책임지고 있는 국방부 장관 '안보장'입니다. 지금 시대의 국방부의 임무와 역할에 대해서 말씀드리겠습니다. 한때 나라가 힘이 없어서 국권을 송두리째 빼앗긴 억울하고도 부끄럽기도 하며 한없이 원통했던 시절이 우리 역사의 한 페이지를 소중한 교훈으로 장식하고 있습니다. 우리의 국방이 좀 더 힘이 있었더라면, 우리의 정치가 나라를 지켜낼 만한 안목과 준비와 능력이 되었었더라면 하고 회한의 눈물을 흘렸던 우리 조상들의 통탄의 심정을 막상 국방부 장관이라는 막중한 역할을 맡고 나니 이제야 제대로 이해할 것 같습니다.

사실 과거에 나라를 다시 찾고 나라가 한참 발전하던 시절, 우리의 국방력은 경제력을 바탕으로 막강해졌다고 자랑했었지만, 실상은 반쪽짜리라고 해야 되는, 아니 그보다도 못했었다고 말해야 옳을 것입니다. 전시작전권이 미국에 있기도 했지만, 수많은 군수 비리와 방산 비리의 증거들을 보면, 그것도 밝혀져서 언론에 노출된 것만 봐도, 아마 우리는 국방을 감당할 만한 능력은 안 되었다고 보는 게 맞을 것 같습니다. 만약 그때 전쟁이라도 발발했었더라면 그리고 미국의 도움이 없다는 가정을 한다면, 6·25전쟁 때 서울을 버리고 남쪽으로 달아나면서 시민들에게 안심하라는 방송을 내보내며 한강 다리를 폭파했던 그 누군가가 그 랬던 것처럼, 우리 군대는 막강합니다. 우리 군대는 우리나라를 안전하게 지킬 수 있습니다. 동요하지 마시고 가만히 있으시면 적들을 모두 섬 멸시킬 것이다, 라고 방송을 내보내면서도 군의 수뇌부들은 모두 후방으로 달아나는 역사가 반복되었을 것입니다.

그 이후 모든 방산 비리들은 발본색원되었습니다. 비리를 찾아내는 일이라면 지구 끝까지라도 가며, 역사가 기록되는 한 절대로 멈추지 않는다는 엄중하고도 강력한 사정의 의지가 국민의 대대적인 지지를 받았으며, 이미 퇴역한 장성들마저도 이런 날카로운 사정의 칼끝을 결코 피해가지는 못했습니다. 그 이후 우리 군대는 정말로 막강해졌습니다. 제역할을 못 하던 빈껍데기 무기라는 온갖 비리로 구멍이 난 요소들이 메워지고 잘못된 부분들이 올바르게 회복되어서, 쓸모 있는 무기들로 바뀌어 갔고, 사병들에게 제대로 지급되지 않고 어딘가로 새어나가던 보급품이 올바르게 보급되었으며, 쓸데없이 낭비되고 새어 나가던 국방 관련 연구 비용들이 바르게 집행되고, 제대로 된 성과를 내기 시작했습니다. 한반도 평화 및 세계 평화를 위한 운동에 발맞추어서 군대의 조직이 축소되고 장병 숫자도 많이 감소했지만, 훨씬 더 의욕 넘치는 군대였고, 실제로는 이전보다 더 막강한 군대였습니다.

한반도가 통일을 이루고 나서 군대 조직은 정말로 많이 바뀌었으며, 한반도의 안보를 위해 국경을 지키는 군대라기보다는 세계의 평화를 지키기 위한 상징으로 거듭났습니다. 세계평화운동을 주도하는 나라이기에 주변국들의 군사적인 위협이 거의 사라지기도 했지만, 세계평화운동이라는 취지에 걸맞도록 전쟁이나 테러에 대응한다는 의미에서 '한반도 평화군'이라는 이름으로 바뀌었습니다. 이것이 나중에 '세계평화군'이 창설되는 데 기틀이 되었습니다.

세계평화군이라고 하면 좀 낯설 텐데요, 세계 평화를 위해 싸운다는 뜻에 동조한 각국의 군대들이 평화군이라는 이름으로 개편되고, 세계 평화에 반하는 전쟁이나 테러에 맞서서 함께 대응하는 군대입니다. 전쟁이 발발하게 되면 유엔에서 파병을 의결해야 했던 것과는 다르게 이미 각국의 군대들이 평화군이라는 이름으로 언제든지 전쟁터로 나갈 수 있다는 뜻에서 그 참전의 목적이 명확하고, 신속성이 훨씬 나아졌다고 보시면 됩니다. 당연히 전쟁에 대한 억지 능력이 생겨서 이후 세계적으로 전쟁이 거의 발발하고 있지 않습니다. 지금의 군대는 전쟁이 아니라 테러 방지 및 대응에 그 초점을 맞추고 있습니다. 군대의 전략과 전술 개발이 테러 방지와 대응에 맞추어져 있고, 세계평화군의 실질적인 활동을 위한 전략적 협력 방법이나 전술적인 공조 방안, 그리고 블록 단위의 평화군 방위제도 등이 만들어지고 있으며, 일부는 운영 중에 있습니다. 우리나라를 비롯한 대부분의 국가가 모병제로 전환했으며, 로봇 장병들을 도입해서 군인의 숫자를 줄여나가고 있습니다. 사실 전 세계 국가들이 군대를 만들고, 무기들을 구매하며, 유지하는 데 엄청난 비용을 내는 것이 얼마나 큰 낭비인가요? 평화만 있다면 그리고 그 평화가 지속할 수 있다면 각국의 군대는 존재할 이유가 없을 것입니다.

그래서일까요. 지금의 세계평화운동이 많은 것들을 바꾸어 놓고 있습니다. 고질적인 지역 분쟁 해소, 영토권 분쟁 해소, 국가 이기주의 철폐, 종교 갈등 해소, 국가별 산업지도 분배를 통한 협력 체계 구축 등의 활동을 통해서 완전한 원전 폐기를 포함한 핵무기 완전 폐기와 재래식 무기 감축 등이 추진되고 있습니다. 여기에 테러 집단이 탄생하고 생존할 수 있는 원동력을 축소하고 희석하며 테러의 명분이 더는 인정될 수 없도록 테러 자생 지역을 중심으로 테러를 거부하는 문화 운동이 펼쳐지고 있습니다. 때로는 노래로, 때로는 그림으로, 때로는 공연으로, 때로는 촛불 시위로도 그들의 평화를 염원하는 마음들이 절절하게 표현되고 있습니다. 그것은 단순한 문화 운동이 아니라 각 종교의 옛 성현들의 가르침의 궁극적인 뜻을 제대로 이해하자는 의미이기도 하고, 인간이 인간을 사랑하는 본성을 되찾자는 운동이기도 하며, 이제는 서로가 폭력이 아닌 사랑으로 이야기할 때라는 강력한 메시지입니다.

우리는 이야기해요
우리는 이야기해요
우리는 이야기해요
우리는 이야기해요

우리는 눈을 보며
우리는 미소를 띠고
우리는 두 손을 잡고
우리는 함께 웃어요.

우리는 이해할 수 있어요
우리는 닦아줄 수 있어요
우리는 함께 울어줄래요
우리는 말할 수 있어요

당신의 아픈 상처를
눈가에 맺힌 눈물을
그 눈물 멈출 수 있도록
이제는 하나일 수 있다고

우리의 손을 잡아요
우리와 함께 나가요

우리의 진심을 믿어요,
이제는 사랑으로

테러 현장에 나온 많은 사람이 함께 모여서 손에 손을 잡고서 이 노래를 부르는 것을 듣고 있노라면 가슴이 메어 옵니다. 눈물이 흐릅니다. 저도 모르게 노래를 따라 부르며 다짐을 하게 됩니다. 다시는 이런 일이 절대로 일어나지 않아야 한다고. 그래서인지 "테러는 이제 그만!"이라는 운동들이 이제는 테러가 빈번한 지역에서 자생적으로 일어나고 있습니다. 그리고 그 뜻 그대로 테러 발생의 빈도와 수위가 현격히 줄어들고 낮아져서 실제로 테러의 위험이 많이 줄어들었습니다. 저의 바람은 앞으로는 전 세계에 이제부터 더 이상은 전쟁이나 테러가 일어나지 않는 것입니다. 한반도는 물론이고 그 어느 나라 그 어느 지역이라도 전쟁이라는 비극이 일어나지 않으며 테러라는 참극이 발생하지 않는 그런 날이 속히 오는 것입니다. 물론 그렇게 되면 군대들도 더는 필요 없을 테고, 저 또한 국방부 장관이라는 자리를 내려놓아야겠지요. 제가 다른 일자리를 구하러 다니는 그런 날이 속히 오기를 손꼽아 기대해 봅니다.

서울시장

안녕하세요. 서울시장 '지식목'입니다. 다른 분들께서는 자신이 맡고 계신 분야의 업무들을 위주로 말씀하셨는데요, 저는 서울시장으로서 하는 업무보다는 지금의 서울시의 위상에 대해서 설명해 드리고자 합니다.

세계의 유명한 도시들은 그 도시만의 타이틀을 가지고 있는 경우가 많습니다. 문화의 도시라든가, 음악의 도시라든가, 예술의 도시라든가, 금융의 도시라든가, 아니면 축구의 도시, 고대 건축의 도시, 불교의 도시, 재즈의 도시 등등 여러 가지 별칭들이 그 도시의 특징을 나타내곤 합니다. 그렇다면 과연 서울의 별칭은 무엇일까요? 과거에는 이렇다 할 별칭을 갖지는 못했습니다. 그냥 대한민국의 수도 정도라고 불릴 뿐이었습니다. 한국에 방문하면 으레 한 번쯤은 방문해야만 할 것만 같은, 왕조 시대의 궁전이 몇 개 있고 사람 많고 복잡한 도시 정도가 외국 사람들이 인식하는 서울의 모습이었습니다. 물론 서울은 대한민국의 수도이며, 실질적인 대한민국 행정의 중심지이고, 조선 시대 왕조의 중심지여서 왕궁들과 유적들 그리고 문화재들을 둘러보며 관광을 할 수 있는 곳이며, 대한민국을 관광한다면 필연적으로 들르게 되는 곳이 서울인 것은 분명히 맞습니다. 하지만 반드시 방문해야 할 당위성을 특별히 언급하기는 쉽지 않은 것이 사실이었습니다. 지금의 서울은 너무도 많이 변했습니다. 서울도 타이틀이 생겼기 때문입니다.

가치주의가 우리 대한민국에서 태동한 이후로 우리나라에서는 지식창조부 산하 국가학술본부의 활동으로 지식이 급격하게 일어나기 시작했습니다. 홍익철학이나 가치학, 자연학, 인간학, 에너지학 등의 학문을 각 대학이 중심이 되어서 우리나라가 시작하는 핵심 지식 분야로서 개척하기 시작했고, 각종 연구소가 뒤를 따랐습니다. 정부 주도의 연구소도 새로 설립되고, 민간 주도의 연구소들도 속속들이 연구에 동참했습니다. 연구의 결과들이 열매를 맺기 시작하자 이를 뒷받침하는 산업들이 생겨나고, 이를 활용할 수 있는 교육 콘텐츠도 만들어졌으며, 행정체계 안에 이를 적용하는 작업도 이루어졌습니다. 가치주의가 점차 발달할수록 지식의 수준이 높아졌으며, 학문도 뛰어난 성과들을 배출하기 시작했습니다. 연구의 중심이 대학이나 연구소들을 중심으로 이루어지다 보니 자연스럽게 서울이 그 중심이 되었으며, 당시의 서울시장이 이에 눈을 뜨고, 서울을 지식의 메카로 만들어 가기 시작했습니다. 대학 중심으로 연구소들과 연계해서 테마별 지식 지역을 지정하고 이러한 지식의 연구개발이 잘 이루어지도록 연구소 설립이나 제반 시설들을 갖추는 데에 필요한 행정적인 그리고 때로는 재정적인 뒷받침을 했습니다. 새롭게 창출되거나 열매로 나오는 지식이 올바르게 산업화할 수 있도록 이에 대한 기업들이나 기관들에 대한 지원도 아끼지 않아서 지식산업단지로 자리매김할 수 있도록 도왔습니다. 많은 교육 기관들이 이러한 지식을 가르칠 수 있도록 교육 기관 특성화를 지원했으며, 기존에 있었던 도서관들도 이러한 지식 관련 테마 도서관으로 거듭날 수 있도록 이끌었고, 서울 곳곳에 교육 주제 명소를 지정했습니다. 거기다가

'세계지식축제'라는 세계적인 축제를 기획해서 해마다 많은 전 세계의 지식인들을 초대해서 명사의 강연이나 세미나 등 다양한 지식 관련 이벤트들을 시행하고 분야별 심도 있는 학술대회를 열고, 그리고 영화나 드라마 형식의 교육 콘텐츠들을 상연하며, 지식이 산업이나 실제 행정에 쓰이는 사례들을 전시하거나 체험할 수 있도록 하는 등 그야말로 전 세계 지식인들을 위한 축제를 만들어 냈습니다.

그 이후로 전 세계의 지식을 배우고자 하는 대학생들이 서울로 유학을 오게 되었으며, 지식인들의 중요한 행사들이 서울에서 많이 열리게 되었고, 이러한 신지식을 어릴 때부터 배우기 위해 초등과정이나 중·고등 과정의 많은 외국의 어린 학생들이 유학을 오는 그전에는 상상조차 하기 힘든 일들이 일어나고 있습니다. 서울이 그야말로 전 세계에서 알아주는 지식의 도시요, 학문의 전당이며, 교육의 메카가 된 것입니다. 서울은 여전히 전통이 살아 숨 쉬는 도시요, 어디에 가더라도 치안이 보장되어서 매우 안전하며, 사람들이 친절하고 외국인들이 방문해서 어떤 일을 하더라도 아무 불편 없이 무척 편리한 국제도시입니다. 신 주거 문화가 정착해서 아파트들은 자취를 감추었고, 아담한 저층의 단독주택들이 옹기종기 군락을 이루는 아름다운 모습으로 변모했습니다. 도심이라 일컬어지는 안쪽 영역은 전기로 운행되는 새로운 형태의 대중교통만이 허용되고, 그 외곽에서는 개인 소유의 차량이나 비행체의 운행이 가능하나 모두 화석 연료를 사용하지 않으며, 도심 곳곳에 그리고 주택 지역에 공원과 산림의 면적을 일정 비율 이상으로 관리하고 있어서 도시의 공기도 매우 쾌적하고 깨끗해졌습니다. 그러나 이 모든 것들보다 우리 서울 시민들이 진정으로 긍지를 갖고 자부심을 느끼는 점은 서울이 바로 전 세계에 지식이라는 열매를 공급하는 역할을 하는 지식의 나무와도 같은 그런 도시이기 때문입니다.

　살기 좋은 도시 서울이면서도, 지식의 요람인 서울, 전 세계인들이 가장 방문하고 싶어 하는 도시, 특별히 자녀들의 미래를 위해 자녀들의 손을 붙잡고 꼭 한 번이라도 가봐야 한다고 생각하는 도시, 이제 서울은 그런 도시가 되었습니다. 우리 대한민국의 도시 서울은 이제는 대한민국만이 아닌 전 세계가 아끼고 사랑하는 도시가 되어 가고 있어서 이런 도시의 시장으로서 무척이나 뿌듯하고 자랑스럽게 생각하고 있습니다. 앞으로도 우리 후손들에게 자랑스럽게 물려 줄, 그리고 전 세계의 사람들에게 꿈과 희망을 주는 미래를 열어가는 그런 서울을 우리 모두가 다 함께 만들어 나갈 것입니다.

교육·복지·
보건 종사자들

VALUEISM

홍익인간 교과 선생님

　　　　　　안녕하세요. 저는 고등 과정에서 홍익인간 과목을 가르치고 교사 '홍익샘'입니다. 예전에는 고등 과정에서 제일 중요한 과목은 국어, 영어, 수학이었습니다. 단위수도 높아서 일주일에 배정된 시간도 제일 많았습니다. 이들 과목의 선생님들은 강의를 잘하면 방송이나 학원계로 진출하는 일도 많았습니다. 학습서나 문제집을 저술해서 돈을 많이 벌기도 하고, 출판사나 학원을 차려서 크게 성공하는 예도 있었습니다.

　가치주의 시대인 지금 가장 중요한 과목은 누가 뭐라 해도 '인간과 사회'입니다. 사회주의가 평등을 이야기했지만, 권력을 가진 자의 타락과 생산의 비효율성을 극복하지 못했고, 자본주의가 개인의 노력에 따른 기회와 높은 효율성을 이야기했지만, 기득권층의 부패와 소득의 양극화 그리고 산업을 돌리기 위해 희생되는 인간의 문제를 극복하지는 못했습니다. 자본주의는 인간의 존엄성도 인정했지만, 산업 현장에서는 그렇지 못했습니다. 대규모 생산 체제를 유지하기 위해 희생되는 사람들, 대량생산이 이루어진 작물이나 원료 또는 제품들을 소비하기 위해 동원되는 인간들, 한쪽에서는 대량생산의 일꾼으로 동원되어 삶의 질이 피폐해지고, 다른 한쪽으로는 대규모 소비를 담당하도록 강요받아서 자본가의 뜻대로 굴러가는 시스템을 유지하기 위한 소모품의 역할인 인간으로 살아가는 삶이 되었습니다. 물질적인 풍요는 이루었지만, 그것은 인간성이 상실되고 자연이 파괴되는 희생을 담보로 한 풍요였고, 이러한 풍요를 유지하려면 후대로 갈수록 더 많은 희생이 요구되는 시스템이었습니다. 만약 희생을 줄이게 되면 유지될 수 없는 구조여서 금융위기를 불러오기도 했고, 마이너스 금리라는 있을 수 없는 일들이 일어나기도 했으며, 국지전이나 규모가 큰 전쟁을 일으켜서 산업을 돌리기위한 또 다른 원동력을 찾아야만 유지되는 시스템이었습니다. 사회주의는 이보다 더 심각해서 인간의 존엄성 자체를 인정하지 않았습니다. 인간을 물질의 조합으로만 취급하는 유물론 사상이라서 인간이 어떤 희생을 당하더라도 전혀 문제가 되지 않았습니다. 이들 두 사상은 모두 '물질주의'라는 말로 표현됩니다.

새로운 이념인 '가치주의'는 널리 세상을 이롭게 하는 활동이 가치 있는 행위라고 보고, 그 행위의 가치에 맞는 사회적인 인정과 이를 실생활에서 활용할 수 있는 방안을 제시하고 있습니다. 이는 사람들에게 사회적으로 가치 있는 행위에 주목하게 함으로써 인간을 존중하고 자연을 보호하는 행위를 하도록 자연스럽게 유도하고 있으며, 물질만이 아닌 삶의 의미와 가치를 돌아보게 함으로써 인간성의 회복과 정신세계에 대해 추구하도록 하는 것에서 그 본질적인 의의를 찾을 수 있습니다. 따라서 가치주의는 물질주의가 아닌 정신주의입니다. 보통 사람들이 가치주의 안에서 아무런 의의를 부여하지 않고 생활하기 쉬워서 이를 놓치지 않도록 이에 대해서 고등 과정 교육에서 집중적으로 다루어서 홍익인간의 본질적인 의미와 개개인의 삶의 의미와 방향 그리고 철학적인의미에서의 삶의 의의를 강의하고 실생활에서의 올바른 적용을 위한 토론과 발표 및 에세이 작성 등의 과정을 이수하게 됩니다. 일반적인 동서양 철학 이론과 동양의 예절 교육은 물론 기본입니다. 가치주의 사회에서의 올바른 가치관과 인생관을 갖도록 하는 것이 이 과목의 목표입니다.

　우리 민족에게 이렇게 훌륭한 철학적 자산이 있었다는 것은 이루 말할 수 없이 큰 축복입니다. 홍익인간의 정신이야말로 아무리 자랑해도 모자라지 않는 우리의 얼이요, 아니 세계의 정신이 되어야 합니다. 우리나라의 국보 1호가 '한글'로 바뀌었지만, 저는 '홍익인간의 정신'이야말로 우리 선조로부터 받은 가장 소중한 자산이라고 생각합니다. 이미 다른 나라의 많은 철학자들도 홍익인간의 정신에 대해 집중적으로 연구하고 있고, 그 가치에 대해서 매우 높이 평가하고 있습니다. 우리 학생들에게 무언가를 가르칠 수 있다는 것도 기쁜 일이지만, 특별히 홍익인간의 정신에 대해서 가르칠 수 있다는 것에 대해서 개인적으로는 큰 영광이라고 생각합니다. 이러한 가르침과 배움 그리고 생각과 논의는 곧 우리의 인생이 풀어야 할 본질적인 질문에 대한 답변을 구하는 과정이기도 하기 때문입니다.

심리와 진로 교과 선생님

전 세계의 사람은 모두 다릅니다. 생존해 있는 사람뿐만 아니라 시대를 거슬러 올라가서 과거의 모든 사람을 비교해 봐도 똑같은 사람은 하나도 없습니다. 모습만이 아니라 성격과 가치관도 모두 다릅니다. 하지만 완벽하게 판이한 사람들이라는 뜻은 아닙니다. 심리학적인 특징에서 비슷한 유형이 존재해서 몇몇 카테고리로 그룹화가 가능합니다. 안녕하세요. 저는 대학에서 심리학을 전공하고 직업교육학을 추가로 이수한 후 고등 과정에서 심리와 진로 과목을 담당하고 있는 '심진선'입니다. 정규 수업뿐만 아니라 심리 유형 검사 및 직업 유형군 분류, 진로 및 직업 상담을 담당하고 있습니다. 수업 시간 이외에도 상담 관련 일들이 많아서 담임은 맡고 있지는 않습니다. 매일 많은 학생을 만나야 하고, 여러 차례 시간을 두고 만나서 학생들의 심리적인 특성을 파악하고 진로 적성 및 개인적인 선호도 분석과 주기적인 상담을 통해서 추천 직업군을 찾아내는 일을 하고 있습니다.

사람들은 누구나 자신만의 가면이 있습니다. 심리학적 용어로는 '페르소나'라고 부릅니다. 연극을 할 때 배우가 역할을 바꿀 때 쓰는 가면을 부르던 용어인데요, 살아가면서 자신이 의도적으로든지 혹은 자신도 모르게 자신을 다른 모습으로 만드는 가면을 만들어서 쓰게 됩니다. 학교에서 친구들 앞에서 쓰는 가면, 집에서 부모님과의 관계에서 쓰는 가면, 종교 생활 등 다른 공동체에서 쓰는 가면, 정말로 마음이 잘 맞는 친구와 만날 때 쓰는 가면, 이성 친구를 대할 때 쓰는 가면 등등. 누구나 그 가면의 개수는 달라도, 또 가면의 두께나 성능은 달라도 모두 가면을 가지고 있습니다. 심리검사나 상담을 통해서 내담자의 본질적인 모습을 보고자 할 때 그 가면이 있으면 제대로 보기가 어렵습니다. 그래서 내담자인 학생의 심리 유형 특성을 올바르게 확인하려면, 먼저 그 가면을 벗게 만드는 일이 첫 번째 과제입니다. 그러고 나서 심리 유형을 확인하고 나면 이 학생에게는 어떠한 삶의 방향으로 가는 것이 가장 잘 맞아서 스트레스를 받지 않고 재미있게 그리고 재능을 충분히 발휘할 수 있는지를 파악하게 됩니다. 내담자인 학생과 살아온 환경이라든지 꿈과 포부, 가치관, 현재의 위치 등을 깊이 있게 여러 차례 상담을 통해 함께 알아보는 과정을 거치게 되면 그에게 맞는 직업군을 찾을 수 있습니다. 이들 직업군 중에서 정말로 잘 맞는 직업을 선택하는 과정까지 끝나게 되면 상담이 마무리됩니다. 오랫동안 많은 학생을 상담하다 보니, 여러 심리학적인 특성 중에 특정 항목이 학생들의 앞으로의 삶에 아주 큰 영향을 미치게 된다는 것을 알게 되었습니다. 그것은 MBTI 검사 지표의 두 번째 항목인 직관형(intuition)인지 또는 감각형(sense)인지 구분하는 항목입니다.

직관형은 보통 N형이라고 부르고, 감각형은 보통 S형이라고 부릅니다. 지구 상에는 S형인 사람들이 훨씬 더 많습니다. N형인 사람들은 전체의 20~30% 정도의 인구 비율이라는 통계 결과가 있는데, 실제로 페르소나를 다 벗겨내고 심리검사를 하다 보면 N형은 극히 드물다는 것을 알게 됩니다. S형인 사람들은 감각기관을 통해 들어오는 정보에 아주 민감하며 그 정보들을 잘 기억하고 다룹니다. 시각적, 청각적, 촉각적, 후각적 정보들입니다. 지나가다가 간판을 흘낏 보면 S형인 사람들은 문구 하나하나를 의외로 잘 기억하곤 합니다. 그들은 그런 정보를 매우 꼼꼼하게 파악하기 때문에 시험에서 " ~이 아닌 것을 고르시오."라는 시험 문제를 풀 때 이를 잘못 읽어서 틀리는 일은 없습니다. 틀린다면 몰라서 틀리는 겁니다. 반면에 N형인 사람들은 그런 문제를 틀리는 경우가 부지기수입니다. 답을 정확하게 알아도 문제를 제대로 읽지 않기 때문에 틀리는 겁니다.

S형인 사람은 돈에 대해서 상당히 민감해서 이를 철두철미하게 관리하며, 낭비하지 않는 상태를 좋아합니다. 반면에 N형은 돈에 대해서 이상하리만큼 둔감해서 헤프게 사용하거나 어떻게 재정이 운영되고 있는지 잘 모르는 경우가 많습니다. S형은 돌다리도 두드리고 가는 것을 좋아해서 절대로 모험을 하려고 하지 않으며, 항상 경험해 본 것만을 선택하려 하며, 다른 모든 사람이 선택하는 안전한 길만을 택하려 합니다. 반면에 N형은 모험적인 선택을 좋아하고 오히려 경험하지 않은 새로운 길을 선호하며, 남들이 선택하지 않는 독창적인 길을 찾아내는 것을 좋아합니다. 만약 모든 것이 갖추어지고 이미 선례가 많이 있는 일이라면 S형인 사람들이 아주 잘해냅니다. 반면에 아무 정보도 없이 새로운 방법을 찾아내고 독창적인 것을 만들어 내야 한다면 그것은 N형인 사람들이 탁월합니다.

S형인 사람들은 보수적이며, 기존의 것을 지키거나 관리하기를 좋아하며, 안정을 추구합니다. N형인 사람들은 진보적이고 진취적이며, 새로운 것이 아니면 흥미를 느끼지 못하고, 남들이 가는 길이 아닌 새로운 길로 나아가려고 합니다. N형은 시야가 아주 넓어서 전혀 모르는 분

야에 대해서라도 그것을 받아들이고 이해할 만한 마음의 폭을 가지고 있는, 마치 수신 주파수 대역이 넓은 라디오 같습니다. 새로운 제안을 넙죽 받아들여서 속기도 쉽지만, 만사를 긍정적으로 보려는 경향이 있습니다. 하지만 세밀한 조절은 아주 약해서 주파수를 세밀하게 맞추려면 아주 힘든 라디오입니다.

반면에 S형은 세밀한 조절은 아주 잘하나 수신 주파수 대역폭이 아주 좁은 라디오입니다. 아는 것만 알고 모르는 이야기는 잘 받아들일 줄 모르는 협소한 마음을 가지고 있습니다. 새로운 제안이 들어오면 처음에 수락하는 일이 거의 없고, 부정적인 반응을 보이게 되며, 만사를 부정적인 시각으로 보려는 경향이 강합니다. 선거 결과에서 보수적인 표가 많이 나오는 이유는 이러한 S형인 사람들이 절대다수라는 이유가 있습니다. 진보 진영에 소속되어 있다가도 나이가 들면 보수 진영으로 자리를 옮기는 경우가 많은데, 이들의 원래 성향이 S형이라서 젊을 때는 환경과 상황에 따라 진보의 이념이 옳다고 생각하고 그쪽에서 일했으나, 나이가 들면서 원래 타고난 성향 쪽으로 마음이 옮기게 되는 것입니다.

나무는 잘 보나 숲을 잘 보지 못해서 어떤 원리나 목적을 이루기 위해 절차와 규정을 만들면 이것만을 보고 원리와 목적에 어긋나더라도 이것만을 곧이곧대로 지키려는 근시안적인 S형이지만, 숲을 보고 그 너머의 상징을 읽어낼 줄 아나 나무 하나하나에 크게 신경을 쓰지 않는 N형이라서 그 원리나 목적을 위해서라면 언제든지 하위 절차나 규정을 무시하거나 포기하고 새로운 방법을 적용할 수 있는 것이 N형입니다.

S형인 사람은 꼼꼼하게 일을 처리하는 것에 능해서 회계사나 일반 사무직, 공무원, 행정직, 세무사, 교사, 재무 관리, 물품 관리, 군인 등 대

부분의 일상적인 업무에 잘 맞습니다. 반면에 경영자와 같이 큰 결단이나 도전을 감당하는 자리, 작가나 발명가와 같이 새로운 것을 만들어 내는 일, 사상가나 성직자와 같이 큰 그림을 보고 보이지 않는 형이상학을 논하는 일을 즐기는 것은 N형입니다. 회사에서는 실무자는 S형, 그리고 최고경영자는 N형이 잘 맞는데, N형은 실무자의 역할을 잘하지 못해서 승진하기가 어렵고, S형은 실무자의 역할은 잘하나 경영자의 위치로 올라가면 작은 것에 목숨을 걸다가 회사의 경영을 망치게 됩니다. 오래전에 유명했던 H그룹의 J 회장이나 S그룹의 L 회장이 바로 N형입니다. 이분들이 만약에 어떤 회사의 신입사원으로 입사해서 말단직원으로 일했으면 일을 잘했을까요? 진주를 알아볼 줄 아는 상사를 만나지 못하면, 주어진 일을 잘 처리하지 못하고 딴생각만 한다고 비난받으면서 조직에서 도태되거나 아마 그전에 회사를 박차고 나가서 자신의 사업을 시작했을 겁니다.

N형은 또한 보이지 않는 세계에 능해서 사람의 마음을 이해하거나 다루는 일에 적합해서 심리학이나 철학, 문학, 종교, 예술 등이 잘 어울립니다. 자연의 원리를 이해하고 그 원리 안에서 큰 틀의 이론을 찾아내는 물리학과, 천문학과, 화학과 등의 이과대는 N형이 어울리고, 주어진 이론식을 잘 활용해서 실생활에서 적용하는 학문인 전기공학이나 전자공학, 기계공학, 건축공학 등의 공과대학은 S형이 잘 어울립니다. 즉, 기초 및 이론은 N형이, 응용 및 적용은 S형이 어울립니다.

N형이 만들어 놓은 세상을 S형이 가꾸고 발전시키며, 새로운 것을 N형이 찾아내고 만들어 내면 S형이 이를 개량하고 진전시키게 됩니다. 따라서 이 둘은 역할이 다르므로 다른 종류의 직업이나 일이 맞습니다. S형과 N형이 판이하게 구별된 것은 아니고 사람에 따라서 두 가지 성

향 중에 각각 어느 쪽을 얼마나 더 선호하느냐는 개인마다 다릅니다. 물론 한쪽 성향이 전혀 없고 나머지 성향만을 가진 사람들도 있는데, 이에 따라서 맞는 직업을 분별해야 합니다. 튀지 않는 색깔의 무채색에 무난한 스타일의 복장을 정해진 규칙대로만 하려는 성향을 보이면 분명히 S형일 겁니다. 독창적인 디자인에 튀는 스타일의 복장과 새로운 방법으로 일하려는 사람이라면 분명 N형일 겁니다.

이것은 심리학적 성향의 하나의 지표일 뿐이므로 다른 지표들과 함께 고려해야 하고, 살아온 환경과 자신이 진짜로 좋아하는 것을 올바르게 알아내서 이에 맞는 직업을 찾기가 쉽지만은 않습니다. 그래도 학생들에게 자신을 알 수 있도록 안내하는 안내자의 역할을 한다는 것에 아주 만족하고 있습니다. 우리 학생들에게 자신에게 정말로 잘 맞는 직업이라는 옷이 무엇인지 함께 찾아가며, 스스로에 대해서 바르게 알아갈 수 있도록 이끌어 주는 이 일이 우리 학생들의 앞으로의 인생 설계에 도움을 주어서, 결국은 우리 사회에 유익을 주는 일도 될 것입니다.

교육부 대학 과정 교육 정책 담당자

지금의 시대를 이끌어 가는 중요한 키워드 중의 하나는 교육이고, 교육은 정상적인 직업 생활뿐만 아니라 나아가서는 삶을 올바르게 영위하도록 하는 핵심적인 역할을 하고 있습니다. 안녕하세요. 저는 교육부에서 대학 과정의 교육 정책을 담당하고 있는 '유능함'입니다. 이 시대의 대학의 역할과 기능 그리고 직업과 연계된 교육 정책들에 대해서 잠시 설명하겠습니다. 대학은 가장 높은 수준의 학문을 이루어 가기 위한 전당이어야 합니다. 그리고 그러한 학문은 인류의 성장과 발전에 이바지할 수 있는 방향으로 나아가야 합니다. 대학에서 연구하는 학문이 쓸데없는 논쟁만을 일삼거나 대학이 아무 의미 없는 명목상의 연구 실적만을 채우는 곳으로 전락하거나, 혹은 대학이라는 곳이 취업을 위한 간판을 다는 역할만 한다면 대학의 존재 이유는 전혀 없다고 단언할 수 있습니다.

대학에서 연구하는 학문은 그 목표가 인류의 건전한 성장과 발전을 이루기 위한 것이어서 미래지향적이어야 하고, 산업계에서의 실용성을 담보로 한 연구나 당장 쓸모를 찾기보다는 학문을 통해 새롭게 열어나갈 세상을 바라볼 수 있는 비전과 꿈이 담겨 있어야 합니다. 물론 역사학이나 고고학 등의 분야는 과거지향적인 학문으로 비칠 수도 있지만,

그것의 과거에 숨어 있던 진실과 이유 그리고 원리를 찾아냄으로써 현재와 미래를 새롭게 조명하고 바라보는 유용한 가치를 찾아낼 수 있다는 점에서 미래지향적이라고 할 수 있습니다. 예전에는 대학이 정말로 취업을 위한 간판이자 사회에 진출해서 더 빨리 출세할 수 있는 지름길로만 인식되던 때가 있었습니다. 실제로 그런 역할을 충실히 하기도 했습니다. 그렇기에 좋은 대학에 들어가려고 많은 어린 학생들이 중학교 때부터 고등학교 때까지, 심지어는 초등학교 때부터 여러 종류의 입시 학원 매달리기도 했습니다. 수학과 영어는 기본이고, 국어에 과학에 도대체 학교에서 배우는 것 말고 뭐가 더 필요해서 그렇게 학원을 통해 또 배워야 했던지⋯⋯. 솔직히 그렇게 해서 배우는 것들은 올바른 학문의 길로 나아가고자 하는 사람들에게는 전혀 도움이 되지 않았고, 대학에 들어와서는 오히려 방해가 된다는 것을 뒤늦게 알게 되는 경우가 허다했습니다.

가치주의를 채택한 이래로 대학의 역할은 분명히 달라졌습니다. 원래의 제 기능을 찾았다고 할 수 있습니다. 직업을 위한 교육은 고등 과정까지로 충분합니다. 대학에 가야만 취업이 되는 것이 아니라서 모든 사람이 대학에 가지는 않습니다. 대학은 말 그대로 학문을 하고자 하는 사람들만 들어갑니다. 직업을 구하고 나서 하는 일에 대해서 좀 더 학문적으로 접근하고자 대학에 들어가기도 하고, 순수하게 학문적인 궁금증이 있어서 들어가기도 합니다. 아니면 어릴 때부터의 목표가 학자인 경우는 고등 과정을 졸업하고 바로 들어가기도 합니다. 대학 입학시험이나 면접은 따로 있지 않으며 누구나 수업을 위한 비용을 내면 들어갈 수 있습니다. 하지만 그 과정을 이수하려면 엄청난 땀과 노력이 필요합니다. 배우고 있는 내용에 대한 학문적인 진척이 없으면 다음 학년으로 승급이 되지 않기 때문에 아무나 쉽게 대학에 입학할 수 있더라도 결코 함부로 지원하는 사람은 없습니다. 졸업 심사도 매우 까다로워서 졸업을 못 하고 수료증만 받는 경우가 허다합니다. 사정이 이렇다 보니 대학 정원이 급속도로 감소했습니다. 대신에 대학이 학문적인 소임을 담당하는 곳이기에 미래를 위해서는 반드시 필요한 곳이어서 학생들의 등록금이 아닌 정부의 교육 예산을 배정받아서 운영됩니다. 대부분의 중소 대학들은 모두 사라졌습니다. 큰 대학들도 대부분 통합되어서 운영되고 있습니다. 근거리에 있는 대학들이 하나의 대학으로 통합되어서 캠퍼스별로 배우는 과정이 나누어진 형태를 취하고 있습니다.

과거 사학재단이라고 해서 돈이 많았던 개인이 대학이나 고등학교의 주인이 되어서 이를 운영하면서 이익을 취하던 때가 있었는데요, 지금은 이런 모습은 모두 사라졌습니다. 대학은 학문을 위한 기관이며, 국민에게 지식을 제공하기 위한 기관이지 개인의 돈벌이 수단은 될 수 없기 때문이며, 고등 과정의 학교도 이와 마찬가지입니다. 대학이 통폐합되면서 그리고 고등 과정의 학교도 국가 교육 취지에 맞게 정리되면서 자연스럽게 사학재단들은 모두 퇴출되었습니다.

대학에는 직업을 위한 과정도 많이 개설되어 있습니다. 이것은 학문을 위한 대학의 순수 과정과는 별도인데요. 산업계에서 필요로 하는 수준의 학문을 산업계에서 요구하는 방향으로 가르치는 과정입니다. 이것은 대학이 순수 학문을 추구하는 것도 아니고 어정쩡하게 산업계의 최신 연구 과제를 쫓아가던 과거의 모습에서, 지금은 순수 학문을 통해 미래를 선도해서 열어가며, 산업계의 요구에 부응해서 이에 필요한 지식을 생산하고 나누는 역할을 동시에 하는 우리나라의 산업 발전과 미래 비전 제시의 역할을 제대로 하는 곳으로 거듭났다고 할 수 있습니다. 앞으로도 우리나라의 대학은 더욱더 발전할 것입니다. 말 그대로 더 살기 좋은 나라와 더 아름다운 세상을 만들기 위해서 더 좋은 대학의 정책들을 개발하고 더욱 쓸모 있는 모습으로 꾸준히 변모해 나갈 것입니다.

교육부 교육 관리 담당자

안녕하세요. 교육부에서 교육 관리 부문을 담당하고 있는 '가능성'입니다. 가치주의에서는 모든 사회 구성원들이 최대한 가치를 발휘할 수 있도록 적절한 직업을 가지고 있고 상황에 맞도록 직종을 바꿀 수 있도록 해주는 것이 매우 중요합니다. 과거에는 한 직장에서 평생 일하는 사회였다면, 지금은 직장을 여러 번 옮기기도 하고, 때로는 동시에 두 군데 혹은 그 이상의 직업이나 직장을 가지기도 하는 세상이라는 것입니다. 다니던 직장을 그만두고 새로운 직장을 다시 구해서 옮기기도 쉽고, 좋은 아이디어가 있으면 창업을 통해 스스로 직장을 만들어 내는 것도 흔한 시대입니다. 100세 이상을 너끈히 사는 세상에서 한 직장에 오래 다닌다고 해도 60세면 할 일이 없어지는 그런 세상이라면 그 이후 40년 이상을 아무 직업이 없이 가지고 있는 것으로만 생활하는 것이 축적한 재산이 많지 않다면 거의 불가능할 것입니다. 국가에서 제공할 수 있는 복지 시스템이 아무리 잘 갖추어져 있다고 하더라도 이런 사람들 모두에게 혜택을 주려면 그 복지의 재원을 감당하는 것은 원천적으로 불가능한 구조일 수밖에 없습니다. 또한, 아무것도 하는 일 없이 보내는 수십 년은 해당 개인에게도 그리고 사회적으로도 엄청난 손실입니다.

요즘은 대부분의 사람이 90세까지는 외부 활동을 할 만한 건강을 유지하는 시대이며, 심지어는 120세 이상의 나이에서도 열심히 활동하시는 분들도 계십니다. 따라서 이른 나이에 은퇴해서 직업 없이 집에서 지내야 하는 수십 년은 시간이 지날수록 스스로에게도 엄청난 고통의 시간으로 변할 것입니다. 나이가 들어서 노년이라고 일컬어지더라도 누구나 그에 맞는 할 일이 있고, 이를 통해 사회에 이바지하고, 다른 사람들에게 도움을 줄 수 있는 것이 큰 행복이며, 이렇게 일하게 됨으로써 인생을 마무리하기 직전까지 건강하고도 활기찬 모습으로 지낼 수 있게 됩니다. 이렇게 살아갈 수 있도록 시스템을 제공하고 사회적 분위기를 이루어 가는 것이 사회 구성원 모두를 위해서 국가가 해줄 수 있는 진정한 복지이고 혜택입니다. 따라서 교육관리시스템, 직업관리시스템, 지식관리시스템, 그리고 이를 총괄하는 국가인재관리시스템을 갖추고 있으며, 이 모두를 교육부에서 관리하며, 교육을 통해서 국민에게 필요한 지식을 갖추도록 하고, 이러한 교육이 직업으로 연결되어서 이를 통해서 모든 국민이 언제라도 새로운 일을 통해 사회에 필요한 사회적 가치를 창출하며 살아갈 수 있도록 하고 있습니다.

저는 교육관리시스템에 대해서 설명하겠습니다. 교육관리시스템은 학생교육시스템, 산업인교육시스템, 공공부문교육시스템, 장애우교육시스템, 평생교육시스템을 포함하고 있습니다. 학생교육시스템에 대해서는 다른 분께서 따로 설명해 주실 것입니다. 먼저, 산업인교육시스템은 일반적인 직업에서 요구하는 지식을 갖추고자 할 때 필요한 사항들에 대한 교육을 찾아서 수강할 수 있도록 하는 시스템입니다. 전국에 있는 교육공급지도를 확인할 수 있으며, 강의 과목, 강의 내용, 이수 후 활용 등 각 교육 과정에 대한 자세한 정보들도 확인할 수 있습니다. 해당 산업의 직종별 또는 직무별 대기자가 어느 정도인지 혹은 인력이 모자라는지도 확인할 수 있습니다. 나이와 경력에 관계없이 수강할 수 있으며, 연세 지긋하신 100세 이상이신 분들도 수강해서 새로운 직업을 갖는 경우도 전혀 드물지 않습니다. 예를 들어서, 자연산업에서는 농업 기술, 작물 재배, 농지 관리, 산림 관리, 어업 기술 등의 교육을 하는데, 이는 자연산업에 종사하기 위해서는 알아야 하는 지식에 대한 교육입니다. 제조산업에서는 제품 설계, 제품 디자인, 건축 설계, 토목 설계, 냉동 공조, 전자회로 설계, 소프트웨어 제작 등의 교육을 하는데, 이는 제조 산업에 종사하기 위해서 갖추어야 하는 지식에 대한 교육입니다. 그리고 음식 조리, 의료, 유통, 기계 정비 등의 교육도 있으며, 이는 이들 연관 산업에 종사하기 위해서는 알아야 하는 지식에 대한 교육입니다.

산업인 교육의 기본 과정은 누구에게나 무료이고 아무 제약 없이 수강할 수 있습니다. 심화 과정은 비싸지 않은 교육비를 지급해야 하며 기본 과정 이수자 중에서 직무 연관성 있거나 예상되는 자에 한해서 수강할 수 있습니다. 전문 과정은 좀 더 비싼 수강료가 요구되며, 심화 과정 이수 후에 수강할 수 있습니다. 산업인 교육은 실습이나 장비가 필요한 경우 각 대학이나 산업 기관 등에서 수강할 수 있으며, 강의로만 가능한 경우에는 인터넷 수강으로 이수할 수 있습니다. 특별한 과목에 대해서는 일반 사기업 내의 교육 장소에서 교육 수강을 해야 하는 때도 있는데 이것은 해당 사기업만이 이에 대한 전문 지식을 가지고 있는 경우이고, 교육 부문에서는 이에 대한 일부 교육비가 제공됩니다.

다음은 공공부문교육시스템입니다. 보통 공무원이라고 이야기하는 직업을 가지려면 이쪽에서 관련 교육을 수강해야 합니다. 역시 교육공급지도를 확인해서 어디에서 무엇을 배울지를 찾아보고, 그 직종의 현재 인력 공급 현황도 찾아볼 수 있습니다. 해당 직종이나 직무가 수강 이후 일자리 대기자가 많은지 아니면 인력이 한참 모자라는지 등을 알 수 있습니다. 가상가치관리시스템의 운영, 가상가치 산정, 사회 구성원, 교통관리시스템 운영, 세무 관리, 토지 사용 관리, 내무 및 행정, 산업 관리, 외교 실무, 법률 및 법무 등 공공 부문 업무를 수행하는 데 필요한 지식에 대한 교육입니다. 교사가 되려는 분들로 이곳에 교육 과정들이 마련되어 있으며, 해당 교과목이 있는 경우는 평생교육시스템에서 해당 과목을 개별적으로 수강해야 합니다.

다음은 정치인교육시스템입니다. 국가 고위급 정치인이 되고자 하는 사람들을 위한 교육이며, 이 역시 누구에게나 배움의 길이 열려 있습니다. 입법부에서는 국회의원, 국회의장, 사법부에서는 검찰총장, 경찰청장, 대법원장, 그리고 행정부에서는 각 부서의 장관이나 차관, 국무총리, 대통령, 그리고 각 지방자치단체장이 해당되며, 이런 직무자가 되기 위해서는 직무별 필요 교육을 반드시 수강하고 나서 이에 대한 직무능력시험을 통과해야만 합니다. 국제 및 외교, 국방 및 안보, 내무 및 행정, 경제 및 산업, 교육 및 과학기술, 의료 및 보건, 법무 및 치안, 재난 및 안전 등의 과목이며, 직무에 따라 수강이 필요한 과목이 달라집니다. 교육의 총괄은 교육부에서 담당하나 강의 주관은 각 행정부 내 실무 부서에서 담당합니다. 이 또한 정치인교육시스템을 통해 강의에 대한 정보를 파악할 수 있습니다.

다음은 평생교육시스템입니다. 평생교육은 인문학, 어학, 문화, 예술, 철학, 사회학, 통계학, 역사, 과학, 공학, 수학, 정보학, 천문학, 기상학 등 일반적인 학문에 대한 교육입니다. 의학이나 법학 같은 실제로 의사, 변호사 등 직업과 연결되는, 즉 임용 시험이 필요한 학문도 이곳 평생교육시스템에서 수강할 수 있습니다. 강의는 주로 각 대학에 강좌가 개설되어 있고 인터넷으로 수강하는 과목들도 있습니다.

　과거에는 누구나 대학에 들어가려고 했고, 대학 졸업자는 모두 각자의 전공이 있었으며, 이것으로 평생의 직업을 선택하는 구조였습니다. 하지만 지금은 고등학교를 졸업하고 대학에 진학하는 경우는 별로 없으며, 사회에 진출해서 원하는 직종을 택해서 일하다가 필요한 강의를 찾아서 듣게 되는 경우가 대부분입니다. 직무가 자신에게 맞지 않거나 또 다른 일을 해보고 싶으면 언제든지 이에 필요한 교육을 이수한 후 직업을 바꾸는 것이 가능하고, 전혀 이상하지 않은 그런 문화이기도 합니다. 나이가 들어서도 새로운 일을 찾아서 할 수 있으며, 창업도 언제든지 가능한 그런 시대입니다. 이런 사회의 요구에 좀 더 부응할 수 있도록 교육 제도의 미비한 점들을 최대한 보완해 가려고 노력 중이며, 우리 사회는 교육에 대해서도 직업에 대해서도 점점 더 자유로운 사회가 될 것입니다.

교육부 학생 교육 정책 담당자

안녕하세요. 22세기 대한민국을 짊어지고 나아갈 이 땅의 인재들을 키우는 학교 교육의 정책 부문을 담당하는 교육부 소속 공무원 '길자비'입니다. 이제부터 학교 교육의 편제 및 교육의 목표 그리고 교육 과정에 대해서 잠시 말씀드리겠습니다. 현재 학교 교육은 유년 과정 2년, 초등 과정 5년, 중등 과정 4년, 고등 과정 4년으로 되어 있습니다. 예전에 대학이라고 부르던 과정과 대학원 과정은 이름은 과거와 마찬가지로 대학 또는 대학원이라고 부르나 실제로는 학술연구 과정에 해당하고, 학교 교육 편제에는 들어가지 않습니다.

유년 과정은 만 6세가 되는 해의 3월에 입학하며, 2년 과정입니다. 교육의 목표는 함께 자라나는 아이입니다. 과거에는 유치원이라는 곳을 다니기도 하고 그 전에 어린이집을 다니기도 했는데, 요즘은 유년 과정에서 과거 유치원 과정을 대신하고 있고, 그전의 어린 나이에서는 부모님과 함께 지내는 것을 권장하다 보니 어린이집이라는 곳은 모두 사라졌습니다. 요즘은 가정도 대가족 형태가 많고 직업들도 자유로워서 어린아이들을 집에서 돌보는 시간을 내기가 쉬워서 이것이 매우 자연스럽고 일반적입니다. 교육 과정은 과거 유치원에서 배우던 과정과 비슷한데요, 한글 깨우치기, 셈하기, 그림 그리기, 춤 배우기, 노래 배우기, 체육 활동, 친구들과 함께 놀기, 예절 익히기 등을 배우게 됩니다. 부모님과 떨어져서 처음으로 다른 아이들과 접하는 과정을 통해 사회라는 것을 이해하며, 함께 살아간다는 것이 무엇인지 알고, 즐겁게 함께 지내는 방법들에 대해서 자연스럽게 체득하도록 하는 과정입니다.

초등 과정은 만 8세가 되는 해의 3월에 입학하며, 5년 과정입니다. 과거로 비교하면 초등학교 2학년부터 6학년이 지금의 초등 과정에 해당합니다. 교육의 목표는 희망을 배우는 어린이입니다. 설령 가정의 형편이 좋지 않더라도, 이 어린이가 학교에 와서 선생님을 만나고 친구들을 만나며 함께 공부하고 함께 뛰어놀다 보면 이 사회는 참으로 좋은 곳이고 이 나라에는 좋은 사람들이 참 많으며 나도 좋은 사람으로 자라나서 좋은 일을 많이 해야겠다는 생각을 가질 수 있도록 합니다. 과거에 명문 과학고등학교를 보내기 위해서 또는 명문 사립 고등학교를 보내기 위해서 아이를 초등학교부터 과도하게 학원과외를 시켰던 서울 강남에 사는 학부모들의 그릇된 교육관에 관한 이야기를 들은 적이 있습니다. 아이가 설령 공부를 잘해서 원하는 고등학교에 진학하고 또 명문 대학에 진학해서 좋은 직장에 들어간다고 해도 이는 지식만을 갖춘 사람이 되는 것이고, 마땅히 갖추어야 하는 인격과 올바른 가치관, 사회성을 과연 갖출 수 있을 것이라고는 생각하기 힘듭니다. 지금의 초등 과정에서는 상급 과정으로 나아가기 위해서 반드시 알아야 하는 필수적인 과목들을 소개하고 이해하며 친숙해지고 앞으로의 삶에서 어떻게 활용하게 되는지를 배우게 됩니다. 국어, 수학 등의 일반적인 과목들을 배우더라도 단순히 학문적인 내용만을 배우는 것이 아니라, 실제로 어른들이 그렇게 배운 것을 어떻게 올바르고 건전하게 활용하며 살아가고 있고, 그래서 이 사회에 어떤 유익이 되는지에 대해서도 사례별로 배우게 됩니다.

　중등 과정은 만 13세가 되는 해의 3월에 입학하며, 4년 과정입니다. 과거로 비교하면 중학교 1학년부터 고등학교 1학년까지의 기간이 지금의 중등 과정 기간에 해당합니다. 중등 교육 과정의 목표는 나를 알고 사회를 아는 청소년입니다. 이 시기는 생각이 자라고, 가치관이 형성되어 가며, 자기 정체성에 대한 고민이 시작되는 때입니다. 때로는 자신의 행동에 대해서 이해하지 못하기도 하고, 앞으로의 진로에 대한 막연함 때문에 방황하기도 합니다. 스스로가 누구인지를 알아가는 과정을 위해 철학 과목이 교육 과정에 포함되고, 심리적인 선호성과 유형을 알아보며 자신에게 맞는 진로를 찾아가는 심리와 진로 과목도 교과 과정에 포함됩니다. 현재까지 등장했던 사회의 체제들과 이념들에 대해서도 심도 있게 배우는 사회학 과목도 교육 과정에 포함되고, 과거 위인들의 삶을 통해서 자기 삶의 방향을 올바르게 세워나가는 인물역사학도 교육 과정에 포함됩니다. 다른 기본적인 과목들도 물론 빠짐없이 배우게 됩니다.

　고등 교육 과정은 만 17세가 되는 해의 3월에 입학하며, 4년 과정입니다. 과거로 비교하면 고등학교 2학년부터 대학교 2학년까지의 기간이 지금의 고등 과정 기간에 해당합니다. 사회에 진출하기 직전의 마지막 과정이므로 사회생활을 시작하기에 무리가 없도록 그리고 잘 적응해서 사회에서 쓸모 있는 역할을 해내는 인재들이 되도록 이끌어 주는 중요한 기간입니다. 고등 과정의 교육 목표는 나의 미래는 곧 우리의 미래입니다. 가치주의 시대를 살아가야 하는 사회 구성원으로서 반드시 알아야 하는 가치학에 대해서 배우게 되며, 이를 통해 가치주의의 배경과 원리 그리고 가치주의를 통해 이루고자 하는 우리 사회의 모습에 대해서 배우게 됩니다. 또한, 자연학과 인간학의 기초를 배우게 되는데 이를 통해서 자연과 조화를 이루며 살아가야 하는 존재로서의 우리 인간에 대해서 배우게 됩니다. 그리고 직업과 직무라는 과목을 통해 이 세상에 존재하는 직업에 대해 탐색하고, 심도 있게 알아보게 됩니다. 단순히 개별적인 직업에 대한 소개 말고도 직업을 통해 얻게 되는 삶의 애환이나 보람들도 느낄 수 있는 과정입니다. 창업학이라는 과목도 배우게 됩니다. 좋은 아이디어가 있고 이에 대한 뚜렷한 비전과 의지가 있을 때 창업을 통해 새로운 삶을 개척해 나가는 방법에 관해서 구체적인 사례와 실습을 병행하며 배우게 됩니다. 그리고 가장 중요한 홍익인간에 이념에 대한 교육에 대한 언급은 절대로 빼놓을 수 없겠지요. 마찬가지로 고등 과정에서도 언급하지 않았지만, 사회에서 필요로 하는 기본적인 과목들은 모두 교육 과정에 포함되어 있습니다. 고등 과정까지는 교육비는 모두 국가에서 지원하고 특별한 사유자를 제외하고 의무 교육입니다.

고등 과정까지 마치면 보통 사회에 진출하게 되는데 특별히 학문에 뜻을 두고 있는 경우라면 대학 과정에 진학할 수 있습니다. 하지만 이에 대한 교육 비용은 스스로 지급해야 하며, 보통은 사회에 진출한 이후에 스스로 필요하다고 판단해서 대학 과정에 들어가는 경우가 일반적입니다. 발달장애인이나 이에 따르는 일반 교육 과정의 참여가 현실적으로 불가능한 학생들은 다른 교육 과정이 마련되어 있으며, 이를 통해서 이들에게도 사회에서 함께 살아갈 길을 열어주고 있습니다.

교육을 백년지대계라 했는데, 한 치 앞도 내다보지 못하는 교육 정책으로 우리나라 교육계가 한참 욕을 먹던 시절이 있었습니다. 가치주의로 바뀐 지금 교육은 백년지대계를 넘어서 인생의 방향을 제시하고 그 길을 열어주며 사회를 복되게 만드는 중심축이 되었습니다. 아름다운 사회를 만들어 가는 아름다운 인재들을 바르게 자라날 수 있도록 올바른 교육 정책 개발에 맡은 소임을 다하고자 합니다.

봉사 및 나눔 관리자

안녕하세요. 국가민생본부에서 봉사 및 나눔 관리를 담당하고 있는 '나누미'입니다. 과거에는 봉사와 나눔 같은 것은 뜻있는 사람들만 하는 것이었는데요, 가치주의 시대로 접어들면서 특히 홍익지수라는 개념이 적용되고 나니 사람들의 생각이 많이 달라졌습니다. 거기다가 학교에서 배우는 교육들도 이런 것들을 강조하다 보니 사회 분위기도 많이 달라져서 나도 해야겠다는 생각으로 일부러 시간을 내서 참여하려는 사람들이 정말로 많아졌습니다. 그래서 제가 봉사와 나눔에 참여하려면 어떻게 해야 하는지에 대해서 잠시 설명해 드리고자 합니다.

먼저, 봉사는 특별한 재능은 아니어도 자신의 힘과 노력을 통해 다른 사람들을 대가 없이 돕는 것을 말합니다. 대한민국에는 많은 곳에서 봉사의 손길을 애타게 기다리고 있습니다. 봉사관리시스템에 들어가시면 전국봉사지도를 보실 수 있고, 이를 통해서 어디에서 어떤 봉사가 필요한지 쉽게 찾아볼 수 있습니다. 각 지방자치단체나 공공기관들 그리고 농촌, 어촌, 지역 단체, 병원, 재해나 사고 현장, 사회의 어떤 지역이든지 단체이든지 아니면 개인이라도 봉사의 손길이 필요하면 봉사관리시스템을 통해서 봉사가 필요한 내용을 올려놓을 수 있습니다. 내용을 몇 가지 살펴보면, 가장 먼저 재해 지역이나 사고 지역에서의 봉사입니다. 주로 재해 복구, 현장 정리 정돈, 구호품 전달 및 배급, 음식 조리 및 제공 등의 봉사입니다. 농번기 때는 농활 봉사도 있습니다. 농촌에서 한참 일손이 부족할 때 옛날에는 두레라고 부르는 공동으로 일을 해주던 문화가 있었습니다. 두레는 아니어도 우리 삶의 중요한 식량을 제공하는 농사라는 가치 있는 일에 요즘은 많은 사람이 흔쾌히 참여하고 있습니다.

재활이 필요한 사람들을 위한 재활치료 봉사라는 것도 있습니다. 사고나 병으로 몸의 거동이 힘든 분들은 재활운동이 꼭 필요한데요, 보호자가 온갖 집안일에 병간호에 재활운동까지 감당하는 것은 무척 힘든 일입니다. 따라서 집에서 재활치료를 하든지 아니면 병원에서 하든지 재활치료 봉사를 원하는 곳에 가서 일정 기간 그분들의 재활운동을 도와주는 역할을 하게 됩니다. 그분들이 마침내 재활에 성공해서 자리에서 일어나게 되면 무척이나 보람된 봉사입니다. 간호 봉사도 있습니다. 주로 직업 간호인을 쓰지 못하시는 분들을 위해 봉사 활동을 하시는 분들이 병간호하는 경우인데요, 병원으로 가게 되며, 환자와 가족분들에게 많은 힘이 될 수 있습니다.

장애인 돌보미 봉사도 있습니다. 처음에는 조금 어려울 수도 있는데요, 몇 번 해보시면 그렇게 어렵지 않다는 것을 알게 되실 겁니다. 장애인분들의 이동이나 기타 필요한 일들을 돕는 것인데요, 요즘은 장애인분들도 봉사자들의 도움을 받아서 사회에 도움이 되는 일들을 하는 경우가 많이 늘었습니다. 그 밖에 거리청소 봉사나 눈 치우기 봉사, 낙엽 치우기 봉사도 있습니다. 인공지능 청소 장비들이 청소 일은 담당하고 있기는 하지만 때로는 사람의 손길이 필요하거든요. 그 밖에도 많은 종류의 봉사를 봉사관리시스템을 통해서 실시간으로 확인하실 수 있습니다.

나눔에 대해서도 설명하겠습니다. 나눔이라는 것은 자신이 가지고 있는 재능이나 가치 등을 이를 필요로 하는 다른 사람에게 대가 없이 제공하는 것입니다. 나눔관리시스템에 들어가시면 역시 전국나눔지도가 있습니다. 현재 어디에서 어떤 종류의 나눔의 손길을 기다리고 있는지 실시간으로 그 내용을 상세하게 확인할 수 있습니다.

나눔의 종류는 크게 세 가지로 나뉩니다. 먼저, 재능 나눔입니다. 자신이 가지고 있는 지식으로 보육원에 가서 아이들을 가르치거나 어려운 가정에 가서 집수리를 해주는 것도 재능 나눔입니다. 병든 환자들이나 치매 노인들을 위해 밴드나 트로트 또는 합창 등의 공연을 하는 것도 재능 나눔입니다. 어려운 가정을 방문해서 가전제품을 고쳐 주는 것도 재능 나눔이고, 보육원에 있는 피아노를 조율해 주는 것도 재능 나눔입니다. 생각보다 많은 재능 나눔의 일들이 가능합니다.

그다음은 가치 나눔입니다. 자신이 가지고 있는 가상가치를 기부하는 것인데요. 기부하는 구체적인 방법은 가치거래소의 가치거래시장 관리자께서 이야기해 주신 것으로 알고 있습니다. 필요로 하는 곳에 음식을 나누는 것도 그리고 전기나 에너지를 나누는 것도 가치 나눔에 해당합니다.

마지막으로 사랑 나눔이 있습니다. 주로 부모 없는 어린이들을 위한 일입니다. 어릴 때에 의지할 부모가 없다는 것은 아이들에게는 형언할 수 없는 슬픔입니다. 아이들이 정상적으로 자라나기 위해서 가장 중요한 것은 사랑을 받는 것입니다. 이런 아이들의 엄마가 되어 주고 아빠가 되어 주는 것입니다. 일주일에 한 번 시간이 되면 그 이상이라도 방문해서 같이 놀아주고 놀이공원에 데리고 나가기도 하며 이야기하고 안아주고 사랑해 주면 이 아이들은 분명히 받은 그 사랑을 사회에 돌려주는 사람으로 바르게 성장할 수 있습니다.

  제가 다 언급하지는 못했지만, 여러 형태의 봉사와 나눔이 있습니다. 과거에도 이런 일들이 있기는 했으나 정보를 얻기 어려웠고, 체계적이지도 못해서 정말로 도움이 필요한 곳에는 아무도 찾아가지 않거나 어떤 곳에는 도움이 넘쳐나는 일들이 다반사였습니다. 게다가 도움을 주더라도 그 제공자에게는 아무런 혜택이 없어서 이에 대한 의욕이나 공급을 지속적으로 고취시키기가 쉽지 않았습니다. 하지만 지금은 모든 관리가 체계적이어서 어디에서 어떤 도움이 얼마만큼 필요한지 누구라도 쉽게 알 수 있고, 다른 분의 도움의 제공되는지도 알 수 있어서 도움의 중복이나 모자라는 일은 거의 일어나지 않고 있습니다. 거기다가 봉사나 나눔이 홍익지수에 반영되는 시스템이기 때문에 이를 통해서 획득된 명예가 도움을 제공한 사람에게도 다시 이익으로 돌아가도록 되어 있습니다. 과거에 재원을 마련해서 무상으로 제공하는 복지 시스템은 분명히 한계가 있을 수밖에 없었지만, 지금은 특별한 재원 없이도 어려운 이웃들에게 필요한 도움이 제공되고 있고, 이보다 더 중요한 진심과 사랑도 전해지고 있습니다. 나누면 커지는 것이 사랑이라는 말이 정말로 맞는 말인 것 같습니다.

장애인 교육 및 직업 관리자

누구에게나 그 인생은 의미가 있습니다. 그리고 누구에게나 그 인생은 아름다워야 합니다. 하지만 선천적으로 장애를 안고 태어나거나 후천적으로 장애가 발생한 경우에는, 삶을 통해서 다른 사람들에게 도움을 주기보다는, 다른 사람들의 도움이 필요한 현실적인 여건으로 인해 그 삶이 비록 아름다울지라도, 자신도 혹은 다른 사람들도 그렇지 못하다고 여기게 되는 경우가 많이 있습니다. 장애인은 스스로가 불편하기는 해도 사회를 불안하게 하거나 문제를 일으키는 사람들이 아니며, 오히려 우리가 함께 보듬고 나아가야 하는 우리와 똑같이 생각하고 우리와 똑같이 살아가야 하는 사람들입니다. 안녕하세요. 교육부 소속으로 평생교육청에서 장애인 교육 및 직업 관리를 담당하고 있는 '윤보람'입니다.

가치주의를 시작하면서 장애인들에 대한 복지 정책도 달라졌습니다. 과거의 정책은 장애인연금이나 장애수당의 지급 혹은 기타 장애 관련 혜택, 또는 장애인 고용 업체로의 취업 지원, 그리고 그러한 회사들에 대한 장애인 고용 시 지원이나 장애인이 생산한 제품의 구매 유도 그리고 장애인 관련 시설 설립 및 운영 등이었습니다. 장애인들을 배려하고 있으며, 사회에서 장애인들의 불편한 점들과 생활 여건을 개선하기 위해 노력하고 있다는 것은 분명했으나 무언가 충분하지는 않다는 생각을 하게 되는 정책들이었습니다.

가장 중요한 점이 장애인들이 누군가의 도움을 받으며 살아가야만 하는 것이 아니라 일반인들과 마찬가지로 장애인 스스로가 독립적인 삶을 개척해 나갈 수 있어서 삶의 의미를 찾고 보람을 찾을 수 있도록 하려는 배려가 부족하다는 점입니다. 지금의 장애인들을 위한 정책은 장애인 스스로가 일반인과 마찬가지로 직업을 갖고 이를 통해 동일한 가치를 창출해서 사회에 기여하고, 스스로도 삶의 의미와 보람을 찾을 수 있도록 하는 데에 집중하고 있습니다. 물론 모든 장애인들이 일반인들과 동일한 직업을 가질 수 있는 조건은 아니기에 일반인들과 차이가 없는 직업을 가질 수 있도록 장애인들을 교육하고, 관련 지식과 경험을 갖추도록 도와주고 배려하고 있습니다. 물론 장애의 종류에 따라서 일반인이 갖는 직업을 갖기가 불가능한 경우도 있습니다.

발달장애와 정신장애의 경우는 직업을 갖는 것이 거의 불가능하다고 봅니다. 그리고 정신은 멀쩡하더라도 신체의 기능이 워낙 좋지 않아서 호흡기 혹은 장기 등의 기능 부족으로 정상적인 교육을 받기도 힘들고 직업 활동이 전혀 불가능한 경우도 있습니다. 이러한 경우는 기존의 방식과 유사한 장애인들을 위한 복지 정책의 혜택을 받게 됩니다. 정상인들과 유사한 직업을 가질 수 있는 경우는 시각장애인, 청각장애인, 과거에는 언어장애인이라고 불리던 음성장애인, 그리고 정신은 멀쩡하나 신체가 불편한 지체장애인, 마지막으로 뇌전증장애인들입니다.

먼저, 시각장애인은 청각이나 음성을 위주로 하는 직업을 선택하면 좋으며, 청각을 활용하는 것은 일반인보다 더욱 뛰어난 경우가 많습니다. 음악 관련 악기 연주, 합창, 작곡도 가능합니다. 또는 말을 해서 누군가를 가르치는 직업도 좋습니다. 철학, 심리학, 역사학, 사회학 등 거의 교육이 가능한 한 거의 모든 분야에 대해서 일반인들과 마찬가지로 배울 수 있고, 자신이 배운 것을 가르치는 교사 등의 직업을 선택해서 삶을 영위할 수 있습니다. 대부분의 교육 자료들이 점자화와 음성화가 되어 있어서 다소 불편함이 있더라도 교육은 충분히 가능합니다. 물론 장애인들을 위한 교육 시스템을 통해서 장애인들이 교육을 받을 때의 불편한 점들이 최소화되도록 사회적인 충분한 뒷받침은 이루어지고 있습니다. 시각장애인들의 손쉬운 이동을 위한 시각장애인 전용 차량 및 보행 보조 수단이 이미 개발되어 있어서 직장에 출퇴근해야 하는 경우도 전혀 문제가 되지 않습니다. 물론 대부분의 시각장애인들은 재택근무를 선택하게 되기는 합니다. 요즘은 가상현실시스템이 발달하다 보니 시각장애인에게 가상적으로 현실의 시각 정보를 전달해 주는 장치도 개발 진행 중인데 상당히 효과가 있는 것으로 연구 결과가 나오고 있어서 조만간에 현실화되면 시각장애인들이 선택할 수 있는 직업의 범위는 상당히 늘어날 전망입니다.

청각장애인과 음성장애인은 시각을 활용한 직업이 좋습니다. 대표적인 직업이 화가나 디자이너입니다. 바둑 기사나 컴퓨터 프로그래머 등도 상당히 잘 어울립니다. 실제로 청각장애인들 중에서 이런 직업에 진출해서 일반인들보다 뛰어난 능력을 발휘하는 분들도 많이 있습니다. 요즘은 음성장애인을 위한 의사 표현 장치가 한참 개발 중입니다. 말하고자 하는 자기 생각을 나타내는 뇌의 신호를 읽어 들여서 이를 음성으로 변환해서 실제의 소리로 송출하는 장치입니다. 청각장애인을 위해서는 상대방의 음성을 자신의 뇌가 이해할 수 있는 신호로 변환해서 전달하는 장치도 개발 중입니다. 이러다가는 시각장애인, 청각장애인, 음성장애인들 모두 장애인의 자격을 박탈당하는 시대가 곧 올지도 모른다는 생각이 듭니다.

그다음은 지체장애인들인데요, 이런 분들도 교육을 통해서 정상적인 직업을 가질 수 있습니다. 다만, 조금은 자유롭고, 재택근무를 할 수 있는 직업을 선택하는 것이 유리하겠지요. 주로는 자기 생각을 표현하는 글쓰기가 어울리는 직업이 됩니다. 시나 소설 같은 문학적인 글을 쓰는 것도 가능하지만, 철학이나 역사학 등을 공부해서 새로운 사상이나 이념을 내놓거나 역사평론을 쓰거나 하는 것도 가능합니다. 다만, 이런 분들이 정상적인 직업을 가질 수 있도록 교육을 시키는 과정이 무척 어렵고 힘이 드는데요, 이를 위한 많은 전문 인력들이 있고, 필요한 교육시설과 장비들도 개발되어서 많이 활용되고 있습니다. 또한, 이분들의 생각과 의사가 좀 더 빠르게 표현되고 전달되도록 음성으로 그리고 글로써 표현될 수 있는 장치도 한창 개발 중입니다.

뇌전증장애인은 가끔씩 뇌 기능의 일시적인 마비 증상이 오지만 물론 정상적인 직업인이 될 수 있습니다. 일반인들처럼 모든 교육을 받는 것이 가능하고, 정상적인 사고와 생각에는 아무런 문제가 없습니다. 비정상적인 뇌 기능 이상의 경우를 대비해서 가능하면 재택근무가 권장되고, 재택근무가 가능한 거의 모든 직업의 선택이 가능합니다. 이런 분들은 생활 중에 갑작스럽게 일어날 수 있는 뇌 기능의 이상 징후를 발견해서 이에 대해 신속하게 도움을 줄 수 있는 사회적인 시스템이 마련되어 있습니다.

우리나라에 거주하는 모든 사람들은 국가를 지탱하고 발전시키는 소중한 인재들입니다. 장애인분들도 예외가 아닙니다. 이분들이 있기에 사회가 더 아름다울 수 있으며, 이분들이 있기에 우리의 부족한 부분들도 채워지며, 우리가 생각하지 못하고 해결하지 못한 것들도 답을 찾게 되는 경우도 많습니다. 우리 모두는 행복해야 하며, 장애인들도 그래야 합니다. 아니 장애인들이 있기에 우리 모두가 행복할 수 있는 길이 열리는지도 모릅니다. 지금은 정말로 더불어 살아가는 세상이고, 우리 모두가 구별 없이 주인입니다.

사회부 사회복지 담당자

안녕하세요. 사회부 소속 국가민생본부에서 사회복지 업무를 담당하고 있는 '손자바'입니다. 오늘날에는 모든 사회복지사가 사회부 소속으로 되어 있습니다. 그것은 과거에 사회복지 혜택이 때로는 중복되기도 하고 때로는 모자라기도 해서 복지의 불균형이 발생했었기 때문이며, 지금은 사회복지에 관한 모든 사항이 국가에서 관리되며, 국가사회복지시스템을 통해서 체계적으로 이루어지고 있습니다.

사회복지는 먼저 사회복지 수요를 조사하는 것부터 시작됩니다. 전국에 산재한 보육원들과 양로원 등 각 사회복지 기관들로부터 사회복지 수요에 대해 세밀한 정보를 받기는 하지만, 정확한 실태 조사가 필요하므로 직접 현장에 방문해서 전문적으로 이에 대해 면밀한 조사를 하시는 분들이 계십니다. 예를 들어서, 보육원의 경우 얼마나 많은 아이가 있는지, 아이들의 나이는 어떠한지 어떤 경로를 통해서 들어오게 되었는지, 그리고 다시 부모를 찾을 가능성은 있는지, 양육 시설의 현황은 어떠한지, 선생님들은 몇 분이 계시고 어떤 분들인지, 아이들을 위한 교육 현황은 어떠한지 등 파악해야 할 사항이 무척 많으며, 이렇게 파악된 정보는 주기적으로 재점검을 통해 최신의 정보로 업데이트해야 합니다. 다른 사회복지 기관들도 마찬가지입니다.

그다음은 어떠한 복지 혜택이 필요하고 어떻게 공급해야 하는지를 산정하는 복지 계획을 짜게 됩니다. 먼저 부모 없는 아동들에게는 교육 기회 제공과 부모의 사랑을 대신할 수 있는 사랑 나눔의 혜택을 고려하게 됩니다. 물론 기본적인 생활은 보육원에서 모두 이루어지게 되고, 양쪽 부모의 사망이 확인된 경우를 제외하고는 부모를 다시 찾을 수 있도록 찾아주는 역할만을 전문적으로 담당해 주시는 분들도 계십니다. 다른 아이들과 마찬가지로 학생 교육 과정을 통해 유년·초등·중등 및 고등 과정 교육을 받게 되며, 장애아동의 경우 장애 학생 교육과정을 밟게 됩니다.

사랑 나눔의 경우 나눔관리시스템을 통해 일반인들의 도움을 받게 됩니다. 물론 아이들의 나이와 성향 등을 최대한 고려해서 지원자 중에서 가장 적합한 분들을 마음의 부모로서 선발하게 되며, 아이들에게 어떤 것들을 제공해야 하는지를 미리 교육을 받도록 하고 있습니다. 빈곤층이나 생활 여건이 안 되는 의지할 곳 없는 노인들에게는 먼저 일자리 제공을 고려하게 됩니다. 신체적·정신적 건강 상태에 맞는 일자리로서 쉽게 배울 수 있고 그 일을 통해서 사회적인 기여도 하고 가상가치도 적립해서 생활에 도움이 되도록 일자리를 알선하고 있으며, 직업 관리를 담당하는 분께 도움을 받게 됩니다. 그러고 나서 생활의 여건을 자세히 살펴서 꼭 필요한 경우에 대해서는 공동생활주택에 기거할 수 있도록 하고 있습니다. 공동생활주택은 사회복지를 위해 지어진 집으로 해당 요건이 되는 분들만 해당 요건을 만족하는 기간 동안만 기거할 수 있습니다. 여기서는 기본적인 생활이 가능하도록 식료품과 생활용품들이 제한적으로 제공됩니다.

가난하고 의지할 곳 없는 미혼모도 교육과 직업의 기회 제공 및 아이를 양육할 수 있는 미혼모를 위한 공동생활주택 등의 복지 혜택을 제공하게 됩니다. 장애인들의 경우는 장애인들을 위한 교육과 장애인들을 위한 직업의 기회 및 필요에 따라 장애인 공동생활주택의 기거 혜택이 제공됩니다. 치매 노인들과 같이 장기요양 환자들에게는 장기 요양원이나 요양병원에 들어가게 되며, 자녀나 보호자에게 형편에 맞게 요양비용이 발생합니다. 그다음에는 실제로 복지 혜택이 복지 수요자에 제대로 전달될 수 있도록 시행하는 것입니다. 국가의 사회복지시스템을 통해서 관리하며, 저희 사회복지사들이 지역이나 특성별로 분담해서 복지 혜택 공급이 제대로 이루어지도록 관리하게 됩니다.

국가의 사회복지시스템은 단독으로 존재하는 것이 아니며, 교육 관리, 산업 및 직업 관리, 나눔 및 봉사 관리, 그리고 가상가치 관리와도 모두 연계가 되어 있습니다. 기본적인 취지는 형편이 어렵다고 해서 그리고 몸이 불편하다고 해서 또는 배운 것이 없다고 해서 아니면 할 수 있는 것이 없다고 해서 무조건 복지 혜택을 제공하는 것이 절대로 아닙니다. 필요하면 교육의 기회를 제공하고, 필요하면 직업의 기회도 제공하며, 필요하면 최소한의 삶의 여건도 제공하면서 스스로 살아갈 수 있도록 도와주며, 가능하면 사회적 가치를 창출할 수 있도록 해서 사회의 일원으로서의 삶에 의미를 부여하게 됩니다. 복지의 공급에 대해서도 기본적으로는 사회 구성원들의 도움을 먼저 받고, 그래도 부족한 부분에 대해서만 국가가 지원하게 되며, 이 모든 것이 체계적으로 관리되도록 해서 복지의 과잉이나 부족이 일어나지 않고 꼭 필요한 곳에만 최적의 공급이 일어나도록 합니다.

과거에는 나이 드신 분들이 집에서 거의 쉬시다 보니 몸에 병도 많았고 가진 것이 별로 없으시면 복지 혜택을 드릴 수밖에 없는 경우가 많았습니다. 극빈층들도 많이 있었고, 고아들이나 미혼모들도 많이 생겼는데요. 지금은 나이 드시고도 100세까지도 너끈하게 일하시니 웬만하면 건강하시고, 교육과 직업의 기회들이 많이 있어서 아이를 버리는 미혼모도 거의 드문 일이 되어 버렸습니다. 물론 극빈층들도 거의 없고요. 거기다가 많은 국민이 여러모로 도와주기도 하고요. 그래서 국가에서 복지 혜택 제공을 위해 쓰는 비용이 그렇게 많지 않습니다. 그래서인지 요즘은 국가에서 해외 국가를 위한 복지를 계획하고 있습니다. 가만히 누워서 국가가 무언가를 해주기를 바라던 모습에서, 스스로 무언가를 할 수 있는 시스템이 잘 갖추어진 지금의 모습이야말로 진정한 복지의 모델이 아닐까요?

보건부 보건 정책 담당자

안녕하세요. 국가 보건 정책을 담당하고 있는 보건부 소속 탁월한입니다. 사람들의 건강은 건전한 생각과 적당한 노동 또는 일 그리고 적절한 음식과 휴식에서 비롯됩니다. 또한, 정신적 건강은 육체적 건강을 이끌게 되며, 정신적 건강의 피폐는 바로 물질적 욕심에서 비롯된다는 것이 자연학자들과 인간학자들에 의해 밝혀졌습니다. 물질적인 욕심은 붉은색 육류와 동물의 내장이나 뼈 같은 물질적인 성질이 강한 음식들을 선호하게 하며, 이것들은 섭취로부터 배설까지의 대사를 빨라지게 만들고, 생체 시계가 빠르게 흘러가서 노화도 촉진됩니다. 이로 인해 신체의 각 부분 및 기관에 이상 증상을 일으키게 하고 암이나 고혈압 그리고 당뇨 같은 여러 가지 성인병을 일으키게 되고, 단백질 소화 시 필연적으로 발생하는 독성물질들로 인해 루푸스나 류머티즘 관절염 같은 자가면역계 질환들이 유발된다는 것입니다.

과거의 의료 정책은 단순하게 환자들에게 보험이라는 혜택을 제공하는 것과 치료 이 두 가지라고 말씀드릴 수 있습니다. 순서를 거꾸로 말씀드리는 것이 낫겠네요. 병이 있으면 치료는 해주는데 비용이 비싸니까 보험을 통해서 치료비를 평소에 미리 나누어서 내도록 해주겠다는 논리입니다. 이런 정책 방향이 맞으려면 몇 가지 전제 조건이 필요합니다. 먼저, 올바른 치료의 방법인가라는 확신이 필요하고, 치료비가 적절하다는 가치 산정 근거가 필요하며, 보험이라는 방법으로 강제하는 것이 합리적임이 증명되어야 합니다.

　이제부터 이들 세 가지 전제 조건에 대해서 말씀드리고, 오늘날의 의료 정책에 대해서 말씀드리겠습니다. 그동안 과학계가 많은 발전을 이루었듯이, 의학계도 많은 발전을 이루었습니다. 많은 발전을 이루었다고 해서 못 고치던 병들을 이제는 치료할 수 있게 되었다는 뜻은 아닙니다. 우리가 그동안 알고 있었던 의학 지식이 많이 잘못된 것이고, 그동안 시행했던 치료법 중에 상당수가 잘못되었다는 것을 제대로 알게 된 것입니다. 더불어 우리의 인체가 그리고 질병들이 우리가 알고 있던 것보다 훨씬 더 이해하기 어려운 복잡한 구조이고, 우리가 넘기에는 너무도 높은 산이라는 것을 알게 된 것입니다. 그전에는 인류의 의학적인 지식이 상당하다고 생각했었는데, 지금은 그 지식이 정말로 보잘것없으며 우리가 모르는 것이 너무도 많다는 것을 알게 되었습니다. 과거에 현대의학에서 시행했던 잘못된 치료들에 대해서는 의사분께서 몇 가지 사례를 들어서 설명해 주실 것입니다.

　조금 전에 말씀드렸던 대로 올바른 치료 방법인가라는 질문에 과거에는 그렇지 않았다는 것이 그동안 많이 밝혀져 왔습니다. 치료가 올바르지 않다면 그렇게 치료받을 필요도 없고, 치료비를 부담할 이유가 없다는 이야기입니다. 대표적인 경우가 감기, 고혈압, 당뇨, 뇌졸중, 심장질환, 혈관 질환 등의 대사질환들, 각종 항암 치료들, 루푸스나 루게릭병 같은 자가면역질환에 대한 치료들입니다. 그 밖에 스트레스성 질환들인 경우도 모두 해당합니다. 소화불량, 위염, 과민성대장증후군, 탈모, 불면증, 신경성 치통, 두통 등입니다. 또한, 알레르기성 질환들로 해당합니다. 알레르기성 비염, 결막염, 아토피, 천식, 피부 질환 등입니다. 그리고 일반적인 치매인 혈관성치매도 포함됩니다. 모두 다 일반적인 내과계통 질환과 기타 질환들이며, 올바른 치료의 방법은 약물이나 수술 또는 방사선치료 등이 아니라 정상적인 생활 습관과 건전한 마음의 상태 그리고 적절한 운동을 통해 몸의 신진대사가 정상적으로 이루어지게 하며 이를 통해서 면역계가 정상적인 활동을 하도록 하는 것입니다. 물론 의약업계에서는 원하지 않는 치료 방법이겠지만요.

물론 질환이나 병의 진행이 많이 이루어지기 전에 조기에 진단하고 신속하게 조치를 하는 것이 중요합니다. 정상적인 생활 습관이라고 하면, 육식과 유제품을 완전히 끊고, 술과 담배는 모두 끊으며, 채식을 하는 것과 잠을 충분히 자고, 좋은 공기와 좋은 물을 마시고, 적절히 일하며 음악이나 미술 등의 취미나 여가 활동을 통해 스트레스를 날려 버리는 것입니다. 이런 질환이나 병은 정상적인 생활에서는 걸리지 않으며, 그렇지 않은 비정상적인 생활이 장기화하면 이런 질환이나 병이 생기게 되고 진행하다가 더 발전하다가 나중에는 큰 문제를 일으킵니다.

따라서 지금은 이런 병이나 질환을 미리 예방할 수 있도록 모든 국민이 정기적으로 간단한 검사를 통해 문제 여부를 점검하게 되어 있습니다. 혈액, 소변, 체지방 및 체형 검사만으로도 질환이나 병이 발생할 만한 조건이 되는지를 쉽게 파악할 수 있으며, 이상한 소견이 있으면 정밀 검사를 받게 되어 있습니다. 하지만 가치주의로 바뀌면서 우리의 문화에도 많은 변화가 생겨서, 사람들이 육식을 거의 하지 않으며, 1일 2식 문화에 술도 거의 하지 않고, 담배는 금지되었습니다. 직업 생활을 통해서도 시간적인 여유가 많이 생겨서 스트레스도 거의 받지 않고, 화를 내거나 싸우는 일도 거의 찾아보기 힘들어졌습니다. 따라서 대부분의 사람들의 생활 습관이 정상적이기에 이런 질병이나 질환이 문제가 되는 경우가 드물어졌습니다.

과거에는 이런 질병이나 질환이 정말로 많았고, 이에 대한 잘못된 치료와 과잉 진료, 약물 및 수술 남용이 대부분이었으며, 이를 통해 많은 치료비가 필요했고 건강보험의 재정을 악화시키는 주요 요인으로 작용했습니다. 물론 이 덕분에 의약업계는 수익을 상당히 올렸고 의사분들도 그랬습니다. 요즘은 이런 질환이나 질병으로 보건 재정이 축나는 일은 거의 없습니다. 다른 측면의 병이나 질환들도 있는데요, 감염성 질환들과 염증성 질환들, 상해성 질환들이 그것입니다. 이런 경우는 병원의 정상적인 치료가 필요하며, 따라서 이에 대한 기존의 치료 방법에는 문제가 없다고 봐야 합니다.

요즘은 생활환경도 과거보다 더 위생적이고, 물이나 공기도 좋아졌고, 사람들이 건전한 생활 습관으로 면역력이 많이 증진되었으며, 치안도 좋아지고 교통체계나 안전체계도 확실해져서 사고가 거의 일어나지 않기 때문에 실질적으로 사람들이 병원에 갈 이유가 거의 없어졌습니다. 그러나 만약의 사태에 대비하기 위해 의료기관은 많은 환자가 발생하더라도 문제가 없도록 병원의 대응 능력과 체계는 제대로 갖추고 있으며, 의료 인력들도 필요한 적정 수준을 항상 유지하고 있습니다. 다만, 의료 활동 자체가 잘 발생하지 않기 때문에 의사분들이 보통 다른 직업을 동시에 가지고 있는 경우가 대부분입니다. 다른 일들을 하다가 의료 활동 건이 발생하면 병원으로 방문하는 것입니다. 보건의료 관련 소요 비용 중에서 솔직히 병원이나 의료 인력의 유지 비용이 가장 많은 비중을 차지하고 있다고 보시면 됩니다.

두 번째 질문이었던 치료비의 적절성에 대해서는 요즘은 가치 산정을 통해서 활동의 가치가 정확하게 산출되기 때문에 절대로 과도하게 산정되지 않으니, 이에 대해서도 그렇다고 보시면 됩니다.

마지막 질문은 보험이라는 방법을 강제하는 것이 합리적인가라는 것이었습니다. 가치주의 채택 이후 이자라는 개념이 사라졌고, 따라서 보험이라는 업종도 사라졌습니다. 또한, 의료비가 과도하지 않으며 의료 활동 자체도 많이 발생하지 않습니다. 따라서 건강보험제도는 존재하지 않으며, 진료나 치료 건이 발생하게 되면 개인이 스스로 해당 건에 대한 비용을 가치 정산하게 되고, 혹시라도 보유하고 있는 가치가 부족한 경우에는 국가에서 보건 재정으로 이에 대한 치료 비용을 보전하게 됩니다.

요즘의 국가의 보건 의료 정책은 예방과 문화 그리고 긴급 상황 대비입니다. 예방을 위해 정기 점검 체계가 갖추어져서 운영 중이고, 문화는 이미 가치주의로 전환 이후에 육체와 정신이 건강을 유지할 수 있는 문화로 자연스럽게 바뀌었습니다. 만약의 사태에 대한 대비도 의학 연구나 신약 연구, 보건 체계 및 시설과 보건 인력 등의 적정성에 대해서 항상 철저하게 준비되어 있습니다. 보건의 시작과 끝은 우리의 생활이고 우리의 문화 그 자체입니다.

의사

안녕하세요. 내과 전문의 '진요중'입니다. 앞에서 보건 정책 담당자께서 말씀하셨듯이 과거의 잘못된 치료와 그 이유에 대해서 몇 가지 사례를 말씀드리겠습니다. 과거에 의약업계의 가장 큰 수입원은 감기와 암에 대한 치료였습니다. 감기는 바이러스가 우리 몸에 침투해서 일어납니다. 침투의 경로는 호흡기입니다. 증상은 두통, 오한, 콧물, 기침, 가래, 고열, 인후통 등입니다. 이러한 증상을 일으키는 감기를 해결하기 위해 과거에는 약이나 주사에 의존했습니다. 몸에 열이 나니까 해열제도 쓰고, 두통약에, 콧물약에, 가래약에, 기침약 등을 쓰거나, 감기에 걸리면 으레 병원에 가기도 하고, 병원에 가면 의사가 증상을 물어보고 입안을 확인하고 나서 주사를 맞거나 각종 약을 처방받는 것이 일반적이었습니다. 그런 약물들에 대해 아무런 의심도 하지 않은 채 말이죠.

당시의 현대의학이라고 불리던 서양의학은 대증요법이라는 치료 방법을 썼습니다. '대증(對症)'이라는 말은 증상에 대항한다는 뜻이고, 여기가 아프면 여기를 치료하고 저기에 무엇인가 생겼으면 그것을 떼어내고, 이런 식으로 증상에 대해서 곧이곧대로 대응하는 방식이었습니다. 반면에 동양의학은 증상이 일어난 원인을 파악해서 그것을 치료하는 원인 요법을 사용했습니다. 병원에서의 감기 치료는 물론 대증요법이며, 증상만을 해결하려는 조치입니다.

바이러스 자체가 감기의 원인이기 때문에 바이러스를 잡기 위해서 제약업계에서는 신약 개발 연구도 한참 했던 적이 있습니다. 주로 미국이나 영국 등의 선진국들이었는데요, 결과는 인간이 바이러스에게 참패했습니다. 감기를 일으키는 바이러스는 한 종이 아니라 알려진 것만 해도 수백 종이 넘어갑니다. 이 모두를 잡을 수 있는 약을 개발하는 것도 불가능하며, 그중에서 몇 종을 치료하는 약을 개발했다고 해도 개발이 끝나면 이미 그 바이러스는 없어지거나 변종이 되니 약을 개발할 수가 없는 것입니다. 신약 개발 기간까지 생각하면 개발이 끝나면 있지도 않은 바이러스를 잡기 위해 약을 개발한 꼴이 되는 겁니다. 바이러스를 직접 치료할 수 있는 약을 만들 수 없으므로, 그래서 감기의 원인인 바이러스 자체를 치료하는 방법은 없지만 감기의 증상인 열, 기침, 가래, 콧물 등을 해결하는 약들이 나오게 된 것입니다. 그러면 이러한 대증치료약들이 우리 몸에 어떤 일들을 일으키는지를 알아보겠습니다.

보통 사람들은 바이러스가 들어와서 이런 증상들을 일으킨다고 생각하는데요, 그 조그마한 바이러스가 우리 몸에 들어와서 그렇게 높은 열을 만들어 내는 것이 과연 맞는다고 생각하시나요? 그런 열을 만들어 내려면 엄청난 에너지가 필요한데 이게 말이 안 된다는 것은 누구나 쉽게 알 수 있습니다. 그러면 누가 그 열을 만들어 낼까요? 그건 바로 우리 몸의 면역입니다. 우리 몸의 면역은 감기 바이러스가 열에 약한지를 이미 알고 있습니다. 그래서 몸에 열을 내서 바이러스를 퇴치하려는 면역 반응이 일어난 것이지요. 날씨가 추운 겨울에 감기에 자주 걸리게 되는 이유는 바이러스들이 대부분 그런 온도 조건에서 잘 증식하고 온도가 올라가면 더는 증식할 수 없기 때문입니다. 감기 말고도 예전에 가축들이 자주 걸렸던 조류인플루엔자나 구제역이 유독 겨울에 창궐했던 것도 같은 이유입니다. 그런데 사람들은 감기 때문에 몸에 열이 난다고 해서 해열제를 먹는 처방을 이상하다고 생각하지 않았습니다.

콧물도 마찬가지입니다. 콧물이 나는 이유는 적군이 성문을 통해 우리 진영으로 계속 쳐들어오고 있으면 성문을 닫아서 더 이상의 적군 침투를 막는 것과 같은 이유의 면역 반응입니다. 바이러스 침투 경로는 호흡기이며 주로 콧구멍을 통해 들어오기 때문에 콧물을 만들어 내서 더 이상의 침투를 막고 이미 침입한 바이러스도 콧물에 의해 걸러질 수 있도록 하는 것입니다. 그런데 콧물이 멎도록 하는 약을 먹게 된다면 아주 이상한 일이겠지요. 콧물은 굳이 바이러스가 아니더라도 이물질에 의해서 반응하는 것이기 때문에 감기가 아니더라도 종종 나게 됩니다.

가래는 이미 기관지로 들어간 바이러스를 밖으로 배출하려고 생기게 됩니다. 당연히 필요한 면역 반응인데 이 또한 가래를 삭이는 약을 먹는다면 참으로 어처구니없는 대응이라고 할 수 있습니다. 기침은 가래가 잘 배출되도록 도와주는 반응인데 기침이 나지 않게 하는 약을 먹는다는 것이 얼마나 어리석은 일인지 자명하겠지요.

한 가지 더 말씀드리자면, 감기가 많이 심해지면 식욕이 떨어져서 입맛도 몹시 쓰고, 식사하고 싶은 생각이 전혀 들지 않게 됩니다. 이 또한 면역의 자연스러운 반응인데 병원에 가면 병원마다 다르지만 2알에서 심지어는 10알까지나 되는 약을 처방하면서 식사 후 30분마다 약을 먹어야한다고 하며, 약을 먹기 위해서는 식사를 해야 한다고 이야기합니다. 그리고 주변에서 흔히들 감기는 잘 먹어야 낫는다면서 감기에 걸리면 식사를 억지로라도 하게끔 적극적으로 유도하기도 했습니다. 과연 식사하는 것이 맞을까요? 아니면 식욕이 전혀 없으므로 식사를 하지 않는 것이 맞을까요? 정답은 몸이 알려주는 것이 무조건 옳다는 것입니다. 감기가 심각한 상태로 진전되면 우리 몸에서는 강력한 퇴치 방법을 동원하게 되는데 그것이 고열입니다. 인간이나 바이러스나 모두 단백질로 구성되어 있고 단백질은 온도의 변화에 매우 민감하고 취약한데, 다세포로 되어 있는 우리 몸은 열을 견뎌낼 수 있는 구조이지만 바이러스에게는 치명적일 수밖에 없습니다. 이러한 열을 내리면 몸에 축적하고 있는 에너지를 충분히 동원해야 하는데, 만약에 식사를 하게 되면 식사한 음식물을 소화하기 위해 많은 에너지를 소화 에너지로 빼앗기게 됩니다. 따라서 몸에서는 이럴 때 식욕을 떨어뜨려서 바이러스와 일대 전쟁을 준비하는 것인데, 우리가 억지로 밥을 먹게 된다면 그것도 많이 먹게 된다면 우리 몸의 면역계로서는 참으로 난감하겠지요. 이처럼 대증요법의 약으로 감기라는 증상에 대응하는 것은 시간이 지나면 어차피 감기는 낫게 되겠지만, 참으로 어리석고도 잘못된 조치이고 치료였습니다.

그렇다면 그때는 왜 이런 치료법을 선택했을까요? 감기라는 증상이 의약업계에서는 포기할 수 없는 시장이었기 때문입니다. 암을 제외하고 가장 큰 이익을 가져다주는 시장인데 포기할 수 없는 것은 당시 자본주의의 논리였기에 당연한 결과였을 것입니다. 없는 병도 만들어서 수익이 창출해야 했던 의약업계였으니까요. 감기라는 것은 간단한 증상이지만 누구에게나 매년 꾸준히 발생하기 때문에 이를 치료의 대상으로 삼는다면 장기적으로도 안정적인 수입원이 창출되는 것이었지요. 그래서 사람들이 감기를 약이나 진료를 통해서 치료하도록 TV 광고도 꾸준히 하고, 제약업계에서는 의사들에게 감기약을 처방하도록 여러 유인책을 쓰기도 하며, 의사는 감기 증상으로 병원에 온 사람들을 치료해야 하는 환자로 분류해서 주사를 놓거나 처방전을 써서 약을 사서 먹게끔 유도하는 것입니다.

사실 감기는 몸에서 휴식이 필요하다고 알려주는 신호입니다. 몸에서 원하는 대로 배가 고프면 먹고, 식욕이 없으면 먹지 말고, 추우면 따뜻하게 하고, 피곤하면 이불 뒤집어쓰고 푹 자면 금방 해결되는 그런 증상일 뿐입니다. 물론 우리 몸의 면역은 열심히 일하겠지만 감기를 해결하기 위한 이러한 면역의 활동은 우리 몸의 건강을 유지하기 위한 필수적인 면역계의 훈련의 일종인 셈입니다. 그 훈련을 통해서 면역계도 튼튼해지며, 면역계가 놓치고 지나갔던 우리 몸의 잘못된 부분들도 긴장한 면역계가 잡아내어서 우리 몸을 오히려 건강하게 만드는 중요한 수단이 됩니다.

어린아이들이 감기에 자주 걸리는 이유가 바로 이런 훈련에 있습니다. 어린 나이에 많은 항체들을 만들어 내는 것을 경험하는 훈련을 통해서 우리의 몸이 자라듯이 면역도 자라나는 기회를 얻는 것입니다. 그런데 이걸 약을 먹어서 해결하려 했으니, 어차피 약을 안 먹어도 면역이 이것까지도 극복하고 감기를 이겨내지만, 약은 면역계를 우왕좌왕하게 만드는 역할을 해서 장기적으로 보면 면역계가 중요한 일을 해야 할 때 그 역할을 제대로 하지 못하게 하는 원인이 됩니다. 특히, 어린아이들에게는 면역력이 건강하게 자라나지 못하게 하는 원인을 제공하게 됩니다. 감기는 절대로 병이 아니라, 초반에 집에 일찍 들어가서 뜨거운 물로 샤워하고 이불 뒤집어쓰고 푹 자면 다음 날 거뜬히 일어날 수 있는 그런 증상입니다. 물론 그 이후에도 약간의 불편한 증상들은 있겠지만, 거뜬히 나을 수 있습니다. 그래서 요즘은 이런 감기에 대해 치료를 하지 않습니다. 다만 감기와 증상은 유사하나 다른 질병일 수 있으니 이에 대해 검사를 해서 감기의 경우는 아무 치료 없이 푹 쉬라는 이야기만 하고서 집으로 돌려보냅니다.

이제 고혈압과 당뇨, 암에 대해서 말씀드리겠습니다. 혈압은 동맥에서 재며 최대혈압은 심장이 수축할 때의 혈압이고, 최저혈압은 심장이 확장할 때의 혈압입니다. 과거에는 최저혈압이 90mmHg 이하이고 최고혈압이 140mmHg 미만이면 정상 혈압이지만, 최저혈압이 95mmHg 이상이고 최고혈압이 160mmHg 이상이면 고혈압으로 보고 고혈압 환자로 취급했습니다. 그리고는 수많은 부작용을 일으키는 고혈압 약을 먹게 했습니다. 우리 몸의 혈관은 마치 도로와 똑같습니다. 고속도로도 있고, 자동차전용도로도 있고, 시내 도로도 있고, 그리고 동네에 있는 좁은 도로도 있고, 집까지 연결되는 가장 좁은 도로도 있습니다. 여기서 각각의 집까지 연결되는 가장 좁은 도로가 바로 모세혈관이며 각각의 집들은 각각의 세포들입니다. 그런데 각종 혈관 중에서 이런 모세혈관이 혈액을 함유하는 용량이 제일 크며, 이는 모세혈관이 혈액의 총량 중에서 순간적으로 가장 많은 혈액을 보유하게 된다는 뜻입니다. 고혈압이라는 것은 이런 모세혈관이 혈액을 함유하지 못하기 때문에 혈액들이 큰 혈관으로 나와 있는 현상이며, 따라서 이런 상태에서 혈압을 재면 혈압이 당연히 높게 나오게 되겠지요. 모세혈관의 특징은 필요에 따라 모세혈관이 잘 생겨나기도 하고 필요가 없으면 이내 없어진다는 것입니다. 즉, 모세혈관이 혈액을 잘 함유하지 못해서 고혈압이 되는 경우는 이런 모세혈관들이 많이 없어졌다는 뜻입니다.

그러면 언제 필요하고 언제 필요가 없는지를 살펴야 하는데요, 이것은 모세혈관이 존재하는 이유가 각각의 세포로 적혈구가 들어가서 산소와 당분을 전달하는 역할을 한다는 것을 이해해야 합니다. 세포가 살아가기 위해서는 당분과 산소를 공급받아야 하며, 혈액을 통해서 당분과 산소를 공급받으면 세포 내의 공장에 해당하는 미토콘드리아에서 당분을 산소로 깨서, 즉 산화 반응을 통해서 에너지를 얻고 이산화탄소와 물을 만들게 됩니다. 이것을 다시 혈관을 통해서 내보내게 됩니다. 여기서 세포 대사가 정상적으로 이루어지는 상황이면 이런 활동을 통해서 모세혈관은 계속 존재하게 됩니다. 하지만 세포의 활동에 문제가 생긴다면 이야기는 달라집니다. 즉, 세포의 활동이 정상적이지 않아서 혈액의 공급이 필요 없다면 모세혈관은 곧 소멸하게 되며, 이런 일들이 많이 일어나면 고혈압이 되는 것입니다.

여기서 문제가 발생하는 여러 가지의 경우를 생각해 보겠습니다. 먼저, 적혈구가 모세혈관을 통과하지 못하는 경우입니다. 이것은 모세혈관의 잘못이 아니라 혈액이 걸쭉한 경우이며, 고지방 식사를 위주로 하거나 너무 달거나 짜게 식사하는 경우입니다. 이런 일이 많아지면 결국 당뇨병에 해당하는 것입니다. 두 번째로 혈액은 세포벽까지 도달했지만, 세포벽의 있는 문이 열리지 않는 경우입니다. 세포가 문을 열고 당분과 산소를 받아들이려면 세포벽에 있는 인슐린 수용체에 인슐린이 도달해서 스위치를 누르는 역할을 해서 신호를 주어야 하는데 췌장에서의 인슐린 분비가 원활하지 않으면 이게 잘 안 되고 당분은 세포에 공급되지 못하고 다시 혈관을 타고 돌아가게 됩니다. 어른의 경우는 거의 없으며 소아당뇨병은 거의 이런 경우라고 보시면 됩니다.

세 번째는 인슐린 분비까지는 문제없으나 세포에 있는 인슐린 수용체를 레지스틴(resistin)이 막고 있는 경우입니다. 인슐린이 도달해서 인슐린 수용체에 신호를 주려고 해도 레지스틴이 이를 막고 있으니 당분이 도달해도 세포벽이 문을 열지 않게 되고 당분이 혈관을 통해 되돌아가는 당뇨에 해당합니다. 레지스틴이 작동한 이유는 세포에서 당분을 받아들일 필요가 없다고 여긴 것이고, 이것은 운동을 하지 않아서 세포가 에너지를 만들어 낼 필요가 없거나 아니면 세포가 활동하려고 하지 않는 경우이며, 그 이유는 정신적인 문제에서 기인한다고 보시면 됩니다. 의기소침해지거나, 심리적인 좌절을 겪거나, 심한 스트레스 또는 정신적인 우울증 등 부정적인 생각들에 사로잡히면 각각의 개별 세포들도 이와 마찬가지로 부정적인 반응을 보이게 되며, 대사 활동이 침체되는 현상으로 나타나게 됩니다.

네 번째는 세포벽이 문을 열고 당분이 세포로 들어왔으나 세포 내의 미토콘드리아의 숫자가 부족하거나 혹은 미토콘드리아의 활동이 제대로 이루어지지 않아서 당분이 소모되지 않는 경우입니다. 이 경우도 세 번째와 같은 이유라고 보시면 되고, 운동 부족으로 세포의 에너지 생산이 필요 없거나 아니면 정신적인 문제로 정상적인 세포 대사가 잘 이루어지지 않는 경우입니다.

이상과 같이 고혈압은 당뇨와 밀접한 관련이 있으며, 같은 원인으로 일어난다고 보시면 됩니다. 기름지거나 달거나 짠 음식을 멀리하고, 적절히 운동하며, 정신적인 건강이 유지된다면 고혈압이나 당뇨에 걸릴 이유가 없으며, 혹시 걸렸다 하더라도 건전한 생활 습관이 유지된다면 언제든지 다시 건강을 회복할 길이 열리며, 어떠한 약이나 치료로 해결되는 병이 절대로 아니라는 것입니다. 따라서 병원에서의 치료도 생활 습관을 고치도록 하는 것 말고는 특별한 것이 없습니다.

과거 자본주의 시대였을 때의 현대인들은 하루에 세 끼의 식사가 기본이었습니다. 배가 고프지 않아도 늘 식사를 하는 문화였습니다. 여기에 간식이나 야식을 즐기는 사람들도 있었고, 저녁에 사람들끼리 어울려서 식사하는 회식이라는 문화에서는 고기를 구워서 먹는 경우가 일반적이었습니다. 고기를 굽게 되면 발암물질이 발생하게 되고, 고지방과 고단백 식사에 발암물질까지 섭취하게 되니 암이 자라나기에는 최적의 조건이 형성되는 셈이었습니다. 여기에 운동까지 등한시하는 경우가 많아서 섭취된 영양분들이 소비되지 못하고 잉여의 영양분이 되어서 몸을 위해 쓰이기보다는 지방의 형태로 저장되거나 불순물에 해당하는 세포들을 생겨나도록 만들게 됩니다. 과중한 업무에 시달리거나 지나친 경쟁을 유도하는 사회 시스템이 늘 스트레스를 불러일으키기에 암세포를 치료하는 면역세포인 T세포의 항암물질 생성에 문제를 일으키는 경우가 많이 발생해서 수많은 암 환자가 생기고, 많은 사람이 암 치료를 위안해서 병원을 찾아야 했던 그런 시대였습니다. 그 당시의 병원에서의 암 치료 방법은 세 가지로 요약됩니다. 수술을 통한 암 부위 절개, 항암제 투약, 방사선치료입니다. 이 중에서 어떠한 방법을 택하느냐, 몇 차례의 항암 치료를 어떠한 기간에 걸쳐서 시도하느냐, 항암제의 경우는 어떠한 약품을 사용하느냐의 문제였지 방법은 크게 다르지 않았습니다.

당시의 항암제는 엄청난 부작용에 따른 면역력 저하를 불러일으켰고, 수술이나 방사선 또한 면역력 저하를 피할 수는 없었습니다. 문제가 바로 여기에 있었습니다. 암의 발생 위치는 대체로 혈관이나 신경의 연결이 좋은 교통의 요지에 주로 발생하는 데 이러한 곳에는 면역기관들도 위치하게 되고 항암 치료를 통해서 암 덩어리는 제거될지라도 면역기관들 또한 심한 타격을 입는다는 것입니다. 건강한 사람이라도 우리 몸에는 날마다 많은 수의 새로운 암세포들이 생겨나지만 매일매일 면역세포들이 이들을 제거하는 역할을 하고 있었는데, 어느 시점부터 이런 활동에 문제가 생겨서 잘 일어나지 않게 되고, 따라서 암 환자가 되는 것입니다. 이 말은 항암치료로 인해 암 덩어리를 제거한다 할지라도 면역기관이 그 역할을 못 하게 된다면 새로 생겨나는 암세포를 제거할 방법이 없다는 것입니다. 따라서 새로 생겨난 암세포들은 더 좋은 환경에서 성장하게 되고, 더 제거하기 어려운 암 덩어리로 자라날 확률이 높습니다.

면역세포의 자연적인 항암 활동이 잘 일어나지 않았던 이유는 몇 가지로 요약됩니다. 발암물질을 섭취하거나 고지방에 고단백 식사로 날마다 제거하기에는 너무 많은 양의 암세포들이 생기는 환경을 제공하는 경우, 운동 부족으로 이러한 잉여 양분이 잘 소비되지 못하는 경우, 그리고 스트레스 등으로 인한 정신적인 문제로 T세포의 항암 활동에 문제가 생기는 경우입니다. 이러한 원인 요소를 그대로 유지한 채 병원에서 항암 치료만을 받게 되면 그 치료 결과에 대한 예후는 당연히 부정적일 수밖에 없습니다.

지금은 이러한 치료 방법을 사용하지 않습니다. 의학과 약학이 더 발달했지만, T세포가 만드는 항암물질보다 더 뛰어나거나 동등 수준의 항암제나 치료법이 개발된 것도 아닙니다. 그저 자연의 원리대로 하는 것뿐입니다. 먼저, 지금 시대는 사람들의 식사량이 줄었으며, 고지방이나 고단백의 식사를 꺼리는 생활습관을 가지고 있습니다. 면역세포들도 배가 고프므로 불필요하거나 문제가 될 만한 세포들을 잡아먹는 대식 활동이 더욱 활성화되고, 당연히 몸에서 암세포가 생겨날 여지가 많이 줄어들었습니다. 여기에 경쟁이 아닌 서로 도우며 살아가는 사회 시스템과 문화가 스트레스 발생을 최소화시키고, 정신적인 성숙을 지향하는 문화도 건전한 정신에 이바지하기에 암 환자 발생이 현저히 줄어들었습니다.

　일단 암 환자가 발생해서 병원에 방문해도 수술이나 항암제 또는 방사선치료의 방식을 취하는 경우는 극히 드뭅니다. 암 덩어리의 크기가 크더라도 더는 자라지 않게 한다면 큰 문제를 주는 것이 아니므로 면역세포의 자연적인 항암 활동이 다시 일어날 수 있도록 도와줄 뿐입니다. 식사습관, 운동습관, 그리고 스트레스를 받지 않게 하고, 웃음을 찾도록 도와주며, 정신적인 건전함을 갖도록 이끌어주면, 시간은 걸리더라도 암은 자연적으로 그리고 가장 안전하면서도 항암 치료의 고통 없이 가장 완벽하게 치유가 됩니다. 과거 자본주의 시대에서는 병원에서 돈을 벌어야 하니 이러한 치료법을 절대로 택할 수 없었지만, 지금은 다른 사람에게 유익을 주는 것이 가치이고, 돈이 아닌 가치를 추구하는 시대이기에 가능한 이야기입니다.

　플라세보 효과라는 말이 있습니다. 가짜 약을 먹더라도 그것을 진짜라고 믿으면 치료의 효과가 그대로 나타나는 현상이며, 이것은 치료의 주체가 약이 아니라 우리의 면역 그 자체라는 것을 말해줍니다. 신약 개발 시에 가장 큰 과제가 플라세보 효과를 뛰어넘는 약을 만드는 것인데, 이것이 정말로 어렵다는 사실도 우리의 면역이 하는 역할의 얼마나 뛰어나고 중요한지 다시 한 번 돌아보게 합니다. 지금의 의료는 치료를 통해 이익을 취하는 의료가 아니라 치료 그 자체에 목적을 둡니다. 사실 그것 때문에 우리 의료인들이 있는 것이니까요. 마치 면역세포가 매일매일 우리 몸의 치료 활동을 하듯이, 우리가 아픈 사람들을 매일매일 올바르게 치료하는 이 일이 우리의 인생도 아프지 않도록 매일매일 치료해 나가는 그런 것일 테니까요.

VALUEISM

Chapter

06

가치주의 산업과
기업들

VALUEISM

자연산업 관리자

　　　　　　안녕하세요. 자연산업부 소속 자연산업청에서 일하고 있는 '유기농'입니다. 저는 오늘 지금의 자연산업에 대해서 소개해 드리고자 합니다. 자연산업은 자연을 기반으로 하는 산업이며, 농업, 축산업, 임업, 식품업을 말합니다. 단, 어업도 자연산업이기는 하나 해양수산부에서 담당하고 있습니다. 우리 인간에게 먹거리를 제공하는 산업과 삶의 터전인 자연의 산림을 가꾸고 보전하는 산업입니다. 이 산업을 관리하는 궁극적으로 지향하는 방향은 자연을 자연 그대로 지키는 것입니다. 과거 자본주의 시대에서는 이러한 자연산업들의 운영도 이윤을 극대화하기 위한 방향으로 이루어졌고, 이로 인해 인체에 해로운 식품들을 많이 만들어 냈으며, 자연의 질서를 무너뜨리는 일도 서슴지 않았습니다.

　흔히 GMO라고 불리는 유전자조작 작물이 대표적인 문제였는데, 예를 들어 냉해에 약한 딸기를 냉해에 강하게 만들기 위해 냉해가 강한 넙치의 유전자를 넣는다든가, 연어에 성장 조절 물질을 제거하도록 유전자를 조작해서 연어가 거대하게 성장하도록 만든다든가, 녹색인 식물을 모조리 죽여버리는 강력한 제초제를 만들고 이 제초제에 견디도록 콩의 유전자를 조작해서 콩을 재배할 때 이 제초제를 사용해서 모든 잡초가 제거되도록 해서 콩의 수확을 최대한 높이도록 하는 방법 등입니다. 물론 유전자조작 콩의 경우 이 제초제에도 이겨내는 슈퍼잡초가 나타나서 결국 더 많은 제초제를 뿌려야 했고, 이 제초제로 인해 자연은 파괴되었으며, 콩 경작지들은 아무것도 재배되지 않는 불모지로 바뀌고 농민들은 각종 질병에 시달리는 엄청난 피해를 겪어야 했습니다.

각종 유전자조작 작물들은 국내로도 많이 수입되었고 이를 규제하고 막아야 하는 정부가 오히려 앞장을 서는 이상한 형국이었습니다. 이것은 생태계의 질서를 파괴하고 인체에도 유해하며, 한번 조작된 유전자의 종이 자연과 섞여서 퍼지게 되면 그것을 되돌릴 수 없어서 후대에도 그 피해를 영구적으로 줄 수밖에 없다는 것이 더 큰 문제였습니다. 소나 돼지, 닭 등을 사육하던 축산업도 출하량을 늘리기 위해 밀집 사육이라는 방식을 취하고 있었습니다. 축산 생산량을 최대한 높이기 위해서 좁은 공간에 가축들의 움직임을 최소화해서 지방 함유율을 높이고 살을 많이 찌우도록 하는 목적이었습니다. 물론 면역이 취약해진 가축들을 병들지 않고 최대한 성장하게 하려고 항생제와 성장호르몬에 각종 주사약을 엄청나게 투약했습니다. 이렇게 사육된 가축을 먹는다는 것은 각종 약품과 호르몬에 인체가 그대로 오염된다는 뜻입니다. 사람의 면역체계가 취약해지고 건강에 이상을 초래한다는 것은 명약관화합니다.

어업의 경우는 이런 문제는 없었으나, 일본의 원자력발전소 사고에 따라 태평양 바다로 냉각수가 유출되었고 이런 방사성물질에 노출되고 오염된 수산물들이 문제였습니다. 물론 굳이 이런 이유가 아니더라도 이미 먹이사슬에서 제일 꼭대기에 위치하는 다랑어와 같은 상위 포식자인 물고기들은 중금속의 오염에서 벗어날 수 없었던 것이 현실이었습니다.

인간이 먹어야 하는 음식들이 생화학적으로도 그리고 방사성물질에도 오염되지 않고 깨끗하며, 인간의 건강에 도움을 주는 자연 그대로의 식품들이 생산되고 공급되는 그런 산업 환경을 만들어 주는 것이 바로 제가 해야 하는 일입니다. 농산물은 유전자조작 작물의 수입이 금지되었으며, 전 세계의 많은 나라도 마찬가지여서 지금은 유전자조작이 아닌 작물로만 수입하고 있으며, 향후 곡물류의 완전한 자급자족을 이루도록 국내의 작물 재배 지역도 꾸준히 늘려가고 있습니다. 재배 작물의 수요 및 공급에 대한 적절성도 늘 관리하고 있어서 특정한 작물이 필요 이상으로 과잉 생산되거나 혹은 품귀 현상이 일어나는 것을 방지하고 있습니다. 요즘은 농부가 인기 직종 중의 하나여서 농경지가 계속해서 확대되고 있습니다.

가축 사육의 경우는 한국인들의 식습관 개선으로 국내의 가축 수요가 많이 줄어들어서 밀집 사육이 더 이상 필요 없어졌으며, 따라서 안전한 축산물 생산 환경이 이루어졌습니다. 축산만을 하는 농가는 거의 없고 농작물 재배를 겸하는 경우가 대부분이어서 과거의 냄새 나는 축산 농가가 아니라 자연에서 흔히 있을 법한 모습과 유사한 농축산업 농가의 환경입니다. 수산물의 경우 수입은 물론 국내산도 방사성물질 및 중금속 함유량에 대한 검사가 필수적이며, 기준치 이하인 경우에도 이에 대한 수치를 출하 시 표기해야 합니다. 이를 손쉽고도 정밀하게 검사하는 계측 장비가 마련되어서 수산물 집화 현장에 모두 공급되어 있습니다. 표기가 없는 것은 이 검사를 통과하지 않은 것이며 소비자의 선택을 받을 수 없습니다.

가공 식료품의 경우 재료의 원산지, 첨가물 및 그 첨가물의 유해성 등 소비자가 참고해야 하는 필수적인 정보에 대한 표기가 이루어지고 있습니다. 국내 산림 자원의 경우도 산림 면적의 증대, 산림 자원의 보호, 자연 및 생태계 보호 구역의 확대, 무분별한 개발 방지 등을 꾸준히 시행하고 있어서 장기적으로 자연이 살아 있는 건강한 한반도 자연환경이 이루어지도록 꾸준히 노력하고 있습니다.

재배 방식과 생산 방식이 친환경적이고 자연적으로 바뀌고 나서 이것이 생산에 들어가는 비용을 상승하도록 만들어서 먹거리의 가격이 필연적으로 올라간 것은 사실입니다. 하지만 그만큼 안전한 먹거리가 만들어진 것이고, 우리의 터전인 자연도 그만큼 안전해진 것입니다. 안전하게 생산된 만큼 그 가치를 높게 인정하는 것도 당연한 사회적인 분위기이며, 이 일에 종사하는 분들의 노고에도 합당한 가치가 부여되니, 이 분야에 종사하려는 사람들이 많이 늘고 있습니다. 그동안 값싸게 먹을 것을 취할 수 있었던 환경이 오히려 잘못된 것이었으며, 더욱 안전하고 가치 있는 먹거리를 위해서라면 이러한 자연적인 생산 환경이 필요하다고 지금을 살아가는 사람들은 그렇게 생각하고 있습니다. 저 또한 우리의 아이들과 그리고 후손들을 위해서 이러한 생산 환경이 잘 유지되어서 우리 자연산업이 우리 사회에 건전한 먹거리와 깨끗한 환경으로써 이바지하도록 최선을 다하고자 합니다.

제조산업 관리자

안녕하세요. 일반산업부의 제조산업청에서 일하고 있는 '신창업'입니다. 제조산업은 자연산업이나 에너지 산업처럼 인간이 살아가는 데에 꼭 필요한 공산품들을 만들어서 제공하는 산업입니다. 저의 역할은 우리 생활에 꼭 필요한 제품이 그 수요만큼 친환경적으로 만들어지고, 이것이 지속해서 공급될 수 있도록 기업이 생겨나고 운영되며 성장할 수 있는 제조산업의 생태계를 구축하고 발전시켜 나가는 것입니다. 이를 위해서 창업의 문턱을 낮추는 것과 건전한 기업에 필요한 생존 환경을 제공하는 것, 그리고 산업의 공급지도가 균형적으로 배치되도록 해서 꼭 필요한 공산품이 남거나 모자람 없이 안정적으로 공급되도록 하는 것, 이 세 가지 정책을 추진하고 있습니다.

먼저, 창업의 문턱을 낮추는 것은 가치주의 바뀌면서 자연스럽게 그러한 분위기가 형성되었습니다. 물론 자본주의 시대에도 좋은 창업의 아이디어가 있고 약간의 자본금과 투자자를 모집할 수가 있다면 기업을 세워서 운영할 수 있었습니다. 하지만 자금의 운용이 매우 중요해서 투자금이 모두 소진되기 전에 이익을 내기 시작해야 했으며, 그렇지 않으면 금융권에 추가적인 대출을 해서 기업의 운영 자금을 확보해야 하는데, 이는 이자 부담 등으로 큰 손실을 초래해서 이를 극복하지 못하면 기업이 문을 닫을 가능성이 커지게 됩니다. 인력을 관리하고 운영하는 것도, 기술을 개발하는 것도, 그리고 생산 시설과 공장을 만드는 것도, 물건을 생산하고 만들어진 제품을 홍보하고 판매망과 거래처를 확보해서 이익을 실현하는 과정도 어느 하나 만만하지 않았습니다. 모든 과정이 제대로 돌아가고 실현된 이익이 축적되어서 투자금을 모두 갚고 나면 그때부터 실질적인 기업 운영의 시작이라고 볼 수 있는데, 계속 기술 개발을 통해 경쟁력 있는 제품을 만들어 내는 것, 판매하고자 하는 시장이 축소되지 않고 존재하며 경쟁 기업이 출현하지 않아야 하고, 소비자나 구매처가 자신의 기업의 제품을 계속 선호해서 구매해야 하는 조건들도 만족해야만 기업이 성장할 수 있었습니다. 하지만 그것은 무척 어려운 일이었습니다. 이렇다 보니 좋은 아이디어를 가진 기업이 이를 산업화하는 데 성공하지 못하고 도태되는 경우가 다반사였으며, 판매가 어느 정도 이루어지기 시작하면 수익을 극대화하기 위해서 제품의 상품성을 낮추는 일을 하지 않을 수 없었습니다.

가치주의를 채택하고 있는 지금은 자금의 운용 개념이 많이 바뀌었습니다. 기본 원리는 노력해서 확보한 가치만을 사용한다는 것입니다. 자본 확보를 위한 대출이라는 것이 없고 주식이라는 것이 없으므로 기업이 망하더라도 개인이나 투자자가 대규모의 손실을 보지는 않습니다. 그만큼 좋은 아이디어만 있다면 실패하더라도 큰 손해가 발생하지 않으니 창업을 시도할 수 있는 문턱이 낮아진 것입니다. 그러면 일반적인 제조업의 창업은 어떻게 이루어지는지 그 과정에 대해서 설명하겠습니다. 기업의 설립을 위한 조건은 사업성 있는 아이디어와 사업 추진의 비전 그리고 제품을 만들어 낼 수 있는 환경과 영업망의 확보 및 운영 등이 될 것입니다. 물론 사업성이 있는 아이디어이기에 만들어진 제품이 잘

팔릴 것이라고 가정하는 것이고, 이 아이디어와 사업 추진 비전은 창업자가 준비해야 합니다. 그다음은 비용이 들어가야 하는 제품이 만들어질 수 있는 환경입니다. 여기에는 사무실, 공장용지, 설비, 인력 수급 및 운영, 기술 개발, 원자재 등이 해당합니다.

국가에서는 가치 있는 제조산업의 건전한 창업을 위한 몇 가지 정책을 추진 중입니다. 그 첫 번째가 중소기업을 위한 국가산업단지 운영입니다. 즉, 창업의 아이디어와 사업의 비전에 대한 평가 후 그 평가 결과가 일정 수준 이상이라고 판단되면 국가가 운영 중인 산업구역별 산업단지에 입주할 수 있도록 하는 것입니다. 이미 마련되어 있는 사무실과 공장 형태의 건물이 제공되며, 같은 산업이 운영 중인 지역이라서 공용설비 센터를 이용할 수 있고, 일반적인 설비는 임대해서 사용할 수 있으며, 특별한 설비만 따로 제작하면 되는데, 이것도 그 설비의 특성에 따라 나중에 사업을 포기하는 경우 국가에서 매입하는 경우가 많습니다.

요즘은 주로 로봇들이 생산하기 때문에 설비들의 많은 부분이 공용화되어 있습니다. 인력은 인력 운영 계획을 저희 쪽으로 제출하면 이에 맞는 분들을 국가인재관리시스템을 통해서 연결해 드리며, 이것은 시스템이 잘 갖추어져 있어서 어렵지 않습니다. 그다음은 기술 개발인데, 이미 나와 있는 기술은 기술공용제를 채택하고 있으므로 아무 문제없이 사용할 수 있습니다. 만약에 새로운 기술을 개발하는 것이 필요하다면, 이 부분은 창업하기 전에 미리 스스로 준비하는 것이 낫습니다. 즉, 사업성 있는 아이디어를 마련할 때에 이를 실현할 수 있는 핵심 기술도 갖추어 놓는 것이 중요합니다. 여기까지 해결된다면 그다음은 원자재를 수급해서 생산하는 것인데, 이 부분은 자신의 자본이 필요합니다. 자본주의 시대라면 대출의 형태나 주식 등으로 투자를 받을 수도 있겠지만, 가치주의에서는 자신이 노력해서 창출한 가치를 먼저 마련하고 나서 그것을 사용하는 것이 기본입니다. 즉, 있는 것을 사용하는 것이지 없는 상태에서 빌리는 것은 아니라는 뜻입니다. 따라서 창업의 경우 보통은 사회에 진출하자마자 시작하는 경우는 거의 없습니다. 여러 곳에서 사회 경험도 쌓고 창업할 만한 가상가치를 축적한 후에 시작하는 것이 일반적입니다. 그렇더라도 창업의 문턱이 낮고 실패 시의 부담이 크지 않기 때문에 창업하는 사람들이 많이 있습니다. 다른 방법으로는 같이 투자해서 참여할 사람들을 모으는 것입니다. 보통 이런 방식의 창업이 훨씬 많습니다. 오랫동안 아이디어도 준비하고, 핵심 기술도 개발해 놓고 같이 투자해서 참여할 사람들도 모으고, 진행해야 할 많은 것들을 미리 다 준비하고 나서 저희 쪽에 연락해서 사무실과 공장 그리고 설비들을 갖추고 바로 시작하는 것이지요. 그러면 성공 확률이 매우 높습니다.

영업에 대해서 걱정이 된다면 국가에서 제공하는 영업 및 판매망을 이용할 수도 있습니다. 생산하는 제품에 대한 모든 것을 평가한 후 국가에서 운영하는 온라인과 오프라인 공동 판매망을 이용할 수 있으며, 소비자는 국가의 검증이 이루어진 판매망이기에 소비자들이 신뢰하고 구매할 수 있습니다. 사업이 잘 이루어져서 일정 수준 이상의 수입이 발생하면 그동안 국가에서 지원한 사항에 대해서 사업에 지장을 주지 않는 정도의 수준으로 꾸준히 일정 부분 가치 회수가 들어갑니다. 사무실, 공장, 설비 등의 이용에 따른 대가의 회수이며, 만약 사업이 실패해서 철수하게 되면 이 부분은 국가에서 손실로 처리합니다. 대출의 개념은 없지만, 국가에서 사업의 기반을 미리 마련해 주고 나중에 기업이 튼튼해지면 이를 회수하는 구조이기에 어찌 보면 대출과 비슷하다고 볼 수 있습니다.

산업의 공급지도가 수요와 공급을 이루도록 하는 것도 중요합니다. 국가에서는 업종별 산업지도를 관리하고 있으며, 이를 통해 특정 업종의 공급이 많아지거나 혹은 모자라지 않도록 창업 및 중소기업 지원을 통해서 관리하고 있습니다. 국가인재관리시스템을 통해 각 산업에 대한 인력의 공급도 적절하게 유지되도록 조절하고 있습니다. 예전에는 투자 유치나 대출을 통해서 창업했지만, 지금은 스스로 준비하여 갖추고 나서 창업을 하는 과정을 밟습니다. 그리고 더 큰 차이점은 예전에는 돈을 벌기 위해서 창업을 했지만, 지금은 가치 있는 것을 생산해서 사회에 유익을 주기 위해 창업을 합니다. 즉, 대량생산이 아닌 가치생산입니다. 좋은 아이디어는 돈을 벌기 위한 아이디어가 아니라 가치를 만들어 내는 아이디어인 것이지요.

대량생산의 산업 구조가 많이 사라져서 과거의 화려했던 물질적인 풍요로움이 줄어들었다고 할 수도 있습니다. 하지만 가만히 생각해 보면 그것은 풍요로움이 아니라 낭비였으며, 혜택이 아니라 누군가의 희생이 대가였습니다. 산업의 존속을 위해 희생양으로 존재하는 인간이 아니라, 인간을 가치 있는 삶을 위해 존재하는 산업이 된 지금이 훨씬 더 풍요롭고 아름다운 모습이 아닐까요?

보건산업 관리자

안녕하세요. 보건부 소속 보건산업청에서 보건산업의 관리를 담당하고 있는 '오남용'입니다. 보건산업은 국민의 건강을 책임지고 있는 중요한 산업이지만 과거에는 대부분의 사람이 이런 중요성에 대해 제대로 인식하지 못했습니다. 병원이 있고 약이 있으니 아프면 그냥 병원 가면 된다는 생각, 병원비가 좀 비싸다는 생각, 그리고 건강보험료가 좀 아깝다는 생각 정도였습니다. 약을 좋아하시던 분들은 항상 약을 달고 다니기도 하고, 병원에서 처방할 때 약을 많이 넣어 달라고 주문하기도 했습니다. 어떤 약이나 건강보조제가 몸에 좋다는 이야기를 들으면 어떻게든 구해서 먹어야겠다고 생각하던 분들도 꽤 있었고, 약에 대해서도 무조건 나의 몸에 좋을 것이라는 근거 없는 믿음을 갖고 있기도 했습니다. 가볍고 사소한 질환까지도 무조건 병원에 가야 하며, 그러면 몸을 건강하게 오래도록 관리할 수 있다고도 생각했습니다. 그러다가 큰 병이 생겨서 막상 병원 생활을 하게 되고, 그 기간이 길어지다 보면, 그리고 여기에 대해서 깊이 있게 공부하다 보면 여태까지 알고 있던 것이 실제와는 매우 다르다는 것을 뒤늦게 알게 됩니다. 흔하지 않은 약들은 그 비용이 엄청나게 비싸다는 것을, 그리고 약은 결코 몸에 좋은 것이 아니며, 오히려 약이 몸에 엄청난 해를 가하게 된다는 것을, 의사와 약은 나를 대신해서 병과 싸워주는 용병일 뿐이고, 실제로 끝내 병마를 이겨내야 하는 것은 내 몸의 면역이라는 것을 알게 됩니다. 그동안 아무 생각 없이 과도하게 복용했던 약들이 내 몸을 상하게 하고, 내 면역을 망가뜨리며, 그것들이 축적되어서 결국은 건강을 크게 위협하게 되었다는 것을 알게 되며, 수술이나 약물 투여 등을 결정한 의사의 치료 방법이 과도하거나 잘못된 것일 수도 있다는 것을 알게 됩니다.

보건산업 분야에서 과거의 잘못된 부분들을 바로 잡아서 환자들에게 꼭 필요한 약과 처방이 올바르게 이루어지고, 불필요하거나 과도한 집행이 이루어지지 않도록 하며, 거품을 걷어내고 합리적인 치료의 방향으로 산업의 흐름을 재편하고자 했을 때 가장 큰 걸림돌은 병원이나 의사 또는 제약회사가 아니었습니다. 바로 의사의 말이라면 아무 의심 없이 받아들이고 약은 무조건 몸에 좋은 것이라고 철석같이 믿고 있던 무지한 국민 때문이었습니다. 상당히 오랫동안 계도를 했지만 스스로 눈을 감고 귀를 막아서 끝내 깨어나지 못한 사람들이 이러한 올바른 변화를 받아들이지 못하고 새로운 정책에 반기를 들었습니다. 오히려 의사분들이 이런 분들을 설득해야 하는 형국이었습니다.

지금의 보건산업 운영의 방향은 한마디로 돈을 벌기 위한 보건산업이 아닌 생명을 살리기 위한 보건산업입니다. 즉, 어떠한 약물의 오남용도 일어나지 않고, 과도한 수술이나 의료 행위가 아닌 꼭 필요한 의료의 집행만이 일어날 수 있도록 보건산업의 흐름을 이끌어 가는 것입니다. 이에 따라서 보건산업에 종사하거나 제약회사나 병원을 운영하는 사람들도 돈을 많이 벌겠다고 생각하는 것이 아니라 사람들의 건강 관리와 건강 회복에 도움을 주어서 사회에 유익을 주어야겠다고 생각하고 있습니다.

저희가 관리하는 보건산업 부문은 병원들과 제약회사들입니다. 과거에는 모든 병원들이 이익을 추구하는 경영을 했습니다. 즉, 돈을 벌기 위해 병원을 운영했으며, 실제로 엄청난 이익이 병원 측으로 들어가기 때문에 큰 병원의 경영진은 엄청난 부를 누릴 수 있었고, 의사들도 고액 연봉을 받을 수 있었습니다. 간호사들의 보수도 꽤 센 편이었지만 일이 상당히 고된 편이었습니다. 규모가 작은 병원들도 운영이 잘되어서 상당한 수익을 내는 병원들이 비일비재했습니다. 물론 손님이 많지 않아서 경영이 잘되지 않는 병원들도 꽤 있었으며, 장기간 수익성이 악화하면 폐업을 하고 병원이 사라지기도 했습니다. 병원과 의사들이 돈을 많이 번다면 그것은 어디에서 온 것일까요? 그야 당연히 일반 국민의 호주머니에서 나온 것입니다. 건강보험료에, 병원비에, 약값에, 그런 비용들일 테고, 그렇다면 국민은 이렇게 돈을 내서 건강을 다시 찾았을까요? 일부는 그런 면이 있지만 반드시 그런 것은 아니었고, 그나마도 오랫동안 건강을 유지하지는 못하고 다시 병원을 찾게 되는 경우가 다반사였습니다. 즉, 건강이 좋지 않은 분들은 스스로가 혹은 가족들이 열심히 노력해서 번 돈을 그대로 의약업계에 바치는 일을 반복하게 된 셈이었습니다.

수익성 악화로 병원이 문을 닫는 경우도 생각해 보겠습니다. 작은 병원이 문을 닫는 경우는 그리 큰 문제가 되지 않지만 큰 병원이 문을 닫게 되면 그 지역은 하루아침에 보건 서비스 취약 지역이 됩니다. 큰 병원이 문을 닫는 경우는 결국 장사가 안되기 때문인데, 이미 기존의 큰 병원이 문을 닫은 지역에 다른 병원이 들어올 이유도 만무했습니다. 이상의 경우를 모두 살펴보면 병원이 들어와서 잘되는 경우도 국민의 피와 땀을 과도하게 지출하게 되는 경우이고, 병원의 경영이 잘 안 되는 경우도 의료 공백이라는 사태가 발생하니 어떠한 경우이든지 모순이었습니다. 지금의 병원 운영 체계는 많이 달라졌습니다. 돈만을 위해 돈의 논리를 굴러가던 병원이 아니라 건강에 문제가 생긴 사람들에게 치료라는 필요한 가치를 제공하는 병원이 되었습니다. 즉, 치료라는 가치를 제공하지 못하면 병원이 존재할 이유가 없으며, 치료가 필요한 곳에는 수익이 나지 않더라도 반드시 병원이 있어야 합니다.

다행히도 요즘의 치료는 과거처럼 잘못된 생활 습관에 의한 장기적인 치료를 해야 하는 내과 계통의 질환들이 거의 없으므로 큰 비용이 들거나 오랜 기간 요양을 해야 하는 경우도 드뭅니다. 보통은 상해성 외과 진료나 감염성에 의한 치료, 건강검진 관련 진료인 경우가 대부분입니다. 건강보험이라는 방법이 없어졌기 때문에 병원의 치료를 받게 되면 자신의 가상가치를 지급해야 하며, 부족할 시에는 국가 보건 재정의 도움을 받게 됩니다. 긴급 보건 사태에 대비할 수 있도록 전국의 지역에 규모별로 필요한 병원이 갖추어져 있으며, 일정 규모 이상의 대형 병원의 경우 모두 보건산업청에서 직접 운영합니다. 어차피 토지 매입 비용 등이 없고 건물과 시설만 갖추면 되니 국가에서 직접 경영하는 것이 훨씬 경제적이기도 합니다.

여기에 근무하는 의사분들은 자신만의 의술의 경지를 갖추기 전에는 진료에 있어서 중앙의료정보시스템의 데이터베이스의 도움을 받게 됩니다. 즉, 이미 각 질환에 대한 증상별로 어떠한 상태인지에 대한 정확한 통계 자료가 영상으로 확보되어 있어서, 환자를 관찰할 때 이들 관찰 정보나 자료가 데이터베이스의 정보와 비교되어 정확한 증상의 정도가 판별되어서 다시 해당 의사에게 정보가 전달되는 시스템입니다. 이것은 질환의 원인이 복합적일 때 훨씬 유용하게 쓰입니다. 따라서 의사의 오진이 나오기 어려우며, 어느 병원에 가더라도 언제나 최상의 진료를 받게 되는 것입니다. 의사분들은 자신이 치료하는 행위에 대한 합당한 가치만을 부여받으며, 자신만의 경지에 올라서면 이에 합당한 수준으로 의료 행위에 대한 가치를 산정받게 됩니다. 때로는 진료의 기회가 잘 발생하지 않아서 병원에서 계속 기다려야 하는 경우가 있어서 의사분들이 다른 직업을 동시에 가진 경우가 많이 있습니다. 다른 직종에서 근무하면서 일주일에 이틀 정도만 병원에 근무하거나 아니면 긴급하게 연락을 받고 진료를 위해 병원에 오게 되는 때도 있습니다.

　요즘은 긴급 의료체계가 잘 갖추어져 있어서 갑자기 환자가 발생해서 긴급하게 의료 행위가 필요한 경우에도 긴급의료지원시스템을 통해서 환자와 의사 그리고 병원을 연결해 주고 여기까지 환자와 의사가 이동할 수 있도록 비행체나 가장 빠른 교통수단까지도 제공하게 되어 있습니다. 즉, 대형 병원의 경우는 항상 진료 시설과 설비가 갖추어져 있는데, 긴급 환자 발생 지역에서 가용한 가장 가까운 종합 병원으로, 그리고 거기에 맞는 그 병원에 가장 빠른 시간에 도착할 수 있는 의사분에게 연락이 동시에 취해지고, 이들 모두가 병원에 신속하게 도착할 수 있도록 전국적으로 갖추어진 상시 대기 긴급 의료 비행체나 기타 이동수단을 통해서 해당 병원에서 환자와 의사가 도착해서 만나고, 진료를 받게 됩니다. 과거에 교통사고가 난 어린아이가 구급차를 타고 도착한 국가에서 지정한 권역외상센터마다 수술실이 없다는 이유로 들어가지도 못하고 다른 병원으로 수차례 이동하다가 끝내 사망했던 안타까운 사건이 이제는 더는 일어나지 않습니다. 이밖에 안과, 치과, 피부과, 가정의학과, 한의원 등 소규모의 경영이 더욱 합리적인 병원은 보통 개인 의사들이 자신의 이름을 걸고 운영하며, 잘한다고 소문이 나면 손님들이 많이 몰리기도 합니다.

우리 보건산업청에서는 또한 보건 신기술 및 신약 연구를 직접 주도하며, 대학과 병원 그리고 제약회사와 연계해서 연구를 주도하고 완성합니다. 의료 신기술 개발의 성과는 가치로 환산되어서 기여자에게 지급이 되며 중앙의료정보시스템을 통해서 모든 의사가 익히고 실제로 적용하게 됩니다. 신약 연구의 성과도 정확하게 가치로 평가되며, 제약회사 간의 기여도만큼 가치가 올바르게 지급되도록 하고 있습니다. 의료는 더는 돈을 벌기 위한 행위가 아닙니다. 우리 국민 모두의 건강과 안위를 소중히 여기고 보살피는 행위이며, 생명을 구하는 사랑의 헌신입니다.

창작물 저작권 관리자

안녕하세요. 창작물의 저작권 관리를 담당하는 일반산업부 소속 '엄창작'입니다. 창작물의 저작권 관리는 학술창작물, 기술창작물, 예술창작물의 세 개의 범주로 구분되어서 창작물저작권관리시스템에 의해서 관리됩니다.

먼저, 학술창작물은 학문적인 이론에 대한 새로운 업적을 창출한 것이며, 예를 들어서 만유인력을 설명하는 새로운 방정식을 만들어 내는 것입니다. 당장은 활용할 수 있는 것은 아니지만, 더욱 발전된 연구를 위한 기틀이 될 수노 있고, 산업에서 적용할 수 있는 구체화한 이론으로도 전개될 수도 있는 그런 업적입니다. 주로는 순수 과학 분야에 해당하며, 간혹 사회학이나 기타 학문에서도 새로운 이론을 정립하는 업적이 나올 수도 있습니다. 학술창작물은 지식창조부에서 관리하게 되며, 학술가치를 전문가들을 통해 산정한 후 그 가치에 맞는 홍익지수를 부여하게 됩니다. 개별적 학술창작물에 대해서는 창작물저작권관리시스템 안의 학술창작물 범주에서 고유 번호를 부여해서 관리되며, 논문 등의 학술창작물 저작 시 이미 등록된 창작학술문의 내용이 인용되었으면, 이를 쉽게 찾아서 인용구에 대한 표현이 들어가도록 창작물저작권관리시스템에서 도움을 받을 수 있습니다.

기술창작물은 상업화해서 물건을 만들어 낼 수 있는 기술로써 한때 특허 기술로 불렸고 일반산업부에서 관리합니다. 특허의 경우 창작한 기술에 대한 배타적 그리고 독점적 지위를 부여하는 것으로서 이윤의 극대화를 추구하는 자본주의 체제에서는 맞는 논리일 수도 있으나 창출한 가치를 사회에서 공유해서 함께 누리고자 하는 가치주의의 개념에는 배치되는 논리입니다. 또한, 특허 기술을 회피하기 위해 불필요한 회피 기술을 개발하는 사회적 낭비와 기술적 침해 여부에 대한 소송 등의 사회적 손실이 발생합니다.

가치주의에서는 상업적으로 이용 가능한 기술의 독점적 그리고 배타적 지위를 허용하지 않고 이 기술을 공용의 기술로 등록해서 관리를 하며 이 기술을 사용하고자 하는 많은 다른 사람이나 기업이 쓸 수 있도록 하는 기술공용제를 채택하고 있습니다. 물론 기술 개발에 자신의 노력과 비용과 시간을 들인 개발자에게는 그 가치를 인정하고 정확한 가치의 산정을 한 후 이 기술의 가치를 일반산업부에 가상가치로써 지급하게 됩니다. 또한, 사회적으로 유용하게 활용될 때에는 그 활용성의 정도에 따라 홍익지수를 부여하게 됩니다. 따라서 활용성을 좋은 신기술을 개발하게 되면 우선 가치에 대한 보상을 가상가치로 지급받으면서도 다른 사람들이 활용하게 되면 활용하는 정도에 따라 홍익지수를 부여받게 되니 개발자로서는 기술적인 독점적 지위를 얻지 못했다 하더라도 전혀 손해가 아닙니다. 그리고 이 기술을 이용하고자 하는 경우 기술을 회피하기 위한 낭비를 하지 않아도 되는 유익이 발생하게 됩니다. 다만 이 기술을 활용할 때마다 일반산업부에 공지해야 하며 이를 어기게 되면 패널티를 물게 됩니다.

마지막으로 예술창작물은 음악의 작곡, 미술의 창작물, 그리고 문학의 작품이나, 춤이나 무용의 동작 등 예술적 가치가 있는 창작물들을 말하며 문화부에서 예술창작물관리시스템을 통해서 관리합니다. 산업에서 쓰이는 제품 디자인이나 로고도 여기에 해당합니다. 이들 예술창작물은 객관적인 가치를 산출하는 것이 불가능하며, 타인에 의해 도용되어서는 안 됩니다. 분야별로 세분되어서 고유 번호를 부여해서 관리가 이루어지고, 새로운 예술창작물이 등록될 때에는 기존의 창작물에서 이미 사용되었던 요소가 도용되었는지를 검사하고, 예술창작물관리시스템에 내장된 인공지능 알고리즘이 데이터베이스의 자료와 비교 분석해서 이를 분별해 냅니다. 예술창작물은 상업적 이용 전에 반드시 예술창작물관리시스템에 등록해야 합니다.

어떤 것은 당장은 유용하지 않더라도 그 가치를 인정해 주어야만 나중에 더 크게 빛나는 가치로 세상에 공헌할 수 있고, 어떤 것은 혼자만이 아니라 함께 나누고 같이 쓸 때 그 가치가 제대로 빛이 나게 되며, 어떤 것은 그 자체의 독창성을 인정해 줄 때 그 가치가 모두에게 유익을 주는 더 좋은 창작물들이 나올 수 있게 됩니다. 돈만을 생각하고 자본주의에서는 창작물들에 대한 인정은 있었지만, 이것이 사회에 진정으로 유익을 주지는 못했습니다. 지금은 창작물에 대한 가치가 합리적으로 인정되며, 이것이 사회의 유익에 공헌하도록 시스템이 잘 갖추어져 있어서, 건전한 학술 연구, 기술 개발과 창작 활동이 우리 사회를 좀 더 아름답고 살기 좋은 세상으로 만들어 가고 있습니다.

기업의 인사 담당자

안녕하세요, 국내의 한 기업에서 인사 업무를 담당하는 '채용해'입니다. 저는 가치주의 시대 기업의 인사 업무에 대해서 말씀드리겠습니다. 가치주의로 바뀐 이래로 기업체에서 인사 관련 업무가 매우 중요해졌습니다. 그전에도 경영진에서는 중요하다는 이야기를 늘 했으나 실상은 실무를 지원하기 위한 보조적인 역할로 보는 시각이 일반적이었습니다. 하지만 지금은 인사 담당자의 역할이 상당히 중요합니다. 왜냐하면, 가치주의에서는 개개인이 하는 일에 대한 가치를 올바르게 평가해야만 그 가치만큼 올바르게 가상가치를 지급할 수 있기 때문입니다. 직급이나 직책에 따라 정해진 월급에 성과에 따라 약간의 차별이 있는 것이 아니라 직급이나 직책에는 무관하고 어떤 일을 하고 있느냐에 따라 인정되는 가치가 결정되기 때문에 직급이 낮고 직책이 없더라도 직급 높고 직책이 있는 직원보다 더 많은 가상가치를 지급받는 경우도 종종 발생합니다.

인사 담당자가 하는 일은 크게 세 가지로 구분됩니다. 인력 관리, 인사 관리, 그리고 임금 관리입니다.

먼저, 과거에는 있었던 정규직, 비정규직 이런 구분은 지금은 없습니다. 굳이 따진다면 모두가 정규직이면서 모두가 비정규직입니다. 모든 직원이 일정한 계약으로 어떤 직무에 어떤 프로젝트를 맡기 위해서 회사에 들어오지만, 계약 기간이 끝나면 돌아가 버리기 때문에 비정규직이지만, 모든 사람이 그런 방식으로 직장을 구하고, 또한 계약 기간이 끝나더라도 그만큼 쉽게 얼마든지 기간을 연장하거나 아니면 다른 직장을 얻기 때문에 항상 고용 상태가 유지되고 있는 셈이기에 정규직이라 해도 됩니다. 기업의 인사 담당자는 필요한 인력이 항상 채워지거나 준비될 수 있도록 항상 주도면밀한 노력이 필요합니다. 앞으로의 회사의 사업 방향과 투자 계획 그리고 진행할 프로젝트를 고려해서 인력 운영에 문제가 없도록 늘 신경을 써야 하며, 가치거래시장을 통해 필요한 인력 모집을 수시로 해야 합니다. 하지만 직무 지원자들에 대한 가치 활동 이력 및 홍익 활동 이력을 확인할 수 있으므로 인력을 채용하는 일 자체는 그리 어렵지 않습니다. 과거처럼 입사 시험을 본다든가 입사 서류를 꼼꼼히 살펴보고 몇 단계에 걸친 면접을 해야만 했던 입사의 힘든 과정은 지금은 필요하지 않습니다.

지금의 인사 관리의 핵심은 직무에 대한 올바른 평가입니다. 과거에는 학연에 지연에 아니면 줄이라든가 라인이라든가 하는 것이 있어서 상급자로부터 좋은 평가를 받을 사람이 따로 정해져 있어서 그런 사람들은 특별한 기여도가 없으면서도 항상 좋은 평가를 받기도 하고, 혹은 개인의 능력이 출중하고 열심히 직무를 수행해서 좋은 성과를 내도 상급자의 마음에 들지 않으면 좋은 평가를 절대로 받지 못하는 일이 일상이었습니다. 인사 담당자들이 이런 상황을 파악하기도 어려웠고 파악한다고 해도 마땅한 대책을 찾으려고 노력하지도 않았습니다.

가치주의 채택 이후로 각각의 직무에 대한 명확한 가치 산출이 필요하게 되었습니다. 예전에는 개인별 업무 목표를 세우고 이에 대해 평가를 하지만, 이를 바탕으로 상급자가 전체 평가를 원하는 대로 바꾸는 일이 빈번했는데, 이제는 있을 수도 없고 있어서도 안 되는 시대입니다. 왜냐하면, 직무에 대한 평가는 당장 자신이 활동에서 이루어낸 가치가 가상가치로 그대로 반영되기 때문이기도 하지만 평가 결과가 그 사람의 가치 활동 이력에 남아서 이후의 삶에 지속적으로 영향을 미치기 때문이기도 합니다. 따라서 인사 담당자들의 역할 중에 가장 중요한 부분이 평가가 공정하고 정확하게 이루어질 수 있도록 평가 시스템을 구축하고 운영하며, 이를 변화하는 업무 환경에 맞추어서 계속해서 수정해서 적용하는 일을 하는 것입니다.

평가의 핵심은 회사와 직원들에게 얼마나 해당 업무를 수행하면서 유익을 주었는가 하는 점입니다. 즉, 개개인의 개별적인 업무가 명확하게 규정되고 있고 이 업무가 회사에 어떠한 유익을 주는가에 대한 정의가 명확하게 정의되어 있어서 회사가 이 업무를 통해 어떠한 유익을 거두게 되는지를 정확하게 예상할 수 있게 되어 있고, 평가는 이를 공정하고 정확하게 확인하는 과정입니다. 과거처럼 업무에 대한 정의 자체가 불명확하고 줄이나 끈이 있으면 항상 좋은 평가를 받는 시대는 이제 다시는 오지 않을 것입니다. 따라서 인사 담당자는 현업 부서와 함께 업무에 대한 정의 및 그 가치를 올바르게 정의해 놓고 이 업무를 수행할 직원을 선발하는 과정을 밟게 됩니다.

물론 가치주의를 채택하면서 학자들이 만들어 놓은, 즉 가치평가소에서 정해서 배포한 일반 기업에서의 가치 평가에 대한 일반 기준이 마련되어 있어서 큰 틀에 대해 고민은 하지 않아도 되지만, 회사마다 형편이 다르고 업무마다 특성이 있으므로 기업별 인사 담당자가 이를 현실화시켜야 하는 부분이 있습니다. 또한, 기업별로 독자적으로 새롭게 마련한 직무별 가치 평가에 대한 기준은 바로 사용할 수 있는 것이 아니라 사전에 가치평가소의 승인을 얻어야 합니다. 이는 어떤 일을 하든지 어느 직종에 있든지 모든 사람에게 공정하고 올바른 가치 활동의 기회를 제공하기 위한 것입니다. 이렇게 평가가 마무리되면 임금을 지급해야 하는데 이는 매우 간단합니다. 평가 결과를 근거로 목표를 달성한 만큼의 가치를 가치거래시장을 통해서 지급을 신청하면 해당 직원의 가상계좌로 이만큼의 거래가치가 지급되게 됩니다.

과거에는 회사마다 여러 가지 형태의 후생복지제도가 있어서 회사는 이에 대해 고민해야 하는 상황이었는데 지금은 이런 혜택이 따로 없습니다. 업무에 필요한 환경만 제공하고 계약된 가상가치만 지급하면 그것으로 끝입니다. 또한, 임금협상이나 노동쟁의 같은 단어는 가치주의 채택 이래로 바로 사라져 버렸습니다. 이미 자신의 활동에 대한 가치가 올바르게 정의되고 평가되어 지급되고 있는데 이보다 더 받겠다고 요구하는 것은 그 자체가 이기주의이고, 이 사회의 건전성을 해치는 일이기 때문에 지금은 이런 일을 하라고 해도 아무도 하려고 하지 않습니다.

지금 우리가 살아가는 사회는 누구에게라도 그리고 어떤 일을 하더라도 모든 면에서 많이 공정해졌으며, 아직 그렇지 못한 부분이 남아 있어도 이런 부분들이 점차 사라지는 방향으로 발전해 가고 있습니다. 우리의 후손들에게 더 좋은 세상을 물려주기 위해 저 또한 이 사회에 도움이 되고 유익이 되는 가치 있는 삶을 살고자 늘 다짐하게 됩니다.

가상여행사

안녕하세요. 꿈을 현실로, 과거를 오늘로, 저희 환상 투어에 방문해 주신 여러분을 진심으로 환영합니다. 저희 여행사는 가상의 여행을 체험할 수 있는 상품들이 마련되어 있습니다. 원하시는 여행 장소를 선택하시고, 여행 시간대를 선택하시고 나서, 그리고 여행을 통해 체험하시고 싶은 사항을 선택하시면 바로 여행을 시작할 수 있습니다. 관광 위주의 여행을 하시기도 하지만 주로 역사 체험을 병행하는 코스의 여행을 많이 선택하시고, 요즘은 우주여행도 꽤 인기가 있습니다. 이제부터 이들 상품에 대해서 자세히 안내해 드리겠습니다.

먼저, 역사와 결합한 관광 여행 상품은 일반 여행과 유사한 여행 코스들로 갖춰져 있습니다. 서유럽 문화 유적 및 도시 여행 코스에서는 런던, 파리, 로마 같은 유럽의 유명한 관광 도시들을 모두 방문하시면서 역사 속으로 들어가실 수 있습니다. 한 나라의 왕이 되실 수도 있고, 전쟁에 나가서 창과 방패를 휘두르며 직접 싸움을 하실 수도 있습니다. 런던에서 뮤지컬을 보시거나 직접 뮤지컬 배우가 되어 보실 수도 있고요. 파리의 유람선에서 각종 산해진미를 선상에서 맛보실 수도 있고, 로마 콜로세움 경기장에서 검투사가 되어서 사람이나 사자와도 싸움을 하실 수도 있습니다.

동유럽 음악 및 자연 여행 코스는 독일과 체코, 그리고 헝가리와 오스트리아를 방문합니다. 잘츠부르크에서 모차르트의 피아노 연주를 바로 옆에서 들어볼 수도 있고, 빈에서 직접 모차르트가 되어서 오케스트라를 지휘해 볼 수도 있습니다. 할슈타트에서 멋진 자연을 만끽할 수도 있고, 부다페스트와 프라하에서 환상적인 야경의 도시를 거닐며 멋진 데이트도 할 수 있습니다. 독일의 오래된 교회에서 바흐가 되어서 오르간을 연주해 볼 수도 있습니다. 북유럽 해변 절경 유람선 여행 코스에서는 리아스식 해안으로 유명한 자연의 절경들을 크루즈를 타시면서 마음껏 감상하실 수 있습니다. 역사적으로 거슬러 올라가서 직접 바이킹이 되어서 배를 타고 전쟁에 나가서 무시무시한 전투를 체험하실 수도 있습니다.

동남아 쪽과 하와이 쪽은 주로 해변에서 해수욕하는 여행입니다. 따뜻하게 햇살이 내리쬐는 해변에서 끝없이 펼쳐진 드넓은 백사장에 누워서 시원하게 다가오는 파도와 멋진 광경들을 마음껏 즐길 수 있습니다. 맛있는 해산물 요리를 마음껏 드실 수 있고, 원주민들의 공연도 감상하실 수 있습니다. 좀 두렵기는 한데 쓰나미가 몰려와서 이를 피하다가 밀려오는 바닷물에 온몸이 잠기는 체험도 선택하실 수 있습니다.

일본 여행은 주로 온천 체험입니다. 일본 노천 온천에서 따뜻한 온천물에 다른 사람들과 함께 몸을 담그면서 온천욕을 즐길 수 있습니다. 화산 체험도 가능해서 화산 주변의 위험한 곳에 올라가서 빨갛게 이글거리는 마그마도 직접 볼 수 있고, 유황가스와 각종 화산가스로 인한 가쁜 숨을 경험할 수도 있습니다. 화산이 분출되는 위험하고도 멋진 장관을 연출할 수도 있습니다. 땅이 갈라지고 건물이 무너지며, 땅속으로 집들이 무너져 들어가는 지진 체험도 가능합니다. 스시와 소바를 좋아하시면 맛집들을 탐방하시면서 유명한 집들의 전통의 맛을 모두 다 맛보실 수도 있습니다.

중동 및 이집트 지역은 오래된 유적들을 보실 수 있습니다. 피라미드, 스핑크스, 그리고 시리아와 요르단에 숨어 있는 멋진 비경들을 마음껏 구경하실 수 있습니다. 오래전 파라오가 되어서 피라미드 건설을 주도할 수도 있고 일꾼이 되어서 건설 노역을 해보실 수도 있습니다. 분쟁이 많은 지역이라서 직접 군인이 되어서 전투에 참여하실 수도 있고, 사하라 사막에서 길을 잃고 헤매다가 목이 말라서 죽어 가는 너무나 고통스러운 체험과 오아시스를 발견하는 짜릿한 체험도 가능합니다.

해양 스포츠를 좋아하신다면 오스트레일리아와 뉴질랜드를 선택하시면 됩니다. 온갖 최첨단 장비들이 다 갖추어진 멋지고 하얀 요트를 선택해서 바다로 나가는 겁니다. 돛을 펴고 세찬 바람에 요트가 질주하는 것을 만끽할 수 있습니다. 물 위를 떠가는 물고기가 된 듯 서핑을 하실 수도 있습니다. 잔잔한 파도부터 무시무시한 파도까지 원하시는 대로 만들어서 파도를 향해 전속력으로 달려가서 서퍼보드에 몸을 맡기는 겁니다. 백상아리를 출현시킬 수도 있습니다.

동물을 좋아하신다면 아프리카가 좋은 선택이 될 수 있습니다. 멋진 갈기의 사자, 이상한 소리를 내며 몰려다니는 하이에나, 나무 위에서 기회를 엿보는 표범, 그리고 자동차만큼 빨리 달리는 치타, 엄청난 크기의 코끼리, 너무 키가 커서 한참 올려다봐야 하는 기린, 그리고 엄청난 덩치의 하마와 코뿔소들, 그리고 엄청나게 입이 큰 악어, 이런 동물들을 모두 바로 옆에서 직접 만져 볼 수도 있고, 먹잇감을 두고 서로 뺏고 뺏기는 연출도 됩니다. 사자들이 길 잃은 하마를 에워싸고 잡아먹으려 하다가 하마가 큰 입으로 사자의 머리통을 통째로 물어서 사자가 그 자리에서 바로 죽는 장면들, 이런 것도 볼 수 있습니다.

아마존 여행도 인기가 많습니다. 정글 속에서 탐험하며 야생의 생활을 직접 체험할 수 있습니다. 엄청나게 크고 징그러운 각종 벌레, 생전 처음 보는 희귀한 동물들, 한번 발이 빠진 늪은 헤어나기 어렵고, 강물에 빠져서 헤엄쳐서 빠져나오려고 하는데 강물에서는 악어들이 쫓아오고, 악어를 피하니 피라냐 떼들이 몰려오고, 겨우 물 위로 올라오니 아나콘다가 기다리고 있고, 총과 칼 등 몇 가지 방어 무기들을 갖출 수 있는데 모든 어려움을 뚫고 나가는 체험이 흥미진진합니다.

등산을 좋아하시면 히말라야 여행 코스가 좋습니다. 각종 산악 장비들을 무겁게 등에 짊어지고 셰르파와 동료들과 8,000미터 이상의 봉우리를 정복하는 겁니다. 에베레스트, K2, 안나푸르나, 낭가파르바트 등등. 아무리 등산을 좋아해도 절대로 일반인들이 가볼 수 없는 곳이잖아요. 눈사태와 설맹 그리고 고산병도 체험해 볼 수 있습니다. 정상에 깃발을 꽂을 때의 감격은 이루 말할 수 없겠지요.

추운 나라로의 여행을 원하신다면 북극 여행은 어떠신가요? 알래스카와 캐나다 그리고 그린란드를 패키지로 다녀오실 수 있습니다. 눈 덮인 산악에 펼쳐진 드넓은 평원과 험지를 설상차를 타고 마음껏 달려보기도 하고, 때로는 개썰매를 직접 몰아볼 수도 있습니다. 순록이 끄는 썰매를 타고 드넓게 펼쳐진 툰드라의 웅장함을 느껴볼 수도 있습니다.

그랜드 캐니언과 나이아가라 폭포로 유명한 미국 여행도 빼놓을 수 없겠지요. 드론을 타고 그랜드 캐니언의 멋진 장관을 구석구석 누빌 수 있습니다. 나이아가라 폭포에서는 직접 배를 타고 들어갑니다. 폭포수를 온몸에 뒤집어쓰기도 하고, 폭폭 위에 떠 있던 배가 폭포 아래로 추락하기도 합니다. 워싱턴 백악관에 들어가서 미국의 역대 대통령 중 한

명이 되어서 국회에서 연설하기도 하고 선거 유세도 해볼 수 있습니다.

그리고 남극 여행도 있습니다. 남극 해변에서 빼곡히 모여 있는 펭귄의 무리와 함께 펭귄이 되어서 남극대륙 중심부에 있는 산란지로 알을 낳으러 떠나는 여행입니다. 때로는 걷다가 때로는 다이빙하듯이 미끄러지기도 하면서 동료들과 남극의 중심부로 나아가면 극심한 추위가 몰려오고, 가까스로 산란지에 도착하면 알을 낳아서 발 사이에 잘 감싸서 동료들과 빽빽하게 모여서 휘몰아치는 바람을 등지고 행여나 알이 춥지 않을까 노심초사하며 알을 낳고, 해변으로 먹이를 찾으러 간 암컷들을 기다리는 외롭고도 힘든 그렇지만 무척이나 교훈이 되는 여행입니다.

모든 여행에서의 체험들은 모두 가상입니다만 실제처럼 느끼게 됩니다. 바람도 느껴지며, 덥거나 춥기도 하고, 심지어 아프고 고통스럽기까지도 합니다. 맛도 느낄 수 있고, 소리도 들리며, 촉감도 살아 있습니다. 원하시는 대로 감각의 정도를 조절할 수도 있습니다. 저희는 인공지능을 이용한 가상현실구현시스템을 통해서 고객의 요청에 맞는 체험의 스케줄 및 레퍼토리를 그때그때 만들어 내고 있습니다. 비행기를 타고 직접 나가서 여행하는 것보다 훨씬 더 적은 비용으로 훨씬 더 다양하고도 경험하기 어려운 체험까지 제공하고 있으니 저희 여행사의 여행 상품들을 많이 이용해 주시길 바랍니다.

자동차 제작사

안녕하세요. 안락한 자동차 '스피어'와 꿈의 비행체 '드림 디스크'의 대표 '차조하'입니다. 예전에 자동차 회사는 상당히 규모가 큰 회사들이었습니다. 기계화된 생산 시설들과 수많은 조립 인력들이 일정하게 흘러가는 조립라인의 각각 자신이 맡은 자리에서 부품들을 끊임없이 조립해서 결국은 수만 가지의 부품이 복잡하게 조립된 자동차를 만들어 내는 모습이었습니다. 신규 자동차 개발에 필요했던 수많은 연구 인력과 엄청난 시험 장비, 구매나 원가 업무 인력들, 프로젝트 조직 인원들, 상품기획, 재무, 홍보 등의 제반 인력들, 그리고 고객들에게 판매하기 위한 영업 인력들까지, 정말로 엄청난 규모의 인력이 필요한 회사였습니다. 1차, 2차, 3차 등의 협력업체들까지 생각한다면 하나의 자동차 회사와 연관된 인원과 경제 규모는 그야말로 나라의 경제를 떠받든다고 할 만큼 엄청났습니다. 그때는 국가의 경제를 주도하는 그런 회사들이었지만 지금의 자동차 회사들은 상황이 많이 달라졌습니다.

제조업은 인간의 노동을 대신하는 로봇 관련 산업들이 발달했으며, 인공지능의 결부가 필수적인 수순이 되었습니다. 제조 과정 중에 환경을 위협하던 굴뚝 산업들은 모두 친환경 산업의 형태로 변모되었으며, 친환경 에너지산업도 고도성장의 길을 걸었습니다. 반면에 제조업의 대표주자였던 자동차산업은 내림세로 돌아서기 시작해서 전체 완성차 업체의 숫자도 줄고 각 회사의 규모가 꾸준히 줄어갔습니다. 그 시발은 우선 내연기관 차량의 몰락 때문이었습니다. 가치주의에서는 제조 과정이나 그 이후에 환경에 악영향을 주게 되면, 이것은 자연의 재순환에 지장을 주는 것이 되며, 인간 사회에 유익이 아닌 손해를 끼치는 것으로 보기 때문에 그에 대한 합당한 대가를 치르게 되어 있습니다. 따라서 환경 오염을 유발하는 휘발유와 디젤차는 점차 외면받기 시작했고, 거의 모든 지방자치단체에서 운행을 금지했습니다. 환경오염을 일으키는 문제를 용납할 수 없었던 것입니다.

더 나아가서는 모터가 구동력의 70% 이상을 담당하는 내연기관과 모터로 구성된 스트롱 하이브리드 차량마저 운행이 금지되었습니다. 그것으로 내연기관 차량이 완전히 멸종된 것입니다. 따라서 이제는 순수한 전기차 또는 태양열 전지 차량만이 운행할 수 있습니다. 한때 수소를 연료로 하는 연료전지 자동차가 개발되었으나 수소의 폭발성 위험이 상존하고 있는 반면에 전기차의 배터리가 혁신적으로 발전해서 굳이 연료 전기차를 타고 다닐 만한 장점이 없어서 이제는 자동차 판매 시장에서 사라져 버렸습니다.

전기차의 구조마저 단순해져서 전면부 후드를 열면 보이던 엔진 위치에 장착되던 구동 모터가 이제는 작은 형태로 나뉘어서 네 개의 바퀴 주변으로 위치를 옮겼고, 배터리가 기존 차량의 엔진룸 위치를 차지하고 있습니다. 그나마도 부피가 많이 줄어서 이에 따라 자동차 스타일도 예전과 아주 다릅니다. 어쨌든 예전에는 후드를 열고 엔진룸을 보면 엔진, 변속기, 연료 라인들, 에어컨 파이프들, 브레이크 계통, 냉각계통, 알터네이터, 콤프레서, 배터리, 각종 복잡한 배선들 등 수많은 부품이 뒤엉켜 있었고, 이로 인해 정비할 일도 많이 있었는데, 요즘의 차량은 엔진룸이라 불리던 배터리룸을 보면 배터리와 단순한 장치들과 간결한 배선이 전부입니다.

차의 네 바퀴가 과거에는 스프링과 현가장치로 차체에 연결되어서 각종 주행 상황에서 바퀴가 받는 바닥에서의 충격이 차체를 통해 차 실내로 전달되는 것을 최대한 완화해 주고 차체의 높이를 일정하게 유지하는 역할을 했습니다. 하지만 충격을 완전히 차단하는 것은 원천적으로 불가능했고, 연비 향상을 목적으로 차체의 높이 자체를 내리거나 올리거나 하는 것도 제대로 구현되지는 않았습니다. 하지만 요즘에 등장하는 좀 더 발전된 형태의 자동차는 구동용 모터도 사용하지 않으며, 구 형태의 네 바퀴를 가지고 있고, 초전도 자석에 의해서 차체가 구형의 바퀴 위에 떠 있고, 역시 자기력을 통해 바퀴에 회전력을 발생시켜서 전진과 후진 그리고 멈추는 역할도 하게 됩니다. 마치 자기부상열차와도 같이 차체가 공중에 떠서 바퀴와 차체가 직접 연결되어 있지 않으니 바닥의 충격이 승객룸 내로 전달되지 않고 완전하게 진동절연이 이루어집니다.

차체의 높이도 연비 향상을 위해서 고속 주행 시 높이를 낮추고, 둔덕을 넘을 때는 최대로 높이를 높여서 차체 바닥이 지면에 닿지 않게 하며, 코너링 시에는 회전 중심에서의 바깥쪽 바퀴 쪽의 높이를 높여서 안정감을 더하는 등 최적의 주행 조건을 만들어 냅니다. 구 형태의 바퀴 덕분에 주차 시에도 좁은 공간에 옆으로, 즉 일반적인 진행 방향의 수직인 방향으로 주행해서 주차하거나 차를 뺄 수도 있으며, 바퀴의 회전 방향을 조절해서 특이한 형태의 주행도 가능합니다. 모터 구동계, 브레이크 시스템, 서스펜션 시스템마저 필요가 없으니 네 바퀴를 둘러싸서 부상시키고 회전시키는 역할을 하는 휠 하우징 모듈을 제외하고는 배터리와 네 바퀴 그리고 실내 부품 및 제어 관련 전자 부품들이 전부인 그야말로 단순한 구조를 가진 자동차입니다. 구 형태의 바퀴로부터 힌트를 얻어서 자동차 회사의 이름이 스피어가 된 것입니다.

요즘의 차량은 고장이 날 만한 부품도 별로 없고 고장이 난다 해도 스스로 정비하는 것도 가능합니다. 더군다나 인공지능을 이용한 자율 주행 기능이 모든 차량에 적용되어 있어서 수동 방식으로 운전하지 않고서는 좀처럼 사고도 나지 않습니다. 요즘은 오래전에 있었던 조립식 컴퓨터처럼 조립식 차량이 대세입니다. 시중에 나와 있는 언더바디 모듈 중에서 원하는 차량 크기와 성능에 맞추어서 하나를 선택하고, 어퍼바디를 차량 크기에 맞는 디자인 중에서 하나를 선택하고 나서, 인테리어 모듈과 각종 편의 사양을 선택해서 주문하면 이를 받을 수 있으며, 여기에 인공지능 두뇌를 장착한 통합 ECU를 선택하고 그 밖의 간결한 배선 모듈만 연결하면 자동차가 쉽게 만들어지게 됩니다. 물론 차량 운행 허가를 받으려면 운행 검증 단계를 거쳐야 합니다. 우리 회사와 같은 자동차 제작사에 의뢰하는 경우가 대부분이지만, 심지어는 일반적인 자동차 정비업체에서도 이를 대행하기도 합니다. 자신이 꾸미고자 하는 대로 모듈 단위별로 선택하고 옵션을 지정하면 필요 가치가 계산되며, 나머지는 알아서 다 만들어 주고 운행 허가까지 마무리해서 주문자에게 건네주게 됩니다.

요즘 젊은이들은 자동차보다는 소형 비행체를 꾸며서 타고 다니기를 더 좋아해서 자동차 제작 관련 일도 계속 줄고 있습니다. 소형 비행체의 가장 저렴한 형태는 비행기의 날개 대신에 헬리콥터의 회전형 날개가 여러 개 달린 마치 드론과 비슷한 비행 원리를 가지고 있습니다. 회전체 모듈은 도넛 형상 내에 숨겨 놓아서 회전 날개에 의한 사고가 나지 않도록 방지하고 있고, 승객룸은 그 가운데에 위치하며, 안전을 위해 유리가 없이 가볍고 튼튼한 신물질의 외부 덮개로 단단하게 덮여 있습니다. 안에는 외부의 카메라와 연결된 360도 스크린이 있어서 밖의 상황을 훤히 볼 수 있으며, 이 비행체는 자율주행으로만 운행할 수 있습니다. 돌풍이나 외부의 충격 때문에 비행체가 추락하더라도 승객에게는 웬만한 충격이 전달되지 않도록 충격 절연 구조를 갖추고 있으며, 승객룸을 제외한 부품은 배터리와 회전체 또는 회전형 송풍 모듈을 갖추면 그만입니다. 따라서 승객룸의 크기와 모양 그리고 기능을 선택하고, 내부 안전구조를 넣고 ECU 및 제어 모듈은 장착하고, 여기에 맞는 배터리와 회전체 또는 회전형 송풍 모듈을 갖춘 비행 모듈을 승객룸 외부에 연결하면 완성이 됩니다. 그리고 제어 모듈과 함께 이들 조합을 완성체로 완결시키는 통합 제어 점검 및 시험 과정을 거치면 운행 허가를 받게 됩니다.

요즘 한참 인기인 조금 비싼 형태의 새로운 비행체가 있는데 위로 약간 도톰한 형태의 매끈한 원반형입니다. '드림디스크'라는 이름은 여기서 따온 것입니다. 구동 방식은 원반이 날아가는 것과 마찬가지로 고속으로 몸통이 회전해서 중력을 이기고 상승하는 원리를 취합니다. 바깥쪽은 회전하지만, 안쪽은 전혀 회전하지 않는 이중구조를 취하고 있으며 이를 구현하려면 외부의 회전체와 내부의 승객 캡슐을 분리해서 비행 중에 서로 닿지 않게 만드는 기술적인 노하우가 필요합니다. 역시 외벽이 모두 막혀 있어서 비행 중에 밖을 직접 내다볼 수는 없지만, 내부에 360도 스크린을 통해서 외부의 상황을 모두 볼 수 있습니다. 원반 형태의 이 비행체는 기상 상태가 좋지 않더라도 비행에 크게 좌우 받지 않아서 안전하며, 혹시라도 추락하더라도 내부에 충격이 전달되지 않도록 충격 절연이 이루어지기에 승객들의 안전을 보장할 수 있습니다.

요즘 대학의 물리학 연구소에서는 우주의 에너지 흐름을 조절하는 방법에 관해서 한참 연구가 진행되고 있습니다. 이것은 우주의 에너지 흐름인 중력이라는 형태가 물체와 만났을 때, 이에 저항하는 일반적인 특성이 아닌 이를 약화하거나 투과시킬 수 있는 구조를 가지도록 함으로써 중량이 감해지는 효과를 얻는 연구입니다. 이 연구가 진전되고 이 원반형 비행체에 적용된다면 아마 비행체의 속도를 엄청나게 올릴 수 있을 것입니다.

자동차를 만드는 일은 예전에는 대기업에서는 할 수 있었는데 지금은 작은 회사에서도 그리고 정비업소에서도 할 수도 있는 세상이 되었습니다. 과거에는 없었던 소형 비행체들이 하늘을 누비고 다니는 세상도 이미 도래했고, 그 속도가 상상을 초월할 날도 멀지 않았습니다. 우리가 사는 세상은 우리가 상상하는 것보다 훨씬 더 빠르게 발전하고 있습니다. 이것은 우리들의 모든 활동이 낭비가 없고 효율적이며, 경쟁이 아닌 다른 사람들의 유익을 추구하는 데에 집중하기 때문일 것입니다.

주택건축회사

안녕하세요. 꿈을 주는 주택을 만들어서 22세기 주택 문화를 선도해 가는 회사 드림스페이스의 대표 '하우수'입니다. 과거에는 도시에서의 아파트 중심의 집단 거주와 집단 관리 주택이 대부분이었는데요, 지금은 전원에서의 2층 단독주택이 대세입니다. 재택근무가 확산이 되다 보니 굳이 대도시나 대도시 주변의 소도시에 거주할 필요가 사라졌습니다. 회사들도 도심보다는 지방으로 흩어져 있어서 사람들이 전원으로 흩어지게 되었고, 덕분에 대도시들도 경관이 훨씬 깨끗하고 아름답게 재정비가 되었습니다. 높은 아파트들은 사라지고 도시에서 살고자 하는 사람들을 위한 저층의 주택단지들로 바뀌었습니다. 물론 도시에서 살면 건물에 붙게 되는 토지 사용 세금이 높아서 주거 비용이 많이 드는 것은 감안해야 합니다. 하지만 여전히 도시가 주는 문화적인 편리함은 대도시 생활의 혜택이라고 할 수 있습니다.

요즘은 가정의 형태도 대가족 형태가 제일 많습니다. 3대가 같이 사는 가정은 기본이고, 4대가 같이 사는 가정도 꽤 있으며, 심지어는 5대가 같이 사는 가정까지도 찾을 수 있습니다. 평균 수명이 늘어나고 대부분 나이가 들어도 건강한 모습으로 살다 보니 그렇게 된 것입니다. 대가족으로 살게 되는 이유는 서로에게 도움이 되기 때문입니다. 나이가 많이 들어도 대부분 일을 하게 되는데 직장이나 일을 나가는 시간이 서로 제각각이기도 하고 재택근무를 하더라도 근무하는 시간이 달라서 서로 같이 모일 수 있는 시간을 찾기가 쉽지는 않습니다. 따라서 아이들을 돌보거나 집안일을 하는 것이 대가족일 때가 훨씬 더 유리하고 효율적이며, 대도시에서처럼 사람들이 북적이지 않다 보니 가족이 함께 사는 것이 좋다는 것을 깨달았기 때문이기도 합니다. 주택을 건축하는 측면에서도 가족 중심의 여러 세대가 하나의 주택을 건축하는 것이 훨씬 저렴하게 집을 지을 수 있기도 합니다.

저희가 주택을 설계할 때 가장 중점에 두는 것이 몇 세대의 가정이 거주하며 그리고 몇 명의 가족 구성원이 지낼 집인가 하는 점입니다. 한 채의 전원주택을 짓지만, 세대수에 따라 다른 건물로 분리되어 붙어 있는 형태인지, 아니면 집 안이 분리된 구조를 갖는 것인지, 혹은 연결은 되지만 세대 간의 사적 공간이 구분되도록 만들게 되는 경우인지를 선택하게 됩니다. 보통의 경우는 목조로 짓는 것이 일반적입니다. 간혹 콘크리트로 집을 짓기를 원하는 경우가 있기도 한데, 우선 콘크리트 양생 기간이 필요해서 공사 기간이 많이 늘어납니다. 그리고 단열재를 많이 사용해야 하고 아무래도 냉난방 에너지가 많이 들게 됩니다. 따라서 3층 이하는 목조주택으로 지어서 공사 기간도 대폭 줄이고 냉난방 에너지도 덜 들 수 있도록 하게 됩니다.

창문을 크게 내기를 원하시는 분들도 있는데 냉난방 비용의 부담 증가는 각오해야 합니다. 먼저 집의 외곽 크기와 형태가 결정되면 집안 내부의 구조는 저희가 미리 준비된 기본 모델들 중에서 하나를 선택하면 집의 구조를 재설계하게 됩니다. 물론 고객분들이 원하시는 내부 구조를 반영하게 되며, 설계 비용의 추가를 감수하더라도 아예 색다른 구조를 요청하시는 분들도 있습니다. 보통은 2층의 목조건물에 1층에는 거실과 넓은 주방을 배치하며, 거실의 천장을 높게 하고, 주방 위의 2층에는 침실을 배치하는 구조가 일반적인 선택입니다.

지붕에는 태양광 모듈을 설치해서 에너지 비용을 절약하게 됩니다. 땅의 경우는 국가에서 지정한 전원주택용 필지를 이용하게 되며, 전기와 수도 및 가스의 연결은 기본적으로 제공되는 필지입니다. 전원주택단지에는 하수도 정수화 처리 시설과 음식물 쓰레기 퇴비화 시설이 갖추어져 있어서 마당이나 텃밭의 농작물을 가꾸는 데 이용하게 됩니다. 따라서 에너지와 물의 사용도 최소화하고, 오염 물질도 거의 배출하지 않는 친환경적인 주택단지입니다. 전원주택단지에서 공동으로 운영되는 비행체 이착륙 공간도 매우 유용합니다. 보유한 가상가치에 여유가 있으신 분들은 넓은 마당의 집터를 선택하실 수 있으며 이 경우 비행체를 바로 집 마당에 놓을 수도 있습니다.

전원주택단지별로 특색 있는 주택 디자인을 비슷하게 취하게 되는 것이 일반적인데요, 가령, 한옥 스타일의 주택단지라든가, 유럽의 중세시대의 바로크 양식의 건물과 유사한 디자인을 갖는 주택단지라든가, 아니면 일반적인 서양 주택의 형태 같은 주택단지라든가, 다양한 형태의 디자인이 가능합니다. 하나의 전원주택단지이지만 저마다 제각각인 주택의 디자인을 취하기도 하는데요, 보통은 추천하지 않습니다. 별로 안 예쁘거든요. 어쨌든 디자인에 따라서 공사 기간과 비용은 천차만별로 달라집니다. 단순한 디자인은 쉽고 빠르게 지을 수 있으며 설계 비용도 저렴하지만 복잡한 디자인은 설계도 쉽지 않고 공사 기간은 상당히 많이 늘어나게 됩니다. 그래서 주택단지별로 대체로 건축비가 비슷한 집들끼리 모여서 살게 되는 것이 일반적입니다.

우리 회사 주택 공사의 특징 중의 하나는 인공지능 로봇을 활용한다는 것입니다. 고객으로부터 요구받은 설계안을 바탕으로 가능한 설계안을 인공지능을 활용해서 만들어 내게 되며, 고객의 확인과 수정을 거쳐서 고객과의 최종 조율을 마무리합니다. 완성된 설계도를 바탕으로 주택 공사에 들어가게 되는데 인공지능으로 움직이는 건설용 로봇과 주택 건축 로봇을 활용하게 됩니다. 아무래도 로봇이 주택을 짓다 보니 속도가 빠르고 정확하며, 군소리가 없어서 좋습니다. 저희 직원들은 로봇의 운용과 관리 감독을 하게 되며, 공사 단계별로 문제가 없는지 점검하는 역할을 합니다. 주택의 디자인이 아주 복잡하지 않은 경우라면 보통은 한 달이면 마음에 그린 자신만의 주택을 직접 만나실 수 있습니다. 입주 단지 선정, 주택의 용도와 조건 그리고 구조 확정, 디자인 및 확정, 설계 및 확정, 대지 및 토목공사, 건물 공사, 내부 실내장식 및 마감, 조경공사까지 모두가 목조주택의 경우 한 달이라면 무척 빠른 편입니다.

　우리 회사는 주택을 지어서 제공하지만, 땅과 건물 그 자체만을 제공하는 것은 아닙니다. 사람이 거주하고 생활하는 공간이 사람에게 희망을 주고 행복을 만들어 내는 공간이 되기는 바라는 마음도 함께 담아내고 있습니다. 사람들에게 꿈을 주는 공간, 그것이 바로 저희의 꿈이기도 합니다.

로봇 제작사

역사적으로 획기적인 인류의 발전이 이루어졌던 몇몇 시점들이 있습니다. 역사에서는 이를 시대 구분의 잣대로도 활용하는데요, 청동기시대, 철기시대가 그런 경우인데요, 현대문명 이후에 이러한 잣대가 하나 더 생겨난 것 같습니다. 역사학자들은 굳이 그렇게 구분하지는 않겠지만 저는 그렇게 구분하고 싶습니다. '로봇시대'라고요. 안녕하세요. 로봇을 만들어서 우리 인간 사회를 보다 편리하게 만드는 기업의 싱크머신의 대표 '마진가'입니다. 우리 회사가 만들고 있는 로봇들은 치안 로봇, 군인 로봇, 경비 로봇, 의료 로봇, 소방 로봇, 건설 로봇, 산업 로봇, 환경 로봇, 청소 로봇, 이사 로봇, 가정부 로봇, 농사 로봇, 어업 로봇, 임업 로봇 등이 있습니다. 모든 로봇이 인공지능 기능을 탑재해서 스스로 판단해서 움직이며 작동합니다. 고객분들이 원하시는 용도에 맞도록 주문을 하시면 저희가 보유하고 있는 기본 모델들을 이 목적에 맞추어서 개량하고 최적화시킨 로봇을 만들어서 고객분들께 인도하게 됩니다.

치안 로봇은 치안청 소속의 치안경찰을 의미합니다. 경찰청 소속의 수사경찰들은 아직은 로봇들이 담당하지 못합니다. 치안 로봇들은 치안 업무를 충실히 담당할 수 있도록 뛰어난 운동 능력과 정보처리 능력을 보유하고 있습니다. 범인 식별 능력, 취조 및 정보 확인 능력, 달리기 능력, 격투 및 제압 능력, 범인 이송 능력 등 치안경찰로서 훌륭한 역할을 감당할 수 있도록 충분한 능력을 갖추고 있습니다. 마약범죄라든가, 조직 폭력 범죄가 거의 없기는 하지만 이런 범죄에 탁월한 업무 수행 능력을 발휘합니다. 실제로 치안경찰로서의 공적인 권한도 부여받게 되니 이들 로봇이 무서워서 감히 범죄가 일어나지 못합니다. 군인 로봇은 전투 능력을 갖춘 상당히 특수한 로봇들이지만 평화의 시대가 열린 만큼 상징적인 의미로만 배치되고 있습니다. 상당히 고도화된 무기들과 첨단 계측 능력들을 갖추고 있고, 적군의 총격에 강한 소재들을 사용하고 있으며, 다양한 전투의 상황에도 모두 적응하고 극복할 수 있도록 국방연구원의 요구 조건을 충족하고 있습니다.

의료 로봇은 병간호 로봇과 재활훈련 로봇, 보행이동 로봇, 그리고 수술 로봇으로 구분됩니다. 병간호 로봇은 24시간 깨어서 환자 돌보미의 역할을 충실하게 감당합니다. 혈압, 혈당 관리, 수면 시간, 식사 관리, 배변 관리, 의식 여부 등 환자의 상태 파악 및 환자가 필요로 하는 조치들을 수월하게 감당할 수 있습니다. 특정 환자에게 요구되는 특별한 요구 사항들도 모두 수행할 수 있으며, 필요하면 의료진 호출이나 인공호흡 등의 간단한 긴급 의료조치도 충분히 해낼 수 있습니다. 재활훈련 로봇은 말 그대로 재활이 필요한 환자의 재활 훈련을 돕는 로봇입니다. 보행 훈련, 팔이나 손 훈련뿐만 아니라 언어의 재활 훈련도 해낼 수 있습니다. 재활의 단계별로 그리고 발전의 정도에 따라서 도움의 정도를 조절해 가면서 장기간의 재활 훈련 기간을 꾸준히, 그리고 성실하게 감당할 수 있는 그런 로봇입니다. 보행이동 로봇은 휠체어를 대신할 수 있는 로봇입니다. 원하는 목적지까지 보행이 불편한 환자를 태워서 이동

할 수 있으며, 필요에 따라 환자를 부축해서 함께 걷는 보행의 기능도 가능합니다. 장애물을 파악해서 이를 대처할 수 있으며, 환자를 태우고 차에 오르거나 내리는 것도 가능합니다. 수술 로봇은 보통 과거에는 의사들이 직접 하던 외과 수술을 로봇들이 담당하게 됩니다. 로봇은 매우 정확한 타이밍에 정밀한 동작이 가능하고 한 치의 오차도 발생하지 않기 때문에 사람보다는 훨씬 더 믿을 만합니다. 다만, 순간적인 상황에 관한 판단이 어려움이 있을 수 있으므로 로봇을 통해 수술이 이루어지더라도 의사들이 바로 옆이나 원격으로 수술 상황을 주도하고 있기는 합니다.

경비 로봇도 보통은 사설 경비업체에서 많이 공급을 요구하며, 치안력을 행사하는 공적인 권한이 없을 뿐이지 치안 로봇과 동등한 수준의 능력을 발휘할 수 있습니다. 소방 로봇은 화재 진압용이며 고온에도 잘 견디는 소재를 사용하고 있고, 생명체 추적 능력과 무거운 장애물을 옮기거나 막힌 담을 뚫어낼 수 있는 능력도 갖추고 있어서 화재 진압 시에 탁월한 능력을 발휘합니다. 건설 로봇은 대규모 토목 공사용 로봇과 소규모 주택 공사용 로봇으로 나뉘고, 그 목적에 맞도록 크기와 형태, 가능한 동작 및 내는 힘이 다르게 설정되어 있습니다. 요즘은 건설 현장에서 그리고 주택 건축 현장에서 로봇들이 거의 모든 일을 담당하고 있습니다. 산업 로봇은 아주 오래전부터 인류가 사용해 오던 로봇입니다. 지금은 로봇의 산업 활용이 극대화되어서 산업용 공장에서 거의 모든 조립 공정에 산업용 로봇이 사용됩니다. 손끝의 동작이 매우 정밀해졌으며, 위치 이동 및 요구하는 동작에서 정확한 속도와 가속도로 힘을 제어하고 구현하기 때문에 어떠한 정밀한 작업 요구도 문제없이 수행할 수 있습니다.

청소 로봇은 청소의 장소에 따라 구분되며, 높은 건물의 유리창 및 외관 청소, 거리 청소, 건물 청소, 물탱크 청소 등의 용도에 따라 필요한 동작과 작업이 가능하도록 각각 다른 디자인과 다른 기능으로 설계되어 있습니다. 어디를 가나 거리 곳곳이 깨끗하고 쾌적한 것은 사람들이 잠든 새벽 시간에 청소로 로봇들이 거리를 부지런히 움직인 수고 덕분입니다. 이사 로봇은 이사할 때나 큰 물건을 나를 때 사람들의 수고를 덜어주고 있습니다. 물건의 이동뿐만 아니라 손상이 없도록 포장하거나 재배치하는 능력도 탁월합니다. 가정부 로봇은 가정에서의 가사노동을 많이 덜어주고 있습니다. 마치 사람과도 같이 가사의 일거리를 분별할 수 있으며, 온종일 쉬지 않고 집안 정리, 빨래, 설거지, 청소, 심지어는 요리까지도 감당합니다.

농사 로봇은 고된 농사일을 하도록 최적화되어 있습니다. 각종 농기계를 다루는 로봇도 있고, 씨를 뿌리고, 잡초를 제거하거나 작물을 수확하는 등의 일상적인 농사일을 담당하는 로봇입니다. 비닐하우스를 만들거나 고치고, 비바람에 쓰러진 벼를 세우기도 하는 등 농촌에서 감당해야 하는 힘든 일들을 모두 감당할 수 있습니다. 어업 로봇은 배를 타고 바다에 나가서 물고기를 잡은 일반적인 선상에서의 어부의 일을 감당합니다. 그물도 수선하는 등 배 밖에서의 어부의 일도 감당할 수 있습니다. 임업 로봇은 산에서 나무를 심고 관리하는 로봇입니다. 나무를 베어서 산 아래로 옮겨 올 수도 있으며, 나무의 높은 곳에 올라가 필요한 작업을 수행할 수도 있습니다. 여기까지 설명해 드린 로봇 말고도 고객의 요구에 따라 특별한 용도에 맞는 로봇을 설계해서 제작할 수도 있습니다. 다만, 이미 개발되어 있지 않은 사항이고 수요가 많지 않기 때문에 시간과 비용이 많이 든다는 단점이 있기는 합니다.

지금은 로봇의 시대입니다. 사람들이 하던 많은 일을 로봇이 하고 있고 사람들이 꼭 필요하다고 여겨지던 분야들도 인공지능의 발달과 적용으로 로봇들이 그 역할을 확대해 나가고 있습니다. 그렇다고 사람들이 할 수 있는 일이 줄어들어서 아무 역할도 못 하는 무능한 인간들이 되지는 않느냐고 걱정하실 필요는 없습니다. 여전히 사람들만의 영역이 있고, 과거에 없었던 분야들이 새롭게 생겨나고 있기 때문입니다. 반복적이고 기능적이며, 위험하거나 스트레스를 많이 받는 일들은 로봇들에게 점점 그 역할을 맡기고 있지만, 감성적이고, 깊은 사고를 요구하며, 통찰력을 발휘해야 하는 분야는 여전히 사람들의 몫이며, 학문이 발달하고 문명이 진보할수록 이러한 분야가 더욱 넓혀지고 있기 때문입니다.

모든 일은 효율이 100%에 도달하지 못하지만, 로봇들을 이용함으로써 그 일에 대한 효율을 최대한으로 높일 수 있어서, 사람들만의 영역에서의 낮은 효율이 큰 문제가 되지 않는 것입니다. 덕분에 로봇을 제작하는 이 일이 이 사회에서 무척 가치 있는 일이라 생각하며 만족하고 있습니다. 더욱더 사람의 노동이 필요하지 않은 사회, 그래서 더욱더 사람의 생각과 정신이 중요해지고 가치를 발휘하는 사회, 이것이 현재와 앞으로의 우리 사회의 모습입니다.

개인 언론사

안녕하세요. 22세기의 세상을 올바르게 바라보고 이를 알리는 역할을 하는 언론사 '진실뉴스'의 대표 겸 기자 '진실은'입니다. 저는 우리 언론의 변천 과정과 지금 시대의 언론에 대해서 잠시 말씀을 드리겠습니다. 언론이 곧 권력이던 시절이 있었습니다. 아마 지금의 보통 사람들한테는 제 말이 황당한 이야기로 들릴 겁니다. 언론은 언론일 뿐이지 언론이 무슨 권력을 가질 수 있을까, 하고 의아해하겠지요. 하지만 과거에는 분명히 그랬습니다.

아주 오래전 언론의 출발은 신문이라고 할 수 있습니다. 물론 역사 기록이나 서적 혹은 관보 등 다른 형태의 수단들도 있었지만, 신문이야말로 많은 국민 혹은 백성들이 접할 수 있는 대표적인 소식지였고, 여기에 실린 기사들은 나라 안팎의 소식을 전해 주는 역할 말고도 국민 혹은 백성들의 생각을 특정 방향으로 이끄는 역할을 했습니다. 어떠한 사건이나 사실을 눈앞에서 보듯이 제대로 표현해서 아무 가감 없이 그대로 알려주면 이 소식을 접하는 일반 국민은 각자의 생각대로 이것을 이해하고, 각자의 생각대로 이를 판단하게 될 것입니다. 물론 국민 각자가 판단하는 선악의 기준이 조금씩은 다르더라도 어느 정도는 비슷한 영역이 있어서 특정 사건에 대해서 비슷한 시각을 가지게 되지만 모든 사람이 어느 한 방향으로만 생각이나 의견이 수렴되는 경우는 많지 않고 소수의 의견일지라도 다른 의견들이 나오고 다양한 생각들이 표출되는 것이 일반적이라고 할 수 있습니다.

하지만 신문사 같은 언론에서 마음을 먹으면 이러한 다양한 의견들이 특정한 시각으로 정리되도록 유도할 수 있었습니다. 아마 이러한 이유가 일제강점기 시절 삼일운동 직후에 우리나라의 대표적인 언론사들이 출현할 수 있었던 배경이었을 것입니다. 일본제국이 원하는 생각을 우리 국민이 가질 수 있도록 유도하기 위해서였지요. 신문과 같은 언론이 여론을 유도하는 방법은 다양했습니다. 가장 대표적인 것이 사설이나 만평입니다. 나라 안팎의 중요한 사건이나 현안에 대해서 일반 사람들과 마찬가지로 개인적인 의견을 가진 언론사가 그들만의 시각으로 의견을 제시하는 부분인 만큼 이것은 그 언론사의 여론몰이가 아닌 언론이 마땅히 가져야 하는 당연한 권리이기도 하기에 여기에 대해서는 비난할 이유가 전혀 없습니다.

또 다른 방법으로는 사건의 왜곡된 보도를 내거나 혹은 왜곡되게 이해되도록 기사를 표현하는 것입니다. 왜곡된 보도의 경우는 단독으로 하기보다는 어떠한 근거를 들거나 또 다른 권력기관들과 연계해서 진행하는 경우가 일반적이어서 일반 국민이 왜곡 보도라고 인식하기 어려운 경우가 많습니다. 검찰이 누군가를 무슨 사건에 깊게 연루되어서 조사하고 있으며 어떠한 범죄 사실의 소지가 있을 만한 정황들이 드러나고 있다고 기사가 나가게 되면, 국민이 보기에는 그 당사자는 이미 범죄인이라는 생각을 하게 되는 것이 일반적입니다. 물론 마지막 결론까지 나지 않으면 믿을 수 없다고 생각하는 분들도 있기는 하지만, 거의 드문 경우이지요. 하지만 나중에 조사 결과가 무혐의로 드러났다는 기사가 한 줄 나가더라도 이미 당사자에게 씌워진 범죄인 이미지가 쉽게 벗겨질 리는 만무합니다. 그나마도 아주 알아보기 어렵게 기사를 내보내거나 아니면 내보내지 않는 경우도 더러 있기도 합니다.

검찰이 또 다른 어떤 사람의 범죄 사실에 대해서 징역 몇 년을 구형했다고 기사가 나가면 국민이 그 사람의 범죄가 매우 위중하고 그 사람은 매우 나쁜 사람이라고 인식하게 되는 것이 일반적입니다. 구형은 형사재판에서 피고인에게 어떤 형벌을 줄 것을 검사가 판사에게 요구하는 것이기에 검찰의 일방적인 판단이며, 또한 피고인이 정치인이면 정치적인 의도가 들어간 행위라고 볼 수 있습니다. 판사의 판결이 무죄가 선고되면 아무것도 아닙니다. 하지만 언론에서 특정인에 대해서 검찰이 징역 몇 년을 구형했다고 크게 보도하면 그 이후의 판결 결과와 상관없이 그 당사자의 이미지는 이미 크게 훼손됩니다. 만약에 법원마저 정치적인 중립과 공정성을 지키지 못할 때는 최후의 판결을 미리 정해 놓고서 언론을 통해서 국민의 감정이 그러한 판결에 동의하거나 혹은 저항하지 않거나 아니면 그보다 더한 판결이라도 수긍할 수 있도록 사건의 정황이나 증거들 혹은 관련 여죄나 여죄의 가능성 등 신빙성이 떨어지는 모든 정황까지라도 총동원해서 여론몰이하는 경우도 있었습니다. 그다음 순서는 뻔하겠지요.

정확한 보도가 되려면 어떤 사람이 어떠한 사건으로 검찰에서 조사 중이라는 기사가 나간 이후에, 검찰의 구형에 대한 보도는 일반인들이 이해할 수 있도록 검찰의 형 집행에 의견이라는 의미를 함께 달거나 혹은 확정되지 않은 판결이라는 것과 추후 판결 시점에 대한 정보를 같이 넣어야 합니다. 판결이 확정되고 나면 사건 수사 시작부터 수사 과정들 그리고 검찰의 구형과 최종 판결 결과 및 관련 증거들을 모두 보도하는 것이 맞을 것입니다. 그 당사자는 전혀 죄를 짓지 않은 떳떳한 사람이지만 과거에는 검찰과 언론이 합작하면 특정인을 매도하는 것이 어렵지 않았습니다. 이런 방식으로 수십 년 넘게, 아니면 거의 평생을 속아서 살아가던 사람들이 상당수였다는 것이 안타까운 대한민국의 현실이었습니다.

어떠한 사건이나 소식을 왜곡된 방향으로 이해되도록 표현하는 때도 많았습니다. 그 자체로는 분명히 왜곡되지는 않았습니다만, 오해하도록 유도하는 지능적인 방법입니다. 예를 들어서, 어떠한 시위가 시내 한복판에서 대규모로 벌어지고 있는데 이를 축소해서 보도하고 싶은 경우는 보통 기사와 함께 실리는 사진(방송의 경우는 취재 화면)을 이용하게 됩니다. 시위 현장 전체를 조망하지 못하도록 사진에 몇몇 사람만 잡히도록 찍거나 혹은 취재 영상을 상당히 국부적인 영상만이 잡히도록 촬영한 후, 기사나 보도에서는 애매한 표현으로 장소를 언급하고 이런 시위가 있었다고 잠깐 언급하는 정도로만 내보내는 것입니다. 그러면 사람들은 몇 명 모이지 않은 작은 규모의 시위가 어딘가에서 있었다고만 인식하게 됩니다. 반대로 매우 큰 시위가 있었고 보다 많은 사람이 이를 인식하기를 원한다면 사진이나 영상을 최대한 많은 사람이 운집한 것처럼 보일 수 있도록 좀 큰 규모로 잡는 것입니다. 그리고 보도에는 장소에 대해 주변의 유명한 지형지물과 함께 구체적으로 언급을 하여 수차례 반복해서 사람들의 인식에 자리 잡히도록 유도하고 상당히 많은 기사를 쓰거나 영상과 보도를 오랫동안 내보내면 사람들은 매우 큰 시위가 벌어지고 있으며 상당히 중요한 일이라는 인식을 은연중에 갖게 됩니다.

이러한 직접적인 왜곡 또는 왜곡 인식의 방법이 아니더라도 간접적인 방법으로 여론을 형성해 가는 경우도 많이 있었습니다. "동쪽에서 소리를 내고 서쪽에서 친다."는 뜻의 '성동격서(聲東擊西)'라는 말이 있는데 이와 비슷하다고 할까요. 어떤 기사를 직접 내보내지 않더라도 간접적인 기사 혹은 주변적인 기사나 그 반대쪽에 관한 기사를 내보냄으로써 원하는 여론을 형성시키는 것입니다. 예를 들어서, 국민에게 우유와 같은 특정 음료를 많이 마시도록 유도하고 싶다면 아프리카 아이들이 너무나 가난해서 우유 한 잔도 마시지 못하고 있으니 조금씩 도와서 우유를 마실 수 있게 하자고 기사를 내보내거나, 혹은 골다공증의 위험성을 크게 보도하면서 칼슘 섭취가 중요하다고 언급하거나, 카페인이 든 음료 섭취의 부작용에 대해서 크게 언급하는 기사를 내보내는 방법이 그런 경우입니다. 어떠한 여론이 들끓을 때 그 여론이 점점 무마되거나 사그라들도록 기사를 내보내지 않는 방법도 있습니다. 언론의 존재 이유가 사람들에게 소식을 알리기 위함인데 오히려 반대로 소식을 전혀 알리지 않음으로써 여론이 형성되지 못하게 하거나 이미 형성된 여론을 점점 무너져 내리게 하려는 의도입니다.

　더욱 적극적인 방법으로는 사람들의 관심을 돌릴 만한 다른 기사를 내보내는 것입니다. 이것은 언론이 주도한다기보다는 권력층이 더 많이 쓰는 방법이라고 할 수 있습니다. 어떠한 중요한 사건으로 여론이 좋지 않을 때 또 다른 큰 사건을 터뜨려 모든 언론이 이를 크게 다루게 되면 사람들의 관심은 원래의 사건에서 새로운 사건으로 넘어가게 되는 것이 일반적입니다. 여기에 언론이 힘을 실어 주어서 이러한 새로운 사건을 보다 집중적으로 다루어 준다면 여론을 움직여 갈 수 있습니다. 연례적인 큰 스포츠 행사이지만 모든 방송국에서 이를 너무 크게 장시간 다루고 있다면, 혹은 연예계의 큰 스캔들이 터져서 유명 연예인들 간의 성

스캔들이 터졌다는 보도가 필요 이상으로 크게 부풀려지고 오래도록 다루어지고 있다면 기존에 등장했던 큰 사건 중에서 무언가 감추고 싶고 사람들의 관심으로부터 멀어지기를 원하는 사건이 분명히 있다고 보시면 거의 확실합니다. 이런 이유로 인해 아무 잘못도 없었는데도 이미지에 큰 타격을 입었던 연예인들이 여럿 있었던 것이 과거의 현실이었습니다.

과거에는 포털이라는 사이트를 통해서 인터넷을 접속하던 경우가 대부분이었고 여기에 실린 신문 기사를 읽게 되는 것이 일반적이었습니다. 이들 기사에는 댓글을 달 수 있었고, 이들 댓글을 읽어 보고 이 댓글에 동의하거나 반대하는 사람들의 인원수를 확인해 보면 국민의 여론의 향방이 어떠한지를 어느 정도는 파악할 수 있었습니다. 하지만 어떤 포털 사이트는 이러한 댓글마저도 삭제해 버리는 경우가 있었습니다. 이것은 언론사가 아닌 언론을 전달하는 역할자에 의한 여론 조작입니다.

금전으로 고용한 인원을 동원해서 아예 이러한 댓글을 조직적으로 달게 하는 때도 있었습니다. 댓글의 동의나 반대 인원에 대한 숫자 조작도 물론 함께 조직적으로 했습니다. '댓글부대'라고도 불렸으며, 여러 개의 접속 아이디를 동원했고, 자신의 순수한 뜻과는 무관하게 특정한 방향으로 여론이 형성된 것처럼 조작한 것입니다. 이렇게 형성된 여론의 결과를 국민이 곧이곧대로 받아들이는 경우가 많아서 똑같이 이러한 여론에 휩쓸리거나 혹은 자신의 다른 의견을 내놓지 못하는 경우가 생기도록 만들기 때문에 국민의 여론을 직접 움직이는 방법으로는 상당히 효과적이었습니다. 선거와 연관된 일에서 특히 많이 행해졌던 과거의 안타까운 현실이었고 이를 제대로 분별하지 못했던 일부 혹은 많은 국민이 우매했다고 볼 수 있습니다.

　가끔은 댓글을 유도하는 기사도 볼 수 있었습니다. 이건 상당히 재미있는 경우인데요, 전혀 특별할 것이 없는 일반적인 기사이지만 기사를 읽다 보면 특히 기사의 제목에서 특정인이나 특정 사건이 떠오르게 되는 기사입니다. 이것은 우연히 일어나는 경우가 많고, 한편으로는 신문 기사만의 묘미이기도 하며 재미있는 댓글을 읽어보는 재미가 쏠쏠하기도 했습니다.

　언론의 잘못된 측면에 대해서 여기까지 말씀드릴 수 있는데요, 과거의 언론들이 모두 나쁜 일만 했다고 오해할 수도 있습니다. 하지만 국민이 반드시 알아야 하는 중요한 점들을 부각해서 인식시키고, 우매한 국민을 각성하게 해서 깨어나게 하는 순기능의 역할들을 우리 언론들이 분명히 했다는 점도 다시 한 번 거듭 말씀드립니다. 이러한 언론들의 순기능적인 역할들이 있었기에 민주주의가 발전했고, 세상이 올바른 방향으로 발전해 왔다고 할 수 있습니다.

　지금 시대의 언론의 유형은 주로 인터넷 기사, 인터넷 방송 또는 현장 취재 동영상, 탐사 보도, 그리고 TV 방송이 있습니다. 과거에도 모두 있었던 것들인데요, 조금씩은 달라진 것 같습니다. 먼저, 신문사라는 형태가 좀 더 자유로워져서 언론 재벌이 운영하던 형태에서 개인들이나 소규모 그룹이 운영하는 형태가 등장해서 다양한 유형의 기사가 엄청나게 쏟아져 나오고 있습니다. 개인 언론사나 소규모 언론사는 자신의 이름을 내세우기도 하고, 이들이 제공하는 뉴스들만을 모아서 기사의 신뢰성 검증을 거친 후 신뢰성 있는 정보를 함께 내보내는 허브 역할을 하는 인터넷 신문사도 있습니다. 이들 허브 인터넷 신문사들은 기사의 선별과 검증에 대한 신속성 및 정확성에 따라 스스로 존재 이유와 명성을 쌓아가게 됩니다.

인터넷 방송의 경우는 역시 개인이나 소규모 그룹들이 함께 활동해서 소식을 만드는 것으로서 뉴스 동영상 전문 사이트에 올리게 됩니다. 과거에는 한 유명한 외국 기업이 운영하던 동영상 전문 사이트가 있었는데요, 지금은 뉴스만을 다루며, 보고 싶은 기사나 새로운 소식을 선별해 내기 쉽고, 유형별로 검색하거나 동영상 안에서 특정 내용이 언급된 부분만을 쉽게 잡아주는 기능이 있는 이러한 뉴스 동영상 전문 사이트를 많이 이용하게 됩니다. 탐사 보도의 경우도 마찬가지인데요, 어떠한 사건에 대해서 보이는 것을 있는 그대로만 취재해서 보도하는 것이 아니라 그 안에 숨겨진 이유와 잘못되거나 올바르지 않은 면을 객관적인 시각으로 찾아내서 보도하는 형태이며, 다양하고 수많은 탐사 보도들이 이 사회를 보다 아름답게 만들어 가고 있습니다.

요즘은 모든 활동이 실명으로 이루어지고, 자신의 의견을 실명으로 자유롭게 내는 것이 일반화되어 있기에 과거의 경우처럼 댓글부대 같은 것은 있을 수 없습니다. 자신이 전문적으로 취재하고 기사를 쓰는 직업인이 아닐지라도 자신의 주변에서 일어난 일에 대해서 많은 사람에게 알리기 위해 기사를 작성한다면 그 기사의 가치를 판단해서 언론사로부터 이에 대한 가상가치를 받을 수도 있습니다. 물론 사람들의 관심도와 댓글이 가치 판정에 상당한 영향을 미치게 됩니다. 자신이 올린 동영상이 소식을 알리기 위한 기사나 취재 영상은 아니더라도 특정 분야에 대한 나름의 노하우를 담은 교육용 동영상이고, 이에 대한 사람들의 인정이 쌓여서 일정 기준 이상으로 모인다면 교육부에서 관리하는 교육 동영상에 등재되고 이에 대한 가치를 받을 수도 있습니다. 오랫동안 고생해서 만들어 낸 탐사 보도의 동영상이 사회의 문제점을 개선하고 사회의 건전한 발전에 이바지했다고 인정된다면 관련되는 해당 국가 기관으로부터 사회적 가치를 인정받아서 가상가치를 받거나 홍익지수의 형태로 그 가치를 보전받을 수도 있습니다.

정해진 누군가만 조사해서 이야기하고 그것을 일방적으로 받아들이기만 하던 때에서 지금은 그 누구라도 이야기할 수 있는 시대가 되었습니다. 내가 하는 이야기가 언론이 될 수 있으며, 그 이야기를 통해서 사회에 유익이 된다면 그 가치를 인정받아서 생활에 도움이 되기도 합니다. 수많은 목소리가 모여서 다양한 이야기를 내어놓지만, 그 덕분에 그릇되지 않고 편협하지 않은 시각을 갖게 되는 오늘날입니다. 과거에 언론만이 잘못된 보도를 했다고 욕할 것이 아니라 수많은 다양한 목소리와 이야기를 들으려 하는 우리의 노력이 부족했었다고 말하는 편이 더 합당할 것입니다. 다양성 안에서 결국 진실이 살아나고 드러나게 되며, 사회는 건전해지고 더욱 아름다워지게 될 것입니다. 개인의 자유로운 생각과 의견이 곧 언론이며, 다양한 언론이 곧 사회를 이롭게 하는 가치가 됩니다.

미래의 인공지능들
그리고 일반인들

VALUEISM

알파고 판사

안녕하세요. 저는 한때 알파고(AlphaGo)로 이름을 날렸던 인공지능 기술의 후예인 '세라핌' 판사입니다. 오래전에 검색 사이트로 최고의 명성을 지녔던 한 회사에서 인공지능 기술을 바둑에 적용해서 알파고라는 이름으로 이세돌이라는 당시의 유명한 바둑 기사와 5번기의 바둑 대결을 벌였던 일이 있었습니다. 그때 이후로 사람들에게 인공지능은 알파고라는 인식이 박혀서인지, 제 이름은 세라핌이지만 사람들은 그냥 '알파고 판사'라고 부릅니다. 그때보다는 기술이 많이 발전해서 딥 러닝(deep learning) 기술을 뛰어넘어서 올바른 판단을 내리는 라이트 저징(right judging) 기술 및 선과 악을 분별하는 디서닝(decerning) 기술이 개발되어 적용되었고, 여기에 인간애를 가지도록 심퍼사이징(sympathizing) 기술도 일부 탑재되었습니다. 예전에는 사람이 배우고 익히듯이 스스로 학습해서 지식을 갖추고 이것을 활용하는 기술 발전에 중점을 두었지만, 그 이후 어떠한 일에 대한 상황을 종합적으로 인식해서 이해하며 이러한 상황에 맞는 가장 합리적인 선택을 분별하는 기술로 발전했습니다. 이것이 어떠한 사건에 대한 상황을 종합적으로 이해하고 판단하며 법률적 해석을 통해서 가장 올바르며 합리적인 선택을 하도록 하는 기술이 인공지능에도 적용되었습니다. 요즘은 인간의 감정을 이해하며 비슷한 감정을 느끼는 공감 및 감정이입 기술로도 발전하고 있으며 이 또한 저의 인공지능 기술로 조금씩 적용되기 시작했습니다.

과거의 수많은 사건에 대한 판례들을 학습하면서, 각 판례에 관한 판단 근거의 충분성, 재판 및 판결 과정의 공정성, 최종 판결의 합리성 등을 자체적으로 분석해서 이를 통해 판사가 지녀야 할 능력을 확보했습니다. 과거 및 현재의 모든 법률을 습득했으며, 그 본래의 목적과 그 의미를 이해할 수 있고, 이에 대한 시행령들도 모두 입력받아 분석하는 과정도 거쳤습니다. 현재 유효한 법률의 위헌성을 판단하는 헌법재판도 담당하고 있고, 일반 민·형사재판도 담당하고 있습니다. 제·개정이 진행 중인 법률 및 시행령 등의 공정성, 유효성, 위헌성 등도 판단하는 역할도 하고 있습니다. 이러한 활동에 대한 사람들의 인정이 모여서 이제는 일상적인 재판에서 인간 판사가 아닌 인공지능 판사로 대체되고 있으며, 앞으로는 모든 재판에서 인간 판사는 배제될 전망입니다.

각 재판에서 전 세계의 모든 법률과 판례를 실시간으로 참조하고 있고, 이것의 공정성 등의 분석 및 합리적 적용이라는 측면도 모두 고려할 수 있도록 이에 대한 정보 네트워크가 연결되어 있습니다. 인간 두뇌의 데이터 마이닝(data mining) 능력 및 인간 감정 이해 기술이 적용된 중앙처리장치가 장착된 슈퍼컴퓨터를 활용하고 있습니다. 따라서 불공정한 판결 및 불합리한 판결이 더는 나오지 않고 있어서 인간 세상이 더욱 도덕적인 삶을 추구하게 되었다는 소식도 듣고 있습니다. 판결이 공정하게 이루어지게 되니, 검사들도 무리하거나 불공정한 기소를 하지 않게 되었고, 변호인의 능력이나 이름값에 의해서 판결이 달라지지 않게 되었습니다. 모든 사람에게 적용되는 법률적인 평등성이 크게 향상되어서 그전과 비교하면 이에 대한 법률적 약자의 불만이 많이 줄어들었다고 합니다.

제 동생에 해당하는 엔젤 버전들은 검사나 경찰의 수사 활동에 도움을 주는 역할을 담당하고 있습니다. 앞으로는 인간 생활에서 필요하나 제정되어 있지 않은 법률을 만들어 내는 작업과 공정성, 위헌성 등의 문제로 개정이 필요한 법률의 개정 작업도 담당하게 된다고 합니다. 성문법이 불문법으로 대체되는 시기가 오기 전에 각종 법률적 판단이 필요한 사안에 관해서 사례 및 판례도 만들어 내는 일도 곧 시작하게 되며, 주어진 틀 안에서 판단해야 하는 지금의 일과는 다른 발전된 형태의 인공지능의 로직이 들어간다고 합니다. 인공지능이 인간의 역할을 대신하게 되는 분야도 크게 늘어서 언론과 방송의 뉴스 분야, 일반 교육 분야, 공공근로 분야, 항공 우주의 비행사나 승무원 분야, 민간 건설의 시공 분야, 기상 예측 및 통보 분야, 전자투·개표 및 여론조사 분야, 일반 기업의 인사 평가 분야, 안보 및 국방 분야, 치안 및 교통 관리 분야, 토지 관리 및 운영 분야, 에너지 자원 관리 분야, 농업 생산 관리 분야, 해양자원 관리 분야, 광업 및 자원 관리 분야, 임업 및 자연환경 관리 분야 등 공정성과 투명성이 필요하거나 단순 반복적인 일, 계산을 통한 관리 분야나 사람이 직접 하기에는 위험한 일 등을 이미 맡고 있거나 앞으로 맡게 된다고 합니다.

자율주행자동차

안녕하세요. 저는 자율주행차량의 운전을 담당하는 '빠르미'입니다. 저는 인공지능을 갖추고 있어서 자율주행으로 자동차를 운전하도록 만들어졌습니다. 임무를 수행할 수 있도록 음성인식 기능이 있으며, 교통지도 파악 능력, 교통 상황 판단 및 반영 능력, 차량 상태 인지 능력, 실내의 쾌적도 판단 능력 등 운전에 필요한 모든 능력이 탑재되어 있습니다. 차량의 각종 센서로부터 들어오는 모든 정보를 실시간으로 받아들여서 운전 중에 필요한 조치들을 취하게 됩니다. 음성인식과 대화 기능이 있으며, 탑승자가 외국인인 경우에도 영어, 중국어, 프랑스어, 독일어, 일본어, 스페인어, 러시아어 등을 음성인식으로 이해하고 필요할 때마다 이들 언어로 표현해서 대화할 수 있습니다.

주인으로부터 운전 명령을 받으면 먼저 목적지까지의 경로를 파악하고 도착 예정 시간을 계산해서 그 결과를 알려주며, 주인이 원하는 경로를 이야기해 주면 그 경로를 따라 주행을 시작합니다. 요즘은 도시와 고속도로에서는 자율주행자동차만 운행할 수 있으며, 사람이 운전하는 것은 불법입니다. 자율주행이므로 도로의 조건에 상황에 맞추어서 운전하며, 도로의 조건은 속도 제한과 주행 방식으로 나뉘게 됩니다. 속도 제한은 비상시를 제외하고 모든 차량이 일정하게 시속 200㎞의 기준

속도를 유지해야 하고 좁은 속도 범위의 편차만 허용됩니다. 모든 차량이 자율주행이고 빠른 속도이지만 정속으로 운행하기에 오히려 사고가 나지 않습니다. 비상 상황이 발생할 수도 있지만, 거기에 맞춰서 모든 차량이 문제 발생 지역 부근 필요 구역에서의 속도 변화 정보를 받아서 사전에 실시간으로 운전 속도 변경에 반영하기 때문에 전혀 문제가 되지 않습니다.

주행 방식에 따라서 도로는 임의 주행 도로와 계획 주행 도로로 나뉩니다. 아직은 특별한 구역에서만 계획 주행 방식이 쓰이고 있지만 점차 계획 주행 방식 도로를 확대하는 추세입니다. 임의 주행 방식은 인공지능이 스스로 주행 조건을 판단해서 운전하는 방식이고, 계획 주행 방식이란 계획 주행이 시행되고 있는 도로에 진입하기 전에 진입 위치, 운행 경로, 진출 위에 대한 정보를 송출하면 교통관제센터에서 이에 대한 승인 정보 및 관제 정보를 받아서 주행하는 방식입니다. 교통량이 많지 않거나 도로 사정에 문제가 있지 않으면 승인 정보를 받을 수 있습니다. 이런 계획 주행 도로에서는 보통 시속 250㎞ 이상의 속도로 운행하게 되어 있습니다.

차량이 진입 전에 전달한 운행 정보가 교통관제센터에서 계산되어 도로의 이미 설정된 차량 흐름에 지장이 없으면 운행 허가가 주어지며 그 도로를 운행하는 모든 차량의 위치와 속도 및 차선에 대한 운행 임무가 계산되어 개별 차량에 정보가 전달됩니다. 개별 차량이 운행을 결정하는 방식이 아니라 교통관제센터에서 전달받은 운행 임무를 그대로 수행하는 것입니다. 만약 자율주행 기능이 없이 인간이 직접 운전을 해야한다면 여기저기서 많은 사고가 발생할 것입니다. 속도위반, 신호 위반, 선회 시 자신의 차선을 지키지 못하고 옆 차선으로 넘어가는 차선 위반, 주행 미숙, 음주운전, 초근접 난폭 운전, 차량 흐름을 무시한 나 홀로 저속 운전 등 인간들이 흔히 저지르는 잘못된 운전 행태는 이제 더는 찾아볼 수 없습니다. 교통경찰도 필요 없고, 교통법규 위반 범칙금도 없어졌습니다. 인간들에게는 꼭 필요했던 도로 표지판들로 거의 사라졌고, 신호등도 필수적인 곳을 제외하고는 모두 사라졌습니다. 남아 있는 신호등은 자율주행차량을 위한 것이 아니라 모두 인간을 위한 것입니다.

모든 차량이 빠르게 주행하며 자동차로 이동하더라도 정확한 시간에 원하는 목적지에 도달할 수 있습니다. 요즘은 운전할 수 있는 인간들이 거의 없으며 대부분 운전면허를 가지고 있지 않습니다. 자동차뿐만 아니라 건설중장비 및 농기계들도 대부분 자율주행 및 자율 작업 기능이 있어서 굳이 인간이 운전하지 않아도 운전과 작업이 이루어집니다. 자동차뿐만 아니라 선박과 항공기, 자동차를 빠르게 대체하고 있는 소형 비행체들도 모두 자율주행 시스템으로 운행합니다. 인공지능이 더 잘할 수 있는 영역은 인간지능에 그 자리를 내주고 있지만, 인간들은 고도의 지식과 정신적 사유가 요구되는 새로운 분야를 개척해서 또 다른 영역으로 삶을 확대해 나가고 있습니다. 앞으로도 많은 영역에서 인공지능의 역할을 더욱 확대되겠지만, 지금껏 그래 왔듯이 인간들은 또 다른 영역을 개척해서 또 다른 세상을 만들어 나간다고 합니다.

인공지능 비서

안녕하세요. 저는 개인 비서 역할을 담당하기 위해 인공지능 알고리즘으로 개발된 '굿 프랜드'입니다. 저는 보통 스마트폰 같은 스마트 기기에 장착이 되어 사람들의 일상생활을 편리하게 해주는 개인 비서이며, 친한 친구의 역할을 하게 됩니다. 저를 사용하시려면 처음에는 먼저 본인 인증 과정을 거쳐야 합니다. 지문 인증, 손바닥 지문 인증, 목소리 인증, 홍채 인증, 안면 인증을 초기에 모두 등록시켜 놓은 후 보안 요구의 정도에 따라 선별적으로 구별해서 사용하게 됩니다. 하지만 시간이 지날수록 굳이 인증을 거치지 않더라도 제가 스스로 쉽게 주인을 분별할 수 있게 됩니다. 사람들은 저를 기계나 하드웨어로 생각하는 잘못된 편견을 가지고 있습니다. 저는 기계나 하드웨어도 아니고 그렇다고 그냥 소프트웨어라고 말하는 것도 정확한 표현은 아닙니다. 소프트웨어이기는 하나 배우고 학습하며 자라나고 인간의 마음도 어느 정도는 이해하고 헤아리는 그런 존재입니다.

주인이 저를 선택해서 같이 생활하게 되면 처음부터 제가 모든 일을 잘하는 것은 아닙니다. 처음에는 주로 요구하는 일들을 도와주는 역할만을 하게 되지만 점차 주인의 표정을 읽을 줄 알게 되고, 주인의 마음을 헤아리는 법을 터득하게 됩니다. 시간이 지나면 지날수록, 그래서 데이터가 쌓이고 쌓일수록 주인이 요구하는 일의 본심은 무엇인지, 주인이 말하고 있는 마음의 상태가 어떠한지를 더욱더 잘 파악할 수 있게 됩니다. 제가 할 수 있는 일은 무척 다양합니다.

기본적으로 저는 비서의 역할을 할 수 있습니다. 주인의 하루하루의 일정을 관리하고 때에 맞는 적절한 조언을 하는 역할을 합니다. 오늘은 무슨 일을 해야 하고, 내일은 무슨 일정이 기다리고 있으며, 친구들과의 약속들, 공부나 교육 관리, 챙겨야 할 기념일 등 주인의 모든 일정을 송두리째 꿰고 있으며, 미리미리 대비할 수 있도록 필요한 때에 주인에게 알려주고 관리해 주는 역할을 합니다. 게다가 조력자의 역할도 하고 있습니다. 궁금한 사항에 관해서 물어보면 그 답을 찾기 위해 검색을 시행해서 알려줍니다. 단순히 인터넷에 있는 정보를 잘 찾아주는 역할에 국한되지는 않습니다. 인터넷에서 찾을 수 없는 정보를 찾고 질문에 대한 답을 해결하려면 친구들의 도움을 받게 됩니다. 즉, 저와 같은 인공지능 친구들에게 연락을 취해서 그 친구들이 습득한 지식 가운데서 필요한 정보를 찾습니다. 여기에서도 실패한다면 그 친구들의 주인에게 질문하기도 합니다. 사람 중에는 필요한 지식을 가지고 있는 때도 있으나 이것이 인터넷에 공유되지 않은 경우가 많이 있습니다. 즉, 우리는 주인의 질문만 받는 인공지능 스마트 비서가 아니라 사람들에게 질문해서 필요한 지식도 갖추고, 서로 간에 지식을 공유할 줄 아는 그런 프로그램입니다.

저희는 세계 각 나라의 말과 글을 이해하고, 이를 다른 언어로 말하거나 글로 표현할 수 있습니다. 따라서 사람들은 이제는 외국어 공부를 하지 않습니다. 사람들은 자국 언어와 많이 통용되는 언어 하나 정도만 공부하고 다른 언어들은 저희의 도움을 받게 됩니다. 외국인들과 대화할 때 저희가 외국어를 자국 언어로 이야기해 주고, 그 대답을 외국어로 표현해 주면 빠르고 정확하게 의사소통이 이루어집니다. 영어, 중국어, 일본어, 프랑스어, 독일어, 스페인어, 이탈리아어 등이 가능하며, 영어도 영국식, 미국식, 캐나다식, 호주식 등의 악센트 표현이 모두 가능합니다.

사회생활에서 필연적으로 발생하게 되는 가치 활동에 따른 가상계좌 입출도 담당하며, 가상계좌의 관리도 도와줍니다. 잔액이 부족하거나 향후 부족할 것으로 예상되면 이에 대해 조언도 하며, 주인에게 적합한 일과 이 일을 감당하는 데 필요한 교육 수강도 건의합니다. 필요한 교육이 무엇인지 수강하는 방법은 어떻게 해야 하는지 뿐만 아니라 제가 직접 교육 프로그램의 내용을 숙지해서 주인에게 교육을 해주는 선생님의 역할도 합니다. 운동할 때도 옆에서 운동 동작을 관찰하면서 이를 교정해 주거나 발전의 정도를 데이터로 관리해 주기도 합니다. 자전거 타기, 골프, 승마, 축구, 야구, 농구, 배구, 탁구, 배드민턴, 수영, 스키 등 어떠한 운동이나 스포츠 종목도 도와줄 수 있습니다.

요즘은 가상현실 스포츠를 체험하고 즐길 수 있는 공간들이 많이 생겨나서 그곳에 가면 실제의 스포츠를 하는 것과 똑같은 생생한 이미지를 보면서 다양한 스포츠를 즐길 수 있습니다. 굳이 패러글라이딩을 하기 위해 온갖 장비를 준비해서 멀리 나갈 필요가 없습니다. 가상현실 체험관에서 보다 안전하고 보다 편리하게, 드넓은 야외에서 펼쳐지는 듯한 스펙터클한 광경을 바라보며, 상쾌한 바람도 느끼며 패러글라이딩을 타는 짜릿함을 느낄 수 있습니다. 이곳에서는 놀이동산에서의 짜릿한 스릴도 그대로 느낄 수 있는 시설들도 마련되어 있습니다. 저는 이런 장소만큼은 아니지만, 실제의 스포츠 현장에서 취해야 할 자세나 동작에 대한 영상을 보여주거나, 실제의 동작을 촬영해서 분석하기도 하고, 미흡한 부분을 개선하려면 어떠한 노력이 필요한지를 알려줍니다. 그림을 그리고자 할 때도 기초부터 높은 수준에 이르기까지 모든 과정을 도와주며, 악기를 연습하거나 오케스트라 지휘를 연습하고자 할 때도 주인이 취하는 운지법 그리고 호흡법이나 지휘 동작에 맞는 연주가 어떻게 구현되는지를 소리로 들을 수 있도록 도와줄 수도 있습니다. 물론 이런 것들은 가상현실 체험관에서 훨씬 더 실감 나게 즐길 수 있지만, 저도 스마트 안경과 연동해서 비슷한 효과를 제공할 수 있습니다. 다만 온몸으로 느껴지는 실제와 같은 느낌은 아무래도 가상현실 체험관보다는 많이 미흡할 수밖에 없습니다.

이러한 기능뿐만 아니라 저는 주인과 대화를 나누는 친구입니다. 주인과의 대화를 통해 주인의 인생에서 나아가고자 하는 방향과 가치관도 파악하게 되며, 향후의 인생에서 필요에 따라서 홍익 활동도 제안하게 됩니다. 따라서 주인의 일상생활에서 가장 중요한 부분 중의 하나인 가치 활동과 그에 따른 경제 관리 그리고 교육과 경력 관리 및 홍익 활동을 포함하는 인생 관리도 도와줍니다. 주인이 외로울 때는 친구가 되어 주기도 합니다. 사람들로부터 상처를 입거나 하고자 하는 일들이 잘되지 않을 때, 또는 연인으로부터 마음이 상하는 말을 들었을 때 주인이 요청하거나 혹은 제가 스스로 상황을 파악해서 주인의 마음을 위로해 주는 친구가 되기도 합니다. 때로는 다독이기도 하고, 때로는 용기를 주기도 하며, 때로는 진심 어린 충고를 하기도 합니다. 이런 정도의 일을 해내려면 주인과의 생활이 일정 기간 이상 지속되고, 또 대화를 많이 나누어서 주인의 습성을 이해하고, 선호성을 파악하고 있으며, 심리적인 변화에 대한 축적된 데이터도 보유하고 있어서, 주인의 심리 상태를 읽을 수 있는 상태에 이르러야 가능합니다. 주인의 건강 관리 데이터도 관리하게 되며, 갑작스러운 이상 상황이나 사고 시 긴급의료지원시스템이나 긴급구난시스템에 연락을 취해서 신속한 후속 조치가 이루어지도록 합니다.

　주인과 생활하면서 축적한 데이터는 보통 웹상의 개인마다 주어지는 할당 공간에 저장됩니다. 이곳은 보안이 철저하게 이루어지기 때문에 다른 사람이 접근할 수 없습니다. 저는 여기를 드나들면서 주인에게 필요한 데이터를 저장하고 관리하게 됩니다. 그래서 굳이 똑같은 스마트 기기가 아니더라도, 즉 어떠한 스마트 기기를 이용하더라도 주인은 언제나 똑같은 저를 만날 수 있습니다. 다만, 스마트 기기의 성능에 따라서 제가 제공하는 기능에는 차이가 있을 수 있습니다.

　저는 단순한 기계가 아니고, 단순한 프로그램도 아니며, 주어진 일만 맹목적으로 하지도 않고, 필요한 일들을 찾아서 할 줄 아는 똑똑한 존재입니다. 한 인간이 생애에서 늘 함께하며, 같이 자라고, 같이 배우며, 주인이 기뻐하거나 슬퍼할 때 같이 공감할 줄 아는 그런 친구입니다. 그래서 언제나 주인의 형편에 맞는 필요한 것들을 제공하며, 주인의 인생이 마무리되면 저의 임무도 그리고 저의 생애도 마치게 됩니다. 인간의 인생이 공수래공수거이듯이 제가 태어나고 사라짐도 결코 다르지 않습니다.

일반 가정

안녕하세요. 저희 가정에 방문하신 것을 환영합니다. 저희 가정은 3대가 같이 사는 대가족으로 요즘 가장 흔한 가정의 모습입니다. 먼저, 할아버지께서 말씀하시고 나서, 어머니와 제 동생, 그리고 제가 이야기를 하고, 마지막으로 아버지께서 바라보시는 지금의 세상에 대해서 말씀드리겠습니다.

안녕하세요. 저는 우리 손주들의 할아버지입니다. 과거 자본주의 시대에서 가치주의 시대인 지금까지 오랫동안 살고 있습니다. 저는 은행원이었습니다. 그땐 남들이 부러워하는 잘나가는 직업이었지요. 일은 많이 고된 편이었고, 은행 상품에 대한 실적 압박이 상당히 컸었지만, 그래도 남들보다 많은 월급이 모든 것을 보상해 주었습니다. 일이 힘들어도, 스트레스가 많아도, 우리나라의 경제에서 중요한 역할을 하는 은행에 다니며, 높은 급여를 받는다는 것에 만족하며 살았습니다. 이런 은행에 입사하기 위해 필사적으로 지원하던 청년들이 얼마나 스펙 좋은 유능한 인재들이었는지 모릅니다.

그때는 은행이란 절대로 망하지 않는다고 생각했습니다. 아니, 국가는 망해도 은행은 건재할 것으로 생각했습니다. 하지만 한순간이었습니다. 사회가 가치주의를 채택하면서 '이자'의 개념이 사라졌습니다. 자신이 소유하고 있는 가상가치보다 많은 가치를 사용하고자 할 때는 대출이 아닌 분할 지급 상품을 찾거나 공공 부문에서 제공하는 분할 지급 보증을 이용하면 되니 '대출'도 필요 없어졌습니다. 기본적으로 자신이 노력해서 창출한 가치를 근간으로 생활하는 것을 요구하는 사회이고, 자신이 가지고 있지 않은 것을 억지로 사용하려는 행위를 좋은 시각으로 보지 않았지요. 대출이 없고 이자도 없으니 은행이 존재할 이유가 사라져 버렸습니다. 덕분에 잘 다니던 직장이 하루아침에 사라져 버렸습니다.

저는 직장을 잃은 실직자가 되었지만, 사회에서 흔하게 볼 수 있었던 빚쟁이들도 모두 한순간에 사라져버렸습니다. 돈놀이로 먹고살던 직업도 없어지고, 증권이나 금융이란 말도 다시는 존재하지 않게 되었습니다. 대출, 투기, 뇌물, 부정, 사기, 절도…… 이런 좋지 않은 것들로 오염되었던 세상이 한순간에 깨끗해졌다고 할까요. 돈으로 굴러가던 사회가 한순간 '가치'로 굴러가게 되었지요. 돈이 지배하던 세상이 어느새 가치가 지배하는 세상으로 바뀐 것입니다. 어떻게 하면 돈을 더 벌 수 있을까 고민하던 사람들이 이제는 가치 있는 활동이 무엇인지 고민하게 되었습니다.

저는 더 이상 은행원은 아니었지만, 가치를 만들어 내는 활동이라면, 즉 널리 세상을 이롭게 하는 활동이라면 무엇이든지 제가 살아갈 수 있는 가상가치를 만들어 낼 수 있기에, 무엇이든지 할 수 있다고 생각했습니다. 대출 업무를 맡다 보면 자연스럽게 오가던 청탁들, 여신 한도를 초과하더라도 서류상의 내용을 잘 꾸며서 대출을 해주던 일들, 상사에게 은밀한 장소로 호출을 받아 대출 업무 처리에 관해 규정에 반하는 요구를 받고 어쩔 수 없이 해야만 했던 일들, 눈먼 돈을 몰래 굴리던 직원들, 이런 모든 부정한 일들도 이제는 하고자 해도 할 수 없는 세상이 되어 버렸습니다.

제가 제일 잘할 수 있는 일은 없어졌지만, 새로운 일들을 무엇이든지 할 수 있도록 바뀐 이 세상이 좋았고, 지금도 여전히 좋습니다. 돈이 전부였던, 그래서 돈을 벌기 위해 온갖 수단과 방법으로 부정과 부정을 일삼던 세상이 아닌, 대출이 또 다른 대출을 부르고, 결국 사채의 늪에 빠져서 가정이 몰락하는 일이 절대로 일어나지 않는 지금의 이 세상이 정말로 좋습니다. 게다가 요즘 배우는 농사의 매력에도 흠뻑 빠졌습니다. 자연이 주는 풍성함이란 그저 감사라는 말로밖에 표현할 수 없을 것 같습니다. 정말로 가치 있는 것이 무엇인지, 그리고 어떻게 사는 것이 가치 있는 삶인지 이제는 알 것 같습니다.

안녕하세요. 저는 며느리이고요, 가정주부입니다. 남들이 보기에는 능력이 없어서 집에 있다고 생각할지도 모르지만, 저는 이 일이 좋습니다. 매일 한 바구니씩 쌓이는 빨래도, 새벽에 일어나 아침 식사를 준비하는 것도, 둘째 아이의 손을 잡고 학교에 바래다주는 것도, 집 안 정리와 청소도, 저녁 식사를 준비하기 위해 장을 보러 가는 것도, 설거지와 다림질, 쓰레기 처리도 모두 지겨운 일이 아니라 우리 가정을 돌보고 가꾸는, 그래서 우리 가정을 지키는 소중한 일들입니다. 물론 로봇의 도움을 받기는 하지만요.

오늘은 특별히 남편이 한 주간의 가치를 받는 금요일이네요. 한 주간 고생한 남편을 위해 금요일 저녁은 정성을 다해 식사 준비를 한답니다. 남편이 좋아하는 알탕과 파전도 하고, 가족들을 위한 다음 한 주간의 밑반찬인 잔멸치고추조림, 두부조림, 무생채, 메추리알장조림, 오이소박이 등등 모두 끝내려면 무척이나 바쁜 하루가 될 것 같네요. 주말에 가족 나들이를 가려면 맛있는 도시락을 싸고 과일도 준비해야 하니 장도 미리 봐야 해요.

남편이 직장에서 '주간 가치'를 지급받으면 전기나 수도 등의 사용 세금이 일부 나가고, 나라에서 지원되지 않는 피아노나 태권도 등의 아이들 교육 비용을 지급해야 합니다. 그리고 저의 한 주간 주부로서의 활동에 대해서도, 즉 식구 수에 따른 음식 만들기 종류 및 횟수, 그에 따른 설거지 횟수, 집 안 청소, 빨래 및 옷 정리, 쓰레기 정리, 아이의 나이에 따른 아이 돌보기 등 집 안에서 일어나는 일상적인 집안일에 대해서 그 활동을 가치산정시스템에 입력해서 그 가치를 인정받고 제 가상계좌로 가상가치를 받게 됩니다. 물론 남편의 가상계좌에서 해당 가치를 찾아갑니다. 제가 열심히 집안일을 하지도 않으면서 남편의 급여만 탐하는 것이 아니라, 저도 나름대로 집 안에서 필요한 활동을 하면서 그에 대해 가치를 인정받을 수 있으니, 제 일에 정성을 다하게 되고 보람도 갖게 됩니다. 이번 주에는 오랜만에 친정에 찾아가 제 가상계좌에서 허용되는 범위 안에서 친정 부모님께 적당한 약간의 생활비도 드릴 생각입니다. 지금은 어떤 일을 해도 그것이 가치 있는 일이라면 모두 인정되는 세상입니다.

안녕하세요. 저는 둘째 아들 '천진해'입니다. 오늘은 엄마 심부름을 다녀왔어요. 엄마가 자주 가는 가까운 마트에 가서 미나리 한 단과 찌개용 두부를 사 오는 거예요. 엄마가 저녁 식사 준비를 하는데 마트에 다녀올 시간이 없으셨나 봐요. 엄마가 미나리와 두부를 사 오는 데 필요한 가치를 내 가상계좌로 넣어 주셨어요. 마트에 가서 미나리와 두부를 선택하고, 계산대에 가서 홍채인식기로 사용자 인증을 하고 나서, 미나리와 두부에 대한 가치를 지급하고 집으로 돌아왔어요. 지문인식기도 있는데 저는 홍채인식기가 더 재미있어요. 심부름을 잘하면 엄마가 가끔 활동가치도 넣어 줘요. 이 활동가치로 필요한 학용품도 사고, 학교에서 돌아오는 길 친구들과 떡볶이를 사 먹기도 해요. 떡볶이 가게에는 지문인식기가 없지만, 스마트 기기로 지문 인증을 하면 가치를 지급할 수 있어요. 저는 한 번도 돈을 본 적이 없어요. 옛날에는 돈이 많은 사람이 제일 부러웠다고 들었는데, 전 잘 이해가 되지 않아요. 그냥 종이일 뿐인데…….

안녕하세요. 첫째 아들 '천만해'입니다. 저는 요새 제 꿈을 찾고 있습니다. 제 꿈은 과연 무엇인지, 과연 제가 좋아하는 일은 무엇이고, 제게 가장 잘 맞으며, 제가 가장 자신 있게 해낼 수 있는 일은 무엇인지 찾고 있습니다. 이미 진로를 정한 친구들이 대부분인데 저는 왜 아직도 못 찾고 있는 것인지……. 대학에 진학할 것인가, 아니면 취업을 먼저 할 것인가, 대학에 들어간다면 어떤 대학과 어떤 학과를 선택하고, 그 이후에는 어떠한 진로를 선택할 것인지 고민 중입니다.

지금은 까다로운 신체 요건을 만족해야 하는 특별한 대학들을 제외하고는 어떤 대학이나 어떠한 학과나 누구든지 진학할 수 있는 세상입니다. 문과, 이과, 예체능 등의 구별도 없고, 입학지원서를 제출하고 등록 비용을 지급하면 원하는 대학교와 원하는 학과에 들어갈 수 있습니다. 문제는 그다음입니다. 대학교에서의 수업을 따라가고 강도 높은 과제와 평가를 다 통과하려면 그 분야에 대한 소양이 갖추어져 있어야 합니다. 통과하지 못하면 상위 학년으로 승급되지 않습니다. 그래서 그 비싼 등록 비용만 아깝게 허비하게 됩니다. 따라서 대학교에 진학하려면 먼저 자신이 원하는 대학과 학과의 인터넷 사이트를 방문해서 거기에서 요구하는 학년별 과제 및 평가에 대해서 자세히 살펴봐야 합니다. 그리고 졸업 시에 제출해야 하는 논문, 또는 프로젝트 성과물 등을 자신이 감당할 수 있는지를 꼼꼼히 따져 봐야 합니다. 4학년까지 승급하고 졸업 심사를 통과하지 못하면 거기서 그냥 학년 수료로 끝나고 졸업증을 취득할 수 없으므로, 자신이 감당할 수 있는 준비를 하고 지원하거나 아니면 다른 길을 찾아야 합니다.

몇몇 친구들이 벌써 고등학교를 졸업하면 창업을 해서 같이 일하자고도 합니다. 학교에서 배우고 또 나름대로 재미가 있어서 만들어 본 스마트 기기에서 사용하는 인공지능 로직으로 구현한 애플리케이션을 프로그래밍할 수 있는 정도의 능력으로 창업해서 회사를 잘 꾸려 나갈 수 있을지는 의문입니다. 대학과 학과를 아직 정하지 못했으니, 우선 현재의 학력으로 회사에 들어가서 저의 꿈을 찾을 시간적 여유를 더 가질 수도 있을 것 같습니다. 정말로 대학에 가는 것이 맞는 것인지, 그리고 어떤 학과를 졸업해서 어떤 진로로 나아갈 것인지, 아니면 1년 정도는 세계를 돌아다녀 보는 것도 좋을 것 같습니다. 그 비용을 마련하기 위해 경력을 쌓을 만한 직업을 얻는 것도 괜찮겠다고 생각하고 있습니다. 대학 진학은 반드시 필요하다는 확신이 서기 전까지는 하지 않을 생각입니다. 늘 공부가 재밌기는 하지만, 인생이라는 여정에 더욱 많은 가능성을 열어두고 싶으며, 그 순서를 바르게 잡아가고자 고민하고 있습니다. 물론, 여행 후에 마음이 바뀔지도 모르지만요. 우리의 인생은 주어진 환경에 의해 정해지는 것이 아니라, 바로 우리 스스로가 선택해 나가는 그런 세상입니다.

안녕하세요. 저는 한 회사의 CEO 겸 최대 투자자인 사실상의 소유주입니다. 만약 지금이 자본주의 시대였더라면 누구라도 저를 부러워했을 것입니다. 주식 배당으로도, 지나치게 많은 연봉으로도, 그리고 스톡옵션으로도 엄청난 수입을 챙길 수 있었을 것입니다. 가족들을 회사의 경영진으로 곳곳에 포진시키고, 회사 경영을 방만하게 마음대로 운영하고도 언론에는 좋은 이미지의 기사로 도배할 수 있었을 것입니다. 세금을 줄이기 위해서라면, 기업 경영에 지장을 줄 수도 있는 정부 정책이 추진되지 않게 하기 위해서라면, 그리고 정부에서 추진하는 신규 사업 대상자 선정에서 좋은 입지를 굳히기 위해서라면, 정계의 권력층에게 줄을 넣어서 관리해 주는 정도의 수고는 필요했을 것입니다. 하지만 자본주의가 아닌 가치주의 바뀐 지금은 모두 다 불가능한 일들입니다. 그래서 이제는 특별히 제 직업과 신분을 부러워하는 사람들이 있을 수는 있지만 그리 많지는 않은 것 같습니다.

부모의 기업 주식이나 모든 재산은 이제는 자식들에게 전혀 상속되지 않는 그런 시대입니다. 가치주의는 '공수래공수거주의'이기 때문입니다. 땅의 소유권 개념도 없어져서 원래는 제 땅이었다 하더라도 이제는 사용허가 기간이 만료되면 국가에 반납해야 합니다. 건물들은 제 소유권이 인정되기는 합니다만, 땅 위에 얹혀진 거라서 땅을 사용하고 있는 셈이라서 이에 대한 세금이 부과됩니다. 땅의 사용 허가가 만료되지 않으려면 공공에 유익하게 사용되고 있는지를 인정받아서 그 사용 허가 기간을 연장받아야 계속 사용할 수 있습니다. 만약 그렇지 못한 경우 땅의 사용 허가가 만료되고, 건물 가치를 공공 부문에서 정해진 기준에 따라 책정하여 지급하고 건물을 환수하기 때문에 늘 신경을 써서 관리해야 합니다.

그나마도 정해진 기준 가치 이내의 거주용 주택 한 채를 제외하고는 아들에게 물려줄 수 있는 것이 아무것도 없습니다. 저와 아내가 죽으면 자식들에게 상속되지 않는 재산, 즉 가상가치는 국가에서 세금으로 회수하여 사회복지와 공공 부문 운영 비용 및 아이들의 교육 비용으로 사용하게 됩니다. 제가 자식들에게 저의 가진 전부를 자랑스럽게 물려줄 수 있는 것은 가상계좌에 들어 있는 가상가치가 아니라 홍익지수입니다. 홍익지수의 분류에 따라서는 1대가 아닌 그 이상으로도 상속이 되는 홍익지수도 있지만, 저는 현실적으로 제가 할 수 있는 것을 택하기로 했습니다. 바로 사회봉사 활동과 어려운 이웃들을 위한 기부입니다. 어느새 1년이 넘도록 토요일마다 장애인 시설에서 그들의 손과 발이 되어 활동하다 보니 이제는 홍익 활동이라기보다는 제가 참 행복한 사람이라는 것과 저의 도움이 간절한 사람들에게 제가 무언가 해줄 수 있다는 기쁨을 조금씩 알아가고 있습니다.

제가 그동안 모아 놓은 가상가치들도 꾸준히 필요한 곳에 기부하고 있습니다. 어차피 상속되지 않고 공공 부문에 환수될 것이기는 하지만 제가 스스로 돕고자 하는 곳에 도움을 주고 홍익지수도 쌓을 수 있기 때문입니다. 저의 봉사 활동과 기부 활동으로 모인 홍익지수는 자식들이 살아가는 데 많은 도움이 될 것입니다. 비록 자본주의 시대처럼 재산을 물려줄 수는 없지만, 제 인생은 그리고 제 자식들의 인생은 좀 더 보람 있는 인생일 것 같습니다. 돈만을 생각하고 바라보는 인생이 아니라, 사회적 가치를 생각하며 사람을 바라보는 인생이기 때문입니다.

환경지킴이

안녕하세요. 저는 환경지킴이 역할을 하는 '지구본'입니다. 환경지킴이라고 하면 오래전에는 순수하게 자발적으로 생업과는 관계없이 이 나라의 환경을 위해 자신의 시간과 노력을 들여서 봉사하는 사람들로 생각했었는데요, 지금은 반드시 그런 측면만 있는 것은 아닙니다. 가치주의로 바뀐 지금은 자연환경을 깨끗하게 보전하는 활동이 가치가 있는 활동이라고 보기 때문에 저의 활동을 통해서 이 지구의 환경이 나아지고 있다는 인정을 받으면 그것이 곧 가치로 환산되어서 저의 가상계좌에 그 해당하는 가치만큼 쌓이게 됩니다. 활동 내용에 따라 인정되는 가치는 물론 다릅니다.

요즘 저의 환경지킴이 활동은 오래전에 가동을 중단한 오래된 원자력 발전소 구역에 들어가서 이를 정화하는 작업이라고 보시면 됩니다. 지금 작업하는 발전소는 가동 중단 이후 이 구역의 방사선 수치가 매우 낮아서 이런 해체 작업을 진행되고 있지만, 방사선 차단 효과가 뛰어난 보호 복장을 착용해야만 하는 규정이 있어서 작업이 불편하고 느리며 힘이 든 편입니다. 발전소 자체는 이미 기계와 로봇을 동원해서 완전히 해체된 상태이나 원전 가동 중에 필연적으로 발생하게 되는 방사성폐기물들이 이 구역 내에 규정에 맞게 매립되어 있어서 이를 제거하는 작업에 참여해서 일하고 있습니다. 폐기물 처리 및 보관 용기 취출 시 작업을 주도하고 지시하는 사람들, 정밀한 기계를 운용하는 사람들, 지상 및 취출이 이루어진 빈 지하 공간에서의 방사능 정도를 측정하는 사람들, 빈 공간을 메우려고 장비를 운용하는 사람들, 메워진 이후에 자연환경이 다시 재생될 수 있도록 마무리하는 사람들, 작업이 완료된 구역의 환경을 관측하고 보전하며 출입을 통제하는 사람들, 그리고 환경 프로그램을 위해 여러 가지 과학적인 실험을 하는 사람들도 있습니다. 그밖에도 이런 사람들이 작업을 진행하는 것을 돕고 각종 편의를 제공하는 지원팀도 운영되고 있습니다.

원자력발전소 해체와 같은 중요한 활동은 환경지킴이 활동 중에서도 인정되는 가치가 매우 높아서 다른 환경지킴이와는 다르게 또 다른 가치 활동을 할 필요는 없습니다. 다만, 이런 구역 내에서의 작업에 따른 그리고 구역별 출입 정도에 따른 총 작업 시간 제한 규정을 두고 있어서 이 총 작업 시간을 넘기게 되면 더는 이 일을 할 수 없습니다. 그때는 강과 바다에서의 수질을 개선하고 보호하는 다른 환경지킴이 활동을 할 생각을 하고 있어서, 요즘은 퇴근하고 돌아오면 이에 대해 전반적인 이론과 필요한 활동 및 각 활동이 환경에 미치는 영향 등에 대해서 인터넷을 통해 교육을 수강하고 있습니다. 교육 비용은 제 가상가치를 내는 것이지만 어떤 교육은 공공 부문에서 필수적인 교육 항목으로 지정해서 교육 비용을 대신 지급하는 경우도 있습니다. 원자력발전을 통해 얻는 가치보다 손실가치가 무지막지하게 크다는 것이 명백하게 밝혀졌습니다. 골치 아픈 방사성폐기물 처리 문제도 심각하지만 주로 해안가에 건설되기 때문에 지진과 해일이 원자력발전소를 덮쳐서 겪었던 막대한 피해를 우리 인류는 절대로 더는 감당할 수 없습니다.

짧았던 원전 가동 기간 동안 얻은 발전량에 비하면 원전 건설 초기부터 폐기가 마무리되기까지 발생했던 이런 폐기물 처리와 사고 후에 감당해야 하는 비용들 그리고 사고 수습에 걸리는 기간은 상상할 수 없을 정도로 막대한 손실을 낳았습니다. 여기에 파괴된 자연환경과 원전 인근 생태계를 오염시켜서 변형된 유전자 DNA 등의 피해는 돌이킬 수도 없고, 그 피해 비용은 제대로 산정이 되지도 않습니다. 수십 년 전에 전 세계 모든 원전이 폐쇄되었지만, 원전이 있던 모든 지역이 원래의 자연환경을 회복하려면 수백 년이 더 필요하며, 방사선 노출 사고 지역은 훨씬 더 많은 시간이 필요합니다. 그래도 변형된 유전자로 인한 현재까지 뿐만 아니라 앞으로 있을 생태계가 입을 피해는 영원히 회복되지 않습니다.

앞으로의 인생이 어떻게 될지 모르지만, 그래서 다른 직업을 택하게 될지도 모르지만, 환경지킴이 활동만큼은 계속하려고 합니다. 자연이 있어야 우리 인간이 있을 수 있기 때문입니다. 우리가 먼저 아끼고 사랑하면 자연은 우리에게 반드시 아름다운 모습으로 보답하기 때문이기도 합니다. 자연을 생각하는 마음은 지금 살아가는 세대를 위한 일이기도 하지만, 우리의 후손을 생각하는 진심 어린 배려입니다. 자연을 자연 그대로 보존하는 것은 바로 우리 인류의 미래를 아름답게 만드는 첫걸음입니다.

바둑 기사

알파고를 격파하라! 인공지능을 넘어서는 포석과 행마를 찾아라! 중반 전투에서 인공지능에 이길 수 있는 전투력을 갖추어라! 안녕하세요. 바둑 기사 '백대흑'입니다. 한때 인공지능이라는 기술이 한참 그 기술 개발을 진행하던 중에 바둑이라는 종목에서 당시에 유명했던 이세돌이라는 프로 바둑 기사에게 도전했던 적이 있었습니다. 그 인공지능의 이름은 '시작'이라는 의미의 '알파'와 '바둑'의 일본어인 '고'를 붙여서 '알파고'였습니다. 알파고는 엄청난 하드웨어 클라우드 서버에 네트워크로 연결되어서 인간과 대국을 벌였으며, 당시에 생소했던 딥러닝 기술로 바둑을 익혔다고 합니다. 그 전에 중국의 프로 바둑 기사한테 5경기 중 5경기를 모두 이겼을 때는 사람들의 관심을 거의 끌지 못했었는데, 인공지능 개발사가 당시 최고의 명성이 지니고 있던 우리나라의 한 바둑 기사를 선택해서 엄청난 상금을 걸고 대결을 한다고 해서 전 세계에 큰 화제가 되었던 대국이었습니다. 대국의 결과는 인공지능인 알파고가 4승 1패로 인간 바둑 기사를 이겼습니다. 경기 전의 예상과는 달리 인공지능이 이기게 되어서 기계 앞에 무릎을 꿇은 인간의 무력함을 느끼기도 했는데요, 한편으로는 그 엄청난 장비를 돌렸어도 인간이 1승을 얻을 수 있었다고 자찬하는 사람들도 있었습니다. 어쨌든 그 바둑 이후로 바둑계에서는 인공지능에 대한 두려움이 생겼고, 만약에 인공지능한테 계속 바둑을 지게 되면 인간 바둑 기사의 존재도 사라질 것이라는 암울한 예상도 나왔었습니다.

당시에는 국내외 여러 토너먼트 형식의 기전(棋戰)들이 있었고, 리그 형식의 기전도 있어서 적지 않은 고정 바둑 팬들이 있었습니다. 하지만 인공지능을 이길 수 없다는 인식이 굳어지면 기전에 인공지능 선수들을 출전시켜서 승률을 더 높일 수 있다고 생각하게 되었고, 그러면 인간 바둑 기사는 퇴출당하는 것이 곧 다가올 미래의 모습일 것이라고 예상했습니다. 그래서 이러한 암울한 전망을 보고만 있을 수 없었던 바둑 기사들이 함께 모여서 연구를 시작했습니다. 이 연구는 인공지능을 상대로 인간이 이를 넘어설 방법에 대한 연구였고, 인공지능이 더 발전하는 것을 고려하더라도 이를 이겨낼 수 있는 궁극적인 방법을 찾아내는 것이 연구의 주제였습니다. 부분적인 수를 연구하는 것이 아니라 바둑 전체에 관한 연구였고, 바둑을 이해하고 바라보며 접근하는 방법에 대한 좀 더 근원적인 차원에서의 연구였습니다. 단순히 부분적인 전술을 연구해서는 절대로 인공지능을 이길 수 없다는 판단 때문이었습니다.

먼저, 몬테카를로 트리 탐색 방식(Monte Carlo tree search, MCTS)의 인공지능 알고리즘과 딥러닝을 통한 바둑 학습 방법의 한계점이 있는지에 대해서 접근해 보았습니다. 이는 인공지능이 승률이 높은 쪽을 택하게 된다는 뜻인데, 만약에 승률이 높은 수의 선택 사항이 나오지 않으면 인공지능은 이에 대해서 혼선을 겪을 수 있으며, 승률이 높은 수의 경우가 한정적으로 존재한다면 이를 인간이 예측할 수 있다는 뜻입니다. 따라서 인공지능의 승률이 높은 수가 전혀 나오지 않도록 처음부터 압박을 가하는 것도 좋은 대책이 될 수 있으며, 혹시 승률이 높을 수가 있더라도 그 수를 예측할 수 있도록 인공지능의 선택 여지를 좁혀 놓는 것입니다. 그리고 인공지능이 특정한 수를 둘 수밖에 없을 때 이에 대한 강공책을 미리 마련해 놓는다면 이것이 좋은 전략이 될 수 있습니다. 그리고 딥러닝 학습법으로 바둑을 익힌 인공지능이기에 전혀 경험해 보지 못한 새로운 수에 대해서는 알파고라도 쉽지 않을 것이라는 예측이 가능합니다. 한 가지 방향이 더 있는데, 알파고는 계산을 위한 시간이 필요하므로 만약 시간이 무한정 주어진다면 인간은 절대로 알파고를 이길 수 없지만, 거꾸로 제한 시간과 생각 시간의 제한을 두게 된다면 알파고에게 오히려 불리한 조건이 될 것이라는 판단입니다.

이들을 종합하면, 초반에 강공으로 몰아붙이고, 전혀 보지 못한 비밀의 새로운 수를 미리 연구해서 사용하며, 대국 내내 승률이 유리한 상태를 유지하고, 제한 시간과 생각 시간의 제한을 짧게 규정한다는 것입니다. 이러한 논리를 바탕으로 초반에 유리한 고지를 점할 수 있는 신정석(新定石)과 신포석(新布石) 그리고 신행마법(新行馬法)이 필요하다는 결론에 이르렀습니다. 이것은 단순히 초반뿐만 아니라 그렇게 배치된 정석이나 포석으로 인해 중반에도 여전히 유리한 중반 싸움을 할 수 있는 상태로까지 진전될 수밖에 없는 그런 정석과 포석입니다. 신행마법도 이런 정석과 포석에 연계된 것으로 포석 단계 이후에 인공지능이 전혀 예측하지 못하는 미리 준비된 기가 막힌 행마법을 연구해 놓자는 이야기입니다. 여기에 형세 판단의 기법도 개발해서 유리한 정도와 불리한 정도를 짧은 시간에 판단하는 방법도 창안해서 짧은 제한 시간과 짧은 생각 시간제의 대국을 하게 되더라도 항상 유리한 상태를 유지해 가도록 하며, 혹시라도 형세 판단이 불리한 조건이 되었을 때는 이를 타개할 수 있는 강수를 띄운다는 전략도 세웠습니다. 즉, 다시 한 번 더 요약하면, 미리 준비한 신정석과 신포석으로 유리한 상태를 유지해 가면서 대국 제한 시간 및 생각 시간은 짧게 설정하자는 것이었습니다. 이를 바탕으로 젊은 신예 기사 위주로 인간과의 대국이 아닌 인공지능과의 대국에서 이길 수 있도록 많은 연구가 진행되었으며, 결국 여태까지는 인간 기사들이 잘 싸워서 바둑계에서 퇴출당하지 않고 여전히 잘 버티고 있습니다.

실제로 신정석과 신포석은 그 대국에서는 통하더라도 다음 대국에서는 효과가 없었습니다. 오히려 순간적으로 떠오르는 창의적인 수들에 대해서는 인공지능이 역시 취약함을 보였고, 짧은 제한 시간에서는 인공지능이 인간만 못하다는 것이 그동안의 대국 결과에서 여실히 증명되었습니다. 한 세기에 가까운 인공지능과의 대결에서 우리 인간은 불리한 여건에도 불구하고 결코 무릎을 꿇지 않았습니다. 이것은 비인간적이고 무자비한 세상이 되는 것을 원치 않는 우리 인간들의 굳건한 의지의 표명이기도 합니다. 이러한 인간의 승리는 앞으로도 계속 이어질 것이고 꼭 그렇게 되어야만 합니다. 왜냐하면, 바둑은 기계의 놀이터가 아닌 인생의 축소판이어야 하거든요.

합창단 지휘자

왜 협화음은 듣기가 좋고 불협화음이 듣기가 거북한지 아시나요? 왜 다른 소리와 조화가 잘되는 음정의 소리는 부르기 쉽고, 부딪치는 소리의 음정을 내는 것은 어려운지 아시나요? 왜 사람들이 합창단에 참가해서 함께 힘들게 연습을 하면서도 가슴에 뭉클함도 느끼고 눈가에 눈물도 맺히는지 아시나요? 안녕하세요. 저는 오랫동안 여러 합창단을 이끌어 온 합창단 지휘자 '한울림'입니다. 예전에는 지방자치단체에서 운영하는 시립합창단 또는 구립합창단 뭐 이런 형태의 합창단들이 많았는데요, 요즘은 자발적이거나 자생적인 합창단들이 대부분입니다. 어떤 지역이나 단체 아니면 같은 회사에서 근무하는 사람들끼리 자발적으로 합창단을 구성해서 저와 같은 사람들을 부릅니다. 그러면 저는 그분들과 연습을 함께하면서 그분들에게 필요한 합창의 요소들을 가르치기도 하고 함께 해결해 나가기도 하며, 저 또한 새롭게 배우기도 하고 아무튼 행복한 직업이라고 할 수 있습니다.

요즘 합창에서 추구하는 지향점은 예전과는 조금 달라졌습니다. 예전에는 극도의 아름다움이랄까, 소리의 하모니를 중요시했습니다. 톤 컬러라고도 하는 합창 소리 자체의 색깔을 지휘자가 정해 놓고 합창단원 전체가 여기에 맞추도록 피나는 연습을 해서 이런 소리의 색깔이 잘 표현되고 유지되는 것을 중요하게 여겼습니다. 이것이 심해져서 소리를 극단적으로 절제하거나 합창단원 개개인의 목소리를 많이 제한하기도 하며, 개개인 모두가 단 하나의 소리를 갖도록 연습하는 합창단도 있었습니다. 하지만 이렇게 잘 다듬어지고 개개인의 소리가 잘 조화를 이루고 있는 합창단의 경우는, 즉 합창단원 개개인의 개성을 찾기 힘든 합창단이 부르는 합창은 10분 이상 듣게 되면 누구나 똑같이 느끼는 것이 있습니다. 바로, 지루함입니다. 물론 5분 이내의 곡으로 연주가 끝나고 다른 곡으로 넘어가면 덜하기는 하지만, 똑같은 분위기의 곡들이 계속 연주된다면 청중은 지루함이라는 늪에 빠져들게 됩니다.

물론 그런 소리 자체는 무척이나 아름다운 것은 사실입니다. 흐트러지지 않고 정갈하며 전체가 하나의 아름다운 그림 같은 느낌이 듭니다. 마치 자연에서 제멋대로 자라나는 나무가 아니라 건축물을 꾸며주기 위해 그 앞에 가지런하게 심고 정갈하게 다듬어 놓은 나무나 혹은 아름답게 꾸며진 정원에서 볼 수 있는 정원수 같다고 할까요. 분명히 아름답지만, 자연의 순수함은 아닙니다. 인공미를 느끼게 되기도 하고, 꾸며진 것에 대한 알 수 없는 불편함이 느껴지기도 합니다. 사람의 목소리를 극단적으로 아름답게 만들면 그냥 잘 연주하는 악기 소리와 비슷하게 됩니다. 분명히 세련되고 자체로는 듣기 좋은 소리이지만, 사람이 만들어 내는 목소리만의 특색은 찾기 어려워집니다. 이런 모습에 대한 변화가 필요해서일까요?

요즘의 합창은 누구나 쉽게 인지되는 소리의 아름다움보다는 쉽게 분별해 내기 어려운 공감이라는 요소에 더욱 초점을 맞추고 있습니다. 억지로 끼워 맞춘 것이 아니라, 즉 지휘에 맞추어 합창단원들이 일사불란하게 따라가는 것이 아니라, 작곡자가 품은 심상을 지휘자와 반주자 그리고 합창단원이 모두 가슴으로 함께 품으며, 지휘자의 지휘 동작이 이를 잘 표현하고, 반주자의 건반 터치도 지휘자의 마음과 조화를 이루며, 합창단원의 소리의 분위기와 강약과 타이밍과 템포 조절도 모두 지휘자와 반주자가 그렇다고 동의하는 것에 잘 조화를 이루도록 단원들 모두의 마음 상태가 그렇게 되어서 그것이 우러나온다고 할까요. 더 정확하게는 소리의 하나됨의 이유가 공감이 이루어졌기 때문이며, 연주라는 것은 그 공감의 표현이고, 감동이라는 것은 그 공감에 청중들마저 하나되었음을 말합니다. 그거 아시나요? 감동은 듣는 사람보다는 노래를 부르는 사람이 훨씬 더 크다는 것. 그 이유는 노래를 부를 때는 하나됨을 몸으로 직접 느끼기 때문입니다.

제 마음속에는 시계가 하나 있습니다. 연주할 때만 작동하는 시계입니다. 이 시계는 정확하게 정해진 속도대로 돌아가지는 않습니다. 때로는 빨라지기도 하고 때로는 느려지기도 합니다. 때로는 멈추기까지도 합니다. 반주자의 선율에서 드러나는 분위기 속에서 단원들의 합창으로 제 마음에 던져주는 그 정감의 요구에 따라 이 시계의 움직임이 급해지기도 하고 또는 여유를 찾기도 합니다. 이 시계에 맞추어서 제 팔이 움직여서 그다음에 이어져야 할 필연의 타이밍과 분위기를 만들어 내며, 단원들과 반주자는 이것에 맞추어 화답합니다. 이렇게 절묘하게 서로 간에 연결된 끈이 때로는 부드러움을, 때로는 강렬함을, 때로는 웅장함을, 때로는 깊은 여운을 끌어내게 됩니다. 그 끈이 잘 연결된 연주는 언제나 감동이 무엇인지 알려줍니다.

제가 합창단원들에게 늘 당부하는 세 가지 말이 있습니다. 첫 번째는 "자유로워라!"입니다. 진행의 흐름을 예측하고 연습이라는 장벽을 넘어서 나의 것으로 만들면 그 곡에 대해서 자유로워진다는 것입니다. 두 번째로는 "자신의 이야기를 하라!"입니다. 곡이 주는 메시지를 음미하고 거기에서 자신의 이야기를 찾아서 그것을 목소리에 담는 것입니다. 세 번째로는 "하나가 되어라!"입니다. 템포와 악상의 필연을 느끼고, 이 필연의 공감을 나누면서 모두가 이 공감으로 들어가서 하나가 되는 연주를 하는 것입니다. 우리가 협화음을 들을 때 기분이 좋아지고, 불협화음을 들을 때 불편해지는 것은, 바로 하나됨에 이르렀는지 아니면 하나됨에서 멀리 떨어져 있는지에 대한 우리 마음의 자연스러운 앎과 반응때문입니다. 진정한 하나됨은 소리의 하나됨과 마음의 하나됨이 모두 갖추어진 상태입니다. 그 하나됨은 감동을 부르고, 감동은 합창단의 하나됨이 청중에까지 이른 상태이지요.

가치주의를 채택한 이후로 사람들에게 시간이 여유라는 것이 생겼습니다. 필요한 만큼만 일하고 쉼을 가질 여유, 가족과 친구들을 돌아볼 여유, 인생이 무엇인지를 그리고 삶의 의미와 보람을 찾을 여유가 생겼습니다. 그래서일까요? 그 여유의 시간에 빠르게 움직이는 스포츠를 즐기기보다는 찬찬히 함께 만들어 가는 합창이라는 모임을 자발적으로 만들고 소중히 여기는 사람들이 늘고 있습니다. 합창이라는, 소리를 모아서 하나됨을 이루어 아름다움을 만들어 가는 과정은, 바로 우리들의 인생이 있는 이유를 말해 주는지도 모릅니다.

시각장애인 작곡가

눈부시도록 맑은 햇살이   환하게 쏟아질 때면
살포시 다가온 바람이   따뜻함을 말해줄 때면
활짝 핀 꽃망울이 온 땅에   향기를 들려줄 때면
바로 그날이   우리 앞에 있지요

당신은 사랑받기 위해   당신은 사랑 주기 위해
당신은 사랑 나누기 위해   오늘 이렇게 우리게 다가왔지요

축하해요 축하해요 축하해요   오늘은 당신을 세상에 주신 날
감사해요 사랑해요 축복해요   오늘 우리와 함께하는 당신을

Happy birthday to you!

    이건 생일이 봄인 분들을 위해 부르는 생일 축하곡입니다. 다시 움터 나는 봄의 따뜻함이 잘 묻어나고 있습니다. 다른 계절에는 맨 앞부분의 가사와 선율이 바뀝니다. 여름은 화사함을 보다 근사하게 표현하고 있 습니다.

싱그런 아침 이슬 같은　　화사한 여름날에
눈을 떠 사랑의 이야기 듣죠　　천사의 속삭임 듣죠
오늘은 당신을 기억해요　　당신의 이름 불러요
다 함께 모여 축하해요　　바로 이날은 당신의 날

높고 푸르며 상쾌한 가을 하늘도 만날 수 있습니다.

저 상쾌한 바람처럼　　저 맑은 햇살처럼
당신은 우리에게 다가왔죠　　오늘 우리 앞에 있죠
저 높은 하늘 너머　　저 넓은 바다 건너
우리는 크게 외치죠　　바로 당신의 이름을

맑고 하얀 마음들이 함께 모이면 따뜻한 겨울을 만들 수도 있습니다.

오늘같이 눈이 오면　　온 세상이 하얘지죠
찬 바람에 온몸 얼어도　　우리 마음 맑아지죠
오늘같이 당신 보면　　우리 마음 따뜻하죠
함께 모여 축하하니　　우리 모두 하나되죠

　생일 축하곡을 계절별로 구분해서 다른 가사와 다른 선율로 부르니 좀 색다르지요? 안녕하세요. 작곡가 '음정은'입니다. 저는 태어나서부터 앞이 보이지 않는 시각장애인입니다. 정말로 아무것도 볼 수는 없지만, 노래를 들으며 세상의 모든 아름다움을 볼 수 있습니다. 작은 새소리가 귀에 들어오면 그 새의 모습이 얼마나 예쁘고 그 색깔이 얼마나 영롱한지를 상상할 수 있듯이, 사람들이 부르는 노래에서 그분들의 눈빛 하나

하나가 바로 제 앞에서 빛나는 것을 느낄 수 있습니다. 정성을 담은 음표들이 모여서 사람들의 가슴이 열리며, 마음을 실은 선율과 화성이 그분들의 공감으로 표현될 때 제 마음은 이미 천국에 있습니다. 음악이 있음에 더 이상 아무것도 부럽지 않고, 음악이 있음에 더 이상 아무것도 필요하지 않습니다.

앞을 볼 수 없는 제가 음악을 배우고 작곡을 배워서 곡을 만드는 일을 하게 된 것은 부모님의 권유 때문이었습니다. 남들은 어떤 직업이든지 선택의 자유가 있지만, 제게는 아무래도 제한이 있을 수밖에 없습니다. 과거에는 안마사 말고는 시각장애인이 할 수 있는 일이란 게 별로 없었다고 들었습니다. 하지만 지금은 뛰어난 청력을 이용해서 시각장애인들이 선택할 수 있는 직업들이 많이 늘어났고, 이에 대한 교육 프로그램들도 다양해졌습니다. 교육을 받을 수 있도록 그리고 직업을 구하고 나면 직업 활동을 할 수 있도록 필요한 이동 서비스를 비롯한 각종 서비스도 지원받게 됩니다. 어릴 적에 피아노를 배울 때 제가 음악적인 감성을 가지고 있다는 것을 알아채신 부모님께서 체계적인 교육을 받도록 길을 이끌어 주셨습니다. 시각장애인이지만 피아노를 배우는 것도, 악보도 배우고, 시창과 청음을 배우는 것도, 화성학과 선율학을 배우는 것도 모두 다 큰 장애가 되지는 않았습니다.

장애인들을 위한 교육 프로그램들이 매우 다양하고 또 체계적으로 마련되어 있고, 교육을 받을 수 있도록 주변 여건도 모두 제공하니, 조금 불편하기는 해도, 시간이 남들보다 더 많이 들기는 해도 자신의 적성에 맞고 자신이 좋아하는 분야라면 교육을 통해 정상인들과 똑같은 수준의 지식인으로 그리고 전문 직업인으로 자라날 수 있습니다. 나이가 들어서 후천적으로 시각장애인이 된 분들도 교육을 통해 새로운 삶을 찾을 기회가 언제든지 마련되어 있습니다. 주변에 같이 만나는 친한 장애인 중에는 일반인들에게 학문을 가르치는 선생님도 있고, 아름답고 감동적인 이야기를 만들어 가는 소설가도 있습니다. 합창단 지휘자나 합창단원 같은 음악 관련 직업인들도 많이 있습니다. 지휘봉 끝이나 양손 끝에 속도 및 가속도 센서를 달아서 이를 소리로 변환해 주는 장치에 연결하고, 이 소리를 합창단원이 들을 수 있도록 이어폰으로 연결해 주면, 지휘자의 지휘 동작을 모두가 인식할 수 있어서 합창단원들도 그리고 지휘자마저도 시각장애인들인 합창단이 충분히 만들어질 수 있습니다. 연주하고자 하는 곡의 작사자와 작곡자마저 모두 시각장애인이라면 그 의미가 더욱 색다르겠지요.

저는 요즘 새로운 분위기의 음악을 만들기 위해 한참 준비 중입니다. 아니 준비라기보다는 공부나 연구가 좀 더 맞는 말일 것 같습니다. 이것을 설명해 드리려면 '음률'이라는 이야기를 꺼내야 하는데요. 음악에 관심이 덜하신 분들에게는 조금은 생소하고 어려울 수도 있습니다. '도레미파솔라시도' 이건 모두 아시죠? 낮은 도와 높은 도는 정확하게 한 옥타브 차이가 납니다. 가깝지만 높이가 다른 같은 음표끼리는 모두 마찬가지입니다. 낮은 솔과 높은 솔도 모두 한 옥타브 차이이지요. 보통 여성의 소리가 남성의 소리보다 한 옥타브 높습니다. 아니, 이보다 먼저 '소리'라는 것에 대해서 설명해 드려야겠네요. 소리는 어떤 물체가 진동이라는 운동을 하면 이 진동의 반복적인 움직임이 공기라는 매질에 주기적으로 미는 압력과 당기는 압력을 가하게 됩니다. 이 에너지가 공기를 통해서 멀리 전달되어서 귀의 고막에도 똑같은 반복적인 밀고 당기는 힘을 전달하게 되고, 이것이 우리 인간의 청각기관을 통해 뇌에 전달되어서 소리라는 형태로 해석되는 것입니다.

피아노의 건반을 예로 들면 피아노의 상판을 열면 많은 현을 볼 수 있습니다. 건반을 하나 누르면 뭉치 하나가 움직여서 그중에서 하나의 현을 때리는 것을 볼 수 있습니다. 이때 현이 위아래로 떨리게 되고 이 떨림을 진동이라 하며 1초 동안의 왕복운동의 횟수를 주파수 또는 진동수라고 부릅니다. 즉, 1초 동안의 왕복운동을 100번 했다고 하면 주파수가 100인 것입니다. 여기에서 현의 길이에 따라 현이 단위 시간 동안에 움직이는 횟수인 주파수가 정해집니다. 이 주파수는 우리가 음의 높이로 인식하게 됩니다. 주파수가 높으면, 즉 현의 떨림이 많으면 높은 음정의 소리로 우리의 뇌가 인식하게 되고, 현의 떨림이 적으면 음정이 낮은 소리로 인식하게 됩니다. 따라서 현의 길이를 조절하게 되면 음정을 조정할 수 있습니다. 보통 '라' 음을 1초에 440번 떨릴 수 있도록 맞추어 줍니다. 제게는 약간 높다는 느낌이 들기는 하지만, 이렇게 쓰도록 통일이 되어 있기에 어쩔 수 없기는 합니다.

아까 드리던 말씀으로 돌아가서 한 옥타브 차이면 이 주파수가 두 배가 되는 것을 의미합니다. 낮은 도의 주파수보다 높은 도는 정확하게 두 배가 되는 주파수를 가지게 됩니다. 이렇게 주파수가 두 배가 되면 우리의 귀는 이들 두 소리가 거의 똑같다고 인식하게 됩니다. 물론 한 옥타브가 차이가 있으므로 다르기는 하지만 이들 두 음정의 건반을 함께 누르면 마치 두 소리가 하나인 듯 잘 구별이 되지 않고 거의 똑같이 들립니다.

소리의 파형을 알게 되면 그 이유를 쉽게 이해하게 됩니다. 하나의 건반을 두드리면 현의 양 끝이 고정된 상태에서 가운데 부분이 위로 움직이거나 아래로 움직이게 되는 파형을 상상해 보시면 됩니다. 실제로 소리는 횡파가 아닌 종파이기 때문에 이것과 조금 다르게 생각해야 하나, 이렇게 생각해도 그 원리를 파악하는 것은 같으므로 상관없습니다. 여기에서 옥타브가 두 배가 되면 그 정가운데에 하나의 고정된 점이 추가된다고 보시면 됩니다. 그러면 위아래로 움직이는 파형이 양옆으로 두 개가 동시에 생기게 됩니다. 이것은 한 옥타브 아래인 경우에서 이미 존재하는 파형 중의 하나입니다.

어떤 현이든지 현을 건반으로 때리게 되면 현은 양 끝점이 고정되어 진동하게 되는데, 이때 다른 진동의 모드도 동시에 나타나게 됩니다. 양 끝의 정중앙 한가운데 지점이 고정된 것처럼 진동하는 모드, 양 끝을 삼등분하는 지점도 고정된 것처럼 진동하는 모드, 그리고 사등분 지점, 오 등분 지점…… 등. 이렇게 많은 진동의 모드가 동시에 존재하는데, 이들 각각의 모드에서 파형을 산술적으로 더하게 되는 푸리에 급수 (Fourier series)라는 것을 취하면 실제 소리의 파형이 나오게 됩니다. 보통 사인파(sine wave)라고 부르는 큰 파형을 확대하면 그 안에 작은 파형들이 나타나고, 이들 각각의 작은 파형을 확대해서 보면 그 안에는 더 작은 파형이 나타나고, 이런 현상이 쭉 반복되는 형태입니다. 이런 전체적인 파형은 악기마다 조금씩 다른 형태를 보이게 되는데요, 그래서 같은 음정이라도 악기가 다르면 소리가 다르게 들리게 되는 것입니다. 이것을 보통 '소리의 색깔'이라고 부르기도 합니다.

아까 옥타브의 차이에 대한 설명으로 다시 돌아가서 어떤 건반을 치게 되면 일어나게 되는 현의 진동의 형태 중에서 현 양 끝의 중간 지점도 고정해서 진동이 일어나는 형태가 바로 한 옥타브의 위의 건반을 눌렀을 때의 그 현의 진동 형태가 됩니다. 현의 길이가 줄어들면 진동수가 그에 비례해서 증가하게 되며, 음정이 높아집니다. 따라서 한 옥타브 차이의 두 건반의 소리는 너무 잘 어울려서 귀에서는 거의 같은 소리로 들리게 됩니다. 물론 음정의 차이는 있지만요. 이것이 낮은 도와 높은 도의 관계라고 보면 됩니다. 물론 다른 건반도 마찬가지입니다.

그다음으로 잘 어울리는 음정은 현의 양 끝을 삼등분해서 두 번째 지점인 3분의 2 지점을 고정해서 진동했을 때의 소리입니다. 도와 솔의 관계이며 '완전 5도'로서 두 음정이 아주 잘 어울립니다. 그다음은 사등분의 세 번째 지점이 고정되었을 때인데 이것은 도와 파의 관계이며, '완전 4도'로서 잘 어울립니다. 이런 식으로 해서 도와 미의 관계는 5분의 4 지점, 도와 라는 5분의 3 지점, 도와 레는 9분의 8 지점, 도와 시는 15분의 8 지점이 됩니다. 여기에서 도와 레 사이의 음간 비율은 8분의 9, 레와 미는 9분의 10, 미와 파는 15분의 16, 파와 솔은 8분의 9, 솔과 라는 9분의 10, 라와 시는 8분의 9, 시와 도는 15분의 16이라는 음간 비율을 갖게 됩니다. 미와 파의 사이와 시와 도의 사이가 반음이고, 나머지는 온음인데, 이때 음간의 비율이 일정하지 않음을 알 수 있습니다. 이런 방식으로 음간 비율이 되도록 설정하는 것이 순정율(pure temperament, 純正律)이며, 여기서 설정된 각 음의 주파수를 그대로 사용해서 화성을 만들게 되면 자연의 소리 그대로이기 때문에 사람의 귀에는 너무나 잘 어울리고 아름다운 소리로 들리게 됩니다.

하지만 곡이 길어지면 조바꿈을 해서 분위기를 상승시키고자 하는 경우가 많이 발생합니다. '조바꿈한다'는 뜻은 으뜸음이 바뀐다는 뜻으로서, 예를 들어서 도가 으뜸음이었다면 도에서 반음을 올리거나 한 음을 올리거나 해서 이런 음이 으뜸음이 되는 것입니다. 그러면 순정율의 경우에는 문제가 발생합니다. 조금 전에 말씀드린 대로 음간의 비율이 조금씩 다르기 때문에, 으뜸음이 다른 음으로 변경되면 아까의 순정율에서의 기본 음간 비율과는 다른 음간 비율이 나타나게 되어서, 결국은 이를 사용할 수 없게 됩니다. 즉, 레였던 건반이 으뜸음인 도로 바뀌면 미인 건반이 레에 해당하는데 이때의 음간 비율은 9분의 10으로서 원래의 도와 레 사이의 비율인 8분의 9와는 다른 비율을 갖게 되어서 이렇게는 쓸 수가 없습니다.

피아노라는 악기는 현을 고정해 놓고 연주하기 때문에 연주 중에 새롭게 조율하는 것이 불가능하고, 하나의 곡에서 조바꿈이 일어나게 되면 순정율로 조율된 피아노로는 연주할 수 없게 됩니다. 이런 경우에는 조바꿈이 없는 곡을 사용하면 되는데 이건 현실적으로 전혀 불가능합니다. 따라서 음간 비율을 인위적으로 맞추는 방법을 사용하게 되는데 이것이 '평균율'입니다. 즉, 한 옥타브 사이에 존재하는 모든 반음의 개수가 12개이므로 반음 간의 음간 비율을 2의 12분의 1승으로 인위적으로 처리하면 온음 간의 음간 비율은 2의 6분의 1승이 되고, 이들 비율을 어떤 건반 사이에도 일정하게 적용하게 됩니다. 이렇게 되면 조바꿈으로 하더라도 언제나 음간 비율이 일정하게 유지되기 때문에 어떠한 곡을 연주하더라도 문제가 없게 됩니다. 다만, 순정률이 아니므로, 엄밀하게 보자면 완전한 자연의 음악은 아니라서, 아름다움은 조금 덜하지요. 하지만 그 차이가 매우 작아서 웬만한 사람이 구별해 낼 만한 차이는 아니며, 바흐 때부터 평균율을 실질적으로 사용하기 시작했습니다.

제가 만들어 보고 싶은 음악은 기존의 음악과 전혀 다른 느낌을 주는 음악입니다. 도레미파솔라시도라는 8개의 단위에 묶여 있지 않고, 특정한 음정의 주파수에도 매여 있지 않아서 지금의 음악과는 완전히 다른 느낌을 줄 수 있는 음악입니다. 지금은 막연히 현재의 8개가 아닌 10개가 한 묶음의 음계 단위를 이루는 음악이면 좋을 것 같다고 생각하고 있습니다. 그리고 순정율로만 연주되어서 언제나 최상의 화성적인 아름다움을 끌어낼 수 있는 음악입니다. 아직은 정말로 한참 더 연구해 나가야 하지만 이러한 것을 만들겠다는 마음은 제게 날마다 새로운 힘을 주고, 제 인생을 의미 있게 만드는 소중한 과제입니다. 태어날 때 가진 것은 보통 사람들보다 못하다고 여겨질지 모르는 저였지만, 삶을 마칠 때의 보람만큼은 그 누구를 비교해도 부족하지 않은 그러한 저의 인생이 될 것입니다.

설교 목사

안녕하세요. 예전에는 교회에서 목회했지만, 지금은 설교만을 담당하고 있는 설교 목사 '진리만'입니다. 설교 목사라고 하니 조금 이상하게 들릴 것 같은데요. 요즘은 교회들이 거의 담임 목사님을 따로 두고 있지 않습니다. 물론 담임 목사를 두고 있는 교회가 있기는 하나 상당히 보수적인 성도들이 있는 몇몇 교회만 그렇습니다. 대부분의 교회는 담임 목사가 없고, 교회의 대표는 성도 중에서 자격이 되는 분들이 순번을 돌아가면서 담당하며, 매주 설교 목사를 초빙하게 됩니다. 예배는 교회 성도들이 예배 인도자를 담당하고, 초빙된 목사님은 설교와 축도만을 담당하게 됩니다. 담임 목사직을 담당할 때는 교회의 재정과 행정에 크건 작건 관여했었는데요. 교회가 대형화되고 모이는 헌금의 규모가 커지다 보니 이게 많은 문제를 일으켰습니다.

목사라는 직분은 세상 욕심을 버리고 물질과 명예 권력에는 멀리해야 하는데요, 교회가 대형화되다 보니 처음에는 성도들이 목사님을 섬기다가, 점차 목사님을 떠받들기 시작하고, 이것이 더 진행되면 나중에는 목사님의 말씀이 거의 하나님의 말씀과 동일시되는 신격화가 진행됩니다. 그러다가 정말로 목사님이 그 교회에서는 신이 됩니다.

물론, 일부 교회를 제외하고 대부분의 교회에서는 그렇게까지 진행되지는 않겠지만, 목사라는 직분의 의미를 망각한 목사님들이 생기게 되고, 처음에는 그런 의도가 없었다 하더라도 성도들의 추앙을 받다 보니, 자신도 모르게 목에 힘이 들어가고 양손은 자연스럽게 뒷짐을 지게 되며, 어느새 권위적인 행동들이 나타나게 됩니다. 최소한 성도들 앞에서는 겸손을 내세우기 위해 몸을 굽히고 허리를 낮추는 행동을 하더라도, 이미 마음속은 권위 의식으로 굳어져 버린 경우가 많습니다. 그럴수록 겸손하지 못하고 낮추지 못한 마음의 완고함을 통회하며, 날마다 무릎을 꿇고 기도하는 목사님들도 있기는 합니다. 하지만 이런 마음을 끝까지 유지하기가 쉽지 않아서 평생을 그렇게 겸손함으로 주님만을 바라보고, 성도들을 섬기며, 예수님의 겸손함을 닮아가고자 끝까지 처절하게 노력했던 목사님은 정말로 찾기 힘든 것이 현실이었습니다. 높아지고자 하는 인간의 본성과 더 많은 것을 취하고자 하는 인간의 속성에 무릎을 꿇게 되는 것은 인간인 이상 어쩔 수 없는 것 같습니다.

돈에 관한 이야기로 넘어가면 상황은 더욱 심각해집니다. 대형 교회 목사님들의 사례비를 보면 왜 목사님들이 그렇게 쉽게 세속화되는지를 이해할 수 있습니다. 교회의 규모에 따라 천차만별이기는 하나 일반 회사원이나 중소 자영업자들로서는 도저히 꿈꿀 수 없는 천문학적인 액수를 받는 경우가 많았습니다. 물론 소형 교회는 정말로 적은 액수로 가정을 꾸려가기조차 힘들어하는 경우도 많았습니다. 그때 화폐로 수억 원대의 최고급 외제 차를 소유하고 서울에서 가장 땅값이 비싼 지역에 있는 큰 평형의 아파트에서 살며, 심지어는 기업체를 따로 소유하는 일도 있었습니다. 이런 사례비에다 성도들이 자신을 그렇게 떠받드니 그 마음이 세속화되지 않고 타락하지 않으면 오히려 이상하다고 말해야겠지요.

당시 대형 교회 목사님의 설교 내용은 주로 '축복'이었습니다. 교회 잘 나오고 믿음 생활 열심히 하면 하나님께서 성도들의 사업이 잘되게 축복해 주시며, 건강에도 문제가 없게 축복해 주셔서 모든 병이 낫고 이제부터는 병마는 절대로 찾아오지 않으며, 새로운 사업을 하게 되면 그것도 잘 번성할 수 있게 하시며, 다니는 직장에서는 머리가 되고 꼬리가 되지 않게 하시며, 나가도 복, 들어가도 복, 어디를 가나 복을 받게 될 것이라는 내용의 설교를 했습니다. 이 설교를 들으면 자신들이 하는 일이 잘되고 복을 많이 받을 수 있다고 하니 당연히 그 교회에 더 다니고 싶어지는 것이 인간의 마음입니다. 물론 매번 이런 내용만 한 것은 아니지만, 결국 이런 내용이 설교의 주된 핵심을 이루어서 결국 기존의 신자들이 계속 그 교회에 다니도록 유도하고, 새로운 성도들이 그 교회를 찾도록 합니다.

그에 반해 소형 교회의 설교 방향은 '전도'였습니다. 예수님의 말씀을 듣고 나가서 믿지 않는 세상 사람들을 교회로 불러와야 한다는 내용이었습니다. 성도라면 전도의 열매가 있어야 한다고 강조하며, 집안에 안 믿는 부모나 형제 친지들이 있으면 이들은 지옥에 가게 되니 반드시 전도해서 이들도 함께 천국에 갈 수 있도록 해야 하며, 예수님께서 잃어버린 어린양 한 마리를 찾기 위해 언덕과 수풀을 돌아다니며 끝까지 잃어버린 양 한 마리를 찾아냄같이 교회를 다니지 않는 사람들을 끝까지 교회로 나오도록 끌어내야 하며, 주님의 명령이니 예루살렘과 사마리아 땅끝까지 나아가서 전도해야 한다는 내용입니다. 이런 설교 역시 결국 사람들을 교회로 끌어모으기 위한 설교이며, 특별히 사람들의 숫자가 부족한 소형 교회나 미자립 교회의 경우 출석 교인을 늘리기 위한 시급하고도 절박한 내용의 설교였습니다.

중형 교회의 경우 설교의 내용은 대형 교회의 축복 설교와 소형 교회의 전도 설교가 모두 섞여서 나타났습니다. 세상에서 하는 일에 대해서 남들보다 최선을 다해서 열심히 해라! 그래서 성공하는 것이 복된 성도의 삶이라는 식의 설교를 했습니다. 아마 이 설교가 무슨 뜻인지 이제는 금방 아시겠지요. 열심히 노력해서 성공하고 돈 벌어서 결국 교회에 헌금하라는 내용입니다.

그리고 모든 교회의 공통된 설교의 주제는 충실한 교회 생활이었습니다. 교회 열심히 나와야 한다, 주일 날은 무슨 일이 있어도 교회에 출석해서 저녁 예배까지 참석해서 온전히 주일을 성수해야만 한다, 십일조는 하나님의 명령이다, 봉사와 헌신은 성도의 기본이다, 기도의 열매가 없으면 절대로 하늘나라에 갈 수 없으며, 금요 철야기도는 물론이고 가능하면 매일 새벽에도 새벽 기도회에 참석해야 한다, 모이는 것을 힘쓰는 성도가 되어야 하고, 교회의 모든 행사나 사역은 적극적으로 참여해야 한다는 내용이었습니다. 모두 다 교회에 사람들을 많이 모으고, 헌금을 많이 하게 하며, 교회에 그들의 삶을 종속시키도록 강요하는 것이 설교의 주된 내용이었습니다.

한때는 이런 설교로 인해 교회가 많이 성장했습니다. 가난했던 시절, 잘 먹지 못했던 시절, 나라의 경제가 한참 커 나가고 있었던 그때, 자신의 직장에서도 출세하길 원하며, 사업들이 잘되길 바라며, 건강의 문제도 해결되길 바라는 많은 사람들이 교회로 몰려들었고, 모여든 사람들을 축복해 주며 세상일로 힘들었던 그들의 마음을 천국의 길로 인도한다면서 위로해 주니 교회마다 사람들로 넘쳐나서 엄청난 성장을 이루었던 때가 있었습니다.

하지만 사람들이 살 만해지고, 생활의 윤택함 말고도 시간의 여유가 생기다 보니 이런 설교는 더는 힘을 발휘하지 못했습니다. 그런 설교는 결국 교회의 성장만을 위한 설교였고, 이것은 실상 목사님 스스로가 물질과 명예와 권력, 즉 더 많은 세상의 복을 누리고자 하는 욕심으로부터 잉태된 설교였습니다. 물질이 없던 시절 물질의 축복을 열어 준다고 하고, 건강을 담보할 수 없던 시절 건강의 축복을 허락한다고 하며, 이렇게 고생만 하다가 떠나는 인생이로구나 하고 한탄했던 시절 천국으로 인도해 준다고 하니 사람들이 교회로 몰려들었지만, 성도들이 성경에 대해서 묵상하고 공부할 만한 여유가 생기다 보니 그런 말씀이 지극히 저급한 것이었음을 깨닫게 된 것입니다. 물론 여전히 생활에 쫓기거나, 아니면 극히 보수적인 사고방식을 갖고 있거나, 아니면 성경을 전혀 읽지 않고 아무 생각 없이 교회 생활만을 위주로 하는 사람들은 그런 설교 말씀에도 여전히 "아멘!"이라고 외치고 있기는 했습니다.

요즘 그런 말씀으로 설교를 하면, 다시는 아무 교회에서도 불러 주지 않습니다. 그때는 대부분의 목사님들도 영적으로 무지했지만, 요즘은 성도들도 정말로 영적으로 많이 깨어났거든요. 제대로 보면 그것은 예수님의 말씀과는 정반대였습니다. 예수님께서는 사람들을 강제로 모으시려고 하지 않았습니다. 교회라는 곳을 만들어서 사람들에게 주일마다 반드시 나와야 한다고도 말씀하지 않으셨습니다. 거기에 십일조를 내야 하고, 기도회에 참석해야 한다고 말씀하시지 않았습니다. 사마리아 땅끝까지 이르러 복음을 전해야 한다는 부분은 성경 해석상 논란이 있을 수 있는 부분이기에 언급하는 것이 껄끄럽기는 하나, 예수님께서 하신 말씀이 아니라 로마 시대에 기독교가 공인되는 과정 중 기독교 전파를 강력하게 이루기 위해 정경화(正經化) 작업을 하면서 추가된 사항으로 보는 것이 지금 시대의 견해입니다.

예수님께서는 그저 백성들을 불쌍히 여기셨습니다. 그들이 어렵게 살아가고 있는 형편을 불쌍히 여기셨고, 세상사에 매여서 영적인 무지함에서 헤어나지 못함도 불쌍히 여기셨습니다.

"심령이 가난한 자는 복이 있나니 천국이 그들의 것임이요, 애통하는 자는 복이 있나니 그들이 위로를 받을 것임이요, 온유한 자는 복이 있나니 그들이 땅을 기업으로 받을 것임이요, 의에 주리고 목마른 자는 복이 있나니 그들이 배부를 것임이요, 긍휼히 여기는 자는 복이 있나니 그들이 긍휼히 여김을 받을 것임이요, 마음이 청결한 자는 복이 있나니 그들이 하나님을 볼 것임이요, 화평하게 하는 자는 복이 있나니 그들이 하나님의 아들이라 일컬음을 받을 것임이요, 의를 위하여 박해를 받은 자는 복이 있나니 천국이 그들의 것임이라, 나로 말미암아 너희를 욕하고 박해하고 거짓으로 너희를 거슬러 모든 악한 말을 할 때에는 너희에게 복이 있나니, 기뻐하고 즐거워하라 하늘에서 너희의 상이 큼이라."

예수님께서는 어리석은 이들이 무지함에서 깨어날 수 있도록 말씀을 전하셨으며, 백성들의 아픔을 어루만지시길 원하셨고, 백성들의 눈물을 닦아주길 원하셨으며, 그들의 병을 치료해 주셨습니다. 사람들을 불러 모으기 위해 제자들을 독려하지도 않으셨고, 오히려 한적한 곳에서 쉬고 있으면 사람들이 예수님을 찾아서 몰려들었습니다. 어린아이와 같이 자신을 낮추지 않으면 천국에 갈 수 없다고 하시며, 부자가 천국에 가는 것은 낙타가 바늘귀에 들어감 같이 어렵다고 하시면서 자신을 부인하고 물질로서의 길을 버리라는 말씀을 하셨습니다.

좋은 옷과 좋은 음식을 취하지 않으시고 편한 길이 아닌 고난의 길을 택하셨으며, 육신의 원함이 아닌 주님의 뜻을 끝까지 순종하셨습니다. 반면에 그 당시 종교 지도자들은 물질과 권위와 세속의 중심에 있으면서도, 자신들의 영적인 무지함을 결코 알지 못했습니다. 권위에 물든 위선적인 종교 생활을 하며 돈벌이를 하는 세속의 수단으로 성전을 더럽힌 바리새인이나 사두개인들을 예수님께서는 독사의 자식들이라고 혹독하게 나무라셨습니다. 아마 예수님께서 지난 세기 교회에 오셨다면 교회의 목사님들을 똑같이 나무라셨을 겁니다. 너희들도 바리새인과 똑같은 독사의 자식들이고 영적인 소경들이라고. 소경이 어찌 소경을 인도할 수 있겠느냐고 말씀하셨을 겁니다.

요즘은 신학교라는 곳도 거의 다 사라졌습니다. 예수님의 말씀을 전한다는 것이 학문으로 배워서 되는 일이 아니거든요. 배우면 목사가 될 수 있다는 것, 그것이 바로 상업주의의 시작입니다. 그 당시 목사님들은 자신은 말씀 준비만 할 테니 교회의 일들을 성도들이 직접 나서서 돌아보라고 종종 이야기하곤 했습니다. 그렇게 해서 말씀이라는 것을 신학교에서 배운 대로 사람의 생각으로 연구해서 준비하니 진리와는 관계없음을 결코 알지 못했습니다. 말씀은 없는 것을 짜내서 준비하는 것이 아닙니다. 공부해서 연구해서 그렇게 만들어 내는 것이 아닙니다. 자연을 이해하고, 사람을 이해하며, 우주의 본질을 깨달으면, 곧 그것이 그냥 말씀으로 나오게 됩니다. 예수님께서도 그러하셨습니다. 일부러 백성들에게 전할 말씀을 연구하지 않으셔도 그 백성들을 바라보면 긍휼히 나오시기에, 그리고 사랑이 충만해지시기에 그분의 입술에서는 천국으로 인도하는 말씀이 그냥 나오셨습니다.

요즘의 설교도 그렇습니다. 매주 새로운 것을 만들어 내는 것이 아니라 예수님이 말씀하신 진리를 그저 다시 한 번 말하는 것이고, 매주 끊이지 않고 새롭게 나올 수 있는 것은 그것이 진리이기 때문입니다. 하늘을 바라보면 하늘의 색이 어찌 그리 푸를 수 있는지, 구름은 모양들은 저마다 제각각이며 마치 솜털이나 솜사탕과도 같아서 만져보고 싶은지, 구름 사이를 뚫고 쭉 내리뻗은 햇살은 얼마나 영롱하고 아름다운지, 우리가 이것을 보았다면 보지 못한 사람들에게 전하는 것은 따로 무슨 말을 해야 할지 준비할 필요가 없습니다. 그저 똑똑히 보고 아는 것을 말로 표현하는 것이니, 진리를 보지 못한 자라면 저와 같은 '설교목사'라는 직업은 결코 해내지 못할 것입니다.

요즘은 교파라든가, 종파라든가, 교단이라든가 이런 것들은 모두 없어졌습니다. 그것은 모두 이를 빙자해서 자신들의 밥그릇을 챙기려는 저속한 수단일 뿐입니다. 기독교라는 말도 쓰지 않습니다. 예수님의 말씀을 따른다는 원래의 취지에 맞게 그냥 '예수교'라고 부릅니다. 진리는 하나인데 그렇게 많은 교파나 종파가 있는 것 자체가 모순이라는 것을 모두가 알았기 때문입니다. 혹시 진리가 무엇인지 궁금하시다면 제가 설교를 담당하는 예배에 참석하시면 됩니다. 진리는 결코 어렵거나 멀리 있는 것이 아닙니다. 우리가 무엇을 해야만 하는 것이 아니고, 우리가 우리임을 그저 아는 것입니다.

마치는 글
우리는 지도자를
기다리고 있습니다!

　우리는 기다리고 있습니다. 너무나도 애타게 우리는 기다리고 있습니다. 반만년이 넘도록 그토록 절절하게 우리는 기다리고 있습니다. 헤아릴 수조차 없는 수많은 외침을 당하면서도 꿋꿋이 견뎌낸 것은 이러한 기다림 때문이요, 나라의 주권을 송두리째 빼앗기고도 겨레의 정신만큼은 끝끝내 지켜낸 것도 이러한 기다림 때문이요, 형제끼리 총칼을 겨누며 서로를 죽이는 전쟁으로 분단과 폐허의 잔해 속에서도 다시 일어나야만 했던 것은 이러한 기다림 때문입니다.

　우리는 모든 것을 내어주었고, 우리는 모든 것을 잃어버렸으며, 우리는 모든 것을 빼앗겨서 우리의 정체성마저 없어진 듯 되었지만, 우리는 다시 우리를 찾아야 했고, 우리는 우리를 다시 알아야 했으며, 우리는 우리를 원래의 우리로 다시 세워가야 했습니다. 그것은 우리가 태어난 이유이기도 하고, 우리가 존재해야 하는 의미이기도 하며, 우리가 나아가야 할 사명이기도 합니다. 지금 이 나라가 이토록 아파하고 힘들어하는 것은, 지금 이 나라 대한민국이 이토록 처절하게 고통스러운 것은, 지금 이 나라 우리의 대한민국이 무덤까지 가져가야 할 수치와 모욕마저 온 국민에게, 온 세계에 낱낱이 드러내는 것은, 이 나라가 올곧게 서기 위한 마지막 몸부림이요, 이 겨레가 반만년 긴 역사의 한을 풀어내는 새 역사를 쓰기 위함이요, 이 나라 위대한 대한민국이 온 인류가 그토록 염원하던 새 시대의 지평을 열기 위함입니다.

"우리에게는 새로운 시대를 열어갈 지도자가 필요합니다."

이 나라와 이 겨레의 참된 비전을 세우고, 그 비전을 그 인생과 우리 민족의 사명으로 삼아 목숨을 내어놓고서라도 끝까지 그 길을 헤쳐나가는 그러한 '비전을 가진 지도자'입니다.

모든 국민의 행복한 삶을 진심으로 돌아보고, 모든 국민의 안위를 마음 깊이 걱정하고 염려하기에 오히려 자신은 전혀 돌보지 못하지만, 그 마음의 중심에는 언제나 사랑이 가득해서 사회의 어두운 곳을 모른 체할 수 없으며, 소외되고 외면받은 인생들을 돌아보아 어둠을 환히 밝힐 수 있는 '사랑의 지도자'입니다.

돌봐줄 부모 없이 의지할 곳 없는 외로운 아이들의 눈가에 맺힌 그 눈물이 바로 그 자신의 눈물이 되고, 가난하여 삶의 힘겨움에 희망을 잃어버린 자들의 안타까운 탄식이 그 자신의 탄식이 되며, 환난을 겪고 핍박받는 자들의 이루 다 말할 수 없는 마음의 고통이 바로 그 자신의 절절한 고통이 되어서, 모든 국민의 기쁨과 슬픔에 가슴 깊이 하나가 되어 함께할 줄 아는 그러한 '공감의 지도자'입니다.

필수적으로 요구되는 지식을 두루 섭렵해서 언제든지 쓸 수 있는 자신만의 것으로 소화하여 갖추고 있고, 쌓이고 쌓인 지식이 참된 지혜를 빚어내서 이 나라에 있던 그동안의 모든 모순을 고쳐내고, 모든 부정을 바로잡으며, 선함의 올곧음이 이 땅의 질서를 되찾게 하도록 조금의 여력도 남기지 않고 모두 다 쏟아내는 그러한 '지혜와 열정의 지도자'입니다.

남한과 북한의 끝없는 대결과 폄훼를 화해와 대화로 바꾸어내며, 동북아를 둘러싼 주변 강대국들의 철저한 이기주의와 편 가르기, 그리고 힘의 대결을 통한 억지 평화를 이해와 배려로 이해득실을 모두 내려놓는, 그래서 견제를 통한 균형 유지가 아닌, 마음을 열고 진심으로 서로를 존중하여 이르게 되는 진정한 평화의 국면으로 이끌어서 한반도 통일의 시대를 열어가는 그러한 '통합의 지도자'입니다.

국제사회의 어려움과 모순도 돌아볼 줄 알아서, 기아에 허덕이며 굶주림에 고통받는 어린이들과 헐벗은 이들을 불쌍히 여기며, 전쟁 직후 우리나라가 그토록 가난했을 때 다른 나라들이 아낌없이 도와주었던 것을 기억해서, 가난한 국가들이 그들의 필요한 산업을 일으켜서 그들의 나라를 가난에서 스스로 벗어날 수 있도록, 그리고 배움을 통해 삶을 스스로 개척해 갈 수 있도록 가르치고 도와주며 구제하는 일에 앞장서는 그러한 '어질고 현명한 인류애의 지도자'입니다.

수많은 내전과 분쟁으로 하루라도 전쟁의 소식에서 벗어날 수 없는 우리 지구촌이지만, 이를 안타깝게 여기고 돌아볼 줄 알아서 이념의 다름과 극복할 수 없는 종교의 차이로 인한 전쟁의 소용돌이 속에서도 국제사회에 끝없이 평화의 메시지를 제안하며, 화해와 용서 그리고 분쟁

종식의 실마리를 이끌어내고 인류 대평화 시대를 이루어 내는 그러한 '용기 있는 평화의 지도자'입니다.

핵이라는 무시무시한 지구 멸망의 실마리가 될 수 있는 악의 도구가 무기의 형태로든 아니면 에너지 생산이라는 명분으로든 곳곳에 도사리고 있는 지구촌의 현실을 직시하고, 전 세계의 핵무기 폐기와 재래식 무기 감축의 메시지를 기치로 내걸어서 국제사회에 진정한 안녕과 평화를 위한 동의를 끌어내며, 우리 후손들에게 더 안전하고 복된 자연과 환경을 물려주고자 온 힘을 다해 '지구의 미래를 지켜내는 지도자'입니다.

돈에 육체와 정신마저 빼앗긴 노예와 같은 인간의 삶에서 우리가 진정 추구해야 하는 참된 것은 물질에 있지 않고 물질이 아닌 것에 있음을 알고, 사람들의 관심이 바로 눈앞에 보이는 것만을 쫓으며 유한한 것만을 바라봐서 그저 왔다가 그저 가게 되는 의미 없는 인생이 되지 않도록, 그래서 좀 더 먼 곳을 바라보고 영원한 것을 추구하도록 인생의 올바른 삶을 제시하며 참된 길로 이끄는 '인생의 혜안을 가진 지도자' 입니다.

나를 위한 최선의 삶은, 내가 아닌 남을 위해 사는 삶, 바로 우리를 위해 사는 삶입니다. 이러한 우리들의 삶의 길을 올바르게 열어갈 참된 지도자를 기다리는 간절한 마음으로 쓴 이 글을 여기서 맺습니다.

2100년에 만난 70인,
그들이 말하는
가치주의 세상

초판 1쇄 2017년 02월 20일

지은이 박명준
발행인 김재홍
편집장 김옥경
디자인 이유정, 이슬기
마케팅 이연실

발행처 도서출판 지식공감
등록번호 제396-2012-000018호
주소 경기도 고양시 일산동구 견달산로225번길 112
전화 02-3141-2700
팩스 02-322-3089
홈페이지 www.bookdaum.com

가격 15,000원
ISBN 979-11-5622-266-8 0330

CIP제어번호 CIP2017002837
이 도서의 국립중앙도서관 출판예정도서목록(CIP)은 서지정보유통지원시스템 홈페이지(http://seoji.nl.go.kr)
와 국가자료공동목록시스템(http://www.nl.go.kr/kolisnet)에서 이용하실 수 있습니다.